广西石刻发展史

蔡文静 著

汕頭大學出版社

图书在版编目（CIP）数据

广西石刻发展史 / 蔡文静著 . -- 汕头：汕头大学出版社，2023.3
　　ISBN 978-7-5658-4822-3

Ⅰ . ①广… Ⅱ . ①蔡… Ⅲ . ①石刻文 - 研究 - 广西 Ⅳ . ① K877.404

中国版本图书馆 CIP 数据核字（2022）第 178816 号

广西石刻发展史　　GUANGXI SHIKE FAZHANSHI

作　　　者：	蔡文静
责任编辑：	宋倩倩
责任技编：	黄东生
封面设计：	云思博雅
出版发行：	汕头大学出版社
	广东省汕头市大学路 243 号汕头大学校园内　邮政编码：515063
电　　话：	0754-82904613
印　　刷：	广东虎彩云印刷有限公司
开　　本：	787mm×1092 mm　1/16
印　　张：	17.75
字　　数：	290 千字
版　　次：	2023 年 3 月第 1 版
印　　次：	2023 年 3 月第 1 次印刷
定　　价：	78.00 元

ISBN 978-7-5658-4822-3

版权所有，翻版必究
如发现印装质量问题，请与承印厂联系退换

序言

广西石刻文献丰富，石刻史料呈献了一部积淀于石上的广西文明史，它保存和传承着广西文明，其补充广西纸质文献不足的价值也为人瞩目。全面整理广西石刻文献，梳理石刻发展历史与概况，对于保护广西本域的文化遗产、研究中原文化与南方地域文化之间相互融合及相互促进的历史进程，以及研究复杂多样的中华民族文明史都具有重要意义。

公元前214年，任嚣、赵佗统一岭南，"秦王朝在岭南设置桂林、南海、象三郡"，广西正式被纳入中央政府统一管辖的范围，大量汉人开始南下"与越杂处"，汉族先民与西南各民族的经济文化交往日渐密切。由于广西地处西南边陲，中原文士游迹罕经，广西文化一直处于相对落后的位置，发展比较缓慢。反映广西文明的传统纸质文献相对匮乏，种类和数量均无法与中原、江浙等文化发达地区的存世文献相比，也根本不能充分反映广西各民族文化的丰富性。

以石质为书写材料是世界各民族文化发展的重要环节，相比于木料、青铜等材质，石头特别适宜于雕刻，其本身就有坚固持久的客观性。《史记》中就有先秦时期刻字于石的活动记载。这些镌刻在石上的文献，包括摩崖、碑碣、墓志、牌坊等诸多形式。石刻文献以其书写材料质地坚硬而具有保存信息固定、可传久远的特点，文献的可信度也比较高，其价值早已引起学者的注意，如欧阳修就关注到石刻文字具有"可与史传正其阙谬"的证史功能，赵明诚也认为："史牒出于后人之手，不能无失，而刻词当世所立，可信不疑。"

广西以其温润的气候和独特的山水地貌为基础，石材丰富，易于雕琢，且不易风化，人为破坏较少，产生并保存了丰富的石刻，一定程度上弥补了传统纸质文献数量不多的缺憾。桂林作为广西曾经的政治文化中心，文化相对发达，更是成为石刻的渊薮。桂林山奇水美，多岩多洞，人口集中，且接受中原文化较早，文人墨客前踵后继，碑碣和摩崖石刻文献丰富，成为我国石刻文献发展一个特别集中、成就突出的地区。广西石刻存在区域之广、数量之多、保存之善、文献价值之高，世所罕有，诚为一个价值丰硕的文化宝藏。就时代而言，上迄秦代、下逮民国，各个时期均有石刻留存。就地域而言，石刻遍布桂林以及阳朔、临桂、灵川、龙胜、平乐、全州、兴安、永福、灌阳、恭城、荔浦、资源等广西全区近八十个县市；就数量而言，可统计收集的广西全区石刻就多达三千多件之巨，其中桂林一地就有近两千件，占所知广西全部石刻一半。就形式而言，包括尚存的摩崖、碑、碣、墓铭、牌坊等，有些原件今已不存，但曾为人们拓片、整理抄写而留存。就内容而言，石刻涉及文学、艺术、文化、教育、建设、经济、政治、军事、外交、哲学、宗教等诸多方面，在一定程度上保存了数千年的广西文明发展史。就撰碑人而言，有王侯将相、士子生员、幕僚百姓、释家羽流，有本籍人氏，也有寓居迁客，他们来自社会各个阶层、各个行业，无所不包。就文献体裁而言，几乎涵盖了所有文体，有纯文学性体裁诸如诗、词、赋、歌诀、散文、小说等，有应用文体如墓志、颂、赞、碑、铭、布告、法令、规约、对联等，十分全面。

广西石刻是研究广西、研究整个中华文明发展及中原文化与南方文化相互融合相互促进的一大文献资源。尤其是在广西传统文献十分匮乏的背景下，存在于广西各地的石刻，成为广西文化发展进程所独有的忠实的记录者和传播者，对于广西文明史而言，其重要地位无可取代。

目录

序言

第一章 唐前及唐五代石刻 // 1

第一节 唐前石刻的兴起 // 1
第二节 唐代石刻的进步 // 4
第三节 五代石刻的发展 // 16
第四节 唐代的名家名刻 // 17

第二章 宋代石刻 // 26

第一节 发展概略 // 26
第二节 宋代石刻的内容 // 28
第三节 宋代的名家名刻 // 68

第三章 元代石刻 // 80

第一节 发展概略 // 80
第二节 元代石刻的内容 // 82
第三节 元代的名家名刻 // 101

第四章 明代石刻 // 106

第一节 发展概略 // 106
第二节 明代石刻的内容 // 108
第三节 明代的名家名刻 // 157

第五章 清代石刻 // 164

第一节 发展概略 // 164
第二节 清代石刻的内容 // 165
第三节 清代的名家名刻 // 217

第六章 民国石刻 // 227

第一节 发展概况 // 227
第二节 民国石刻的内容 // 228
第三节 民国的名家名刻 // 256

主要参考文献 // 259
后　记 // 261
广西石刻图录 // 263

第一章

唐前及唐五代石刻

第一节 唐前石刻的兴起

广西之有石刻由来已久，据记载所知，宋人王象之《舆地碑记目》卷三《贺州碑记》条有"龙母庙"一则，记载苍梧有古碑刻，云"秦古碑，在苍梧门外。神乃秦人，碑备述灵异"，这与秦始皇设置桂林象郡时间应是前后相近的。我们以此时作为广西石刻的滥觞，可见广西碑刻已有2200多年的历史，这与国内其他地区石刻的发展相比也是较早的。

到了汉朝，《艺文类聚》载有蔡邕书《九疑山碑》，明人《格古要论》云在广西，《广西通志》延续其说："《九疑山碑》，汉蔡邕文并隶书，《格古要论》旧志云在广西，今失考。"《金石文考略》卷二云在梧州府予以确认。

至晋朝，《粤西金石略》记载，道苍梧县多贤乡凤凰山乾隆庚子（1780）出土了《晋龙编后墓砖文》，曰"永和六年太岁庚戌，莫晋龙编后之墓"，砖文发生在晋永和六年（350），与石刻的性质相近，砖文同为金石学研究内容。

南朝，广西出现了我们今人能见到的最早的石刻——买地券。

买地券，兴自汉代，南北朝有了发展，主要是造墓人随死者入葬刻在砖、石甚至铁制品上面的一种仪式化的文字，内容是为了维护死者在另一世界物质利益的契约文字。一般写明死者何年何月以钱购置的葬地所当拥有的地理界域及界域内的物质，明告其他人不得侵占，然后写明买券的见证人。见证人通常为神道传说中人物（买地券的文体随着时代发展有所变化）。桂林于1938年兴筑湘桂铁路时，在桂林北郊观音阁附近出土一石刻地券——《欧阳景熙地券》，高16厘米，宽10厘米，正书，字径1.5厘米，泰始六年（470）刊刻，同时出土者有陶质附加堆纹粮坛一对。这是广西发现的传世的最早石刻。该石刻如下：

> 宋泰始六年十一月九日，始安郡始安县都乡都唐里没故道民欧阳景熙，今归蒿里，亡人以钱万万九千九百九文买此冢地。东至青龙，南至朱雀，西至白虎，北至玄武，上至黄天，下至黄泉，四域之物悉数属死人。即日毕了。时王侨、赤松子、李定、张故分券为明。如律令。

这是一件典型的地券文体，至明、清时地券写法较此都无大的变化。同时期，桂林及附近地区的地券发现多件、如桂林南齐永明五年（487）刊《秦僧猛地券》等。灵川县20世纪80年代初期耕田时掘得的南齐永明五年（487）刊《黄道安地券》、灵川县梁天监十五年（516）刊《熊薇地券》，梁普通四年（523）刊《熊悦地券》等，书写格式与《欧阳景熙地券》几同。这些石刻地券形制、字体都比较粗糙，虽是刊刻粗糙，但初步显露了广西丧葬刻石成习的一种趋势，这与其他地区同时期相比，在南北朝石刻发展史上也几乎是同步的。

隋朝时间较短，如果从隋文帝开皇元年（581）算起，至越王侗皇泰二年（619）止，也仅有不到40年。从广西石刻发展的成就看，隋朝并不比南北朝丰富，今知有高僧昙迁于开皇十年（590）在桂林七星岩题《栖霞洞》三大榜书，是今知广西隋代最早的摩崖榜书，可说开广西摩崖之先声。据云昙迁与隋文帝有旧，并曾"监掌翻译事，俗姓王，博陵人"。可见，广西摩崖的发展与佛教事业在广西的发展有一定关系。隋朝虽然石刻成绩不突出，但也有名刻，那就是《宁越郡钦江县正议大夫碑》。

《宁越郡钦江县正议大夫碑》，隋代大业五年（609）刊，佚名撰、书，是今所见广西最早、规模体制最完整、最大的墓碑，上有碑穿如汉制。该碑叙述了宁氏自太皞以来的子孙繁衍，揭示了宁氏自中原至广西落户的过程与因由，碑文云："窃以太皞之末，分颛史之邦；唐叔之余，为管鲁之国。郡公思室，赋棠棣之诗；幸有哀木，悲被友之异。故枝流叶徙，自结贞筠之条；宗子维城，各理封疆之邑。故宁相宁渝，传昆玉之名；宁喜宁咸，纡遗芳之哲。公匡衡在辅，无忘士蔿之工；从而能政，追踪子范之用。所以繁衍陵穆，盘根闽越者哉。"然后，以墓主人宁赞为核心，叙述了宁赞祖宁逵梁武帝时除定州刺史，总督九州岛诸军事。陈朝宣武帝时又除授安州刺史。宁赞父宁猛力在隋文帝除使持节开府仪同三司安州诸军事、安州刺史，封宋寿县开国侯。自宁赞兄宁长真始授上仪同三司为钦州刺史，后始为广西钦州人。因立功于国，敕加官尝，寻进开府仪同三司，封钦江县开国公，又为行军总管，转上大将军，其年改右光禄大夫宁越郡太守。自宁赞受朝廷厚封为大都督，因军功显赫，拜上仪同三司，大业二年（606）十月，受开府仪同三司，其年又改为正议大夫。大业四年（608）去世。此碑详述宁氏源流，更有助于了解隋朝对广西的行政管辖历史。

《宁越郡钦江县正议大夫碑》在书法史上得到肯定，清人金武祥撰《粟香随笔》说：“隋书之精整者如常丑奴惠云法师，修劲者如宁赞。”康有为称赞"宁赞严密而峻拔，犹是修罗定国余派"，并列为能品。叶昌炽《语石》说："钦江郡宁赞碑出土，广南始有隋刻。赵扮叔以其文字非古，诋为赝鼎。今石刻具在，其文虽沓拖，非唐以后人所能仿佛也。其字则凝禅寺三级浮图、定国寺更兴灵塔之亚也。"

《宁越郡钦江县正议大夫碑》的发现与存世经历颇为曲折。据清道光《钦州志》载："大清道光六年秋，州人耕于石狗坪，获此碑。碑额十二字，四行，分列于首。下方就书文，文楷书三十行，行三十九字。末际稍损一角，疑即刨挖所伤。惟损一十三字，余皆完好。"民国《钦县县志》载："民国廿八年五月，因日寇迭次轰炸县城，恐有不测，县人符宗玉，函请县长王公宪，转知黄小宋，派蔡夏庭将此碑移于沙坡村荒山埋葬，以保无虞。"该碑一直埋至钦州解放，1958年再度挖出，存放于钦县（今钦州）文化馆内。1963年，该碑调至广东省（当时，钦县属于广东省管辖），现展于广东省博物馆内。

合浦县又有隋仁寿四年（604）所刊《花城寺舍利塔记》，高50厘米，宽45厘米，记仁寿四年隋文帝为皇族、为天下生灵祈福，在梓州内昌城县牛头山告奉安舍利敬造灵塔事，这也是广西发现较早的石刻之一。

以上所论，反映了隋朝以前广西石刻发展的基本状况。从量上说，广西隋朝石刻比较稀少、分散。从内容而言，广西隋朝石刻反映的生活内容并不广泛。从碑刻的体制形式而言，主要包括摩崖和刻碑、地券3种，比较单一。这一时期，属于广西石刻发展的早期，或者说是兴起的阶段，但其价值也是显而易见的。

第二节 唐代石刻的进步

一、发展概况

唐代设岭南等道，下设节度使、节度留后、节度副使，其下又有州三十一，州设刺史。广西逐渐为更多的世人关注，杜甫有诗《寄杨五桂州谭（因州参军段子之任）》云"五岭皆炎热，宜人独桂林"，韩愈《送桂州严大夫》云"江作青罗带，山如碧玉簪"。随着广西为人关注，许多京官或贬或任到广西。著名达官文人如宋之问、李商隐、韩云卿、柳宗元、元晦、李渤等都曾因之与广西有关。这些人是官员，也是文人，广西成为他们新的人生驿站，那种新鲜感、别样激励他们写成更多的文字，并且刻石纪念，留下了各种石碑与摩崖。从体裁说，唐代文人在广西留下了文章诗歌，既有应用文，也有纯文学作品。从内容说，大致包括政事碑刻、宗教、墓志碑铭、抒情记事之诗文等。地理范围扩大化，形式多样化，内容丰富化，数量也急剧增加，广西石刻发展的真正起步就此开始。

从地区发展而言，据《舆地碑记目》等书记载及现存石刻看，梧州有元结《冰井铭》，容县有《唐卢藏用碑》《唐刺史题名序》《安玄朗墓志铭》，邕州有裴钏撰《天威径新凿海派碑》、柳宗元撰《邕州马退山茅亭记》，昭州有《唐明皇丹霄驿诗刻》，融州有武周久视元年的《唐平蛮刻》，玉林有元和题字、唐乾符碑，柳州有与柳宗元相关的《井铭》《龙城石刻》《柳州文宣王新修庙碑》《黄柑堂碑》《乾明寺碑》《东亭记》《大云寺》《柳州山水记》《柳侯遗碑》以及韩愈的《柳州罗池庙碑》《荔子碑》等，贺州有李郃撰《幽山丹甑记》，上林县有《澄州无虞县清泰乡都万里六合坚固大宅颂诗序》《智城碑》，钦州有《唐刺史宁道务墓志铭》，等等。

唐代石刻大多数发生在桂林一地，桂林市内的西山、铁封山、七星山、隐山、南溪山、伏波山、宝积山都有摩崖存在。今日尚存唐代摩崖大概在四十多件（不算造像石刻），其中多名作，主要有《善兴寺舍利函记》（今万寿寺），颜真卿题《逍遥楼》，韩云卿《平蛮颂并序》《舜庙碑并序》，郑叔齐《独秀山新开石室记》，孟简《读书岩题记》《栖霞洞题记》，马日温《叠彩山题记》，吴武陵《隐山游记》，李涉《南溪玄岩铭并序》，李渤《南溪诗并序》《留别隐山诗》《留别南溪诗》《题隐山六洞名》《南溪山题少室》，元晦《叠彩山记》《于越山记》

《四望山记》《题叠彩山》《题四望山》，李珏《华景洞题记》，宋伯康《还珠洞造象记》，赵格刘虚白等三人《还珠洞题记》，张濬刘崇龟《杜鹃花唱和诗》等。

作者方面，唐朝碑刻特点之一即是作者为官员居多。如韦敬办为廖州刺史；颜真卿官至太子太师；韩云卿官朝议郎、尚书礼部郎中、上柱国；柳宗元任柳州刺史，唐代著名散文家；韩愈官至兵部、吏部侍郎，唐代著名散文家；李渤为桂州刺史兼御史中丞，太和中拜太子宾客；元晦以御史中丞出为桂管观察使迁越州刺史；宋伯康任桂管监军使；张濬任桂州刺史；马日温为桂管宣慰使，等等。

石刻的形式在唐代开始多样化，主要有摩崖石刻，如上林县《澄州无虞县清泰乡都万里六合坚固大宅颂诗序》《智城碑》，桂林的韩云卿《平蛮颂并序》《舜庙碑并序》，郑叔齐《独秀山新开石室记》等。有人制型碑刻，如桂林的颜真卿题《逍遥楼》，柳州柳宗元的《井铭》《龙城石刻》，韩愈的《柳州罗池庙碑》《荔子碑》等。摩崖石刻主要集中在桂林地区，其他地区多数是人制型碑刻。从内容看，有记事文、墓志铭、造像记或者诗文。这些内容集中在宗教、政治与文学三方面，下文分类详细论述。

二、石刻的内容

（一）政治民生类石刻

记事石刻在广西石刻中十分突出，记录内容包括地方政治历史、民生、教育等，唐代记事石刻即反映了朝廷对今广西地区的统治开始加强。

在唐代石刻中较早且有影响者，有今存上林县智城山的《澄州无虞县清泰乡都万里六合坚固大宅颂诗序》。该碑为唐都云县令、骑都尉检校廖州刺史韦敬办所作，刊于永淳元年（682），与刊于万岁通天二年（697）的《智城碑》可谓兄弟双制。两件摩崖巨大，主要叙述上林韦姓一族的来历与其在广西的发展，对于广西的地方史研究颇具史料价值。镌刻于前的《六合坚固大宅颂诗序》，原题《澄州无虞县清泰乡都万里六合坚固大宅颂诗序》。全文由"序""颂"与"诗"构成。该碑叙述了韦氏由京兆来广西的缘由，并因无缘向上进步回归京兆故土，不得不在广西开场拓境，置州占村，发展生产，丰衣足食，修建坚固大宅，以御外侮，图谋长久之计。将两碑联系起来解读，可见中原人如何来到广西，并逐渐适应以至于安居乐业的过程。摩崖先述宗族之所自云"维我宗祧，昔居京兆，流派南邑，上望无阶。列牧诸邦，数封穷日，分条县宰，不可无□"，"皇皇前祖，睦睦后昆。

上袱京兆，弈叶高门。流派南地，盖众无论。遍满诸邑，宗庙嘉存"。继说自己绳祖武开疆拓土，建立起一个安全丰足、百姓安居乐业且绵延发展的城寨："自余承□，获称登次，开疆拓境，置州占村。如□□冢埌崖，宜于今日也。其近修兹六合坚固大宅，以万世澄居，博文则物色益兴，用武则悬㦮斩绝。一人所守，即万夫莫当，寔开□于数千，是勿劳余一矢。黎庶甚众，粮粒丰储，纵有十载□收，□从人无菜色，回波所利，不耕亦获之也。木之所多，未乏南山之有。若池之流，岂不保全之祚者欤？"这是大宅初建之景象。15年后，大宅经过多年发展，繁荣富强，韦敬办再作上林《智城碑》，这是一篇有序有铭之骈文，全文1300字，可谓皇皇巨制。其序云：

若夫仰观天文，有日月星辰之象；俯察地理，有岳渎山河之镇。赤城玄圃，辟昆阆之仙都；金阙银台，烈瀛洲之秘境。皆阴阳蓄泄，元气崩腾横宇宙之间；苞括群灵，眇邈出尘埃之外。自王子乔羽登霄汉，襟情与造化齐功，志想与幽冥合契者，欤□得而跻焉。然则智城山者，廖州之名山也。直上千万仞，周流数十里。昂昂焉，写嵩岱之真容；隐隐焉，括蓬壶之雅趣。丹崖碧崿，掩朝彩以飞光；玄岫巖㦮，含暮烟而孕影。攒峰辣峭，椠碧□□舒莲；骇壑澄渊，纫黄舆而涌镜。悬岩坠石，奔羊伏虎之□；落涧翻波，挂鹤生虹之势。幽溪积阻，绝岸峥嵘；灵卉森罗，嘉林□仞。疎藤引吹，声含中散之弦；密筱承风，影倾步兵之钵。灵芝挺秀，葛川所以登游；芳桂蘩生，王孙以之忘返。珍禽瑞兽，接翼连踪；穴宅木栖，晨趣昏啸。歌莺哢响，绵蛮成玉管之声；舞蝶翻空，飘扬乱琼妆之粉。尔乃郊原秋变。城邑春移，木落而天朗风清，花飞而时和景淑。则有丹丘之侣，玄圃之俦；飞羽盖于天垂，拖霓裳于云路；缤纷鹤驾，影散维山之尘；琴髯龙舆，□□□□之水。兼乃悬瓢荷筱之士，离群弃代之人，或击壤以自娱，时耦耕而尽性；清琴响亮，韵雅调于菱歌；浊酒沧漪，烈芳香于芐席。实乃灵仙之窟宅，贤哲之攸居。复涧连山，真名胜境。重峦掩暎，氤氲吐元气之精；迭嶂纠纷，泱轧纳苍黄之色。壮而更壮，实地险之不逾；坚之又坚，信丘陵之作固矣。韦使君性该武禁，艺博文枢，观祸福于未萌，察安危于无像。往以萧墙起衅，庭树暝阴，蓄仞兼年，推锋盈纪。遂乃处兹险奥，爰创州庐。烈位颁曹，砥平绳直。周回四面，悉愈雕镌；绝壁千寻，皆同刊削。前临沃壤，凤粟与蝉稻芬敷；后迤崇隅，碧雾与翠微兼暎。澄江东逝，波开濯锦之花；林麓西屯，条结成帷之叶。傍连短峤,往往如埋,斜对孤岑,行行类阙。表山内水,扼暴客之咽喉;涧户汤池,为奸宄之铃键。重门一闭,无劳击柝之忧;沟洫再施,永绝穿窬之患。故得冤踪退散,俾□□□之□;□□□□,□□外御之志。重乃恩逾鲁卫,意洽金兰,同气之义实隆,股肱之情弥重。岂不恃名山之景佑,托灵岳之鸿威?□危躅于安扃,静灾涂于美术。至于小池浅储,犹彰文士之歌;况乎崇岳神基,罕得缄于明颂。聊镌翠巘,勒此徽猷。庶地革□□,□□不朽。

文字首先描述了智城山的地理环境,该山属廖州当地的名山,山峰高峻,地理广袤,可与中原名山媲美,可与海上仙山比灵。山水辉映,嘉木成荫,珍禽异兽,鸟舞蝶飞。仙灵之宅,贤哲所居,朝暮不同,四时皆趣。文章所写有人间仙境之概,然也出于人工造就。文章又从作者对环境的开辟用笔,写作者先人因贬谪来此,周回四面,悉愈雕镌,苦心经营,地有沃土,可生稻黍,表山内水,可御外侵,终成宜居之地。文章对仗工稳,用典贴切,声色兼具,足称妙文。该碑是唐代碑刻在上林甚至广西碑刻中的杰出作品。

唐代广西碑刻的典型又有摩崖碑刻如韩云卿撰《平蛮颂》。

韩云卿,河阳(今河南孟县)人,韩愈叔父,唐代散文家、书法家;官朝议郎、尚书礼部郎中、上柱国。大历十二年(777),韩云卿受桂州刺史李昌夔之请,撰《平蛮颂》,刻于桂林镇南峰;建中元年(780),又撰《舜庙碑》,刻于桂林虞山。《平蛮颂》由朝议郎守梁州都督府长史武阳县开国男翰林待诏韩秀实书,州府户曹参军李阳冰篆额,今摩崖字已磨灭几尽。其碑文有序曰:

惟大历十一年,桂林象郡之外,有西原贼率潘长安,伪称南安王,诱胁夷蛮,连跨州邑,鼠伏蚁聚,贼害平人,南距雕题、交趾,西控昆明、夜郎,北洎黔巫衡湘,弥亘万里,人不解甲。天子命我陇西县男昌夔领桂州都督兼御史中丞持节招讨,斩首二万余级,擒获元恶并其下将率八十四人,生献阙下,其余逼逐俘虏二十余万,并给耕牛种粮,令还旧居。统外壹拾捌州牧守,羁縻反复,历代不宾,皆俯首请罪,愿为臣妾。嘉其自新,俾守厥旧,商农渔樵,各复其业,悼耋鳏寡,各安其宅。变氛沴为阳煦,化崄阻为夷途。五岭之人,若出玄泉而观白日,如蹈烈火而蒙清泉。书上闻,优诏嘉焉,公卿百辟、将校耆艾,咸愿歌颂励烈。

该序叙述了桂州刺史李昌夔于唐大历十一年(776)奉旨剿平伪安南王潘长

安的过程，以及潘长安当时的反朝廷行为，朝廷剿平潘长安后对百姓的安抚措施及其影响。西原地方势力在唐时久为边患，从肃宗到德宗以后，百余年间对唐朝中央政府乍服乍叛，且逐渐发展壮大，成为政府的心腹大患。李昌巙剿平此患，对国家而言，的确可以说是一件大功。但是这件事情在诸史书并无记载，于此可见摩崖的补史之功。

如果说韩云卿的《平蛮碑》叙说的是军事以及李昌巙的军功，摩崖在虞山的《舜庙碑》则是说李昌巙提倡教育、传扬中原文化之功。

李昌巙在桂林曾大办教育，桂林独秀峰（今广西师范大学内）有唐人郑叔齐《独秀山新开石室记》记述了李昌巙在桂林办学"设东西庑以居胄子，备俎豆仪以亲释菜"的经过："大历中，御史中丞陇西公保郫南服，三年政成，乃考宣尼庙于山下，设东西庑以居胄子，备俎豆仪以亲释菜，虽峻址可寻，而蘩薄未剪。公乃自常从以上，刃指荒榛而授事，为力无几，得兹穴焉。闳而外廉，隘以傍达，立则艮其背，行则蹞其腓，于是申谋左右，朋进舂锸，壤之可跳者布以增径，石之可转者积而就阶，景未移表，则致虚生白矣。岂非天赋其质，智详其用乎？何暑往寒袭，前人之略也？譬由士君子韬迹独居，懿文游艺，不遇知己发明，则蓬蒿向晦，毕命沦悟，盐车无所伸其骏，和氏不得成其宝矣。篆刻非宠，庶贻后贤。"而韩云卿撰《舜庙碑》则是反映李昌巙提倡儒学的作品。该摩崖先讲述了舜的姓氏、名字及其孝闻天下、法尧禅禹的生平，以及终于南巡苍梧之野，受到后人爱戴奉为神明的事迹。后记录李昌巙"虔祗统命，肃龚神寺……斋服祭器……俸钱增新缮故"，后"牺牷既设，巫祝斯列，斋庄吉蠲，惄然如享其诚。箫鼓既缺，俎豆斯撤，神和人悦，僾然如受其福"，后人为彰懿烈作辞以刻。

韩云卿两摩崖有价值之处还在于其书法，碑的书写者皆是名家。韩秀实（730—782），字孟坚，昌黎人，官翰林待诏，善楷、隶、八分。李阳冰，字少温，赵郡人，官至将作少监。韩秀实于小篆能变化开合，自名一家，又作《书法论》，刊定《说文》30卷，人指为有唐三百年以篆称者为独步，或评其书法李斯之后一人而已。又，二摩崖体制甚为宏伟，《舜庙碑》高312厘米，宽206厘米，正文字径8厘米，额字径18厘米。《平蛮碑》高250厘米，宽200厘米，正文字径7厘米，额字径25厘米。无论从字还是规模，皆可称摩崖中上品，只是此摩崖因地处南徼，直到张鸣凤《桂胜》方受到注意。

柳宗元在柳州留有两篇碑刻文字，一是《井铭》，一是《龙城石刻》；又在桂林訾家洲有应裴行立御史中丞撰《訾家洲亭记》(《方舆胜览》《桂胜》记)。柳宗元,字子厚,河东(山西运城)人,唐元和十年(815)任柳州刺史。《龙城石刻》,元和十二年(817)刊,曰:"龙城柳,神所守。驱厉鬼,出匕首。福四民,制九丑。"该碑今在柳州柳侯祠,碑右上角、左下角残缺;长20厘米,宽40厘米;楷书,龚重重刻。原石刻佚,明天启三年(1623),龚重获于柳公井中,重刻。因碑文首句是"龙城柳"而得名;又因传说出土一柄古剑上有此全篇铭文而称为《剑铭碑》。还因文中有"匕首"一词而称为《匕首铭》,相传是柳宗元书写手迹;又传说是柳宗元得自地下。最早见于唐代锺辂的《续前定录》,宋代王铚又伪托柳宗元作《龙城录》,所载碑文与今见石刻略有不同。现存石刻跋语说,明天启三年,"龚重始得于柳公井中"。据《马平县志》载,清雍正六年(1728),又有一姓王的在柳州桔子园旧地掘得。乾隆二十八年(1763),重修柳侯祠时,他的后人献出石刻,右江道王锦把它砌嵌在祠壁里。1928年,柳州大火,石刻受损,地方人士周灿重刻置于柳侯祠正堂,体现了柳宗元福民的为官理念。

而今碑镶嵌在柳州柳侯祠壁的《井铭》有序记述柳州百姓无井饮水的困难,其文曰:"始,州之人各以罂瓶负江水,莫克井饮。崖岸峻厚,旱则水益远,人陟降大艰。雨多,涂则滑而颠。恒为咨嗟,怨惑讹言,终不能就。"于是在元和十一年(816)三月朔,柳宗元决定在城北造井,不及一月而成,可供人们饮用,甚至灌溉。所记事似小,其所关民生事实大。

类似的记事且较为有名的还有元结《冰泉铭》。唐代宗大历十三年(778),容州经略使元结过苍梧,游历冰井寺,此处有常年清洌的冰泉,他为此泉写了一篇优美隽永的《冰泉铭》,曰:"火山无火,冰井无冰。惟彼清泉,甘寒可凝。铸金磨石,篆刻此铭。置之泉上,彰厥后生。"今仅存"冰井寺"石匾和冰井遗址。

(二)宗教类石刻

广西宗教石刻的发展建立在佛教、道教大发展的基础上。唐代广西的宗教发展兴盛,金鉷的《广西通志》在寺观条目中描述桂林的佛寺兴建说:"万寿寺在文昌门外,隋时建,名开元寺。"又说栖霞寺建于唐代,七星山下的庆林观、府城西的五岳观、灵川县的如意寺、阳朔的鉴山寺、全州的湘山寺、灌阳的慧明寺、马平县的大云寺、苍梧县的光孝寺、白鹤观等也是建于唐代。而桂林的石刻记载则更可见开元寺的历次修建甚至寺内藏品的细节。最早的是出于唐代佚名的《舍利函记》,碑高16厘米,宽10厘米,正书,字径1.5厘米。《舍利函记》记载:

"维大唐显庆二年岁次丁巳十一月乙酉朔十三日丁酉，于桂州城南善兴寺，开发建立此妙塔七级，竿高十丈，至显庆四年，岁次已未四月丁未朔八日甲寅，葬佛舍利二十粒。东去大江三十余步。舍利镇寺，普共法界一切含识永充供养。故立铭记。"

桂林的佛教传播于隋朝已经兴起，到了唐代，桂林佛事已至鼎盛。鉴真和尚曾在此修养传教，并从桂林出发至广州成功东渡日本。从《唐大和尚东征传》记载鉴真入桂离桂时（据附录《鉴真年表》此时为750—751年）的感人场面也可见当时佛教之盛："三日三夜，便达雷州。罗州……桂州等官人、僧、道，父老迎送礼拜，供养承事，其事无量，不可言记。始安（今桂林）郡都督上党公冯古璞等步出城外，五体投地，接足而礼，引入开元寺。初开佛殿，香气满城。城中僧徒擎幡、烧香、唱梵，云集寺中。州县官人百姓填满街衢，礼拜赞叹，日夜不绝。冯都督来，自手行食，供养众僧，请大和上受菩萨戒。其所都督七十四州官人，选举试学人，并集此州，随都督受菩萨戒人，其数无量。大和上留住一年，时南海郡大都督五府经略采访大使、摄御史中丞、广州太守卢奂牒下诸州，迎大和上向广府。时冯都督来亲送大和上，自扶上船，口云：'古璞与大和上，终至弥勒天宫相见。'而悲泣别去。"而今桂林西山尚存的大量造像记，也是唐代桂林甚至广西佛教兴盛的见证。唐文宗太和年间（827—835），京都信士王仁请人在桂林龙隐岩画男性观音像，属世所稀见。此像头戴珠饰花冠，花冠中间镶嵌三尊观音像，呈品字形，上一下二，长发披肩，面部丰满，慈眉善目，不怒不威，和祥可亲，额头正中又生一目，嘴唇上部有两撇胡须，双耳垂肩，戴耳饰，项下有璎珞，胸下是祥云护卫，同样是桂林佛教兴盛的体现。

宗教石刻多与佛教相关。佛教石刻在唐代的内容包括刻经、记载寺庙建设、造像记等。

《桂林风土记》记载褚遂良于显庆二年（657）贬桂州，并记载桂林有寺："隋曰缘化寺，后因纱灯延火烧毁重建，玄宗期改名开元寺，有前使褚公亲笔写《金刚经碑》在舍利塔前。"《粤西金石略》也说万寿寺（即开元寺）塔前有褚遂良亲笔书写《金刚经》碑，乾隆年间尚存，为临桂典使严成坦铲去，并说记的风格与褚遂良近，因疑此记书者得褚遂良笔意。

佛教石刻记载寺庙建设者更多，如佚名的《舍利函记》："维大唐显庆二年岁次丁巳十一月乙酉朔十三日丁酉，于桂州城南善兴寺，开发建立此妙塔七级，耸高十丈，至显庆四年，岁次己未四月丁未朔八日甲寅，葬佛舍利二十粒。东去大江三十余步。舍利镇寺，普共法界一切含识永充供养。故立铭记。"叙述了唐显庆二年（657）在桂林城南善兴寺建立佛塔的时间、规模、方位，另外特别交代葬有佛舍利20粒。在佛教碑刻中也有大量造像记摩崖，集中在桂林的西山，如隋太师太保李穆的后代李实《西山造像记》、陈对内《西山造像记》、李兴《西山造像记》等几十件。造像记，是将造像与文字相结合，标明造像的数量、造像的名称、造像的目的等。如桂林西山《尹三归西山造像记》，高27厘米，宽24厘米，正书，字径2厘米。记曰："仫弟子尹三归造弥陀仫三躯并身影、并文殊一躯，及身影一躯。弟子玄僧春造弥陀仫一躯及影，供养玉二一躯。"有些造像记比较简单，如桂林西山陈对内《西山造像记》，高13厘米，宽18厘米，正书，字径3厘米，其文为："弥陁佛。弟子陈对内供养。"造像记使人们得见唐代的石刻造像水平与成就，这些对于佛教的传播，对于后人研究佛教在广西的发展非常有意义。

（三）文学艺术类石刻

1. 记人之文

记人之文主要是墓志铭类。墓志碑铭有佚名的《唐刺史宁道务墓志铭》（碑刻当在钦州），柳州有韩愈的《柳子厚墓志铭》，容县有颜□□的《安玄朗墓志铭》等。其中，可以《唐刺史宁道务墓志铭》为例了解唐代广西所留记人之石刻，其言：

府君讳道务，字惟清。临淄人也。于宁氏族，肇自太公。挺天然之奇，作稀世之宝。故能虎黑叶卜，龙豹成韬。克宁东土，立□□□、□国于齐壤，列封于宁城。祇台德先，因而命氏，代纂洪绪，史不可绝官，可谓源远流长，根深叶茂□□时□□而秀气郁兴，□□是人□而宏才间出。或□商歌而入相，或励学以宾王，公侯子孙，必复其位，后之达者，在□府君乎？曾祖猛力，随仪同三司，交州刺史，怀杞梓之材，有栋梁之任；具瑚琏之器，为社稷之臣。祖长真，隋光禄大夫鸿胪卿、皇朝钦州都督□□国开国公，河润九里，泽及三族，作衣冠之领袖，为庙廊之羽仪，往以隋运道消，皇唐御历，虑边关之未□，择忠良以抚之。靖乱安人，非公不可，下民被惠，翕然向风，美化□于南州，令德闻乎北阙。累沐光宠，屡降天书。非夫纯臣，畴能宅此？父据，皇朝朝请授钦州都督上柱国开国公之仲子也，匡树千寻，垂荫万叶，散余芳于禹甸，布花尊于邦畿。代承衣锦之荣，雅叶画堂之庆，太夫人冯氏□□□□，邦之女也。母仪天授，闺训生知，婉彼幽闲……宅兆所营，允昭乎后嗣；著龟叶庆，爰考乎前经。粤以皇唐开元廿年岁在壬申十一月庚子□□朔廿七日寅，将迁座于龙门，遂读礼也。寿堂一闭，别即千秋。悲风生于庭树，愁云起于山邱。抚榇凄恸，临埏殒绝。怨白日之易驰，感黄泉之恨结。以为孝者，德之本也；德者，义之符也。不有幽赞，嘉声曷闻？仆也不才，承始安之□厚顾，染翰凄侧，冀式辕□□□，□□□于洪休。名之一刊，庶传芳于万叶……

这是有关宁贙侄子宁道务生平的墓碑，交代了宁道务生平事迹，看出是前述隋朝《宁越郡钦江县正议大夫之碑》之续作，亦见宁氏在广西的政治地位与隋朝对唐人统治广西的影响。

在墓志铭中，韩愈的《柳子厚墓志铭》最为著名，其以名人写名人，是为名作。该文叙述了柳宗元一生的政绩与遭遇，高度评价了柳宗元的人格与文章，但未知是何时刊刻，今收录于《柳侯祠石刻注释》，因其为众周知，此述点到为止。

韩愈又有《柳州罗池庙碑》，碑存柳州柳侯祠，由时任中书舍人史馆修撰沈传师书碑，太常寺协律郎上柱国陈曾篆额，桂管都防御先锋兵马使朝散大夫试左卫长孙季雄建立，长庆元年（821）刊。碑文讲述了柳宗元与柳州百姓和平共处，教柳州百姓以儒家礼法，感化了柳州百姓，使得柳州百姓意识到自身的地位和价值，接受了儒家的理念，"于是民业有经，公无负租，流逋四归，乐生兴事。宅有新屋，步有新船。池园洁修，猪牛鸭鸡，肥大蕃息。子严父诏，妇顺夫指，嫁娶葬送，各有条法，出相弟长，入相慈孝"。其文叙事详略得当，感情充沛，从碑文可见柳宗元之于柳州的意义，亦可理解柳州人民对柳宗元的感恩。其后不断有人以重镌《荔子碑》和重建罗池庙等方式纪念柳宗元。

2. 记游之文

唐代记游之文的石刻已初具规模，有游记散文、摩崖题名、诗歌等。如郑叔齐《独秀山新开石室记》、柳宗元《訾家洲亭记》、吴武陵《新开隐山记》、韦宗卿《隐山六洞记》、元晦《叠彩山记》《于越山记》等山水记游。这些记文记载了景观开发与仕宦文人的悠游活动，其文语言精简凝练，描绘山水之美，也铭刻了士人游山水的欣喜与由此生发的理想贤志之思。诗歌方面，有李渤《南溪诗序》、李涉《南溪玄岩铭并序》、元晦题岩光亭诗及《越亭二十韵》等亦有记游，多展现了广西风光，其中也含历史典故等内容。唐代还出现了最早的唱和诗摩崖，即张濬和刘崇龟《杜鹃花唱和诗》。同时，有一些题名写景记游较为精简，如吴武陵、李渤等19人游隐山北牖洞题名。地域分布上，这些游记主要集中于桂林各山水胜处。

其中，吴武陵与元晦在桂林留刻的题名、游记值得一提。

吴武陵（？—834），初名侃，信州贵溪（今江西贵溪县）人。唐元和二年（807）进士，与韩愈善，宝历间以侍御史内供奉出为桂管都防御判官，著有《吴武陵集》《十三史驳议》。吴武陵官桂，正史失载，唐莫休符《桂林风土记》载其轶事。宝历元年（825），吴武陵与李渤等人游桂林隐山，于桂林市隐山北牖洞东壁题名留念。据《桂林石刻碑文集》载，题名共分为3段，第一段高122厘米，宽165厘米；第二段高122厘米，宽50厘米；第三段高95厘米，宽55厘米；真书，字径7厘米。此摩崖题名可见吴武陵游桂之史确凿无误。题名为："宝历元年，给事中陇西公秘直出廉察于此。太和年既丰，乃以泉石为娱，搜奇访异，独得兹山。山有四洞，斯为最。水石清拔，幽然有真趣。可以游目，可以永日。愚以为天作以遗公也，不然，何前人之尽遗耶？明日与诸生游，因纪名氏，武陵奉命操笔，倚岩叙题。桂州刺史兼御史中丞李渤、嗣郭王佑四、遗名居士韦方外、都防御判官侍御史内供奉吴武陵、观察判官试大理评事韦磻、盐铁巡官前庐州慎县主簿路赓、馆驿巡官前潭州湘乡县主簿□□、都防御衙推韩方明。"此为第一段，后两段则又刊载了其他续到之人名与具体时间。该摩崖记述了太和年吴武陵随李渤历游桂林隐山，搜奇访异，得见隐山之清奇有趣的经过，以及参加游历之人，是奉李渤命所作。文中对山水的描写，"水石清拔，幽然有真趣。可以游目，可以永日"，清新自然，既概括了景，也展现出游人之兴致。宋人欧阳修《集古录》还录有吴武陵《新开隐山记》碑之目，称"吴武陵撰""韩方明书并篆额""以宝历元年八月立此记"，《全唐文》及多种广西地方文献有记载全文。文章以"入则维化，出则宁物。物宁而后志适，乃有西坰之赏"之句开篇，立意即显。其后详叙所游之景，见隐山溪潭"水色墨绿……载舟千石。舟可坐数十人，罗丝竹歌舞，飘然若乘仙"，"溪横五里……渺然有江海趣"，待进一步开发后，"环植竹树，夐脱嚣滓，邦人士女，咸取宴适。或景晴气和，萧然独往，听词于其下"，且于文中又一次点题，升华景观之意义："疏山，发隐也；决泉，启蒙也；作亭，子来也。三者异乎四贤之志乎？不异也，故书。"

记游之文，元晦亦留下多篇。元晦，怀州河内（今河南沁阳）人。唐会昌二年（842），元晦以御史中丞出为桂管观察使。元晦在桂林留《叠彩山记》，刊于会昌四年（844），摩崖在叠彩山风洞南口，高38厘米，宽43厘米，隶书，字径3厘米。其文记述叠彩山的山名来历是因石纹横布，彩翠相间，若叠彩，所以名为叠彩山，并记载其规模："东亘二里许，枕压桂水。其西岩有石门，中有石像，故曰'福庭'。又门阴横齐云亭，迥在西北。"元晦又有桂林《于越山记》，明人《桂胜》记录该摩崖已经剥落不可辨识，大概是记录于越山的方位和历史掌故。其《四望山记》是同样的记游文字，记载了四望山"亭之前后，绵络山腹，皆溪梁危磴"之况。

记游之文在摩崖石刻中体现为大量的题记（古人一般称为题名），题记只是简单地记录游历者的名氏以及日期，或者再加上游历的原因等，严格说来并不能算作是文，但却具有一定的文献价值，对于人物的行踪有拾遗补缺的作用。如孟简题桂林独秀山读书岩只有"元和元年二月三日，刑部员外郎孟简"几个字。孟简，字几道，孟浩然族人，为刑部员外郎、山南东道节度使加工部尚书等官。韩愈有《与孟简尚书书》，此可见孟简的桂林行迹，补史之缺，亦见古人旅游之趣。其他如安野郆在桂林《罗家山题记》、王潊等桂林《虞山题记》也为同样作品。

唐代是我国诗歌最为辉煌的时代，这也影响到了广西石刻。广西石刻中诗歌的数量甚多，以唐代为最早。唐诗今存多在桂林的摩崖，甚有唐人风致。如摩崖在七星岩口，刊于元和十二年（817）左右的释怀信的《栖霞洞题诗》，摩崖高1尺5寸，宽9寸，径1寸5分，其诗："石古苔痕厚，岩深日影悠。参禅因久坐，老佛总无愁。"诗中写景为写参禅铺垫，"古""深""悠"尽显栖霞洞景佛教参禅之感，进而感叹参佛"无愁"之境界。在唐代摩崖中今存影响较大的是李渤、李涉兄弟的南溪山刻诗与张濬、刘崇龟的《杜鹃花唱和诗》等。

李渤，字浚之，号少室，祖籍陇西成纪（今甘肃天水）人，后徙河南洛阳。太和间在桂为桂州刺史兼御史中丞，太和中拜太子宾客，著有《御戎新录》20卷等。李渤在桂林甚爱游览，每至游览处，多有榜书题字，比如题桂林西山隐山六洞："朝阳洞""南华""夕阳洞""北牖洞""白雀洞""嘉莲洞"，在南溪山有题"少室"等字。他还亲自开辟荒芜之地，为之命名。如《南溪诗序》，摩崖于桂林南溪山玄岩洞前上方，宝历二年（826）刊，高260厘米，宽140厘米。摘录其文如下：

桂水过漓山，右汇阳江。又里余，得南溪口。溪左屏列崖巘，斗丽争高，其孛翠曳烟，逦迤如画。右连幽野，园田鸡犬，疑非人间。沂流数百步，至玄岩，岩下有污壤沮洳，因导为新泉。山有二洞九室，西南曰白龙洞，横透巽维，蜕骨如玉。西北曰元岩洞，曲通坎崛，睛眺漓水。元岩之上曰丹室，白龙之右曰少室。巽维北梯，崄至仙窟。仙窟北又有石室，参差呀谽，延景宿云其洞室并乳溜凝化，诡势奇状，仰而察之，如伞如羣，如栾栌支撑，如莲蔓藻井，左睨右瞰，似帘似帷，似松偃竹袅，似海荡云惊。其玉池元井，岚窗飙户，回还交错，迷不可纪。从少室梁溪，向郭四里而近，去松衢二百步而遥，余获之，自贺若获荆璆与蛇珠焉，亦疑夫大舜游此而忘归矣。遂命发潜敞深，隥危宅胜，既翼之以亭榭，又韵之以松竹，似燕方丈，如升瑶台，丽如也，畅如也。以溪在郡南，因目为南溪，兼赋诗十韵以志之。

序文描写优美，对于南溪山景的描写井然有序，从溪口到溪的左右之景，到山中的二洞九室各种景的介绍，详略适宜，读之如跟随作者同游，其对景观的描写亦丰富精彩，描绘洞外逦迤如画，洞中则曲通坎崛、诡势奇状。基于此，李渤受游山之触发，建以亭台、树之松竹来丰富此处景观。其后作诗云："玄岩丽南溪，新泉发幽色。岩泉孕灵秀，云烟纷崖壁。斜峰信天插，奇洞固神劈。窈窕去未穷，还回势难极。玉池似无水，玄井昏不测。仙户掩复开，乳膏凝复滴。丹炉有遗趾，石径无留迹。南眺苍梧云，北望洞庭客。萧条风烟外，爽朗形神寂。若值浮邱翁，从此谢尘役。"大致描写了南溪山的几处景致，从其写景用词可见其极尽赞美之词，将其喻为仙境，更是油然而生隐逸之心。此外，李渤还有隐山摩崖《留别隐山》与《留别南溪》诗两首。《留别隐山》诗云"惟有隐山溪上月，年年相望两依依"，诗人在如浮云、鸿雁来去不自由之无奈的叹息对比中仍然表达了对隐山、桂林美景的留恋。宋绍兴二十年（1150），张仲宇与邓宏重刊李渤《留别南溪》诗并跋，李渤以"常叹春泉去不回，我今此去更难来。欲知别后留情处，手种岩花次第开"之句来表达离桂不舍之情。

李涉的《南溪玄岩铭并序》也提到了李渤在桂林开发游览景观的事迹。李涉，号清溪子，李渤兄长，后徙河南洛阳，唐太和中，征起为太学博士；著有诗集二卷。因后流徙康州（今广东肇庆），途径桂林，与弟渤同游桂林山水，作《南溪玄岩铭并序》。该摩崖高260厘米，宽140厘米，隶书，字径8厘米。其文对南溪山如此描述："桂为郡也，岩其先之。有井室人民，百千祀矣，居是邦者，匪哲则豪，何四三里之内，而岩不载于前籍？为岩将屈于古而合伸于今哉？为人未知其岩，岩俟人以时哉？青溪子昧而未详也。"又言："'渤受天雅性，生不杂玩，少尝读《高士传》《列仙经》；游衡霍幽遐之境，巢嵩庐水石之隩。凡俗所觏，必皆砻磨大璞，剪凿遗病，意适而制，非主于名。宝历初，自给事中出藩于桂，一之年，治乡野之病，二之载（826年），搜郭郭之遗，得隐山玄岩，冥契素尚。'余因谪去炎海，途由桂林，玄岩之胜，再遂其赏。勒铭洞石，表远迹于他年。"交代了作铭刻石之因与经过。其铭文对南溪山景大加赞赏，感叹"酒一卮兮琴一曲，岩岩之下可以穷年"。

无论是记人还是记游，广西唐代的文学类石刻作品已经初具规模，体裁开始多样化，内容逐渐丰富，开始展现广西名山胜水之特色，为后世的石刻日趋文学化奠定了基础。

第三节 五代石刻的发展

唐灭后，五代十国时期较短，石刻也较少。屈指可数的五代石刻，内容主要包含了记游、宗教、家族历史等。五代十国时期能看到的主要是佛教文化石刻，反映了此时人们对宗教的态度。宗教类石刻，主要包括一方石刻造像记和静江军节度使马賨立《金刚经》碑、陈億撰《五百阿罗汉记》、刘崇远撰《新开宴石山记》以及桂林余万雄等人造像记。另，王象之《舆地碑目》记浔州碑刻中载有南汉碑刻《南海乾和白石秀林之记》，吴可一撰，其文为："乾和二年岁次乙酉，奉敕镌石玉皇仪像侍卫九躯，并修金箓斋庆赞记，臣吴可一撰。"

马賨，后梁乾化二年（914）任静江军节度使。《旧五代史》卷三一《唐书第七》《庄宗纪五》记载马賨说："静江军节度使扶风郡王马賨为检校太师兼中书令。"马賨书金刚经碑为《金刚般若波罗密经》，题署"静江军节度桂州□□制置等使开府仪同三司检校太□□中书令使□□□□桂州诸军事史上柱国扶风郡食邑五千户马賨建"，镌刻人与书写人已不得而知。而今碑体完整，只是碑文仅有极个别字可以辨识。

《五百阿罗汉记》，由尚书礼部郎中赐紫金鱼袋陈億撰，杨珞书，刊于南汉乾和四年（947），《中国西南地区历代石刻汇编》注：其拓片长80厘米，宽45厘米，楷书。该记为容州都峤山中峰石室五百罗汉碑序，记叙五百大阿罗汉与都峤山中峰石室之况。

这一时期还有一方较具文学性的石刻，即刘崇远撰《新开宴石记》，麦皓书，李道员镌石，碑在博白县宴石寺，刊于南汉大宝二年（959），据《中国西南地区历代石刻汇编》注：拓片长126厘米，宽35厘米，楷书。文中描绘宴石山"其山也，西枕清波，南连翠嶂，晓则轻云簇白，昼则远树攒青。石罅泉喷点点，而斜飞皓雪；涧边花秀丛丛，而密缀红绡"，山中又有"以黑金铸释迦瑞像，设于东室。又铸释迦牟尼佛一座，兼别铸五百阿罗汉、十六罗汉设于西室"，"又别有东峰石山一座，中有东西南北四室。嵯峨若画，礧磈如镂。直疑乎造化剜开，又恐是神仙断出。多景多致，唯烟唯霞。亦以黑金铸玉皇、道君、老君，天、地、水三官，并塑左玄、右玄、真人、玉童、玉女、左右龙虎君、玄中大法师，设于室内。卓尔威仪，森然侍卫"。记文题额名为新开山记，描绘了宴石山风景，更详细记述了依山建庙宇祠观，且山室中不仅塑佛像，还立道教神仙，体现了佛教道教兼崇的宗教信仰。同时，也将自然之景与宗教信仰融合在一起。

近年临桂区又发现未见记载的乾和十一年（953）造像记石刻一件。碑刻上额刻有观音像，像小而简约。观音像与文字中间刻花纹以间隔开，碑刻主要大部分为记文，文中记载了刻像时间、祈福僧人、弟子等内容。

较之前，此时新出现了宗族碑，即灵川县大圩镇草墟村熊氏宗祠内的《草墟村熊氏宗族碑》，乾德二年（964）刊。碑高80厘米，宽55厘米，真书，字径2厘米。从碑刻可知，家族始祖熊秉璋原为江西南昌府人，于唐时天祐二年（905）任广西盐道使司，而后家族后代不断移居，至作者的父辈熊宁忠分居文昌村、宁恕分居草墟村。此碑记载了家族族谱及居住迁移等历史，且铭刻维护家族和平延续的箴言："刊诸于石，俾日后忠、恕二人后代子孙永远遵守，各管各业，不得说长论短，藉故侵争，务宜念其同气连枝之谊。"此类宗族碑刻在唐宋较少，到明清后渐多。因此，此家族宗祠之碑可谓后世立碑明规矩、维护家族利益的先驱。

第四节　唐代的名家名刻

除前文有详细提到的韩云卿撰碑文、吴武陵和李渤等人撰写诗文摩崖外，唐代亦有其他的一些特殊石刻值得一提，本节试举两列较为特殊的石刻以便更全面地了解唐代石刻。

一、龙隐岩的男观音摩崖

佛教的深入人心与佛、菩萨、罗汉等雕像、画像的传播是不可分的。观音信仰的传播是佛教传播中的重要内容之一，研究观音像的传播能便于人们看出佛教传播的存在和途径。桂林于不同时代流传下了不同的观音像，其中龙隐岩有一男性观音像，属世所稀见。此像头戴珠饰花冠，花冠中间镶嵌三尊观音像，呈品字形，上一下二，长发披肩，面部丰满，慈眉善目，不怒不威，和祥可亲，额头正中又生一目，嘴唇上部有两撇胡须，双耳垂肩，戴耳饰，项下有璎珞，胸下是祥云护卫。观音菩萨作为一位慈祥的女性形象在今日人们的信仰中基本已毫无疑问，除了专家学者，几乎很少有人会再思考观音的性别为何，甚至不会去想观音本曾是一位男性。佛教传入中国之初，菩萨原本就是男性，唐时还是如此。因此，研究这一观音像对研究桂林、甚至中国的佛教传播都有一定的意义。此像下有一段碑记对佛像的来历和刊刻过程有一个交代：

> 昔唐文宗太和年间，京都信士王仁奉佛甚笃。忽有僧至其家，曰：'吾善画观音像，可置一室，七日勿令人看。'仁遵其语。才三日，儿童无知，凿壁争窥，僧即随隐，惟写圣容如许。始悟大士化身亲手所画也。于是镂板盛传于世。自唐迄今，岁月迭更，不可胜纪。兹鲁国僧信晓寓桂林龙隐，构准提万象阁于其间。一日，有遗唐大士像者，阅之而瞿然，恐真迹不能传久，欲镌之石崖，以垂后而未得。适督院屈尽美、抚院金光祖、将军缐国安、藩司李迎春、王原瞻、都统王永年、举人潘弘澍各捐帑欣助。不日而碑告成，庶几使后之人睹圣像之尊巍，普报四恩，同证佛道。时大清康熙乙巳岁七月万象阁持菩萨戒住持比丘僧信晓仝立。石匠莫锺刻。佛弟子李化龙书。

据此交代，此观音像刻石于康熙乙巳岁（1665）七月，但碑记又称这幅画像来自于唐代文宗太和年（827—835）间，并描述了其来历的神秘过程。太和年间至康熙乙巳长达八百年有余，如此长的时间使人不能不想该像究竟是出于唐代，还是唐代之说系刻石人故意为提高自己作品的地位而虚构，实际该像属于清人的唐代赝品或伪作呢？这个问题的澄清有助于研究我国古代佛教的传播与佛教进入我国后在一定时期的形式内容。杜海军先生撰文以为此像虽然确切的刊刻时间是清代，从此画记来看，它的来源出于唐代也是完全有可能的。

杜海军先生以为其像源出于唐代的可信度在于，首先，这幅观音像不是凭空而突然出现的，而是有确切的证据可将其追溯至明初。实际上这幅画明初曾流传在桂林，有建文（庚辰）二年（1400）刻于桂林文昌门外开元寺的《李文凯画观音像附记》为证，《桂林石刻》注该碑："碑刻高五尺，宽二尺八寸，半身像，连冠高三尺六寸。"《李文凯画观音像附记》这样记载：

>昔唐文宗太和年间，京都信士王仁奉佛甚笃。一日，有僧至其家，曰："吾善画观音像。可置一室，七日勿令人看。"仁遵其语。才三日，儿童无知，凿壁争窥，僧即随隐，惟写圣容如许。始悟大士化身亲手所画也，如是镂板盛传于世，自唐迄今，岁月迭更，不可胜记。圣像零落人间，亦为罕矣。寓桂林善信朱觉本等，惜其真迹，又恐不能久传于后世，命画士李文凯复临圣像，谨勒于石，以为永远流传功德，普报四恩，均资三有，法界群生，齐成佛道者。

如果将建文年间和上述康熙年间碑记作一比较，可发现：一是所述刻石观音像来自一位叫王仁者的人，其叙述所得过程文字与康熙年间所刻的文字完全相同，除了康熙年间刻碑人捐助者姓氏在明代碑记中没有。二是将李文凯所画观音像与龙隐岩康熙乙巳所画观音像尺寸大小作比较，除外框长宽有异，而观音像本身的尺寸均是半身，高3尺6寸。这种文字描述与观音像的尺寸大小的相同必不是巧合，可见清代观音像的来历与明代观音像完全吻合，或者至少康熙乙巳所刻是明代开元寺刻像的拓本，尽管时间相差已265年，应该是没问题的。另外，明代这幅观音像从作者李文凯的角度说，另有一明代同年石刻《李文凯画释迦文殊普贤像附记》记载李文凯在开元寺画观音像的同时，还应朱觉本之约在开元寺画了释迦文殊普贤出山圣相一并勒石，镌刊匠是蔡子刚（像今已毁），可证李文凯画佛像的事实不差。至此，可以确认，这一幅观音像出自建文年间，而且产地就在开元寺（今万寿寺），这又为像出唐代打开了一个思考的途径。

桂林的开元寺在文字记载中是一个建造最早而且不断得到发展的一个寺院，历次修缮皆有据可稽，是桂林历史上最重要的寺院之一，可以说见证了桂林佛教的兴衰。金鉷的《广西通志》"寺观"条对其发展有一个基本描述："万寿寺在文昌门外，隋时建，名开元寺，宋天禧间改宁寿，元顺帝赐书圆觉二大字，明洪武二年毁于火，十六年重建，改今名。"而桂林的石刻记载则更可见开元寺的历次修建及其寺内藏品的细节。最早的是出于唐代的《舍利函记》记载："维大唐显庆二年岁次丁巳十一月乙酉朔十三日丁酉，于桂州城南善兴寺，开发建立此妙塔七级,耸高十丈,至显庆四年,岁次己未四月丁未朔八日甲寅,葬佛舍利二十粒。东去大江三十余步。舍利镇寺,普共法界一切含识永充供养。故立铭记。"以下历次修建是洪武十六年(1383)旻德重建宁寿禅寺,刻有《重建舍利塔铭》。又有线国安顺治十六年(1659)重修、查淳乾隆五十七年(1792)重修,同治五年(1866)王恩祥重修。这些重修每次都有石刻留存,将历次重修的石刻内容联系起来可见,寺内的物品非常珍贵,有佛宝舍利、名人手迹,基本是几百年没有变化的,可见记载的真实性。如唐代建塔时藏舍利20粒,洪武年间建塔也还是如此数字;线国安重修时,寺有唐显庆二年(657)藏舍利碑,褚遂良书写金刚经碑;王恩祥重修时,记载褚遂良书写金刚经碑为道光年间梁苣林窃去,这些可见开元寺在唐代是收藏了一些与佛教有关的珍品的,那么菩萨像也有可能就在此时入藏,或者是经由此将菩萨像传播。

从佛教在桂林的传播看,观音像出自唐人之手也是可能的。桂林佛教传播比较早,桂林的佛教传播在隋朝已经兴起,隋文帝开皇十年(590),与隋文帝颇有交往的大法师昙迁就在今七星岩题刻下了"栖霞洞"3字。到了唐代,桂林佛事已至鼎盛,鉴真和尚曾在此修养传教,并从此出发经广州成功东渡日本。从《唐大和尚东征传》记载鉴真入桂离桂时(据附录《鉴真年表》,此时为750—751年)的感人场面也可见当时佛教之盛。桂林西山有大批佛像摩崖,而且除去"文革"期间的破坏,遗迹至今犹仍有留存。这些碑刻为记,都成为了唐代桂林佛教兴盛的见证。桂林市内开元寺在唐代显庆二年(657)所建舍利塔基础上建成,鉴真驻锡,佛事如此兴盛之地,菩萨是主要的信奉对象,正如《唐大和上东征传》所描述:"州县官人百姓填满街衢,礼拜赞叹,日夜不绝。冯都督来,自手行食,供养众僧,请大和上受菩萨戒。"因此,当时画像观音像作为崇拜偶像自会不少,且鉴真东渡作佛教交流,身边所携带佛典、观音像可能是其中重要的内容。

其次,从此观音像的容貌看,大耳垂肩,面庞丰满富态,符合唐人的审美习惯。特别有一点是,唇上明显画有两撇胡须,这一点与其他唐代观音塑像相符。《兰州晨报》2003年9月9日报道:"据新华社成都9月8日电,在人们印象中的观音菩萨,一向都是女儿身,但一尊极少见的唐代男身观音近日在四川省荥经县被发现。这尊男身观音……据荥经县博物馆馆长高俊刚介绍,石佛寺内摩崖造像主龛建造于唐代贞元十一年(795),刻有一佛二弟子二菩萨,其中左侧观音菩萨体态匀称,面部丰满,头戴华饰珠冠,身着广袖长袍,胸前佩饰璎珞,仪态大方。但奇特的是这尊观音造像的嘴唇上长着清晰的两撇小胡子,具有明显的男性体征。经四川省文物专家们鉴定,这是一尊唐代男身观音。"《兰州晨报》的这则报道与桂林龙隐岩摩崖的男观音像极其相似,除了"嘴唇上长着清晰的两撇小胡子"与龙隐岩观音像一致外,其他如"头戴华饰珠冠……胸前佩饰璎珞,仪态大方"与龙隐岩现存观音像的特征基本吻合,印证了龙隐岩观音出于唐代的可能。

明代初年刊刻观音像的信士既然说是源于唐代,大概也是有几分可信的,明代作男相观音已不合时宜,因观音女相在信徒心目中已经根深蒂固,大众所接受的观音基本是女性,如田汝成《西湖游览志》说当时的杭州有观音现身:"黑观音堂在集庆寺之东,俗传弘治间太监张庆游山至此,见青衣女子冲过匿入此庵,索之不得,见座中黑漆观音,礼拜而去,自此香火遂盛。此蒙瞶之说也。不知观音男子女相者也,岂真女子哉!白玉蟾观音像赞云:柳絮多头绪,桃花好面皮,夫是之谓谁?东海比丘尼又云:顶戴弥陀呈丑拙,手持杨柳惹尘埃,纵饶入得三摩地,当甚街头破草鞋。夫以观音为比丘尼,亦取其女像而云然尔。"《武林梵志》卷四载:"普济院俗呼观音娘娘殿,居栖水之西市,世愚误称泰山娘娘,非也。"这都明显将观音菩萨作女性看待。也就是说,当时的普通人已经是完全将观音女性视之了,而很少有人知晓观音本是男身的来历。就今天见到流传的明代观音画像或者雕塑,也还很少发现男性观音的,更不消说留有胡须者。

龙隐岩观音像还有值得一说处,就是额头中间画有一目,这在所有的观音像中也是少见的,也可能是观音像的早期特征之一。

最后,桂林比较偏僻的清秀山仍存雕塑观音像,虽然已经有很大剥蚀,但其头饰的形状和丰腴的面容轮廓,厚厚的双唇,额头正中一目,与今见龙隐岩所刻观音轮廓很相近,其旁刻有南宋乾道八年(1172)靖江府颁发给清秀山和尚了达的执掌清秀山管理的《靖江府给了达掌园执照》,其中有这样语句:"清秀岩苦行了达状陈,本岩古有圣迹佛像,年远荒废无人扫洒,了达遂发心住持缘化。"其中"古有圣迹佛像,年远荒废"之语,所指必非宋朝,至少是北宋以前的唐朝,若是宋朝,必当言"本朝"或"皇朝",这也可作为龙隐岩菩萨像来历的一个旁证。

若如此,龙隐岩的男观音像便是印证唐代佛教在桂林发展的重要文献,可印证佛教观音文化在广西甚至中国南方发展的一个阶段,也是中国佛教文化在唐代发展的印证之一。

二、张濬、刘崇龟《杜鹃花唱和诗》

诗词唱和源远流长，是古代文学史上一种特殊的文学活动，两人或两人以上的文人用诗歌相互酬唱、赠答。至唐宋，唱和之风鼎盛，达到较高水平，涉及文人面也较广。唱和的风行不仅切磋技艺、增进感情，亦可反映一定的社会生活及文人活动。石刻中的唱和诗文多在相同的时空兴起而作，当相近经验或是追慕效仿的唱和者面对同一时或同一地的情景进行唱和并附之于具体情境时，更能调动参与者的所感所为，创作出趣味相同且情景交融、旨趣相似的佳作。

桂林龙隐洞有一摩崖石刻记录了唐人的唱和活动，此为刘崇龟因过桂林访张濬而有唱和，这组唱和诗摩崖为最早的唱和诗石刻。摩崖刊于乾宁元年（894），高50厘米，宽80厘米，正书，字径约3厘米。摩崖全文为：

  山居洞前得杜鹃花，走笔偶成，因别桂帅仆射，兼寄呈广州仆射刘公。河间张濬。

  幄中筹策知无暇，洞里观花别有春。独酌高吟问山水，到头幽景属闲人。

  伏蒙仆射相公许崇龟攀和杜鹃花诗，勒诸岩石。

  伏以崇龟本乏成章，翘恐绝唱徒荷发扬之赐，终流唐突之爱，将厕廷觐，光叨荣被，谨次前韵，兼寄呈桂州仆射。前岭南东道节度使检校右仆射刘崇龟上：

  碧幢仁施合洪钧，桂树林前信得春。莫恋花时好风景，磻溪不是钓鱼人。

  乾宁元年三月廿七日，将仕郎前守监察御史张岩书。

因石刻残泐严重，字迹多模糊，该诗录文有多种版本，如明黄佐《广西通志》，《全唐诗》收刘崇龟《寄桂帅》，《金石续编》及《八琼室金石补正》等皆有收录，今桂林市文物博物管理委员会编撰《桂林石刻》三卷本内部资料、日本学者户崎哲彦《桂林唐代石刻的研究》中辑录考证亦有区别，秦冬发《〈张濬刘崇龟杜鹃花唱和诗〉辨识始末》更是根据拓片和石刻照片对比论证字迹，又从字词语义、石刻本事等多方面详加论证辨别。各个版本对于录文存疑辩证主要有："因别"与"用别""以别"；"观花"与"相花"；"何人"与"诗人""闲人"；"任施"与"红苑"；"信得春"与"倍得春""信有春"等，在综合各种版本的基础上择以上录文以记。

张濬，字禹川，河间人，性通脱，知书史，喜高论。张濬一生宦海里起起落落，早前不得志，乃屏居金凤山学鬼谷纵横术，欲以捭阖取贵仕，后以枢密使杨复恭遇之，以处士荐为太常博士，其后拜兵部郎中、谏议大夫、都督判官，受贬后又复启用，官至左仆射。刘崇龟，字子长，咸通六年（865）进士擢第，累迁起居舍人，礼部、兵部二员外，后入朝为兵部郎中，拜给事中，迁左散骑常侍、集贤殿学士、判院事，改户部侍郎，检校户部尚书；出为广州刺史、清海军节度、岭南东道观察处置等使。唐乾宁元年（894），张濬因妄议军事，并出师失利，被贬至广西绣州(今桂平县)司户参军，《旧唐书》载其"行至蓝田关不行，留华州依韩建"，其后一段时间史籍无载，但《北梦琐言》载张璘于乾宁元年到桂州谒见"连帅张相"，连帅当指节度使、桂管经略使，而张相应即张姓宰相，亦即张濬，并且根据摩崖唱和诗所记，张濬当时应在桂林，且受到了桂管经略使周元静的款待，并在龙隐洞前小东江畔暂住了一段时间。期间正值春季，两岸盛开的杜鹃花令人赏心悦目，张濬情不自禁走笔偶成得杜鹃花诗一首，用以告别周元静并兼寄呈广州仆射刘崇龟。

诗名为咏唱杜鹃花，实质上却是对戎马生涯与宦海沉浮的精神写照，一劝要为诗人，一勉要以时任为重，不可徒误风月，看似咏杜鹃，其实有寄托。张濬作此诗时正值宦海低潮，或为桂林春日山水所感，逃避现实、归隐山林、独酌高吟之叹油然而生，遂作诗以抒怀。崇龟收到此诗后次韵和诗一首，诗言"莫恋花时好风景，磻溪不是钓鱼人"，劝慰张濬不要消沉于山水之中，且以姜子牙磻溪钓鱼遇文王的典故来宽慰张濬，希望他振作起来。刘崇龟的诗寄到桂林时，张濬或已离开了此地，周元静遂请将士郎前守监察御史张岩书刻于龙隐洞的岩壁之上。优美诗文与情谊交流背板是社会大动乱，桂帅周元静不久后亡于藩镇割据的战乱中，张濬虽欲重回相位，迫于政敌与时局压力终退居山墅，被将图篡代的朱全忠派人暗杀于家中。诗文刻石12年后，唐亡，但这一诗文及其刻石依然流传，其背后的历史人文也被记载。

同时，诗刻序文记载的人物官职又反映出了唐代特别而又复杂的任官形式，这些不同的任官称谓有着不同的适用范围和任用性质，其背后都隐藏着深广的社会内容。诗歌序文中提到了"桂帅仆射""广州仆射""桂州仆射""前岭南东道节度使检校右仆射""将仕郎前守监察御史"等官职身份。

唐代官制分为中央官制、地方官制、少数民族政权的职官制等几个方面，其政务机关、事务机关职责分明，监察机构完备，还有完备的品阶勋爵制度，如《新唐书·百官志》言"其辩贵贱，叙劳能，则有品、有爵、有勋、有阶"。地方官制方面，唐初依隋旧制，地方上有州（郡）、县两级，唐代中期出现府、道。州的长官为刺史，诸如唐时广西长官称为桂州刺史。唐代开始设立了地方军政长官，即节度使，初设主管军事、防御外敌，唐朝天宝后，又兼所在道监督州县之采访使，集军、民、财三政于一身。唐玄宗开元年间，设立了碛西、河西、北庭、陇右、朔方、河东、范阳、平卢、剑南、岭南10个节度使。其中，岭南节度使在唐肃宗至德元年（756）前称为岭南五府经略使，后升经略使为节度使，治所在广州。唐代后期常以仆射为节度、观察等使的加官，用以表示其品秩的高下。仆射，仆是"主管"的意思，古代重武，主射者掌事，故诸官之长称仆射。唐宋左右仆射为宰相之职。所以此摩崖中的"桂帅仆射""桂州仆射"应皆指时广西长官周元静。

另一方面，古代的任官形式又在官称或职事的前面或后面加上某种特定称谓，以表达不同的任用性质。在唐代，有行、守、兼、试、摄、知、检校、直等加在前面，这些不同的任官称谓有着不同的适用范围和任用性质，其背后都隐藏着深广的社会内容。检校，即审查核对、核实详细解释、查核察看。唐代职官制度中的"检校"一词，前后使用区别甚大。初唐"检校"通常指"代理"，或者指肩负某种临时的使命。"检校"官后渐次形成了一套用以起到作为本官以"假借官资"、安抚叛将军阀、酬奖军功、虚衔饰人等主要用以表达恩宠而不具实权作用的"检校官"体系，是一种荣职。所以在此摩崖中，刘崇龟的官职身份"广州仆射""前岭南东道节度使检校右仆射"是地方最高长官，又兼含恩宠荣誉其中。

而摩崖的书刻者张岩所署官职"将仕郎前守监察御史"亦颇复杂。首先，古代以散官表示官员等级，有官名无职事的官称，隋唐时始分置文、武散官，唐设置了自开府仪同三司至将仕诸郎从一品到九品共29阶的文散官。"将仕郎"为最末的从九品下阶。监察御史主要为负责记录的史官、秘书官，本为史官，由于掌管记录、收受和保管文件，往往成为国君的耳目，带有监察性质。唐代监察御史为正八品下，分掌台院、殿院和察院。官职加前"守"，即表示官员所担任职事官的官品高于该官员所带散官的官品、超过一阶时，则保留所带散官，结衔中加一"守"字以表明此状态。

摩崖诗刻全文字数仅 100 多字,涉及人物 4 人,官职身份不同,却基本反映出了唐代官职的基本制度情况,以刻石的形式将唐代官职文化流传于山水间。

综合以上,史籍中无张濬、刘崇龟等人的详细交游记载,但石刻提供了考证交游的文献。从其唱和活动的记载与官职文化的反映或可推断参与者之间的交集,张濬与刘崇龟的唱和、周元静与张岩的中介与书刻等交游活动或基于同属某一地域的官场,虽职务官阶不同,但缘职事相联,又因诗而加深交流,也反映出文学活动对于文人仕宦之生活与精神之影响。

第二章

宋代石刻

第一节 发展概略

　　广西石刻的充分发展是在北宋及以后的南宋，南宋发展最为充分。《宋史》卷三百四十五记载："浩得罪，昼迎诸涂。浩出涕，昼正色责曰：'使志完隐默官京师，遇寒疾不汗，五日死矣。岂独岭海之外能死人哉？愿君毋以此举自满，士所当为者，未止此也。'浩茫然自失，叹谢曰：'君之赠我厚矣。'"人称"道乡先生"的邹浩途经灵川滑石泉留诗《滑石灵》一首，明代万历年间，邹浩同乡蒋一葵将滑石泉更名为"道乡泉"，以邹浩的诗留记，撰文刻"道乡泉碑记"石碑，将碑镶于"道乡楼"墙上。宋代金人南下，宋金分治，南宋的文人为官地域范围被压缩到淮河以南，于是文人官员多被委任广西。这些官员以及随行幕僚挟家眷，带亲属，甚至引朋呼友进入广西，一时广西文人聚集，名士成群，他们被委派至广西各地做官管理地方，以主人公的姿态，推广文教事业，移风易俗，发展农业，与当地百姓亲密相处，共建家园。广西的经济获得了发展，地方文化有了长足的进步，培养了不少本地文人。比如当地人张仲宇，南宋绍兴年间以文词名于世，与同郡石安民相互推重，发展本地的文化事业。张孝祥、张栻、范成大先后宦游静江府，与张仲宇多有交往。

　　广西文化得到前所未有发展的同时，广西石刻也得到了突飞猛进的进步，主要体现在四个方面。

一是石刻存在的地域快速扩展。唐代以及前代几百年，广西碑刻多集中在桂北，主要是柳州以北，特别是桂林地区，其他地区虽有，从《舆地碑记目》《粤西三载》的记载以及今日所见而言，桂林之外极其稀少，每一个州郡也仅有一两件，如钦州的宁氏碑，上林的韦氏碑等一两件而已，且多为一般人制型碑刻而少摩崖。到了宋代，一方面桂北地区石刻继续发展，无论数量还是质量都有了极大提升，仅桂林已有五百多件，基本是摩崖，较唐前已增长十几倍。桂林以外的县市也有了很大普及。如容县张白《题都峤山诗》，又有曾晋卿、花去华、彭亚之、王诚之、欧阳等题名；全州有邓均《题名记》；兴安有李邦彦《大丞相李公书三洞记》；灵川有陈邕《海阳山神侯爵记》；阳朔有莫奭《应城庙碑记》；平乐、藤县、北流有《丞相卫国李公上西岳书真迹》；永福有史渭绍定己丑（1229）间题百寿字图；平乐、柳州有蔡仲兴《马鞍山题名》，曹现、周睿鱼峰山、马鞍山题诗题名，有赵师邈《重阳日与同僚登仙弈山诗》《三相亭诗并记》；鹿寨县有蒋琏题记、方信孺《题鹿寨西祖岩》；融水真仙岩有北宋太宗皇帝题榜书"精忠""瑞云""西江"，张孝祥的榜书"天下第一真仙岩"，李宗仪、李惟德真仙岩题记，谭允撰、太原廖成书的《新修五百罗汉佛像记》等。宜州有黄应德《铁城记》《铁城颂》，潘助的白龙洞造像记、龙管资刻普贤菩萨造像记等，其中《供养释迦如来住世十八尊者五百大罗汉圣号》是今存最早的五百罗汉记录，《婺州双林寺善慧大士化迹应现图》规模大，观赏性也强；贵港有王安中、陈说、赵公甫、公申等南山寺题记，还有《南山主持题名记》之类。玉林、博白、北流有知琼州军州事、尚书都官员外郎王越石等唱和诗，刘谊、许彦先、谢宏、冯彦辉、冯寅勾漏洞题诗题名；横县有何先觉《跋刻夫子杏坛图》；钟山有蒋燮《碧云岩记游》、赵善政《碧云岩记游》；富川有《唐富八碑文》；南宁有邓容作《南宁府学记》、余靖文《太宗平蛮碑》；昭平有《邹道乡祠堂记》《五瘴说》《得志轩记》等。就是偏远的灵山县政和间已有知琼州事郭晔题《三海岩记》，岳霖有题《过灵山述怀》诗。应该说广西多数县市在宋代都有石刻发展，特别是宜州、融水、贵港、北流等地已经有不少名人作品。

二是石刻的内容逐渐丰富。唐以前石刻的内容主要集中在佛教、墓志铭两大方面，记游的、记述征战的虽有，却比较少，宋代开始后，这两项内容都有大的增长。另外，官方文告、私人契约也以碑刻的方式出现。如桂林隐山张仲宇代范成大作《谕葬文》《举葬文》，李付的《劝农文》等。再有教育类石刻如《鲁师道重刊吴纯臣释奠牲币器服图记》以及各种学记。此时，文学类的内容更是丰富，多描山摹水，写景抒情。

三是石刻文献的文体渐多。唐及以前，广西石刻主要是文和诗、题记。宋代开始，词、曲、铭、赋、小说也出现在石刻中。如朱希颜《南歌子水月洞词并记》、梁安世的《乳床赋》《题还珠洞试剑石词》《七星岩词（西江月）》、易袚的《真仙岩赋》等等。其他文体，还有如道信的《法坐圆成赞》，方信孺的《古相思曲》，欧阳辟的《遇仙记》《碧桂山林铭》，蒋卓的《石堂歌》之类，可以说传统文体在宋代广西石刻已是应有尽有。

四是名人名作大量出现。宋前名人、名作有限，名人只有如柳宗元、韩愈、韩云卿、元结等，名作主要是桂林的《平蛮碑》和上林的《大宅颂》。至两宋，这两类石刻名作名家如林，精品迭出，摩崖遍地。除陆游、范成大、张栻、方信孺、米芾等名家作品外，其他又如融县真仙岩宋徽宗的题字、张孝祥的题字，司马光的曾孙司马备刻范尧《布衾铭》以及司马光所书《家人卦》，黄庭坚后裔黄杞刻黄庭坚诗，韩琦的后人韩休卿跋刻摩崖韩琦书杜甫《画鹘行》，黄应德的《宜州铁城记》，佚名的《宜州铁城颂》等。这些石刻或内容经典，或文学、书法、雕刻艺术成熟，或在形制上规模宏大，确实多摩崖中上品。

第二节 宋代石刻的内容

相较宋代以前，宋代的广西石刻数量大，文体丰富，形式多样，用途广泛，内容也更加丰富而全面。其内容主要包括社会政治与民生、宗教、儒学与教育以及文学等。

一、政治民生类石刻

至宋代，朝廷对广西的治理日益加强，这一点在石刻中亦有体现，即广西记述有关国家大事的石刻较唐代增多，内容也更广泛，涉及军事、党争、地区建设等，可见人们对于石刻功能的进一步认识，以及社会对石刻的广泛、充分利用

（一）记事碑文

1. 记军事政治

记军事的石刻主要有北宋孔延之所撰《瘗宜贼首级记》、狄青的《平蛮三将题名》、余靖的《大宋平蛮碑》、宋徽宗的《崇宁癸未奖谕敕书》、黄忱的《平南丹寇记》；南宋郭衍的《沙世坚招抚茅难莫文察碑》、佚名《桂林撤戍记》等。

孔延之，孔子第四十六世孙，宋庆历五年（1045）任钦州军事推官。《瘗宜贼首级记》写于庆历五年，记载了庆历四年（1044）杜杞平定区希范、蒙赶之乱的事迹，及掩埋乱军首级封土以为京观之事。

狄青，山西临汾人。皇祐四年（1052），朝廷命狄青以宣徽院使、彰化军节度使、都大提举广南东西路经制盗贼事，征讨侬智高。狄青讨平侬智高，回师经桂林，遂将参与平蛮的主要文武官员姓名刻石于龙隐岩以记功，是为《平蛮三将题名》，高355厘米，宽235厘米，今日还如新镌：

> 大宋皇祐四年夏，蛮贼侬智高寇广南，陷十二郡，据邕州。其年九月，诏以枢密副使狄公统兵南征，号二十万。明年正月己未，与贼战于邕之归仁，大破之。翼日复邕州。贼之余党遁于铜柱之外。二月丁亥，班师至桂林。诏换河中旌节，召还枢密。从行将佐文武官二百三十一员。今记将官已下姓名于左：
>
> ……
>
> 其年二月，曲赦广南东西路，甄劳能，减租赋。其死事者，给棺殓，录子孙。溪峒首领不从贼者，悉加恩赏。又宣德音荆湖江南，询疾苦，蠲赋役，杂犯死罪已下，并从虑减。四月，又诏以青为枢密使，孙沔授给事中枢密副使，余靖迁工部侍郎，石全彬授宫苑使利州观察使，孙抗授司封员外郎，宋咸职方员外郎，朱寿隆考功员外郎，高惟和左藏库副使，王遂而下，定功为五等，第一等者，转官五资，余增秩有差。

该文简略记载了朝廷的平蛮事迹及平蛮之后对广南东西路的治理过程。如赦免广南东西路，根据功过减租赋；因战乱死事者，给棺殓，录用其子孙；溪峒首领不为叛乱者所用的人，都给予一定的奖励赏赐；又对荆湖江南地区的人民询问疾苦，蠲除赋役，杂犯死罪已下，也都给予减免处分等。

描述平蛮历史最为详细的是余靖的《大宋平蛮碑》。余靖，广东韶关人，从皇祐四年（1052）至嘉和年间多次知桂州。皇祐五年（1053），余靖领兵与狄青共同平息侬智高叛乱，事平升任工部侍郎。因摩崖记功，是为《大宋平蛮碑》，摩崖有序有颂，详细记录了平定侬智高的起因、过程与成果，与《平蛮三将题名碑》可谓姐妹碑。其文如下：

圣宋体天法道，钦文聪武，圣神孝德皇帝在宥之三十一年，大宇之内，海渚之外，毡裘卉服，罔不率俾。粤五月，蛮贼侬智高寇邕州，陷其郭。贼虐衣冠，驱虏稚艾。遂沿郁江东下，所过郡县，素无壁垒，倏然寇至，吏民弃走，因得焚荡剽钞，无所畏惮。乃攻围广州五十余日，不克，大掠其民而去。然所存者官舍仓库而已，百年生聚异域珍玩，扫地无遗矣。国家于岭南不宿重兵，故贼起三月而后师集。蒋偕、张忠，素号骁将，相继覆没，由是畏懦者望风溃走，贼锋益炽，逼连、贺，毁昭、宾，再穴于邕矣。

驿音继闻，上甚忧之。枢密副使狄公青以为将帅之任，古难其才，若再命偏裨，事一不集，则二广之地，祸炽而不解矣，亟自请行。天子嘉之，遂改宣徽南院使荆湖南北路宣抚使都大提举广南东西路经制贼盗事。九月拜命，既授禁旅。仍启以旧镇骑兵荆湖锐卒从行，十二月至桂林，督部伍，亲金鼓，然后兵知节制矣。明年正月甲辰，至宾州。先是，钤辖陈曙领步人八千溃于昆仑之关，公推其罪，首斩曙及佐吏以下三十一人，然后人知赏罚矣。兵将股栗，咸思用命。是月己未，引师至邕城，一合，贼悉其徒以逆战。公之行师，虽仓卒道途，皆有行列。贼至，驻先锋以接之，公凭高望，撝骑兵以翼焉。贼徒大败，追奔十五里，斩首二千二百余级，生擒五百人，尸甲如山，积于道路。伪署将相死者五十七人。是夕，智高焚营自遁，复入于蛮中。

先是，命湖南、江西路安抚使枢密直学士孙沔、入内押班石全彬过岭，与广西经略使余靖同共经制东西路贼盗，故命公都大提举。然孙、石赞谋而军中悉禀公之节制。贼之再据邕也，农者辍耕，商者辍行，远迩惶惶，不聊其生。及公之拜命也，朝野之论，中外骧然，以方召之才，兼机轴之重，出翦狂蛮，无噍类矣。

贼之巢穴，曰广源州，交趾之附庸也。父为交趾所戮，遂弃其州，奔南蛮界中，渊薮悖愎，以僭称号，自名其居曰云南道，又曰南天国。再名其年曰景瑞、曰启历。杂名其左右之人，自侍中、开府已下署之。其主谋者黄师宓、侬建侯、侬志忠等战殁于阵。未有剪其羽翼而能飞，刳其腹心而能全者也，故宵遁矣。

呜呼！智高之谋，十余年间，招纳亡叛，共图举事，十余月间，连破十二郡，所向无前，夫岂自知破碎奔走，在于顷刻之间？乃知名将攻取，真自有体哉！

二月甲戌，改乘辕，其月丁亥，至桂州，诏徙护国军节度，复以枢密副使召，仍曲赦岭南民得休息矣。遂磨桂林之崖石，以书其勋，其词曰：

有宋之大，天覆地载。四海正朔，百蛮冠带。蠢兹狂寇，起乎徼外。父戮于交，迅死獠寨。招纳亡命，浸淫边害。边臣罔上，习尚以懈。卒陷邕郭，乘流东迈。志图全越，肆其蜂虿。广城言言，梯冲附焉。攻之五旬，掠民而旋。贼锋一至，千里无烟。还据于邕，五岭骚然。天生狄公，辅圣推忠。情存义烈，志疾顽凶。请缨即路，仗节临戎。英材遴集，猛将风从。贼之敢斗，实为天诱。来迓于郊，奋丧群丑。当我摧锋，易如拉朽。僭补伪署，丛然授首。羽翼既剪，心腹既刳。虽欲自举，人谁与图。焚庐而去，回巢以逋。六亲不保，曰献其俘。厥惟邕边，南国之纪。九峒襟带，列城唇齿。险固一失，兵粮无恃。庶民茕茕，鸟惊兽散。我公之来，电扫云开。叛蛮斗破，纲领重恢。师成庙算，民得春台。天声远振，德公之瑰。

该文较《平蛮三将题名》对平蛮之事的记载更为详尽，从侬智高招降纳叛的焚荡剽钞，无所畏惮，吏民弃走，因得建国号，立伪官，不可一世起，计日而叙。摩崖谋篇布局、铺垫渲染、衬托对比，以素号骁将的宋军蒋偕、张忠相继覆没，写侬智高"十余月间，连破十二郡，所向无前"的"贼锋益炽"、势不可挡，一旦狄青用命，一役间，侬氏伪署灰飞烟灭。文章写出了狄青"名将攻取，真自有体哉"的不世功绩，是篇很具文学色彩的记叙文。

南宋时期，广西记战事的石刻以南宋郭衍的《沙世坚招抚茅难莫文察碑》为代表。该文记载了广西路副总管世坚招抚莫文察，平定思恩、河池等地僚酋的叛乱及修建城池以备边患的事迹，南宋广西一带的政治情况于此可见一斑。

另一方面，宋代的记事石刻中还记载了宋代政治上的党争历史。

北宋徽宗时，蔡京专权，把元祐、元符间司马光、文彦博、苏轼、黄庭坚、秦观等三百零九人列为奸党，将姓名刻石颁布天下，后徽宗下诏毁其碑。后只有广西还存有相关碑刻，为饶祖尧于南宋庆元四年（1198）据梁律家藏旧本重刻，摩崖于桂林月牙山龙隐岩，并有跋，是为《跋刻元祐党籍碑》。该石刻是非常珍贵的历史文献。跋文如下：

世之是非，未有久失其当者。所谓公论，天地并存，日月并明，亘亿万年，矛盾驰互，此脉终不可乱。欲势力变置之，有是哉？元祐党议，徽宗固随感悟，高宗亦继昭雪。观国史谓实录及论公家仪等书，大氐有考。庆元戊午，备末掾桂林，始获识左丞梁公之曾孙府铃辖律，爱其有前辈风度，相与光暄。改日从容及籍中名氏，因谓欲刻诸石，使报传夫前此一时之屈，而后此万世之伸，其所得孰多？然惟是，焉计浅之为丈夫耳，非所施于昔贤。特碑苟无恙，彼小人者有所瞒惠，其污蔑君子，本以利已，浮说定罪，恶反易位。而至于我生遗家祸，死贻鬼诛，盖至严其邪心，要必少浚明斯举也，似不无补。岁九月旦。

另一块碑是沈暐于南宋嘉定四年（1211）"以家藏碑本鑱诸玉融之真仙岩（即今广西融水苗族自治县真仙岩）"。沈暐，吴兴人，嘉定四年任融州知州，因其曾祖沈千名在党籍，遂刻于融州任上。此碑亦有沈暐的跋文，是为《沈暐重刻元祐党籍碑》。洪武三年（1370），广西按察佥事胡寿昌出巡柳州，"闻元祐党人碑在融州山谷，捏出碎之"。碎碑之事在《明史稿》、明郎瑛《七修类稿》、金鉷《广西通志》等文献中多有记述。那么，现藏融县博物馆的真仙岩《元祐党籍碑》已非宋物，实沈碑碎后之再刻，时间当在洪武三年之后，今国家博物馆展览的拓片即是。

2. 记地方建设

（1）城池建设

宋元时期，伴随着广西一些少数民族的归附及守边之需，广西地区建设也开展起来，进而记载地方建设的石刻也多起来。宋代记地方建设的石刻主要是州城的建设石刻，如北宋李彦弼的《大宋建筑隆兖州记》、张庄的《崇宁新建平允从州城寨记》，南宋黄应德的《宜州铁城记》、公立碑《李曾伯纪功碑》、朱禩孙的《建象州城记》、章时发的《静江府修筑城池记》《修筑桂州城图并记》、陈士宰的《临贺修城记》，等等。这些石刻是研究关于广西地区建制、沿革、城池拓展变迁、朝廷民族政策的宝贵资料。以下试举几例以了解其况。

首先是李彦弼的《大宋建筑隆兖州记》。李彦弼，字端臣，庐陵（今江西吉安）人，宋元祐六年（1091）进士，建中靖国元年（1101）至政和七年（1117），以奉议郎通判桂州兼管内劝农事。李彦弼在桂林长达15年时间，对桂林城建、文化多有贡献，在桂林多处留有石刻。《大宋建筑隆兖州记》作于政和五年（1115），刊于桂林屏风山屏风岩。该文记述了邕州（今南宁地区）地理位置之重要及其周边地区少数民族的归附，集贤殿修撰程邻被委以桂州知州任，将归附之地建为二州五砦，授官班爵、系职入籍、修缮城池、充实府库、开设学校。从该文还可以看到宋代朝廷实施"一视同仁"的民族政策所取得的成绩，以及中原文化在少数民族地区的传播。其文如下：

盖闻天子有道，守在四夷。中国有圣人焉，灵承骏命，体道以光临。旋斡乾坤，笼络宇宙。执象而天下往，守朴而万物宾。殊类稽首，遐陬向风。图山川以为我疆理，阐墉壑以为吾金汤。纠种族以肩圣氓，属梯航以翱寿域。兹固其所。

宋重熙八叶，圣人秉至一，照太清，敷皇猷，雺滂睿渥，文声之所陶沐，义威之所驭沓。薰华被夷，云闱星晖，凤仪兽舞，亘尺寸之堪舆，罔不譬日月之荣光，酿阴阳之溥和。鼓舞乎风霆之震薄，瞻仰乎河汉之昭回者矣。夫蠢儶大邦，载厥《诗》雅。噬螫吾鄙，创痏吾民。兹浩古所病也。乃今屈膝款塞，籍疆请吏，顾无惊边而杌士，乃有千城而固圉，岂不端为盛时休谨？案邕州古□化外，溪洞所列，州县株蟠，带萦环接，外界中联，省地如自杞、宽、乐、马、蒿等州，缀夜郎、牂柯、巴蜀之境，西连大理，南彻交趾，旁介毗那，遥距南诏，其余波罗坛诸蕃，错以犬牙，缭以鼠穴，深探其渊而侩之，凡为州县四百五十余区，幅员几周万里。雨皋烟芜，土壤毛沃，饶桑麻穀粟之资，毓金银铜铁之宝，伙毡毯布马之货，趋密麝盐砂之商。气候得中，无瘴疠岚疟之淫苦；风声差爽，有涂路言语之交通。厥民以忠义信好相尚，刻竹火书，以为要结。然而其人常胁息苟安，不能自嬉其生。何耶？盖缘瓜剖豆袪，自相长雄，猖凶猰黠，更镆干而脔鱼肉，汹汹匪宁厥居。惟是倾心企踵，仰思圣人之国，愿为王者之民。

神宗元丰之化，浃洽炎海。当是时，诸蛮已启纳土归顺之志。圣上缵烈考之睿明，恢无外之神，化岭海之裔，斑斓之宗，竞输诚而僕招纳，愿入贡而即羁縻。于是武经大夫权知宾州黄远，政和三载闰四月，抗章以铺建辟之功，条利害之源，谓无染锷，拓土无倪。遂乘机会，揉以德意，疏以利门，援而禽之。酋豪靡然操铜印百五十余枚，以为赟验，经略安抚司剡状以闻，而公卿总议，以谓："来莫御，去勿追，三代所以待四夷也。彼自挈而来，吾因抚而有此，不忘远无此疆之义也。圣上访道空同、具茨之表，凝神蜗蜎、蠼濩之虚，旷然以天下为度，一视而同仁，庙堂之上，论道宗工，乞言大老，夹宸极而斡鸿钧，聚元精而禅至德。一心既协，万国自宁。"乃诏以集贤殿修撰。鄱阳程公邻知桂州，行经略安抚司事。程氏世抱忠孝、为时闻，家先政宝文公，帅桂垂十稔，威勋兼茂，群蛮詟伏。修撰公挺奇庞□艾之姿，负显允塞渊之器，是为宝文公子矣。遭遇圣知，来继父政，光开将闻三十余城，兵民重寄，端在掌握，夙夜匪遑，蕴忠宣谋，图以报上。于是诏漕台宪司常平使者，戮力亿贽，以襄厥役，命广州观察使黄璘，同参措置忠州团练使李坦，专提统制，众髦并奋，据其要冲，建筑二州五砦，春锸云骧，板杵雷动，众心成城，百雉俄踊。首功于政和四年甲午之冬，迄绩于政和五年乙未之春。凡所录州县、镇、洞、村、团隘一千三百七处，丁口五十七万四千一百余人。鼎收赋税金穀毡马等物，每岁各以一千六百有奇为定式。纳土渠长各补授印官，班爵秩，宠以衣袄、冠带。新民系职方籍者，以盐彩、牛酒充其犒赉。圣恩涵濡，远情大震，兴隆山置州，赐名隆州。万松坡置州，赐名宛州。五砦以金斗、凤怜、安江、忠玉、朝天名之。二属县以兴隆、万松名之。楼观岩嶤，沟池濬清，充实府库，开设学校，去马来牛之混同，障烽亭鼓之灭卧，盘石巩固，永为边藩。于戏！伟哉！兹岂人力？盖天相之也。

昔伏波将军马文渊提军深入，极九真、交趾之境，耸铜柱以标汉界，想其意气之盛，可谓壮哉！然而师老财匮，仅以立功，犹足以抗威稜而辉竹帛。今都督程公遵庙算，研将略，碧油垂阴，裘轻带缓，寸兵不试，斗糇无扰，而飚驰席卷，炎区底定，岂非阅礼乐、敦《诗》《书》明效耶？夫中国，太阳也；四夷，众阴也。阳动而阴趋。中国，腹心也；四夷，手足也。腹心固而手足举。圣人在上，四夷绥怀，自为守边，此盖众阴之顺太阳，手足之应心腹也。关通天下，一气也。圣人假以精真，变以和平，则狼心易慈，鴂音变好，混为一致，还于道枢。盖圣人法天之道不可知，善胜故也。夫有苗弗率，舞干羽而格之。干虽为自卫之兵，未免乎执兵器以示人也。氐羌之畏，莫敢不来享，莫敢不来王，未免乎宣威以服人也。崇国不庭，因垒而降之，未免乎乘其垒而后降伏也。南征蛮荆，马鸣萧萧，虽动而静，旆旌悠悠，不疾而速，有闻无声，未免乎攘一狄而复境土也。圣上处事法宫，与道为谋，云行而雨施，神动而天随，兹所以端拱一堂之上，而四方万里之远无不景从者与？都督程公有美弗居，撝谦不伐，适缘文圃，博有词人，虽惭请缨之杰，敢效勒铭之英，抽毫进牍，以命仲宣，将以扬闳休于一人，垂景铄于万年。辞曰：

鸿区块北，中运宸极，枢八纮兮。圣执大象，旁烛霄垎，灿日星兮。摄蛮括夷，大同溟津，荡无名兮。圣皇睿知，道通为一，照太清兮。南陬炬爀，朱光烂兮。蛮潜獠宅，缤判涣兮。喈陲斧岷，恃峏海兮。皇文圣武，夐来远兮。道滂德弥，铿韶率舞，洞炎方兮。冠椎带卉，狼迁鸦革，呎𣏌香兮。卷疆曳踵，警严边析，拱天光兮。遂荒骆越，亘遥屏兮。戈韬弧戢，揉群犷兮。芒芒照域，囊壹土境兮。天子万龄，燕龟鼎兮。

其他如张庄的《崇宁新建平允从州城寨记》。张庄，应天府（今河南商丘）人；宋元丰三年（1080）进士。牂牁、夜郎于崇宁四年（1105）重新归附于宋，张庄于次年被委任以广西转运副使，辅佐经略安抚使王祖道完成归附地的建设工作。《崇宁新建平允从州城寨记》即记载其事。

再有黄应德的《宜州铁城记》。黄应德，临川人，宝祐三年（1252）经略使胡宝文为防边患，派武经大夫云侯在宜州险要之地筑城墙，在城内修缮守备之所、储存守备之资。新城修成之后，时任通判静江军府兼管内劝农事的黄应德将其事记载下来，是为《宜州铁城记》，刻于广西宜州市龙江东岸。

再如朱禩孙《建象州城记》。朱禩孙（1214—1280），四川阆中南山人，宋淳祐四年（1244）进士。景定元年（1260）初，以右文殿修撰知静江府兼广西经略安抚使，著有《南山遗集》。《建象州城记》记载了象州州治于景定二年（1261）移到蓬莱一事。摩崖今存来宾蓬莱州。

再如章时发的《静江府修筑城池记》。章时发，九华（属今安徽省青阳县）人。宋咸淳中知惠州，迁广西提举常平，协助经略安抚使胡颖修静江府城，撰《静江府修筑城池记》刻于鹦鹉山。该文追述了桂林从无城到有城，从子城到旧城，从旧城到新城的历史。桂林城筑城沿革始末颇为明晰，诚如文中所说："迹城筑沿革之始末，可以观世变矣。"我们的确能从章时发的记载了解到，桂林自秦汉时期籍于版图，至南宋时期为备边患而扩建加固，这期间历朝治桂情况及边疆政局。其文如下：

设险□□易□□□□□浡至有重习之义焉。桂城，西南一大都会也。自昔以来，城凡五筑，狭而斥之广，瑕而斥葺之坚，由重门击柝以卫民，至襟山带河，以立天险，迄于今，撑表拓里，乃始大备而无有偏。而不起之处，此为浡，至习坎之象，信乎金汤百二之利也。呜呼！上下千百年间，迹城筑沿革之始末，可以观世变矣。南粤之域，秦汉时长抚远驭，未尝不在疆索中也。陆大夫之使南，虽藩贡之，而不以兵。两伏波将军之征南，虽郡县之，而不以城。至唐则外欲冠带百蛮，内欲屏扞诸夏。李卫公于此时，乃筑今之子城。桂之有城，自此始。逮我本朝仁庙时，中外方义安而侬贼扰二广，余襄公又筑今之旧城。先皇帝时，鞑为中国患，闯六诏为腹心忧，乃命制臣增筑，未几而虏寇吾疆场矣。狡焉戎心，虽不得气，而岭之南北，所过创夷。赖皇威远畅，事变亟定，嗣是为经帅者，又因旧而增筑之。然而括形胜之全，控要害崇深之势，遇亦未尝大作规模，植千载不拔之基址也。今经帅胡公金钺再镇于兹，慨然周览，而有感焉，乃展宏规，审曲回势□□丘陵以为险，列城郭沟池以为固，趋□形奄上游，外绝乘高下瞰之隙。于是制胜之道，以备观变，立防之画，以周其用。意亦深□。盖自世变推迁，日以不古，而戎患因之，以极北毡裘之虏，狙伺乎极南雕题之区，变出于昔人之所未尝，则吾之设险守国，亦必增益旨。今之所未备，逆其未然，而为思患豫防之计者，智之事也。因其已然而为深根固本之谋者，仁之术也。故君子尽心焉。公于咸淳年间尝转班奏对，首及西南事宜，谓鞑负戎马足，将夺江源道，诸蛮窥吾广右，彼利其骑战之技也。吾必有以制之。惟内城桂□本，外城苎宜以为扞蔽，贼来，进不得战，去则乘其敝击之，坐胜之策也。又八年，谍报荐，亟朝廷用公，议攉公为广右帅□□道□□□副，乃戒封人，虑事顾初，是什三，而功不及究。又四年而开庆之变作，时议始叹公前疏之验，而恨前者之□□□□□。今天子在御，元勋枋国，复命公为广右帅，亹亹□伯王缵之事，公实任焉。由是若□厥□□□□曩之建□，载之行事，曩之经之营之，今且不怼于事矣。夫□恃可与乐□□与虑始，及其玉也，将亦有时数乎？□□□□□后厥鉴，既近□虑益远，操心□□不危，计安之策，不得不尽，此智之□而仁□固□乎其间矣。公之□镇也，时发适□，见□□□，从公登陴，一再寓目，见其度地，植表缩版以载，首尾相应如常，□□此灰□□置之□也。已而雉堞总亘，巉崖云矗，其下绩积水而堑，累石而防，斗绝窅深，引睎莫究其极。殆未造此□而□作之□如高□□□虬龙虎豹出没变化，可望之□则□其折□□难之远也。然事辑于成而用度不请于朝，土物不贰于民，不役于□郡节□以□贯，损私以益公，以身□□以□□□□□之□诵其功，梧而力裕，而公□设□要，自有本末先后之道，得窥其际也。初，□□之□或卒率寄民家，客□□袭□□既展□□□□首建，军民按堵，各以其□□□和叹呼，过□□袷

□保□城，城保于德□□□□□□□□伐□□□□□□□□
文□□□□咸淳五年之八月，遇非时□□□于庚午之三月督战，
□□□□□□□□□□□□□石□□□之□战□□□□□□
当。公名颖，字叔献，长沙人。□□□中大夫□吴熙□撰□□□□□□云
是□□□□□□□□□□□□□□遣庸□□□提点刑狱□□□提举□□□路
常平□□借紫章时发记□□□□□□□西山□□□□□□

鹦鹉山另有《修筑桂州城图并记》，摩崖于咸淳六年至咸淳七年之间（1270—1271）刊，可与《静江府修筑城池记》参看。该石刻的图与文两部分相辅相成，非常准确地向我们展现了桂林城城池变化情况和新城的规模，这是现存尺寸最大、最具有规模的宋代城防图。元代至正年间，桂林城再次被修缮，杨舜民的《修城碑阴记》对此有详细记载。

（2）民生基础建设

广西宋代时期的记地方建设石刻，除以上一些城市建筑记录外，还有记载其他一些关乎民生内容的，如张仲宇所作记桂林举人名额增长、赋税减少情况的《桂林盛事记》、李付鼓励农耕生产、亲民的《劝农事》碑、梁弼直在荔浦撰《祈雨文》等。同时，一些德政碑刻亦反映出宋代社会、民生治理内容。

桂林中隐山佛子岩有《桂林盛事记》摩崖，碑高103厘米，宽60厘米，额隶书，字径7.5厘米。该碑为张仲宇记，龙光刊。张仲宇，字德仪，临桂（今桂林）人，擅诗词，撰有几方石刻留世。碑文以简介桂林的地理位置、风光入手，重在记王祖道、黄齐、路彬等仕宦对桂林的文教、民力管制与提升之事，以刻于名山传之于后。其中一些即记录了详细的情况，如"距今应举之士十倍前日"，"广右土产瘠薄，乞减静江夏税上供布钱，以宽民力"等。

广西作为边地，农耕生产原不甚发达，农耕观念与农耕技术皆不发达。中原官员进入广西后开展了一系列的劝农活动。摩崖于桂林龙隐岩的《劝农事》一文，晓谕官员致力于对百姓的教化。其文充分肯定了百姓的能力，由释迦寺的住持沙门□修刻石。石刻文认为地方百姓明白事理，地方官不得轻视，以为"不可教诲"，要鼓励人民率领子弟"勤于田农，孝养父母，内外和顺，不相欺凌"，这样便可以消除"人民多因小事争斗，致有杀伤，虽骨肉至亲，不相容忍"的恶劣习俗。并认为，乡里产生的问题多是由于"亲民官不本教化所致"。因此，今后令佐须晓谕乡老，令劝率子弟，则民无交争、无横死，自然天道与人事相应，无水旱凶灾；

并责成地方官不得轻视边鄙地方的百姓，以为这些百姓不可教诲。《劝农事》认为，所有的人民都是通情达理的，是可以教化的，他们一定会配合朝廷的治理方略。

而在农耕方面，刊刻于荔浦的《祈雨文》与海洋的《酌海阳山龙母泉水祷雨碑》等，都记载了当时发生旱灾时，官员为民祈雨之事。如其文言"绍兴三十二年夏旱，就邑郭祈雨不应，因思经谓'天降时雨，山川出云冶，神灵行不近烟火，乃奉香火造鹅灵岩以祈之'……迄当月廿七日像成，备仪集士庶僧道，迎于天王寺，红日光灿，雷复鸣，大降雨自岩西北……"反映了荔浦当时的旱灾以及人们面对旱灾所作的努力及结果。而马子严则记录了"淳熙己亥岁夏五月，陆川妖寇啸聚，犯郁林郡。帅臣刘公炖被命南征，时久不雨，主管机宜邵武龚摁摄府事，以七月望委摄帅幕文字官建安马子严如海阳山酌水以荐为旱祷也。随得嘉雨，润浃千里，兵农大喜慰"之事。

另一方面，德政碑也有与社会治理有关的一类石刻。南宋以前，未见广西有德政碑。德政碑在南宋的出现，显示出广西在南宋时期所受中原文化浸润之深及任职官员对广西地方治理的重视。这类碑有张茂良的摩崖《赵公德政碑》、秦祥发的摩崖《赵郎中德政碑》、公立碑摩崖《李曾伯纪功碑》等。

张茂良，广西桂林人，官修职郎、湖南善化县主簿。《赵公德政碑》所记碑主为赵崇模，是右丞相赵汝愚之子。赵汝愚为南宋孝宗、光宗朝名臣，屡屡参与国家大政方针的制定，与张栻、朱熹、吕祖谦、汪应辰、王十朋等人为师友。后遭贬，死于途中，《宋史》有传，并附其子赵崇宪事迹。赵崇宪治广西有佳声。《宋史》虽未为赵崇模立传，但从其父事迹来看，亦当为贤臣。《桂故》提到他，亦说"大抵贤者之后，克肖固自多也"。《赵公德政碑》记载他治广西六年："政先仁恕，镇静不扰。捐利予民，恩惠周浃。本端末整，阃境晏清。"所记应不虚。

秦祥发，桂林人，绍定年间乡贡进士。《赵郎中德政碑》记赵师恕事迹。赵师恕，字季仁，朱熹门徒，曾在多处任地方官，在桂期间，作有《月岩》诗刻于穿山。《赵郎中德政碑》记载他的政绩主要有："辟岩洞以与民同乐，山川为之改观。造□桥以壮丽藩府，城郭为之增辉。搜练军实，行伍整肃。大兴工役，毫厘弗扰。时和岁丰，家给人足。盗贼不作，灾害不生。是皆为政以德，百废具举，此其大略也。"《浙江通志》记载他曾于嘉定八年上书于朝："请劝民杂种麻粟豆麦之属，以备岁俭，谓专种稻，一遇水旱，则一年之望绝矣。杂种先后叅差，此失则彼得，多少亦足以救目前急。朝命从之。"从奏章可知是位能为百姓谋福利的地方官。故《赵郎中德政碑》所记，概非虚誉。

（二）公文告示类石刻

公文、告示的刊石显示出政府管理制度的透明化、公开化及接受民间监督的意愿。公文之刻于石，广西现存最早的是宋代李付的《劝农事》，此后还有敕书一类公文的刊石。公立碑，广西现存最早的是宋代桂林的一方水位标记碑，标记了崇宁五年漓江洪水水位；同时，宋代还有纪年碑留存，如桂林清秀山清秀岩的"乾道六年二月二日立"、虞山南麓的"景定元年九月日记，天上太平"这样的纪年碑。宋元时期，这类石刻屈指可数。

广西现存最早的公文可谓摩崖于桂林龙隐岩的《劝农事》，该碑高86厘米，宽56厘米，正书，4厘米，款径3厘米。碑文称"劝农事提刑、屯田员外郎李"据华景洞题记及《宋颂》摩崖，李师中署"提点刑狱"及"劝农使尚书度支员外郎"衔，疑此"李"为李师中，但"屯田员外郎"与《宋颂》"度支员外郎"不合，且碑文字体俗笔较多，与李师中其他石刻比较有差异，故此碑文作者存疑。除此之外，《劝农事》作为晓谕官员致力于对百姓教化的公文，是广西现存最早的公文较可信。

《崇宁癸未奖谕敕书》是广西石刻中比较特殊的公文类作品，既有史料价值，也有文体价值。崇宁是宋徽宗年号。宋徽宗赵佶，宋神宗十一子，北宋第八代皇帝。崇宁二年（1103），广西经略使程节平定安化蛮的入寇，宋徽宗因此赐奖谕敕书，是为《崇宁癸未奖谕敕书》，桂林释迦禅寺的住持将之刻石，全文如下：

> 敕：程节省。广西经略司奏，安化三州一镇蛮贼，结集八千余人，于地名卸甲岭、吴村、蒙家寨等处作过，黄忱等部领兵丁等二千九百九十余人与贼斗敌，斫倒五百四十八级，阵亡一十八人。贼兵大败，夺到孳畜器械三万余数，得功人乞推恩候。敕旨：事具悉。蛮蜓跳梁，为郡邑害。维予信臣，克奋威略。选用材武，提兵格斗。斩首捕虏，厥功着焉。除恶靖民，嘉乃之举。故兹奖谕，想宜知悉。春暄，卿比平安好？遣书指不多及。二十五日。

从敕书可知，这是一次小战役，但宋徽宗不惮烦，奖谕程节，可见朝廷对广西一带的重视，这是一件少见的历史文献。从文体上看，虽然是敕书，是上对下的文件，但是文末的"春暄，卿比平安好？遣书指不多及"，却是友朋问询的口吻，而没有施以居高临下的威严。

至于敕书这一类书信往来的公文，在广西此前是未见刻于石的。《崇宁癸未奖谕敕书》被刻于石，可见石刻功能的进一步拓展：只要是与此地相关的公文往来，亦可刻于此地，以彰显人物的功勋、地方的历史。类此敕书石刻在桂林还有南宋理宗赵昀的《开庆己未奖谕敕书》，此敕书的主要内容是勉励朱广用与士兵同甘苦、靖边疆。朱广用回以谢表，且将敕书与谢表并刊于桂山华景洞石，以永其传。明清时期，各类公文摩崖刻石非常之多，就是这种认知下的必然产物。

此外，宋代还有一些寺庙相关的"执照"碑刻，刊刻了官方批准认证的寺庙僧人身份及其他内容，反映了宋代度牒制度。度牒是朝廷对于依法得到公度为僧尼的所颁发的证明文件，僧侣有此证明，即有了身份证明及官方的保障。如桂林清秀山摩崖《使府给了达执照》、南溪山《经略司准付穿云岩见素庵执照》、观音山黄金岩《静江府给侯觉澄等重建观音堂执照》等，刊刻记录僧人述其建庵、管理等事宜，确认其身份的同时也明确了寺庙土地、园区范围，其后是官方准文，如《使府给了达执照》批文："右所据苦行了达状陈前项，今出给公据，付苦行了达，仰在清秀岩扫洒，看管园林。"《经略司准付穿云岩见素庵执照》批文："右准。判府经略张左司使帖付唐守真住庵永远掌管山林，修葺仙岩，并约束不顾公法之人侵盗斫伐，如违根治。淳熙二年十二月承准。"此记文中的"经略舍人"即张孝祥，批文中称"判府经略张左司"即张栻。再有如全州湘山寺有《跋刻湘山寺创库资金执照》，其文重点刊载"使司。右出公据付湘山报恩禅寺收执照应。嘉熙二年三月拾日给。湘山县丞兼签厅林、司理兼签厅张、军事推官赵"。

二、宗教类石刻

宗教碑刻在宋代时期集中在佛教与道教，也有宣扬三教合一的，如元丰七年（1084）桂林人莫允熙摩崖在宝积山华景洞口的《重装神龛记》言："当州城南厢化度寺前街南居住弟子莫允熙，同眷室周氏□合家等舍钱重装□三教龛室，已伸完备，开光斋僧。"但佛教与道教的发展是主流。

（一）佛教石刻

佛教碑刻在宋代有了极大的发展，除了一些善男信女继续在各地摩崖造像，如前所述，也出现了僧人立石记其执照凭据，明确其身份与权责。同时，文人僧侣开始深度宣传佛教故事，提倡佛教信仰，将大量与佛教有关的信息刻石摩崖。另一方面，寺庙的兴建也留下了一些寺庙兴衰立石的记事碑文。

1. 佛教经书与神圣

广西宋代经书刻石较少，主要以全州湘山寺的一方碑刻为代表。《粤西金石略》著录为《南唐金刚经碑》，原碑刊于南唐保大五年（947）。但是《粤西金石略》认为全州湘山寺碑刊刻于淳熙十六年（1189），原是寺僧守诜以寿州开元寺碑重刻，无重刊年月，因守诜尝刻慈明大师像在淳熙十六年间，所以有此推断。碑载《金刚经》全文，由僧人道顗篆额，清怀军左押衙陈匡誉书写正文，杨宏道镌刻。行书，字径7分。《粤西金石略》卷二载原碑所勒有十五节度官参与，并说此十五节度官在《十国春秋》中皆无刊载。

佛教神圣的刊刻碑文包括记录佛教神圣名号、镌刻佛像与造像记以及记录大士故事等内容。

宜州会仙山今存北宋元符戊寅（1098）沙门洪耀书额，桂林欧阳照书，区炳刊的《供养释迦如来住世十八尊者五百大罗汉圣号》，中间插图，周围刻五百罗汉的各自名号，被认为是历史上今存最早最全的五百罗汉名氏石刻。碑高200厘米，宽104厘米，楷书，字径1.5厘米。其部分具体名号及刻文如下：

贤者尊者、师子尊者、道大乘尊者、菩萨慈尊者、拔众苦尊者、寻声应尊者、数劫定尊者、住法水尊者、得定通尊者、通惠增尊者、六根尽尊者、拔度罗尊者……（省略其刻文中五百名号）

功德上祝当今皇帝龙图永茂，圣祠遐昌，国泰民安，法轮常转。文武臣寮，常居禄位。次报四恩，来资三有。各愿此生他世，真心不迷，奉佛闻经，得无生忍，法界有情，供沾利乐。

一心敬礼，灵鹫山中法华会上阿若憍陈如等五百大阿罗汉，蒙佛世尊，授菩提记于未来世皆同一，号名曰：普光佛。

宋代有山岩中依然有不少佛像及造像记。如桂林区八娘《龙隐岩造像记》、僧义缘《龙隐岩造像记》、潘助《捐资刻菩萨造像记》、李志用《造像记》，宜州何谷《资装塑圣像碑》、龙管资刻《普贤菩萨造像记》等。桂林区八娘于龙隐岩镌造日月光菩萨记，至和元年（1054）记，记刻高38厘米，宽10厘米，真书，字径2厘米，其将日光、月光二菩萨镌于两个圆圈中，左右排列，后附记曰"舍钱镌造日、月光菩萨二躯，永充供养"。龙隐岩还有崇明寺住持义缘《造像记》。桂林叠彩山风洞亦多有《造像记》记录时人造像供奉之事。

在记录佛教相关故事的碑刻中，有梁君足在宜州会仙山白龙洞宋绍圣四年（1097）摩崖《婺州双林寺善慧大士化迹应现图》，大概是以我国佛教信士的真实生活为基础创作而成。该摩崖以图文并茂的形式，叙述了婺州傅大士一生奇异的修行传说，如说傅大士于松山选道场，感得七佛相随，释迦引前，维摩接后。又说大士"取召八十余人投中食，大士令妻办匙筯椀器，乃将半筲箕饭遍行周旋，皆足之处"，"大士开衣，以胸示妻曰：我是弥勒佛，不信颡我手看。妻闻天妙香气，又见胸前肉皆金色光辉"等。还列举了一系列大士之行为，如"大士每斋了，以余食喂食饿虎"，而猛虎摇尾张口食之，为驯化态；婺州云黄山"有楮树一双，根底下垂，枝条上合，其中有孔，香气氤氲，常有白鹤一双在上游止，大士每于树下座禅设化，因号双林"；梁武帝闻说傅大士前往，便将所有宫门锁起，傅大士作木槌一双，扣最外一重门，其内9重门同时打开；傅大士卖妻、子3人与傅重昌家，驱使至夜念佛诵经，竟无休息，昌见为事奇异惊呼，遂送母子3人还大士之处；当时太守王休以为傅大士诡诈，便将其幽禁20余日，而大士分身遍布市中，"大同二年，村中农户牛皆死尽，人民并无牛使，大士因备牛具，乃令二子代众耕田"。

傅大士于陈太建元年（569）四月二十四日圆寂，实为72岁。这其实是一个虚构的故事，人物可能来自于现实，也甚有小说意味。而贵港南山寺庆元庚申（1200）刊《南山前后住持题名记》，则是记载南山寺历代23位住持的名氏，有历史价值，包括第一代住持在内的善智，是研究广西佛教在宋代发展的珍贵史料。

2. 佛教寺院建设

宋代还有一些碑刻记录了寺院的建设历史，反映了宋代佛教的发展状况。

如融水《新修五百罗汉佛像记》，曲江谭允作记，太原廖成书，江夏黄顷篆额，桂林龙升刊刻，刊于北宋嘉祐五年（1060）。《中国西南地区历代石刻汇编》注：拓片长147厘米，宽80厘米，楷书，额篆书。记文在阐述了"佛者""佛学"以及"佛之为教，本导人为慈悲"等理念外，记载了"以募众僦工，创五百罗汉及佛相。非它也，使见相生善矣"的修佛像之事。

再有柳州《新殿记》，摩崖在柳州马鞍山西麓，王安中应天宁万寿禅寺住持僧觉昕之邀作记并书，觉昕刊石，桂林蒋善镌，绍兴二年（1132）刊。《中国西南地区历代石刻汇编》注：拓片长227厘米，宽220厘米，楷书。该记记述了柳州灵泉寺的发展历程与修造经过。

桂林则有《中隐佛子岩福缘寺修造记》，摩崖在桂林市中隐山佛子岩，西峰禅院住持海印大师、僧祖华记，行者惠通书，刊于乾道九年（1173），高72厘米，宽55厘米，真书，字径2厘米。此记不仅描绘了中隐山与佛子岩之景，也反映了时年旱涝疫疾，人们祈佛拜佛之况。同时，文中还记载了仕宦汪应辰、吕愿忠、张孝祥、张维等人在中隐山景观或寺庙建设过程中"施俸金""创山亭""植寿松"等事宜。其中，又有道人唐法超募缘重建佛殿、严饰圣像，而在绍兴十四年（1144）由唐支全等人在佛子岩记修建中隐山道路寺观记的题记中亦提到唐法超。

不少碑刻还体现了百姓与朝廷等与当地佛教发展的关系，如桂林有《阮彦和布施园地记》，摩崖在龙隐岩，由了然堂释宗绍书，住持传法沙门了印。该摩崖详细记述了阮彦和夫妻二人购置得寺南畔园一所，欲捐施寺院，因无力关照，捐于龙隐释迦禅寺，以永充布种，供奉佛僧。乾道八年（1172），靖江府公文颁发僧人了达执护园执照，保护了达寺院园林的不受侵犯等。

（二）道教石刻

道教石刻是广西宗教石刻的又一个重要组成部分。据史料记载，道教在东汉时期已经传入广西，汉代刘宗远在今博白县建立了紫阳观，道教宫观随着广西道教不断发展而修建。道教石刻在广西南朝已有，发展较早，如前所云诸种地券说到的道民。但直到北宋时，在历代皇帝的倡导下，道教才真正开始发达，范围遍及广西各地，内容也是无所不有，大概包括以下几种。

1. 道教造像

道教造像在广西非常普遍，如诸葛应杰于咸淳七年（1271）镌题摩崖在融水苗族自治县真仙岩的元皇大帝像，高132厘米，宽65厘米，楷书。诸葛应杰自称八桂人（广西），生平不详。该摩崖中段为元皇大帝随两侍者画像，上、下为文字。碑文称颂元皇大帝，希望元皇大帝能够掌握人世，使天下人积禄积名，有德进官，多材及第，人事既修，天理默契，戒欺诛恶，警暴惩贪，佑仁者，保国民，使儒者折桂，济物利人，求之无穷。

诸葛应杰又有《老子像并赞跋》于真仙岩，咸淳八年（1272）刊刻。拓片长105厘米，宽50厘米，楷书，赞隶书，州学训欧阳宜中书，摩崖中段为老子独身画像。跋文中提及《道德经》中"大象无形，道隐无名""惚兮恍兮，其中有象"等言，且言刻此像"非邀福也，盖将期与此岩之真像同为不朽，而四方无不传之以敬仰云"。

在广西摩崖中道教人物规模最大的是柳州陆道岩道教群像，宋淳祐七年

（1247）刻，摩崖详细记载有玉清元始天尊、上清灵宝天尊、北斗禄存星君文曲星、北斗天尊、白虎君、月孛星君、九州社令、南柱大地司命司禄室君、延寿益等星君、南斗度厄上生星君、南斗火铃将军六星童子、太清道德天尊、左龙虎君、紫气一尊、太阴一尊、后土皇一尊、紫微注生大帝、中六赦罪地官、上元赐福天官、下元解厄水官、太阳天尊、罗睺天尊、火德天尊、金德天尊、土德星君、水德星君、正一天师、九天大圣、三捧香正、紫微天皇大帝、昊天玉皇上帝、计都星君等。

广西石刻也记述了一些地方道教人物的故事。如摩崖在古城洞紫霞洞府赵九颐的《七曲帝君内传》，宝祐丙辰（1256）刊，碑高160厘米，宽90厘米，楷书，该摩崖文字转述了《清河内传》所写的徐本洪为"会稽人，生于周初，后七十三代，今改为化字，为士大夫"。二月三日诞生，生时祥光罩户，黄云迷野。其中重点讲述了徐本洪一些富有传奇色彩之事：居处地近海，里人谓清河叟曲君，年幼时不嬉戏，昼诵群书，夜聚众子，自笑且乐。徐本洪曾说寺庙的土木塑像能食人祭祀，穿人的衣服其作为人就更应灵验。于是夜梦或为龙，遇天大旱，想到自己寐中梦治水府，便夜里来到水边，用梦中官衔通报河伯，忽然之间，阴云四合，风飞雷震，遂大雨滂沱。又如张孝祥摩崖在桂林南溪山刘仙岩的《桂林刘真人赞并跋》，乾道元年（1165）刊，碑高80厘米，宽58厘米，像高48厘米，正书，碑额字径5厘米，跋字径2.5厘米，像赞字径1厘米。其赞详细描述了刘仲远真人的容貌："河目甚口，须髯怒张，人貌而天者耶。其骨不朽，其人不似，与天地齐年者耶。"

2. 修炼道术

石刻中有不少作品纪录修炼之作，如张平叔绍兴十八年（1148）摩崖于桂林南溪山刘仙岩的《歌赠桂林白龙洞刘道人》。张平叔，初名伯端，后改用诚，号紫阳真人，浙江天台人，著有《悟真篇》。刘道人，名景，字仲远，桂林人。该摩崖由黄拱辰题额，桂林人张仲宇书，黄伯善摹勒，龙渊镌刻。《歌赠桂林白龙洞刘道人》全文600字，强调人生短暂如"兔走鸟飞两瞳忙，始闻花发又秋霜"，如电光石火，儿孙皆虚，不如修仙为好。文云：

兔走鸟飞两瞳忙，始闻花发又秋霜。徒夸篯寿千来岁，也似云中一电光。一电光，何太疾？百年三万六千日。其间寒暑互煎熬，不觉容颜暗中失。纵有儿孙满目前，却成恩爱转牵缠。及至精绝身枯朽，谁解教君暂驻延。暂驻延，既无计，不免将身随水逝。君看古往圣贤人，几个能留身住世？身住世，也有方，只为世人误度量。竟向山中求草药，伏铅制汞点丹阳。事迥别，须向坎中求赤血，取归离位制阴精，配合调和有时节。时节正，用媒人，金公姹女结姻亲。金公偏好骑白虎，姹女常驾赤龙升。虎来静坐秋江里，龙向碧潭奋身起。两兽相逢战一场，波浪翻腾如鼎沸。黄婆丁翁助威灵，撼动乾坤走神鬼。须臾战罢云气收，种个明珠在泥底。从此根芽渐长成，随时浇灌抱真精。十月脱胎吞入腹，忽觉凡躯已有灵。此个事，世间稀，不是等闲人合知。凤世若无仙骨分，容易教君得遇之。宜速炼，都缘光景急如箭。要取鱼时须结缯，莫秪临川空叹美。闻君知药已多年，何不收心炼汞铅。莫教烛被风吹灭，六道轮回难怨天。近来世上人多诈，尽着布裘称道者。问他金木是何般，禁口不言如害哑。却云服气与休粮，别有门廷道理长。君不见阴君破迷歌里说：太一含真法最强，莫怪言辞太狂劣。只为世人无鉴别。

同样摩崖于刘仙岩的《佘先生论金液还丹歌诀》与张平叔《歌赠桂林白龙洞刘道人》内容相近。《佘先生论金液还丹歌诀》于绍兴二十二年（1152）刊，汝阳邢鲁跋文，衡阳觉真道人书并题额；摩崖高125厘米，宽85厘米，正书，字径2厘米；碑额字径8.5厘米。佘先生，姓名不详，道号小金鼎，泰州人。赵夔有《诗赠海陵佘公老人》摩崖于刘仙岩，诗曰："为人八十有三岁，游历名山几洞天。若问老翁何所得？无心学道不求仙。不求仙，仙自然。炼气炼形精亦炼，精全神旺合长年"，后记"道家有四炼，翁尽得之，故见于诗中。"《佘先生论金液还丹歌诀》强调炼丹服食成仙："服了金丹永不死，运行万遍用璇玑。神水通流千度足，血变白膏透骨肌。象生圆象胎光现，形神相视欲腾飞。换骨留形因此得，看我功成入化时。"而邢鲁与气候跋文亦记载了佘公"悯后学之修行，透入真之蹊径，遂撮丹经之要，撰成《金液还丹歌》，敷示三层之道"。

吕渭有《养气汤方》大概也与道教修仙有关，该刻在金石学家中传说最广。吕渭，福建晋江人，宋宣和间，以朝请郎提举广南西路常平等事，宣和二年（1120）游北流县勾漏洞，题名刻石洞壁。宣和四年（1122）上巳日，吕渭于桂林南溪山刘仙岩岩壁刻《养气汤方》，高45厘米，宽67厘米，正书，字径3厘米，注径2厘米。今载于下：

  按《广南摄生论》载养气汤方：
  附子：圆实者，去尽黑皮，微炒，秤四两。
  甘草：炙，秤壹两。

□黄：汤洗，漫壹宿，用水淘去灰，以尽为度。焙干，秤二两。

右三味同捣，罗成细末。每服壹大钱，入盐点，空心服。皇佑至和间，刘君锡以事窜岭南，至桂州，遇刘仲远先生，口授此方。仲远是时已百余岁，君锡服此汤，间关岭表数年，竟免岚瘴之患。后还襄阳，寿至九旬。尝云：

"闻之仲远曰：'凌晨盥栉讫，未得议饮食，且先服此汤，可保一日无事。旦旦如此，即终身无疾病矣。'"

这一汤方从配料到焙制、制汤以至于服用，记述十分详细，从其来自于桂林道士刘仲远看，可知此药方与道教修行有关。

3. 道教仪式

桂林有海庵老人摩崖的《黄箓醮感应颂并序》。海庵老人，生平姓氏均不详。摩崖今存桂林南溪山刘仙岩内，绍兴二十二年（1152）刊，郭显谨上石，高60厘米，宽49厘米，正书，字径2厘米。文云："河东路威胜军沁源县人事，寄居静江府春台坊梁汝弼，□伏为其母阎氏奄逝，小祥将临，预于四月十四日，请道士一十员，就真山观全依科范，开建黄箓盟真大斋法坛，补职说戒道场法事三昼夜，修设净醮二百四十分位，延降高真，荐导亡者，果获感应。"该文为海庵老人观道家施法仪式后所作的颂。序文记述了"河东路威胜军沁源县人寄居静江府春台坊梁汝弼，伏为其母阎氏奄逝小祥将临，预于四月十四日请一十员道士，就真山观依照道教科范开建黄箓盟真大斋法坛，补职说戒道场法事三昼夜，修设净醮二百四十分位，延降高真，荐导亡者，获得感应"的全过程，海庵老人因叹未曾有兹胜，稽首作颂二首。此类碑刻有利于从另一个角度加深后人对道教文化的理解。

4. 道教文学

在道教石刻中，道教文学是宣传道教的一个重要手段，也成为宋代文学类石刻中成就较突出的一类，广西宋代该类石刻有多件作品值得珍视。诗文题词以外，如绍兴年间摩崖于桂林南溪山的欧阳辟撰、孙世则刊石的《唐少卿遇仙记》，摩崖于桂林七星岩的尹穑撰《仙李洞铭并序》，尹穑撰、吴郡李弥大书、醴陵张昱摹刻、唐全与龙跃镌的《仙迹记》，摩崖于融水真仙岩的杨幼舆撰《题安灵庙》等。这些文学色彩意蕴的石刻作品亦是道教生活的一部分。

欧阳辟所撰《唐少卿遇仙记》是一篇极具小说意味的道教故事石刻，摩崖于桂林南溪山刘仙岩，高88厘米，宽56厘米，真书，字径2.5厘米。欧阳辟，字晦夫，桂林灵川人。宋代至和年间与弟欧阳简一同从梅圣俞学，元祐六年（1091）举进士，曾官南海石康县令，知封州军州事等，与苏轼有交往。其《唐少卿遇仙记》描写了桂林人唐子正遇仙人之故事。唐子正幼年即羡慕道教，曾在玄山观读书，一日，有不通名氏的云游道人相访，清谈多日，并传授方书，二人甚是相得。英宗治平初年，唐子正赴京考举，未到全州，一仆人偶然生病不能前行，忽然又遇此道人来，并代替生病的仆人挑起重担，行步如飞，唐子正快马急追也难追上，同行的人恐道人骗取行李，遂将道人打发。道人别后，当天就到了离全州2700余里的唐州湖阳驿馆，留下一信与驿馆官员说："候桂州唐秀才至，即付之。"此后一个多月，唐子正才到了驿馆，驿馆官员出示道人的书信，唐子正启封只见一首诗说："玄山相见又之全，不遇先生道未缘。大抵有心求富贵，到头无分学神仙。篚中灵药宜频施，鼎内丹砂莫妄传。待得角龙为燕会，好来黄壁卧林泉。"唐子正十分惊骇，得知留信之人即全州所代替担负行李的道人，留信日期即打发道人之日，才明白那道士乃一神仙。

唐子正，字几卿，原籍兴安，宋人典籍《续资治通鉴长编》《谈苑》颇有记载，称其为将作监主簿知桂州，因素通边略、有孝行着于乡里。治平初举孝廉，后通判邕州，熙宁八年（1075）冬交趾围邕，与苏缄固守城池，外援不至城陷而死。因《唐少卿遇仙记》所载故事时间、人物、语言、情节等俱全，极具小说特色，且所记为真人，所以很有影响。

三、教育类石刻

儒学与教育相关石刻在广西石刻中最为丰富，他们与宗教石刻相比较，内容丰富。几乎历代到广西为官者都注意到了广西的教育事业发展，各地有督学、府学承担兴学教育之职责，他们建设府学或是刊载学记文，或于其他管理记事碑刻中提及教育兴学。无论是刊刻府学教义、铭刻前人箴言，或是题刻赋诗劝驾，都体现出外来仕宦对于当地文教兴盛的责任感。

（一）学记碑刻

学堂书院碑刻最为直接地镌石志学，众多学堂碑刻皆展现了书院府学推广文教对地方教育发展和社会人文素质提高之功。古代的各级各类学校，包括府州县学、书院、社学、武学等。宋代学记类碑刻在广西碑刻中相对元明清时期较少，主要包括府学等建设以及学记文。

宋代府学建设，主要以邓容撰《南宁府学记》为代表，碑在南宁府学，淳祐八年（1248）刊。《广西通志》卷三八载："南宁府府学在府治北，旧在城外沙市，后徙城中南隅。址凡数易。宋迁城西，宝庆丙午安抚使谢守明迁于城中五花岭，即今学。淳祐戊申，督学使梁应龙重修，邓容记。"碑文开篇即提到了"志州之学"一般"皆莫详创建徙置之由"，文中不仅记载了南宁府学建设迁徙等历史，也阐明建学教育之重要，如其最后记："士友言于容曰：'邕学五易其地，毋虑数百年，苟且相承，文献靡证。今革数至六定，请记之。'容曰：'学校者，衣冠之阆，礼义之府也。我朝诸儒先所记者，精微广大，不可加矣。晚学何所容喙，谨摭梗概，以叙于前。'"

在学堂建设记录中，如何先觉重刊于宁浦郡学的《夫子杏坛图》、桂林府学刊刻吴纯臣《释奠牲币器服图记》等碑刻亦展现了相关内容。《夫子杏坛图》，藏于横县博物馆，何先觉在宋绍兴年间以左宣教郎权知横州军州事，于绍兴甲戌（1154）上元日跋刻。《广西通志》载："夫子小影石，四十六代孙孔宗寿家藏。小影乃唐人吴道子笔，夫子凭几而坐，从以弟子，见者莫不悚然。宋绍兴间州判何先觉刻，置于宁浦县学。"《广东通志》记载："何先觉，不传籍贯，隆庆初知廉州，首兴学校，建殿堂，画《三礼图》于讲堂，又刻《耕桑法》与士庶传习之。"

桂林府学刊刻了吴纯臣《释奠牲币器服图记》，刊于嘉定十年（1217）。吴纯臣授命于任静江路儒学教授，在府学直言"礼达于天下，肄习以时，非可敛而藏也"，故"刻诸学宫，以诏郡人"，"以表一道士君子而究心焉"，以使"间巷田野之民，得诸目击，中心起敬，亦将迁善为君子之归"。并且详细记录其礼仪过程："古者祀乐祖于瞽，宗礼也。后之释奠，祗祀先圣，其隆古之意欤？然祀以王礼，视古制为有加。自聂氏礼放行，缺略未称。朱文公近加订正，其制始备。今在在郡邑，大率仍其旧，未能如仪，间或据礼典，易服范器，春秋丁祀，用于一旦之顷，既毕事，藏之有司。士之周旋其间，容有未尽讲明者。若名不登庠序之版，仪文纤悉，何繇知之？纯臣窃谓：'礼者，教化之大端，不容一日阙。周官分职，皆垂法于象魏，敛以挟日，至宗伯独无闻焉。'盖礼达于天下，肄习以时，非可敛而藏也。厥今容典多存于朝廷宗庙间，独释奠通行于郡邑，图而示之，非要务乎？纯臣曩守潼川，时取前辈所编成图者，刻诸学宫，以诏郡人。按刑广右，又因旧图，列为定式，刊于静江郡庠，以表一道士君子而究心焉。由文物制度之粗达，而上之可进于广大精微之域。闾巷田野之民，得诸目击，中心起敬，亦将迁善为君子之归。"刻石图文并茂，解释儒家祭奠仪式，具有很强的教育意义与实用性。

其次，还有学记文碑刻较为突出。南宋张栻在靖江府为官期间，为广西各地作了多篇学记文。如淳熙四年（1175），张栻为宜州所作碑强调大开劝学兴教的风气。张栻于文中点明要建校办学以为"教化兴行，则祸难之气坐销于冥冥之中。诗曰：'既作泮宫，淮夷攸服'。是有实理，非虚言也。建学于此，使为士者知名教之重，礼义之尊。修兴孝弟忠信，则其细民亦将风动，婿劝尊君亲上，协力一心，守固攻克，又孰御焉。近而吾民既已知辑，夫境外聚落闻吾风者，亦岂不感动。有以服其心志，束以肌肤，其孰有不顺况乎？秉彝之心，人皆有志。奇才之出，何问远近。边方固曰寡士，然如唐之张九龄出于曲江，姜公公辅出于日南，皆衰然着见于后世。宜之士由是而作兴，安知异日不有继二公而出者乎？又安知其所成就，不有过之者乎？"把教育的作用强调到一个非常的地位。可见宋代时候，官方对广西的教育兴学已不再是"以为在边州乃不急之务，且曰宜固寡士，亦何必汲汲为"的消极态度了。

（二）兴教碑刻

石刻中还有不少记录宋代兴教的情况，主要包括记录讲学、直接跋刻圣人之像或是崇儒仪式、教育箴言等。此外，有些庙碑也与教育有关，如淳熙三年（1176）摩崖在桂林虞山的《虞帝庙碑》，由朱熹撰文，吕胜己书，方士繇篆额。理学家朱熹应张栻约而撰，其文中多宣扬"仁义礼智"、人伦思想等兴教崇儒之思，如其诗言"乃教纲纪，乃夷乃攻"，"矧是南荒，旧惟声教。愀然见之，兴起则效"。最直接记录教育讲学的，有如桂林独秀峰上的蒋时读书岩讲学题记，记其"乾道八年秋，兴安蒋时日新领其徒十数辈肄业于此"。

广西宋代摩崖记录了仕宦的劝学事迹及诗文，记录了当地的兴教历史。如摩崖于还珠洞的《范成大鹿鸣燕劝驾诗并记》，由门生乡贡刻录，记载了范成大在桂期间的赋诗劝驾，其诗云"月宫移种新栽桂，江水朝宗旧凿渠"，即指范成大种桂树于正夏堂、复朝宗渠水应文章科举之事以劝驾桂林儒生之典故。再有如张次良刻王正功《桂林劝学》，摩崖于桂林独秀峰上，刊于宋宁宗嘉泰元年（1201）。此为王正功劝驾诗，鼓励士人"士气未饶军气振，文场端似战场酣。九关虎豹看勍敌，万里鲲鹏跨剧谈。老眼摩挲顿增爽，诸君端是斗之南"。诗中的"桂林山水甲天下，玉碧罗青意可参"也成为了今天国人耳熟能详的"桂林山水甲天下"的最早来源，这一赞美桂林山水的名句也是游人重点参碑刻之一。

一些石刻还刊刻儒家经典或人物语录。如詹体仁命陈邕镌刻张栻书《论语·问政》于桂林普陀山弹子岩。李演于咸淳七年（1271）在融水真仙岩摩崖程颢语录。其中，陈邕镌刻张栻书《论语·问政》，刊于淳熙十一年（1184），高307厘米，宽398厘米，行书，字径16厘米，跋径5.5厘米。不仅看看《问政》章的内容，跋文也强调詹公"欲其传之广也，命镵诸岩石，俾凡临民皆得目击心存，力行无倦，庶不负圣人之训"。再有，时任职于融水的司马光曾孙司马备将司马光书《家人卦》于真仙岩，又立范尧夫《布裘铭》于真仙岩，将"家道正，正家而天下定矣""君子以俭为德，小人以侈丧躯"等礼教名言刻于山野间。此外，如诸葛应杰题真仙岩元皇大帝像记及老子像记并赞跋中，亦刻"学问文章，忠信孝悌"以期"古今敬仰，世代流传"等具有教育意义的内容。

四、文学艺术类石刻

除前文提到的记事、宗教、教育等内容碑刻，广西宋代较具文学色彩的作品较之于前已逐渐丰富。在文学类碑刻中，大致可从记人、记游题材来对石刻中的文学作品作进一步分析。

（一）记人之文

宋代记人之文主要是墓志铭、神道碑之类的碑刻，此类碑刻不仅记载个人事迹，也反映时代历史。在文学性上，或因刊刻载体篇幅所限，一般精简凝练，但也不乏详细记载。

墓志铭类，以佚名《唐富八碑文》为例。该碑原存富川瑶族自治县鲁洞乡，乾道元年（1165）刊。该碑追溯唐富八的生平，记载了唐富八于南宋初随李成起事后事败被杀之事。关于李成的起事反对朝廷，《宋史》有记载，但文字简略。《唐富八碑文》一文将起事原因、参与之人、进军路线、进剿的将领、退守路线及最后的失败记载得更为详尽。虽是记人之碑，却能从唐富八的生平看到南宋朝廷对金妥协、对内镇压的政策及百姓的反抗，是非常珍贵的史料，其文如下：

> 吾唐姓始祖富八义保公，原任富邑抵源，后巡游至宁塘坊东泽村立居。公天资颖悟，少怀大志，曾随信国公赵榛影王抗金，威武善战，一努安民，功烈周武。奈因宋皇腐败贪乐，不顾人民死活，对金屡抱儿皇，故与同僚李

成、毛善良、何廷寿等于江西图事，转战赣、皖，以暴易暴，四海声威。后因朝廷派岳飞进剿，由赣入湘，继而返桂，不幸事败殉难，被害杀身成仁，玉骨金骸，落于富邑牛背岭东侧塘源岗，天然成坟。亡命于宋绍兴二年九月，享寿四十有六秋。为追溯始祖，特立此碑，以作留记，永垂不朽焉耳。

此外，还有追溯家族"迁徙之处、离合之由"的墓记，如全州人蒋满的《安阳侯夫人毛氏墓记》，碑出全州，端平元年（1234）刊。碑文追溯汉尚书安阳侯蒋琬的夫人毛氏家世及后代情况。正如碑文最后所言，刻碑在于"夫人葬此几千年矣。墓碑数易，今存者，系后晋天福二年本裔孙枢密院学士麟所立，迄今将又三百年。碑字经风雨剥蚀，犹依稀可辨，特用重述，并详迁徙之处，离合之由以沥于石，俾后之登墓而拜者咸知颠末"。

神道碑，则以桂林龙隐洞游似撰《曾三聘神道碑》摩崖为例。时任广西转运判官的曾宏正于淳祐四年（1244）将游似为其父曾三聘所撰写的《曾公神道碑》刻于桂林龙隐岩。该碑记载了曾三聘个人事迹，且篇幅较长。游似（？—1252），字景仁，南充（四川）人（一说岳池人）；宋嘉定十四年（1221）进士，官大理寺司直；嘉熙三年（1239）为端明殿学士，签枢密院事，封南充县伯，同年八月又拜参知政事；淳祐五年（1245年）拜右丞相。游似工诗善文。曾三聘，《宋史》有传，游似所撰《曾三聘神道碑》可与史书互为补充，可以让我们更为详尽地了解曾三聘的直言敢谏。另外，《宋史·曾三聘列传》记载曾三聘是在孝宗朝多有谏诤之言，但据《曾三聘神道碑》，事应在光宗绍熙年间，再据《宋史·孝宗本纪》及《宋史·光宗本纪》，事应在光宗朝，《宋史·曾三聘列传》记载有误。石刻之文往往是即景、即事、即人之作，或据第一手资料撰成，故有很高的真实性、可信度。《曾三聘神道碑》即是一例，录其全文如下：

恭惟皇朝列圣相承，以宽仁立国，而崇奖直言，使有凛然不可犯之势。故言之多寡，国之盛衰系焉。熙、丰之为元祐，崇、观之为□□□□□□矣。秦氏专政，疾视谠言。桧死，而高宗皇帝复扶植之，孝宗皇帝又涵育之。至于绍熙末年，朝廷多故，而言者亦多效忠。是开、庆元初□□□□□秦旧十有四年丑正，毳徒靡所不至。宁宗皇帝一旦觉悟，亟加剪除。今天子明以继明，凡前日以言获戾者，次第褒录，于以承列圣崇奖之□□□□朝廷不可犯之势。呜乎，休哉！若秘书郎考功郎官曾公，则绍熙效忠之一者也。

公讳三聘，字无逸，临江新淦人，时为军器监主簿，光宗始愆和豫

□□□□不起居，左右多获罪，人情疑惧。公白丞相曰："人君之身，万化所由生也；人君之心，四海所以治也。安静休明，犹恐天下之大，有不胜其应者。讵可以焦□□□□□哗，已戒放朝，无名流言纷纷无所忌惮。宫掖燕私，谁其与居？怙宠请谒者，遏而滋炽；给事慢令者，黜而不惩；相与为谋，归过于上。当直而番，上则祷神□□□□□家居则置酒以相贺。心苟衔怨，何所不为？疑间之言日积月累，无可为有，虚可为实，错乱纷纠，未知其终。今亟图之，虽缓犹及。失令不图，后将愈难矣。□□□□□首言："今之国势，大抵变坏颓削而非其旧；今之人心，往往懈弛消释而失其常。上下习见，以为安静，臣窃惑之。"又言："若昔石虎，初无□江之意，因南游而□□□□，□人已为之震恐，况可使秦苻坚、魏佛狸猖狂而求胜乎？若昔泾卒，初无犯关之谋，因粝食而噪怒，唐室遂至于播迁，况可使卢循、高欢包藏而乘间乎？"□□□□□将十刻，上皆是之。未几，除秘书郎。

光庙疾益深，未能过宫而欲幸玉津园。宰执侍从谏，不从，俱不欲扈从。公谓事恐有当弹压者，号泣随□□□□与同馆上奏，乞过宫。复与颜公械见当路，欲以四参日不退，乞过宫。又自入奏，至云："万有一虏谍而知，欲驰一介之使，问安北宫，不知此□□□□□万有一贼窥其隙，敢传一纸之檄，指斥乘舆，不知此时何以御之？"既而乘舆已贺复止，百司皆待罪，馆职不敢入局，连入疏以请。忽传北□□□□指陈四事，曰："臣闻汉申屠刚曰：'未至，豫言固尝为虚。及其已至，言又无及。'臣宁受豫言为虚之罪，在陛下则不可有至无及之悔。臣伏见寿□□□□□证状稍异，道路流言，汹汹日甚。贵家富室，增价以买聚金银；民户官僚，托故以遣送家属。三衙兵卫，收闭器械而严其出营；江上屯驻，刺探缓急而增其抔□。□□□虚，非无归宿；事状既实，必有由来。设或一日复有万众不期而至，风火之虞，又相邂逅，臣恐因虚召实，立致生事。不幸而有狂夫奸人在其中，托忠愤以行□□□□以动众，事至于此而后悔之，了无及矣！"

先是，臣僚所言，上必争辩。是日，宰执以申者副本进读，自首至尾默无一语，意若稍动。及宰执尽出国门，朝堂□□□□，宰掾徐公谊曰："今日事执，莫若建储。"既又白丞相，又上奏言之。从兄三复啮曰："前日诸公谓尔夺其职，今复有疏邪？"公曰："此何时也？而避形迹！况祖□□□□□馆职，许论事与言官等，其可负邪？"宁庙既立，公与诸公言："太上移御泰安，无用遽，上姑留北内。盖有唐贞观故事，降赦不必过□□□□□下辞官，外郡免进奉。"推恩虽不尽见施行，闻者是之。一日，见知枢密院赵公汝愚，问曰："今日之事，了邪？起邪？"赵公曰："亦方起耳。"公曰："譬如救焚，昔在楼阁□□□□□为可畏，公能扑之于地矣。少惰，必再炽。"赵公首肯之。上将视朝，公语丞相留公正曰："尧舜授受，举相去凶。今当别是非、辨淑慝，使不相混淆，然后可□□□。"□□善之，亦不果行也。

兼考功郎，力求去。未许。右正言黄艾论公邪说横议，图为谏官，罢之。旋起知郢州，民祠大洪山神，钲鼓甚震。公曰："郢，次边也。金鼓岂当□□□□□者？"且毁其祠。甫三月，御史中丞何澹论丞相汝愚不遵寿皇成法经论，罢者未得祠，乃逐与郡，差主管武夷山冲佑观。秩满，再知郢州，奏事谏议大□□，□□言陈自强。监察御史张岩奏故相汝愚阴蓄异志，彭龟年、曾三聘最为腹心，近枢密院驱使官蔡涟诉其无君等事。事状明白，乞加贬窜。权臣将置之狱，□□□□□公仲艺上之，遂有旨追两官。嘉泰元年，皇子生，复元秩。久之，予祠。又久之，差知郴州，改提点广西刑狱事。未赴，改湖北，力辞，又主管冲佑观。□□□□□公，而公目青不容出矣。嘉定三年十月十二日卒，年六十有七。积阶朝散大夫，今赠正奉大夫。五年正月八日，葬于善政乡郎中冈。曾祖君彦，祖光庭，□□□□永州零陵县。父敏行，赠奉直大夫。娶杨氏，知麻阳县辅世之女。继室胡氏，礼部侍郎寅之孙，封宜人，今赠硕人。子男一人宏正，尝为大理丞，今以朝请郎□□□□□。女一人，适故中大夫、右文殿修撰李鼎。孙男三人：公迈，将仕郎；公适、公逊。公年十六举于乡，又六年，登进士第。由赣州户曹入为户部架阁，迁太学录簿，正□□□□□声。出仕四十五年，实历仅八考尔。

平生所著有《存存集》三十卷、《存存斋记》三卷、《拟志林》十卷、《因话录》十卷、《药问》五卷、《闭户集》三卷。

嘉熙二年，特赠三□□□□□□，谥忠节，从宏正之请也。似先君太师忠公与公同朝，同获罪。宏正以是属似以墓道之碑。似追惟癸丑、甲寅间时事之变亦大矣，凡所目击，今犹神悚。□□□□，□□如是其众也，谗论如是其多也。故一朝之顷，转危为安。兹诚高宗、孝宗培植之效也。然一俭冑以惟所欲而坏之，众小人以求所欲而从之，□□□□□□□至于久而后定。今天子锐意褒表，如公生虽不遇，而身后所蒙光宠赫奕，夫岂独以为公之私荣哉？兴人心、折奸萌以振国势，于是乎在，此犹□□□□之盛心也。事大如此，所宜显书深刻，以诏万世。固非似所能任，尝力辞之，而公之弟、前太社令三昇又重以请。太社耄期，称道不乱，既以似为可，则不敢□□□□。铭曰：

盛治之世，不言而行。迨其少衰，以言而争。又不敢言，惟治之倾。于皇祖宗，倚言干城。扶植长养，以昌厥声。肇区以来，有讪有赢。靡讪不危，靡赢不平。其讪伊何？伊臣之盲。其赢伊何？伊主之明。昔在甲寅，吸呼戎兵。士昌于言，大朝孔盈。猗与曾公，戎监儒赏。再转为丞，至于登瀛。匪职所思，亦忧而鸣。恶石是攻，逆鳞是婴。事卒以定，置安宗祊。彼奸者韩，喙獒之狞。尽以一网，不蘄其生。公在党中，黜三为轻。凶穷受诛，晛阳濯清。公独废病，不能簪缨。继之以死，识者叹惊。有定惟天，匪力所营。于皇天子，祖宗是程。褒录遗忠，不宁公卿。惟公有子，发光九京。咨尔在位，视此易名。毋曰空言，国谋靡成。毋曰苦言，身谋靡精。生为国华，殁为身荣。于皇天子，圣谟孔宏。勒铭墓门，永垂□旌。

曾宏正书刻此碑文作跋摩崖后，元至正年（1342）十月，其曾孙曾天骥又在曾宏正《水月洞词》的摩崖旁跋曰"先曾祖自宋提点湖南刑狱，淳佑癸卯调广西运使。家藏文集，知有留题，惜不能抵其地。迨天骥备员临桂，至马王慈氏阁、水月、白龙诸洞，得睹先公题咏遗迹。距今一百年，其题楗者幸完，刻石者笔法间失其旧。仰瞻留玩，感慨系之"，曾天骥遂命人镌涤其刻，期望"以永方来"，并携曾宏正曾侄孙、玄孙等人拜首谨书跋文。曾宏正为其父书刻神道碑，到其后代见其摩崖而续刻，从原刻到跋文，相距百年，物是人非，从"家藏文集，知有留题，惜不能抵其地"到"得睹先公题咏遗迹"，跋刻者当时心情可想而见。这些记人的碑刻既是情感的记录与延续，刻石留跋将无形的情感化为石刻留存，情感记录与情感所起之缘置于同一实景空间，相较于纸本中的序跋情感则更富亲切感与共鸣感。

（二）记游之文

记游体裁的石刻作品更能代表文学类石刻的发展。广西宋代的记游石刻较唐代有了极大的发展，表现在体裁、主旨等多方面。总的来说，这些记游石刻围绕着山水这一主要吟咏对象，体裁更趋多样，主旨也更丰富。另一方面，我们仍然可从宋代的记游作品看到中原文化对广西的影响,同时广西秀美的山水也给记游作品蒙上了独特色彩。

根据各个时代的石刻特点,记游之文可从不同方面进行概述分析。宋代广西石刻中的记游之文可从以下几个方面展开论述:体裁、主旨、艺术风格。

1. 体裁

广西唐代石刻的记游之作在文体上局限于铭、记、诗等,至宋代则渐趋多样。除了上述文体,还出现了词、赋、小说等。其中,诗歌则兼备古体、近体、五律、七律、四言、六言、乐府等。文体的多样显示出人们运用各种文体去表现广西山水的尝试,亦显示出人们以更开阔的心胸欣赏各种石刻作品,于此可见广西石刻在宋代的进一步发展。在此略举几例来看。

四言诗,可举陈谠的《题南山诗》,该诗刻于贵港南山寺,庆元三年(1197)刊,这首诗借写南山之景来颂圣。写景句如"石像天成,匪凿匪剸。陟彼山巅,有洞益奇。南北户通,千里俯窥。伊晋之洪,采荣于斯。丹飞井留,木润草滋"。于内容上赞"丕昭圣朝,声明远暨",无甚可取。但在四言诗衰微的宋代,于广西石刻中见到一首且颇具《诗经》风格的四言诗,能让人体会到此地受中原文化浸润之深。

乐府诗,可举方信孺摩崖于桂林虞山韶音洞的《古相思曲》,该摩崖于嘉定八年(1215)刊。方信孺,字孚若,诗境,福建莆田人,方崧卿子。方信孺以父荫补番禺县尉,嘉定六年(1213)任广西提点刑狱。《古相思曲》全诗如下:

西风搅桂树,落日明枫林。游子怀归期,余悲渺登临。虞山一何高,湘水一何深。英皇仅枯冢,寂寞薰兮琴。我欲奏古曲,俗耳便洼滛。古器不可见,聊作相思吟。相思长相思,相思无古今。一歌众鸟听,再歌万籁喑。推手君勿歌,有酒且孤斟。落落此时意,寥寥千载心。吾弦毋庸绝,四海谁知音。

诗人用乐府诗描写山水、怀古抒情,见出人们在石刻创作中新的尝试。

宋代石刻赋作最具代表性的是梁安世的《乳床赋》,该赋摩崖于桂林普陀山留春岩,淳熙辛丑(1181)刊。赋以华丽、生动的辞藻描绘了桂林的喀斯特地貌特点和钟乳石的奇姿异态,并且也发表了"石有脉其何来?泉春夏而渗流。积久而凝,附赘垂疣"的见解。该赋体制短小,又不失体物与写志俱全的特点。这样的骈赋,还有像融水真仙岩中的易被《真仙岩亭赋》,以及李彦弼《湘南楼记并辞》的骚体赋,用骚体赋来写景,在广西石刻中是首见。

词这种文体产生于唐代，但在广西唐代的石刻中并没有发现词。宋代石刻中出现了词，这首先是因为词是在宋代达到鼎盛。其次，也与模山范水的山水词在宋代的兴盛有关。而广西，尤其是桂林的佳山盛水就成为很好的吟咏对象，故宋代广西石刻词中，山水词占了绝大部分，如朱希颜《水月洞词》、方信孺《再游龙隐岩追和陶商翁韵及西江月词》等。其中，可以黄应武的《玄岩词》为例。黄应武，字景行，生平不详，宋淳祐元年游桂林，写下了《元岩词》：

乾坤开辟，桂林有元气，自来融结，石磴盘空行木杪，天柱屹然中立。窟宅幽深泉源清，不是灵神擘潜通后洞，张刘万古遗迹。

输我长剑，凌虚六尘尽扫，银海秋波碧，志气飘飘游物外。惟有清风知得。唤起白龙，护持飚驭，稽首朝金阙。山灵欣喜，紫云已在诗壁。

这首词写于淳祐元年（1241），南宋已在与蒙古的几次战争中失利。词人在写元岩之景时，无不将之与廓清境宇之志联系起来：天地元气凝结而成的元岩在词人看来如同岿然天柱，这象征着词人所希望的南宋国朝的不可摧毁。如劈削而成的崖壁让词人想到的是长剑，这长剑能让他扫尽人间的纷乱，而白龙洞的白龙，词人把它想象成在志愿达成之后可以驾驭着去朝贺的坐骑。

最有小说意味的石刻作品，除前文提到的欧阳辟撰《唐少卿遇仙记》，尹穑《仙迹记》也是一篇有影响的刻画道教故事的摩崖，其文学意蕴较为明显。

尹穑，字少稷，鲁郡袭庆（今山东兖州）人，侨居玉山（江西），尹温叔儿子。宋建炎年间随父亲避乱到桂林，留下多处石刻。尹穑历官监察御史、右正言、殿中侍御史。绍兴三十二年（1162）与陆游同官枢密院编修，因主张议和被劾，罢去。隆兴元年（1163）除监察御史，迁谏议大夫。《仙迹记》记载了一个关于道教的故事：

唐郑冠卿，上都人，乾宁中以临贺令考满赴调，路阻，不果行，留止桂林。一日，步至栖霞峒口，遇二道士，揖与俱入。数十步，坐盘石上，列棋局、酒壶，傍有二青衣执笛、设筌筥。既坐，道士曰："若何自来？"因具言其故。又问："何业？"冠卿曰："少承恩荫，不阅《诗》、《礼》，粗习吏能。"道士乃历引学优则仕、闻《诗》闻《礼》、古经圣人之语，若诮冠卿者。冠卿局蹐请奉教。道士云："汝所谓大寒而后索衣裘也。"复问："颇能笛不？"云："稍得其妙。"即命青衣授之，撼搭失措，愈鼓咽作气，力声讫，不应。道士顾曰："汝岂吹玉笛之手耶。"相与对饮，奏乐，冠卿但见其捧杯执器，了不闻其作何曲调也。道士曰："向作乐，汝亦闻乎？"冠卿曰："不。"二道士笑，且曰："此非聋俗者哉？"冠卿方目注酒壶不瞬，道士识其意，取倾之，卒无甚出，杯中仅能滴沥。冠卿饮已，将辞去，各赠以诗。一云："倏忽而来暂少留，凡间风月已三秋。趋名竞利何时了，害物伤人早晚休。祸极累成为世谤，荣过恩却与身仇。君看虎战龙争处，几树白杨飘垄头。"一云："名利教疎便可疎，俗情时态莫踟蹰。人寰律历千回换，仙洞光阴数息余。顷信令威曾化鹤，今知庄叟羡游鱼。不缘过去行方便，那得今来会碧虚。"诗既成，复曰："汝于宦途曾行何事？"冠卿徐云："每哀民贫，代偿租税，草野间见暴骨，必解衣瘗之。"道士曰："今之相遇，岂不以此乎？方今四海豆分，诸雄角立，重敛赡兵，盖亦天数。然古之为政，尚宽务俭，不眩聪察。至如王乔、许逊之徒，皆临官积功，升济道果。汝其勉之。"

冠卿出就路，忽二樵者相问洞中酒乐与俗何如，冠卿曰："酒不多得，乐无所闻。"樵者曰："此与不遇等耳。汝亦识其人乎？乃日华、月华君还自南溟之宴，汝适逢耳。"行不数步，已失所在。既归，家人惊愕相语："去何许久？服已释矣。"冠卿遂绝意名宦，退居冯乘，一百四岁无疾而终云。

此一摩崖小说特点甚是明显，有故事，有人物，有情节，有对话，写出了小说主人翁郑冠卿不求名利的平淡一生。由于小说主人公郑冠卿是发生在广西历史上的真实人物，《广西通志》记载他曾为贺州临贺令，所以在广西很有影响。

2. 主旨

如前章所述，从隋代开始，广西石刻即受中原文化影响，广西宋代的石刻仍然明显地受到中原文化的影响。

首先，宋代文人积极进取的入世思想在广西宋代石刻的记游作品中有明显的表现。对善政的鼓励，对安定的维护，甚至连仙迹故事也与善政相关。

其次，柳宗元、韩愈对广西的影响，不只限于唐代，宋代直至清代都能见出广西人对他们的尊崇。以宋代来看，在广西石刻的记游作品中，有较多将开发山水胜境与识人任贤相联系，这让人想到唐代郑叔齐的《独秀山新开石室记》，也让人想到柳宗元的《钴鉧潭西小丘记》，将山水与人才遭际相联系。

再次，宋代著名文人如范仲淹、欧阳修等人的思想及文学创作，尤其是他们的写景名篇对广西石刻产生了很大的影响，主要表现在题材主旨上，如将山水游玩和与民同乐的思想相联系。

广西宋代石刻记游作品在受到中原文化和文学影响的同时，也有着本土特色，最明显的就是广西的奇山异水成为记游作品反复吟咏的对象。而范仲淹、欧阳修的写景名篇之所以在广西有较多的模仿者，亦与广西的佳山水有关。此外，唐代的广西石刻作家们就尝试了将山水风景的描写与其他主题联系起来，这自然对宋代作家们有启发作用。

总体看来，广西的宋代石刻记游作品往往不停留于模山范水，而是将其与用世思想联系，如强调与民同乐、安边靖民、识才用贤、岁丰人晏等。并且，借山水景物抒发的也多是积极用世的情志。具体而言，主要有以下主旨内容的记游之文。

（1）登山临水与安边靖民

广西地处中国西南，自秦建郡以来，边患与叛乱时有发生，维持地方稳定成为政府官员的首务，反映在记游作品中就是将山水景观描写与安边靖民联系起来。

这类石刻可以李曾伯《游隐山诗并序》为代表。李曾伯，字长孺，号可斋，覃怀（今河南沁阳附近）人，南渡后徙居浙江嘉兴。淳祐九年（1249），李曾伯知静江知府、广西经略安抚使兼广西转运使；宝祐六年（1258）再度知静江，在防守南鄙、驱逐鞑虏方面取得功绩，事见公立碑《李曾伯纪功碑》；第二年，改任观文殿学士。其人素知兵，称南渡后名臣。李曾伯以词名，有《可斋杂稿》传世。《游隐山诗并序》创作于开庆元年（1259），即李曾伯再知静江的第二年，摩崖在隐山北牖洞，其文如下：

  河内李曾伯再牧桂之明年，实开庆改元。上命三衢柴士表视边陲，竣事将还，夏六月二十有六日，约宪仓四明丰苢、兵帅浮光朱广用、符离朱焕载酒千山观，访招隐，过仙弈，感今怀昔，风物固亡恙也。时火伞张空，水花蘸碧，相与仿佯其间，清不受暑，因得四十字，并识诸石：

  自重来岭峤，岂暇访湖山。归骑行边了，戎旃护戍闲。相看群玉拱，一笑六郎间。回首西风静，何愁老汉关。

李曾伯在诗中强调是在视边戍守的余闲探访湖山，并表达了期望西南边疆安宁、自己甘愿老于边关的思想情感。"相看群玉拱，一笑六郎间"表面是写景，实际寓言外之意，"群玉"自然用的是韩愈"山如碧玉簪"的典故，指的是众山，"群玉拱"借众山的拱手非常形象地表达边境少数民族的宾服，"六郎"指莲花，

"一笑六郎间"则形象地表现了诗人因边境安宁而产生的欣喜安逸之情。

李曾伯等人还有《登千山唱和诗》，主题与《游隐山诗并序》类似，有君王对边疆安宁的关注，隐含了此事对诗人的鼓励，还有诗人对安边官员的赞美。

（2）登山临水与因民之乐、与民同乐

广西石刻中的山水游历之作往往强调登山临水是在顺应了百姓的需求之后，是政务之暇、安民之余，是与民同乐。

李师中的《蒙亭记》即是这样的作品。李师中，字诚之，原籍楚丘（今山东曹县），徙居山东郓县。宋嘉祐三年（1058）九月，李师中受命为广西提点刑狱；五年十一月摄帅事，知桂州；同年四月以尚书度支员外郎、权广西转运使兼劝农使。他在桂林留有多处碑刻，《蒙亭记》于嘉祐七年（1062）刊于桂林伏波山，这篇记并诗记述了伏波山的发现及蒙亭之得名，描写了亭上所见之美景，并强调吴经略是在安边靖民之后，在公务之暇，寻幽探胜，同民之乐。其文如下：

> 桂林天下之胜处，兹山水又□其尤，而在城一隅，荒秽不治，若无人知者。数千百年间，岂天秘地藏，不以示人？噫！必有仁智者，然后能乐，盖性情自得之也。经略吴君尝为谏官，以言事罢，不复。遂来殿方，既安边静民，而后及此。师中览而壮之。又因斯民之乐，名其亭而系以诗。诗曰：
> 凡物之蒙，在人亦昧。既有见焉，其迹难藏。斯亭之成，景物来会。江山之胜，相与无际。兔鹭在水，或在于浮。中洲蒲莲，迤逦静深。岩壑沉沉，云气长阴。自公多暇，来燕来临。同民之乐，而无醉饱之心。

此后还有黄邦彦的《重修蒙亭记》，亦强调在边境安宁、年谷丰登、衙门无狱讼之后再游玩山水。此记还将山水胜境由蒙而显与人的遭际相联系，见出柳宗元山水游记的影响。

其他如张釜《桂林山水七咏诗附滑懋跋》，跋文叙述张釜来桂林掌管军粮事宜，缩减赋税，减轻百姓负担，施行教育，改善基础建设，革除弊端，铲除奸佞，所为种种，皆是顺应百姓的需求。诗文强调张釜勤于政务，却能从容处之，闲暇之时，则登山临水，赋诗唱和。再如侯彭老《程公岩记》，在描写屏风山奇异壮观的景色之外，也强调程公施教化于一方，守护边疆，爱护人民，使百姓乐于同游山水胜境。

不但桂林的山水游记作品如此，广西其他地方，如融水县的山水游记作品亦复如此，举赵愿的《游真仙岩记》来看：

绍兴戊辰秋九月，鄜延赵愿蒙恩假守于兹，既宣德意，曾未周月，帅檄移摄邕管，以市骏闻于朝，报可其请。由是滞留，游阅岁序，而东宁之政，实监郡清江李公兼理焉。辛未夏六月毕事言还，周览风物，灿然一新：刑清讼简，帑庾充羡，合境宴然，郡称大治，远迩欣颂，未易名言。方幸联事之欢，复命铃兵本路，祗拜有期。与公周旋，恨弗克久。是月晦，偕公率同僚恭诣真仙岩，此景天下胜绝，因留纳暑。命酒合乐，徜徉终日，绰有余欢，是岂喜寻幽而乐胜游者哉！盖亦因民之乐，并四景于此日也。观者骈肩，号为盛事，因书以记其来：预会鄜延任□、刘□，开封吴□、王□、王汴，兴化方□，郁林何□，庐陵范□。

这篇游记，也强调寻幽探胜是在边境安宁、顺民之需、地方大治之后。

观这些山水诗、山水诗跋、山水游记，我们不难发现范仲淹、欧阳修山水游记的影子。范仲淹的《岳阳楼记》描写岳阳楼之景，归结为"先天下之忧而忧，后天下之乐而乐"，欧阳修的《醉翁亭记》写游玩琅琊山之乐，归结为同民之乐。"与民同乐""先天下之忧而忧"的主旨令山水游记的思想内涵得以提升。另外，广西唐代记游石刻即有强调在岁和人丰之后安享泉石之乐。宋代的作者们显然受到他们的启发，在模山范水时着意于主题的提升，不单单局限于"与民同乐"，还强调"因民之乐""安边靖民"，结合广西地方现状，予以山水文学新的主题。

（3）登山临水与祈盼丰年

广西石刻中的宋代山水游历之作有些还与祈盼丰年相联系，以此提升作品的思想内涵。

如朱希颜的《携家游龙隐洞诗并序》。朱希颜，字子渊，新安（今安徽休宁）人。宋隆兴元年（1163）进士，历官当阳尉，知永平、广济县，升知兴国军。淳熙十六年（1189）任广西转运使；绍熙四年（1193）任广西转运使兼经略安抚使，知桂州静江府；是年秋，进直焕章阁；庆元元年（1195）离桂。在桂期间有很多题咏刻于山水胜境。如《携家游龙隐洞诗并序》即于绍熙五年（1194）刻在桂林龙隐洞：

龙隐洞石壁玉立，洞门虚明相映，江流横贯其中，上有神龙，纹如印泥然，亦异矣。暇日携家泛舟来游。绍熙五年重午后两日。新安朱希颜子囦。

翠壁峥嵘百仞雄，玉龙飞下水晶宫。禹门激浪从三级，越峤眠云仅一弓。

银阙交辉天不夜，金鳞倒影水浮空。卷怀霖雨沉潜久，会有惊雷适岁丰。

此诗写的是龙隐洞奇异的龙脊纹理，诗人将龙与雨、丰年联系起来。

还有李曾伯的《劝耕诗并记》，此诗写选取玄岩的龙形石钟乳及春雨作为描写的重点，将之与祈盼百谷丰登联系起来，龙能行雨，雨足而年丰，诗歌作这样的联系是很自然的，无牵强之感。

（4）发幽彰潜与识才用贤

广西的一些山水胜境在宋代还处于未开发的状态，来到此地的地方官或文人亦热衷于寻幽探胜。山水胜境被发现的过程即成为了宋代广西记游作品乐于记述的内容之一，且作者往往将之与人之识见、遭际与识才用贤相联系。

如上文所举李师中的《蒙亭记》、黄邦彦《重修蒙亭记》即是如此。李彦弼的《湘南楼记并辞》亦复如此。《湘南楼记并辞》作于崇宁元年（1102），刊于桂林普陀山脚，1973年11月重刻于"逍遥楼"碑阴，该文记述了建楼之由，名楼为"湘南"之因，登楼览胜之概，其文如下：

上登位之明年，以直龙图阁诏宠桂州经略安抚程公，所以奖忠勤励勋阀也。公初以新天子即大号，未及陛见，仰窥清光，而远守藩城，迤婴嘉命，德上之赐，顿首咸荣。惟是庶几夙夜恪共厥职。而公于府事，无间巨细，咸与区处，边陲晏休，铃斋多暇，顾无足以摅胸怀者，而公默然恢远虑，谓桂西南都府所以为襟峦带海，用兵遣将之枢。然自皇祐中，侬贼噬边，朝廷始大城桂。故其隍池楼橹之列，有瓌鸿侈丽之势。阅岁滋久，城东之门，柱欹缀颓，栋楠腐挠，卑陬褊迫，甚非所以为边庭壮观也。公迺因旧，奏而鼎之，运修城之金，衷美戍之卒，搜山度材，以其心匠，授内殿承制兵马都监和议俾董厥功，惟议精蠡经营，赞明巧思，初无扰纷。土木告办，兴于建中靖国之秋，成于崇宁初元之夏。下拔峻墉，上笋丽谯。霍若云峨而山峙，骧檐牙以挂斗傍，萦栏楯以跃林杪。颓糊丹绮，与朝日争辉，高牖疏棍，与游氛袭气。观者忡愕，谓是功不訾矣。公既落成，文武宾士，咸列在席。饮酣，公举觞属庐陵李彦弼，曰："兹楼揭蘖轮囷，压百雉之纡，余空爽豁空蒙，睇千里之超忽，平开七星之秀峰，旁寨八桂之远韵。前横漓江之风漪，后踊帅府之云屋。环以群山，叠众皴而昂孤骞，若神腾而鬼趣，若波骇而龙惊。兹亦胜概之绝伦者矣。昔之赋客诗人，咸指桂林为湘水之南，尝试以湘南命焉。子其为我摛藻而碑之，惠兹楼为不朽，可乎？"彦弼敬复公曰："昔李太白人中仙才，而以不识韩荆州为羞；韩退之天下文伯，而以不到滕王阁为恨。

61

盖珍乎心赏之难遭也。今仆之来，栖碧幢之余阴，飒珠履之后尘，时为高明之游，写快襟而遇遥瞩，关飞动而接混茫，操毫振英，与山川淑灵相为友朋，斯岂寻常之遇哉？夫气象之优嘉，此亦造物之所深惜也。然其有所谓神龙之洞渊、真仙之窟宅，名山巨川，往往出于遐州眇邑之陋，幽林哀壑之荒，轨迹不得而经者。此亦气象之不幸者也。今湘南之景，骏骋雄张，环辏城郭。而云烟之变化，风月之朝昏，千态万状。惟公以一楼临之，倚槛转瞬之顷，尽得于眉睫之间。则虽使造物欲韬光匿奇，秘藏而惜之，乌可得哉？公识量虚明，礼贤扬善，髦俊之士，翔集府下，号为冠盖之盛。则公之眷眷于兹楼，岂造物者特所以露怪变之豪、而侑觞咏之乐哉？"因复系之以辞云：

伟桂林之通都兮，邈三湘之岭南。控蛮陬而辖海疆兮，俨帅居之潭潭。亦昌黎之高篇兮，江山罗带而玉簪。繄衔命而来游兮，若仙登而鸾骖。遘圣朝之天覆兮，鸟奔狖警而乱戡。戢戈甲而蠲氛埃兮，曾弗劳于韬铃。嘉龙阁之程公兮，拥藩旄戢而笑谈。叠清威而杭稜兮，洗蛮饕而律贪。浃五春于蕃宣兮，承皇流而泽涵。奢楼观以状厥武兮，屹飞薨之耽耽。压城椒而四瞰兮，笼景象而错参。搏翠壁而揽秀色兮，骇造化之剜镵。驱苍螭而驾青虬兮，歘层穹而仰巉。穴来风而岩隐龙兮，悚灵窟之空嵌。羌连拳而歕歔兮，凭七星而掎神檐。墉峻脚以插紫洲兮，匦清濑于玉凾。扪太虚而梯天兮，超惚恍于嚣凡。雅风餐而云卧兮，洒蠛蠓于拱檐。罗宾尊而虹吞兮，醽簪裾而醉酣。仰我公之兴复不浅兮，蹑风御而薄冰蟾。愧无倚马之仙兮，为我公翻墨海而搜潜。排阊阖而掀滞淫兮，剖鬱纡于前瞻。虽越吟楚奏而忘异乡兮，仲宣依刘而知惔。寄穷通于尘垢之外兮，探虚无旷莫于周聃。嗟景物之恋贤牧兮，邅卹主人之留淹。望尧云于庆霄兮，接何时而晷三。冀我公之横翔兮，拱凝旒于邃严。风流千载于兹楼兮，桂人志德以无厌。

李师中的《蒙亭记》、黄邦彦《重修蒙亭记》只是大略地将山水之由隐而显与人之识见、遭际联系起来。《湘南楼记并辞》则对此进行了详细的类比，以赞美程公的识才用贤。这几篇游记很容易让人联想到柳宗元的《钴鉧潭西小丘记》，柳宗元借写小丘之弃取遭际，寄寓他的人生际遇与感慨。当然，几篇游记还是略有不同。《钴鉧潭西小丘记》有着较深切的人生感慨，而《蒙亭记》《重修蒙亭记》《湘南楼记并辞》的情感基调更为明朗，意涵更为显豁。

再如刻于融水真仙岩的易祓撰《真仙岩亭赋》有"物与人之相求兮，每扞格而难逢。苟襟度之弗宏兮，彼将隐伏而缄封"之句，亦让人想到山水的潜与显在于人的知音与否。

（5）圣迹仙踪与勉励德政、维护统一

传说舜帝曾巡游至苍梧（今广西境内），并死于苍梧，这一传说成为广西石刻乐于提及与发挥的内容，人们往往将舜帝的故事与善政、六合同风联系起来，以此鼓励德政、维护统一。

如张栻的《韶音洞记》，摩崖在桂林虞山韶音洞口，淳熙四年（1177）刊（今已残损）。其文如下：

由虞祠之后不十步，至虞山之下，有石门，可窥入其中，则虚明以长，仰而视之，石去人仅尺许，色青润可爱。瞰其旁，蹲踞蜿蜒，如虎豹龙蛇者，皆是也。行其中十余步，望北牖，清江横于前，出其处，则下临深渊，所谓皇泽湾也。始栻既新帝之祠，得新安朱熹为之记，命工人度山之崖，磨而镌之，偶发石而得斯洞。凿其下石之啮足者，剪其北林薄之翳目者，而地之胜，有若天成焉，名之曰韶音洞。盖淳熙三年秋也。洞之深，凡十有三丈，广二丈有奇。牖之外少西，有地隆然而高，为台可钓。明年秋，又于洞之左得小坯，平旷爽垲，江出于旁。凡桂之山，瑰奇杰出者，悉献其状。作亭于上，名之曰南薰之亭。于是，祠之前后皆有览观之美。来拜祠下者，已事而退，又得以从容而游息焉。嗟乎！有虞氏之德，其盛蔑以加矣！盖君臣父子兄弟夫妇之彝性（天之命乎人者），孰不具是哉！帝之所以为盛德，亦尽吾心之所同然者尔。是则，帝之泽，流洽于人心，固将与天命并行，而不可泯。夫何有古今之间哉！后人裴回于斯地，遐想箫韶之音，咏歌南风之诗，鼓舞而忘归也。其亦庶几有以兴起乎？遂书于石。

洞名"韶音"、亭名"南薰"，皆与舜帝有关。"南薰"，出自相传为舜帝所歌《南风》诗中的"南风之薰兮，可以解吾民之愠兮"，喻指善政如同南风的温暖，能解除百姓的怨怒，令他们开颜。"韶音"，意取"《箫韶》九成，凤凰来仪"，《箫韶》相传是舜帝时的音乐，此乐引凤凰降临，代表着天下太平。总之，张栻修缮舜帝庙、新建南薰亭，创作《韶音洞记》，目的就是宣扬德政、六合同风，以此维护统一。朱熹为此事撰写的《虞帝庙碑》，主旨与《韶音洞记》类似。

此后，游韶音洞的人记游时，也往往称誉舜帝的德政，如朱希颜的《携家游韶音洞诗》，摩崖在虞山东南面，绍熙甲寅年（1194）刻，其文言"曾按薰弦天一方，扫除民愠变清凉。遗音凛凛犹闻耳，不独当年味可忘"。朱希颜还有《访叠彩岩诗并记》，虽不是写韶音洞，但也用了舜帝歌《南风》之诗的典，用风洞景观寄寓六合同风、天下一统的思想。

不但圣迹容易令人追忆德政、勉励德政，连仙道传说也让来到广西的文人将之与勉励德政联系起来。这更能见出此时的文人普遍具有的用世精神。如上文所举尹穑的《仙迹记》，此仙迹故事就将郑冠卿之所以得遇仙人、并活到一百多岁归结为他为官能救助贫苦百姓、富于同情心。这一故事无疑对于为官之人有所劝勉。故淳熙改元年（1174）摩崖于桂林七星岩的范成大《碧虚铭并序》特取此仙迹故事中最核心的一句诗——"不缘过去行方便，那得今朝会碧虚"中的"碧虚"作为亭名，并为之作铭，其用意亦是鼓励善政。

（6）模山范水与抒情写志

唐代广西石刻中的记游诗文已能很好地将描山范水与抒情写志融合起来，宋代继承了这一点，人们除了将山水景物与因民之乐、鼓励德政等联系起来之外，还会将之与一己之情感、心绪、品质、志向联系起来。

如胡槻的《穿山题诗》，摩崖在桂林穿山月岩，嘉定十四年（1221）前后刊，碑文残缺，其文："石磴崎嶔几许层，坐来心迹自双清。不知混沌何年凿，便有婵娟一镜明。周穆马蹄何寂寞，谢公展齿欠安平。飘然欲御长风去，冉冉烟云脚底生。"此诗将景物描写与羽化出尘之感交汇在一起，意境颇为完融。

再如曾宏正的《水月洞词》。曾宏正，临江新淦人（今江西新干县），曾三聘子。淳祐三年（1243），曾宏正任广西转运判官；景定四年（1263），重来桂林，任广西转运使。《水月洞词》创作于淳祐三年，摩崖在桂林象鼻山水月洞，其词曰：

风月无尽藏，泉石有膏肓。古今桂岭奇胜，骚客费平章。不假鬼谋神运，自是地藏天作，圆魄镇相望。举首吸空翠，赤脚踏沧浪。

惊龙卧攀栖，鹓鹜鸾凤。秋爽一天凉露，桂子更飘香。坐我水精宫阙，呼彼神仙伴侣，大杓抱琼浆。主醉客起舞，今夕是何乡。

这首词以象鼻山及周围之景为描写的主要对象，词人选取了水月洞、象鼻山、秋露、秋桂等景物，写出了山水之美、气候之宜、桂花之香、明月照耀下境界之清澈纯净，在这众美之中词人神仙般的怡然适意：视觉——圆魄镇相望；触觉——秋爽一天凉露；嗅觉——桂子更飘香；身、眼、鼻，无不适意。词人对山水的心醉神迷也就蕴藏在这怡然适意之中了。

总之，宋代广西石刻之记游作品在题材上极为丰富，也颇具地方色彩。上述主旨划分只是为了论述的方便，其实有些情况下，一篇作品可能容纳丰富的思想内容，如李彦弼政和七载（1117）刊刻在桂林普陀山玄风洞的《游元风洞诗三十韵》：

> 文英子建声华炟，少陵尝咏波澜阔。逯流亹亹锺宜春，观君紫芝真秀拔。华山騄耳汗血孙，奚取王良手乌抹。駸駸凌厉追遗风，胡为顿缨驰骆越。谁嗟长庚有寒裔，壮龄直欲排紫闼。初从附凤矫飞翔，晚乃射虎就疎豁。强颜方喜安斗筲，禀分何能块圭撮。胸中琳琅苇埃□，自恧铅锋乏披割。时过西邻蕲发药，溜引玉泉浇膝渴。新商执矩盉威令，甘澍腾虚摧虐魃。约君飘兔泛沧漪，背负青天无天阙。风来空穴袭发毛，刷腋凉飙振絺葛。泠然便拟子列游，不待别起青苹末。徐跻七星趾山椒，杓魁歊虚状旋斡。近君白雪热何有，高谈一激锥囊脱。扳肩作者古蹊径，余事篇章随击钵。盘跌不减二华君（日、月二华君栖霞洞在风洞之北），妙阅枯棋战挑掐。况骈摇纵莫可留，四序翩翩几箭筈。顷看金柳流莺鸣，俄听玉露丛蝉聒。清辉默韵无弦琴，乌用檀槽挥一抹。我方骚愁愁到骨，潜睨盉蝉眉目缬。徒操诗穷拥鼻吟，无或酒酣将月喝。生平刚肠久已屈，赖尔匹夫难志夺。故交纷纭翱赤霄，大钧播物昭穷达。德尊一代元坎坷，儒腐百年决粗粝。南溟垂翅云翼收，北窗点卧霜须捋。病马犹期春草长，涸鱼终需江水活。君行趋觐长安日，轶兴横秋畴可遏。公卿倾风定援手，鸿造机缄由一拨。江湖要作迥相忘，静言可笑相濡沫。

这篇长诗将玄风洞壮丽的景观、奇特的气候与凌云之志、羽化之感、神话传说相结合，内涵复杂，并将无才被弃、遭际坎坷之叹与心系国事之忧以及枯木逢春之望寄寓于景物描写之中。

3. 艺术风格

广西宋代的记游石刻之文不但在题材主旨上受到中原文化的影响，在艺术风格上亦有着明显的中原痕迹。如韩愈的诗歌有散文化的趋势，宋诗继承了这一特点，广西的宋代石刻中也有散文化的韵文。再如范仲淹、欧阳修等人的文学创作，尤其是他们的写景名篇对广西石刻影响颇深。表现在艺术上，如"也"字句的排比句式，也能在广西石刻的记游作品中找到化用的段落。

如上文所举李彦弼《游元风洞诗三十韵》，此诗不但选用怪奇生僻的字词，且多有散文化的句式，声律上也不避拗句，描写的也是怪怪奇奇的景物气候，诗人的情感也是复杂多变的，从整体上看则显得桀骜不驯。这首诗明显属于韩愈尚怪奇、散文化一类的诗歌，也体现着宋诗的主体风格之一：以文为诗。

不但在诗歌中可以看到韩愈的影响，在其他文体中亦能找到韩愈的影子，如上文提到的梁安世《乳床赋》，摩崖已毁，今桂海碑林有一块摹刻。此文据拓片录，全文如下：

> 吴中以水为乡，岭南以石为州。厥惟桂林，岩穹穴幽，玲珑嵏峩，磊落雕锼，虽縻绳而篝火，窖粮绝而道悠。石有脉其何来，泉春夏而渗流。积久而凝，附赘垂疣。或举斯钟，或振斯裘，或莲斯葩，或笋斯抽，或胡而龙，或脊而牛，或象之嗅，或鼋之浮，或麟其角，或马其骊，或跃而鱼，或攀而猴，或粲金星，或罗珍羞，或肺而支，或臂而瘤，或釜之隆，或橐之投，或溜而脎，或叠而丘，或凿圭窦，或层岑楼，或贾犀贝，或农锄櫌，或士冠缨，或兵兜鍪，或下上而相续，或中阙而未周。稽本草之乳牀，特精牺之不侔耳。抑尝以岁而计之，十万年而盈寸，度寻丈之积累，岁合逾于千万。肇开辟而距今，邈春秋其几换。蜡屐之士，倏来亟散，讶泉乳之能坚，若朝菌之暮旦。孰知顽矿，天理密运。自立于岱，能言于晋。望夫而化，殒星而镇。生公谈妙而点头，初平叱羊而争进。凡如剑如佩、如绅如弁、如拱而侍、如坐而盼，既具人之形体，盖阅世而默见。吾将灰心槁质，屏颜畔岸，兀坐嵌岩之侧，观融液之流转，自分及丈十百，而美高低联属，柱擎台建。小留侯济北之遇，玩蓬莱六鳌之拚。俾磨崖刻画之子孙，当语之以老人大父之贵贱。虽盖倾而舆穿，戴一姓之奄甸，傥谓瘴乡之不可久居，夫岂知处夷险而其志不变者耶？

此赋用了28个"或"字句，以描写石钟乳的千奇百怪。韩愈有《南山》诗，用了51个"或"字句，略引几句对比来看："或连若相从，或蹙若相鬬，或妥若弭伏，或竦若惊雊，或散若瓦解，或赴若辐凑，或翩若船游，或决若马骤，或背若相恶，或向若相佑……"确有相似之处。

艺术风格上，除了韩愈的影响，还能找到范仲淹及欧阳修的影响，如黄邦彦的《重修蒙亭记》：

> 绍圣改元秋八月，天子以直龙图阁胡公帅桂林，负抱才业，扬历中外，所至有声。然于事不忽，小大烦简，靡或不修，而尤知所先后缓急之序。故治桂林凡再期，边境以宁，年谷用登，府舍萧闲，无狱讼以烦听决。乃得游意山水间，窃其所好，搜访其昔所尝闻今所未曾见者，则伏波岩之蒙亭出焉。

先是，嘉祐中经略吴公即岩之左以为亭，名之曰蒙亭，漕使李公记之而隤镜于岩之西崖。亭久湮废，而记又埋没，与崖不少辨。一日，提点刑狱梁公出其家旧所藏李公《蒙亭记》以观焉，由是益知岩亭之详。

岩在大城内府治墉之东北隅，繇府东北墉循江而下，绕百步转而趋乎茂林翠竹之间，有径寂然以幽。出径循山而转，石门砑张，磴道侧欹，迤逦趣下，如在壶中，却立仰视，压乎江水之湄，沉乎□全之阴，有峰兀然以高。峰面东北，屏颜崒嵂，石崖曲拳，倒荫下覆，神仙窟宅，俯临渊波，无栋宇，无牖户，嵌空屋室，□以容宾，从而列豆觞，有岩隐然以深。

亭则遗基仅存，公斥其基而新之也；因土为台，筑之登登，因石之堤，削屡凭凭，买鳌背之穹隆，笙铁城之隐嶙，则前日之江流放奔，沟潦涨盈，基圮穴溃，渗淫而突冲也；朱甍翚飞，碧檐云齐，左右绮疏，掀豁洞达，开户而长江来，卷帘而青山入，迎朝曦于前楹，延夕景于后轩，则前日之旦暮昏黳，寒烟白露，瓦砾而荆榛也；公与宾客来宴来游，樽俎沓阵，几席具张，缭以丹槛，约之朱栏，凳碧砌平，不生纤尘，屏铺幕舒，不碍风月，则前日之隤垣断堑，牧童樵夫之所往来践履而丘墟也；冠盖追飞，士女笑嬉，马嘶林间，人息木阴，清歌激越，碧天云凝，鼓吹间作，山谷响答，则前日之风雨飕飕，鸟虫啁啾，鼪鼯狐兔之所闹集而噪鸣也。

若乃晴霞散彩，野色□鲜，徘徊徒倚，挟光景而凌青霄，危峰叠嶂，拥翠拔秀，雾霭蔽亏，云气吐吞，顷刻万变，则有羌笛载弄，眩听乎长风之无，飞鸟疾过，决眦乎秋毫之末。

又若雨收平芜，波拍长堤，红蕖飘香，绿蒲逞姿，惊涛怒翻，白鸥出没，辘轳砑轰，桂楫虬轧，远汀孤屿，水烟摇漾，乾坤浮沉，上下无际，则有高桅巨帆，驾浪乎千里之外，渔舠钓艇，夷犹乎曲浦之上，使人心兴超然，自得泠然，若将御风而远举。

俄且蹼然下亭，怡然趋岩，碧潭涵虚，画舫舣岸，拂衣而坐寒石，起步而窥洞穴，□有一泓寒流，莹激心目，濯缨涤砚，倍发清思，令人恋恋不能去。凡此皆前日之荒凉岑寂，隐晦而蔽蒙，今则变而为超绝殊绝之雄观，易而为高明旷爽、浩瀚无穷之气象也。公乃顾宾客，忼然叹曰："夫物之理，无常显，亦无常蒙。然惟显为能蒙，而有蒙斯有显也。是岩有是亭之遗基，近在城郭之内，居者不知，过者常顾，荒凉岑寂，如此其久，则尝蒙矣。其景气物象，朝暮变化，怪奇日新，彼未有蒙而人自蒙之，则蒙而显者也。亭蒙于外，显于内，晦而明，暗而彰，其理固然。废于昔而兴于今，蒙于初而显于终，则亦系乎其时。非特亭也，人事亦然；非特人事，人之身亦然。则凡蒙也，乃所以显欤？此蒙亭之意也。子为我书之。"邦彦曰："惟。"于是乎书。

此文第三段的5个"也"字句及第七段的5个"也"字句，让人想起欧阳修的《醉翁亭记》，整篇以"也"字句构成。第四、五段描写晴天或雨后的不同景象，范仲淹《岳阳楼记》亦有描写洞庭湖雨天和晴天不同景象的两段文字。

简而言之，宋代石刻中的记游之文在艺术风格上也体现了诗歌散文化趋势、尚怪奇、重理趣，山水游记或辞赋中化用名家名篇中的句式等特点。

第三节 宋代的名家名刻

一、司马光书《家人卦》

司马光是我国历史上著名的政治家、史学家、文学家，德行学问，妇孺咸知。其书法隶书别具一格，得黄庭坚、宋高宗赵构的高度赞扬，以此为人所珍贵，然传世罕见。世人皆知杭州南屏山兴教寺后有一洞，上有石壁如屏障，即刻有司马光书写的《易经·家人卦》，宣扬修身齐家之道。南宋人叶绍翁《四朝闻见录》卷一对此记载说："今南屏山兴教寺磨崖《家人卦》《中庸》《大学》篇，司马温公书，新《图经》不载。钱塘自五季以来无干戈之祸，其民富丽，多淫靡之尚，其于齐家之道或缺焉，故司马书此以助风教，非偶然书之也。"吴自牧《梦粱录》、董嗣杲《西湖百咏》、潜说友修《咸淳临安志》等也有相似记载。然而，周密《武林旧事》卷五却言之凿凿予以否定，说："南屏兴教寺旧名善庆，有齐云亭、清旷楼，米元章书有'琴台'，及唐人磨崖八分《家人卦》《中庸》《乐记》篇，后人于石傍刊'右司马温公书'六字，其实非也。"也就是说周密以为《家人卦》摩崖当是唐代作品而非司马光所书。那么，叶绍翁等人之说为是呢，还是当从周密的观点？这于研究司马光甚至研究宋代学术是件有必要解决的事情。广西融水苗族自治县老君洞中有一方摩崖乃司马备刊刻的马光书《家人卦》，此与周密与叶绍翁等人记载的不合，于此可迎刃而解，破一文化史存案。

老君洞在距杭州千里之遥的广西融水苗族自治县城南郊,当地人称其是中国道教三十六洞天之一,因洞内钟乳石若老君像而得名,或称灵岩,宋太宗赐名真仙岩,并赐书摩崖。洞有灵寿溪穿越而过,溪水清澈见底,游鱼历历可见,直视无碍。洞体宽敞可容千人,洞高百丈,高大明亮,得见其间古人摩崖灿若群星,且多宋代名人刊石,如韩休卿(宋宰相韩琦后裔)跋刻韩琦书杜甫《画鹘行》,黄杞(黄庭坚孙)刊刻黄庭坚诗,张孝祥刻"天下第一真仙之岩"等。司马备刊刻司马光书《家人卦》即在其间高不可攀的峭壁之上,较南宋理宗时期叶绍翁所记杭州南屏山兴教寺摩崖至少早半个世纪。

司马备为司马光曾孙,南宋绍兴十九(1149)年,至融水为官。司马备善刊石,曾刻石司马光藏韩琦周尺度数,于史多有记载。司马备公事之余至老君洞,见有宋太宗赐书摩崖,遂将家藏司马光书《家人卦》摩崖在洞壁,也作久传之计,标题为《宋司马太师书家人卦》,并明确记载摩崖的因由与时日:"先太师温国文正公书此于家,曾孙备因倅融水,谨摹刻于郡南老君洞之石壁。绍兴十有九年岁在屠维大荒落重午日记。"摩崖司马光隶书共110字,曰:"家人利女贞。象曰:家人女正位乎内,男正位乎外。男女正天地之大义也。家人有严君焉,父母之谓也。父父子子,兄兄弟弟,夫夫妇妇,而家道正,正家而天下定矣。象曰风自火出,家人君子以言有物,而行有恒。初九:闲有家悔亡,象曰:闲有家,志未变也。六二:无攸,遂在中馈,贞吉。象曰六二之吉,顺以巽也。九三:家人嗃嗃,悔厉,吉。妇子嘻嘻,终吝。象曰:家人嗃嗃,未失也。妇子嘻嘻,失家节也。六四:富家大吉。象曰:富家大吉,顺在位也。九五:王假,有家勿恤,吉。象曰:王假有家,交相爱也。上九:有孚,威如,终吉。象曰:威如之吉,反身之谓也。"刻石字画有如新刊,恰见黄庭坚评说司马光"隶法极端劲"。

古人云礼失求诸野,此可说文献失而求诸石。至是,决司马光书《家人卦》疑案,见摩崖之文献价值,足证叶绍翁所记不误。

在融水老君洞中,司马备还摩崖有司马光所书范尧夫撰《布衾铭》,宋人颇有称道,与《家人卦》摩崖同为老君洞大增光辉,也为儒学、为书法艺术传播岭南做出了贡献,为地方文化增辉,为游历者添趣。

阮元《揅经室集》中有文《南屏司马温公隶书家人卦考》亦议及此,只是,阮元所见为拓本,不及今在真仙岩所实见。且阮元将"曾孙备因倅融水,谨摹刻于郡南老君洞之石壁"书作"曾孙备倅融刻之",邓经元点校《揅经室集》更误作"曾孙备、倬、融刻之",将"备""倬""融"等皆以专名号标,似皆作司马光曾孙看待,实误。

二、张栻之广西石刻

张栻(1133—1180),字敬夫,号南轩,祖籍广汉(今属四川绵竹),后徙居湖南衡山,父亲张浚,南宋抗金派人物。张栻曾师从胡宏,以理学称,乾、淳间与朱熹、吕祖谦被共尊为东南三贤,是湖湘学派的代表学者。朱熹称其"天资甚高,闻道甚蚤,其学之所就,既足以名一世"。《宋史》入道学传。

张栻一生数次为官,尝知严州(诸暨)、为吏部员外郎等职。在任起居郎兼孝宗侍讲期间,因弹劾知阁门事张说而出知袁州,又知静江府经略安抚广南西路,为荆湖北路转运副使,改知江陵府。

张栻所至一地,即改革时弊,在广西颇有政绩。《宋史》载其知静江府期间,"所部荒残多盗。栻至,简州兵,汰冗补阙,藉诸州黥卒伉健者为效用。日习月按,申严保伍法,谕溪峒酋豪弭怨睦邻,毋相杀掠,于是群蛮帖服。朝廷买马横山,岁久弊滋,边氓告病,而马不时至。栻究其利病六十余条,奏革之。诸蛮感悦,争以善马至。孝宗闻栻治行,诏特进秩,直宝文阁,因任寻除秘阁修撰"。在静江府任,张栻所做尤为突出,如《言广西盐法奏》《措置官言桩贮钱物条划状》等,为当时的广西百姓谋取生存的权利和条件。张栻有《南轩集》44卷传世,为其弟张杓与朱熹裒辑。其中诗、词、赋7卷(词、赋皆仅两篇),其他体裁文37卷,包括表、启、记、序、论、题跋、铭、箴、赞、墓志等。另在《桂胜》《粤西文载》等文集中还多有佚篇。今人杨世文与王蓉贵整理了《张栻全集》。

张栻对广西颇有感情,未入桂已有《送甘甥可大从定叟弟之桂林》赞美桂林山水:"人言桂林好,颇复类中州。近郊多胜概,雉堞冠层楼。待渠幕府暇,时与同冥搜。"《诗送陈仲思参佐广右幕府》说:"旧说桂林好,君今幕府游。江山资暇日,梅雪类吾州。煮海何多说,安边更预谋。政应勤婉画,不用赋离忧。"所以,张栻在广西多有创作与石刻,比如《南轩集》中所收录《靖江府学记》《钦州学记》《雷州学记》两篇、《宜州学记》等。又如《尧山漓江二坛记》《三先生祠记》《昭州新立吏部侍郎邹公祠堂记》《静江府厅壁题名记》《南楼记》《谕俗文》以及《韶音洞记》(《粤西文载》卷十九)、《水月洞题名》(《光绪临桂县志》卷六)、《冷水岩题名》(《桂胜》卷二)、与甥甘可大、弟张杓等龙隐洞题名、在隐山书"招隐"榜书等。

在张栻流传至今的广西石刻中有两件最重要，一是朱熹撰《静江府虞帝庙碑》，二是张栻撰《韶音洞记》。前者为张栻任静江府期间为宣传儒家道理特邀请当时大儒朱熹而作，而今依然在虞山。淳熙二年（1175）七月，张栻在桂林修建了虞帝庙。是年十二月，张栻请托朱熹作《静江府虞帝庙碑》，并于淳熙三年（1176）四月将此文摩崖于虞山南麓，碑刻为隶书，380厘米×190厘米。朱熹作文，吕胜已书碑，方士繇撰额，吕、方二人均师从朱熹，张、朱、吕、方四人都是南宋理学名家，因此人称此碑为"四夫子碑"。朱熹虽没到过广西，但也因其文被刻之于石，公之于众，间接地参与了广西的理学传播。朱熹在文中也提及了桂林虞帝祠的历史、张栻重修之因以及重修的过程、祠修成后张栻主持祭祀的过程，并借张栻言语巧妙表达了作者行文弘道的目的：

既通，拜手言曰：天降生民，厥有常性。仁义礼智、父子君臣、爱及昆弟、夫妇朋友，是曰天叙。民所秉夷，失之豪分，宇壤易处。惟帝躬圣诚明，自然慈孝于家，仁敬于邦，友弟刑妻，取人与善，从容巨细，各极其处，如规之圆，如矩之方。使凡后世之为人伦者，莫不取则。

作为张栻的知己，朱熹深知张栻修建虞帝庙之深意，所以文中巧妙借题发挥，赞扬儒家楷模虞帝各种美好品德，实际上是传张栻之意，劝民教化。这与张栻坚持的教育目的相一致，即为了培养"传道济民"的人才，学习即便不能做到像圣人一样，也应"入德之门"，努力达到圣人的境界。这一石刻，既是南宋理学家朱熹之大作，也是张栻为政传理的实践，也成为理学思想承载传播的显性媒介载体。

张栻在修缮虞帝庙后，不期发现一处洞穴，对洞穴的周边环境及洞内进行了整理，前后历时一年有余，修建南薰亭，开发韶音洞，建成一处有游览价值的风景胜地，并留下《韶音洞记》摩崖于虞山。文中这样写道：

由虞祠之后不十步，至虞山下，有石门可窥。入其中则虚明以长，仰而视之，石去人仅尺许，色清润可爱。瞰其旁，蹲踞蜿蜒如虎豹龙蛇者，皆是也。行其中，十步余，望北牖清江横于前，下临深渊，所谓皇泽湾也。始栻既新帝之祠，得新安朱熹为之记，命工人度山之崖磨而镌之。偶发石，而得斯洞。凿其下石之啮足者，剪其北林薄之翳目者，而地之胜有若天成焉。名之曰韶音洞。盖淳熙三年秋也。洞之深凡十有三丈，广二丈有奇。牖之外少西，有地隆然而高，为台可钓。明年秋，又于洞之左得小丘，平旷爽垲，江出于旁。凡桂之山，瑰奇杰出者，悉献其状。作亭于上，名之曰南薰之亭。于是祠之前后，皆有览观之美，来拜祠下者，巳事而退，又得以从容而游息焉。嗟乎！有虞氏之德其盛蔑以加矣。盖君臣父子，兄弟夫妇之彝性，孰不具是哉！帝之所以为盛德，亦尽吾心之所同然者尔。是则帝之泽流洽于人心，固将与天命并行而不可泯。夫何有今古之间哉？后人裴回于斯地，遐想箫韶之音，咏歌南风之诗，鼓舞而忘归也。其亦庶几有以兴起乎？遂书于石。四年十月戊子，广汉张栻记。

《韶音洞记》记录了韶音洞的发现及修建过程。这个过程，张栻首先叙述了洞内的概貌，然后再说洞的发现，继之再述洞的发现、洞的规模和南薰亭的建成。这应该算是一个倒叙的手法。对洞中景象的描绘给读者一个基本的展示，以扣紧文章题目，有引人入胜之意。写了洞中，也写了洞外。写了洞，写了山，写了水，写了树木，也写了人物。如此叙述，将文章中景物描写与事件的过程记录穿插进行，避免呆板，使行文富于波澜，增强了文章的美感与趣味性。这与柳宗元的山水游记之作法是有所不同的。同时，张栻借以对韶音洞的开发记录，又融入对圣人之德的认识与传扬，刻石以记，希望后人在游韶音洞时，能见石刻而"遐想箫韶之音，咏歌南风之诗，鼓舞而忘归也"。从此，虞山纯粹为陶沐虞舜恩泽之地。

张栻的石刻创作丰富了广西的文学史，为广西文学的发展做出了贡献。又，张栻作为一路诸侯，兴办教育，移风易俗，对广西文化发生了重大影响，也会间接影响广西文化的繁荣。因此，研究广西文化，也是应该关注到张栻的石刻。

三、范成大之广西石刻

范成大（1126—1193），字至能，一字致能、志能，号石湖居士，平江吴郡（今江苏吴县）人，宋高宗绍兴二十四年（1154）进士。晚年归隐故乡石湖，卒谥文穆。现存著作有《石湖集》《揽辔录》《骖鸾录》《桂海虞衡志》《吴船录》《梅谱》《菊谱》等多种著作。范成大的诗文集有《范石湖集》，早有全集刊本，诗与词尚有流传，但其余除几部单行的专著而外，大都亡佚，仅能从方志、笔记、石刻中辑少许零文碎语，藉窥一斑。

范成大于宋孝宗乾道七年（1171），知静江府（治所在今桂林）、兼广西经略安抚使，次年由吴郡赴广西就任，于乾道九年（1173）进入广西全州境。其诗文集中所录与广西相关诗文 70 多篇，在任期间留下了多件体裁、内容不一的珍贵石刻作品，分别记载于不同金石文献及方志中。据古籍《粤西金石略》《桂胜》、今集《桂林石刻总集辑校》《广西石刻总集辑校》等统计，与范成大相关的直接记载其活动、诗文的宋代石刻有《龙隐岩题记》《范成大郑丙等屏风岩题记》《中隐山题记》《桂林鹿鸣燕诗并记》《碧虚铭并序》《七星岩题记》《酌别碧虚记》《范成大等七人屏风岩题记》《壶天观铭并序》《乳洞题记》及其大书《招隐》、立《杜易书正夏堂》，以及撰谕葬文、举葬文等 14 件，又有与范成大同举进士的梁安世记录且称赞范成大题刻的《屏风岩题诗》摩崖、陈邕提及范公帅桂之事的《海阳山灵泽庙碑记》，后世亦有直接纪念称赞范成大之石刻，如清范承勋《七星岩题记》等。旅桂期间及其他地方相关的石刻内容既涵盖了范成大政事文化活动及个人与友人、同僚等人登览吟咏之活动，具有一定代表性。今可借助范成大旅桂石刻文献并结合相关文献对其进一步考证了解。

范成大在广西的石刻内容十分丰富。有关于科举的，如摩崖于桂林水月洞的《范成大鹿鸣燕劝驾诗》：

淳熙甲午元年秋九月，桂林鹿鸣燕。太守范成大赋诗以劝驾云：

维南吾国最多儒，耸观招招赴陇书。竹实秋风辞穴凤，桃花春浪脱渊鱼。月宫移种新栽桂，江水朝宗旧凿渠。况有龙头坊井在，明年应表第三闾。

郡人曹邺桂诗云："我向月中收得种，为君移向故园栽。"今年用故事，种桂正夏、进德二堂。又复朝宗渠水，以符文章应举之记。赵观文、王世则两人皆魁天下，今状元坊存焉，故拙句中悉及之。

写范成大对广西学子科举行为的鼓励，用故事在正夏堂、进德堂栽种桂树，又疏浚朝宗渠水，以符合文章应举的活动，并举行宴会，以赵观文、王世则两人魁天下事为勉励，送学子赴行参与科举考试。这首诗及其序与注基本概括了广西地区的科举史。

纵观范氏一生，北至幽燕，南至桂广，西入巴蜀，东薄郧海，"所至礼贤下士，仁民爱物，凡可兴利除害，不顾难易必为之"。其在为地方官时兴水利、恤贫民、除弊政、建良法，布政方略可观，所至有声。刻碑摩崖益于布政施政内容与行为得以更具体地记载。如范成大在桂期间进行的殡葬习俗的改革举措则可通过石刻文得以详细了解。桂林隐山有刻于乾道九年（1173）六月、八月的《谕葬文》与《举葬文》两方石刻，则是记载广西殡葬风俗改革的稀见文献。

范成大上任后在桂林发现一个令人发指的现象,所到之处,堆满了棺木,白骨外露,凌乱抛撒。而造成此情此景的,由以下几种原因:一是来自于广西旧的丧葬习俗;二是有一些不肖之徒,本就无意安放先人,借巫师之口将去世的先人寄放或者随便扔在一个山洞甚至山涧中了事;三是确实有些穷人是无力安葬,不得已而采取的临时措施;四是一些游商行贾,或者是一些乞丐客死的,当地人只能将他们草草处置,放在山洞或者寺观,以等候有人认领。这些情况导致尸骨乱放,无人看管,日久月长,累积不断,渐渐尸骨如山,成了一个影响社会治安的严重问题。故,范成大从治理桂林、治理陈旧的殡葬习俗开始治理广西,既可以实践作为一个儒者的儒家理想,又可以改变地方的治安状况。于是范成大以静江都督府的名义,拟定一个告示《喻葬文》,广泛张贴,并在中隐山刻到石头上告知广西百姓。

　　《谕葬文》详细记载了瘴乡收葬之习俗乱象,经略范公乾道九年(1173)六月劝谕"仍自今后不得以改葬为名,发掘先坟",并记录了针对乱象进行"先具实数,申府照应"等实施细则,撰文以为法,榜示于静江都督府。文中讲明安葬死者对于孝悌之道的意义,而且对于生者的意义更为明显,且讲明风水之术的不可信,劝告人们积极地将自己家的亲人埋葬。告示要求百姓至秋天八月十五日,必须将自己死去的亲属埋葬,否则就要以不孝不道论处。然后依法断罪,或拘禁,或将其家财充官赏。并规定自今以后不得随意以改葬为名,发掘先人坟墓。又规定僧人道士报告自己寺观的尸身存放状况,保正长官等负责上报自己所管园林山洞内所有遗弃尸体,先具实数报告官府造册,通知尸身的主家限制五天内迁回安葬。另对无人识认的尸体造册,告知各地官府使人认领。实在无人认领的尸骨,知名者将其树碑埋葬,以待认领。

　　并以《举葬文》公开祭祀,宣扬文明丧葬。《举葬文》中亦载,"宋乾道间,范成大与民期,约以秋八月十五日皆葬所亲,否则即以不孝不道论……为文祭之。父老以其文刻石于西湖隐山潜洞",文中描绘"桂林之俗或不葬所亲,寓其骨于浮屠"现象,遂举葬,使"祭之虽非其亲,藏之虽非其里,有以安而归之,何异于其亲与里也?日吉辰良,肴芬而酒旨,魂兮即安,无南无北,无东无西也"。

　　这次大规模活动甚得民心,民众多积极响应。不积极的也为法所迫,不得不从。对以后广西的殡葬习俗有十分积极的影响,也改变了当时广西百姓的生活状况。此二碑刻,刻文以示众人,于当时而言起到了警示意义,于后世言则记录保存了举葬事宜的历史。从文献价值角度来说，也为研究当地习俗、范成大为政事迹考查提供了较为详细的资料。

范成大的石刻文学价值也较高，主要有《碧虚铭》《复水月洞铭并序》《壶天观铭并序》等。比如《碧虚铭》：

唐郑冠卿遇日华、月华君于栖霞之洞，与之笛，不能成声，倾壶酒饮之，仅得滴沥，独记其赠诗二篇。出门见二樵者，问曰："洞中乐乎？"跬步亦失所在。吴人范成大小筑其处，以识幽讨。按诗卒章云："不缘过去行方便，那得今朝会碧虚？"即以扁榜，且铭之岩壁。

空洞维石，中函碧虚。谁欤知津，有翘负刍。我来扣门，两翁在否？虽不能笛，能醉君酒。为君作亭，表岩之扃。名翁所命，而我铭之。

再如《复水月洞铭并序》：

水月洞剜漓山之麓，梁空踞江，春水时至，湍流贯之，石门正圆，如满月涌，光景穿映，望之皎然，名宾其实旧矣。近岁或以一时燕私，更其号朝阳。邦人弗从。且隐山东洞既曰朝阳矣，不应相重。乾道九年秋九月初吉，吴人范成大、莆田人林光朝考古揆宜，俾复其旧。成大又为之铭，百世之后，尚无改也。铭曰：

有嵌孱颜，中涳涨濎。水清石寒，圆魄在上。终古弗爽，如月斯望。漓山之英，漓江之灵。嫭其嘉名，范子作颂。勒于龙磙，水月之洞。

铭文与序根据唐郑冠卿遇日华、月华君于栖霞之洞碧虚岩的神话故事而作，文虽短，故事却是令人遐想。而《复水月洞铭并序》所写水月洞，即今漓江象鼻山水月洞景象，写景如画。在其前任职的张孝祥在静江府任时曾改水月洞名为朝阳洞，范成大认为"朝阳洞"名不为地方士人认可，亦见象鼻山水月洞景象之美深入人心。

范成大的广西石刻极有影响，叶昌炽极度称赞其书法造诣，说："范至能、陆务观书名皆为诗所掩。……王蒯卿农部以桂林诸山石刻见贻，复得公所书《碧虚铭》《壶天观铭》《祭新冢文》《鹿鸣宴诗》《屏风山栖霞洞题名》，大小真行，皆臻能品。余由是知公书为南渡第一。摩崖碑版，大书深刻，无逾公者。"

四、方信孺之广西石刻

方信孺（1177—1222），字孚若，号好庵，又号紫帽山人，兴化军（今福建莆田）人，南宋政治家、理学家、文学家。《宋史》载信孺以父方崧卿荫补番禺县尉，并记载其使金及仕途历程，言其自放于诗酒，但无一言及其官广西时事。《广西通志》载信孺"嘉定六年，广西转运判官兼提点刑狱"。《粤西文载》载"从广西转运罢归，复以提刑至，视事之暇，娱游水石。政简刑清，所至不扰"。据广西石刻文字可明确方信孺曾两次到过广西。第一次到桂，考吴猎《方公祠堂记》言信孺为崧卿仲子，幼从父宦于桂，后二十年复来官提刑兼判漕。即，宋光宗绍熙三年（1192），十六岁的信孺跟随时任广南西路转运判官的父亲方崧卿到桂。第二次到桂，即宋宁宗嘉定六年（1213），信孺为广南西路转运判官兼提点广西刑狱，桂林刘仙岩题记、伏波山还珠洞摩崖《方信孺刊米芾自画像记》中署名"提点刑狱方信孺"或"广南西路转运判官莆田方信孺"等可证。

方信孺一生好游，兼好刻石，刘克庄《宝谟寺丞诗境方公行状》称方信孺"公有山水癖，少游罗湖，一月忘归""天下有山水处镌刻殆遍"。方信孺在福建、广西、广东、湖南等多地留有石刻，如桂林各山岩、柳州马鞍山、广州六榕寺、黄埔琶洲以及永州九嶷山等地的诗文题词题榜等，特别是在广西留下石刻为突出。在桂期间"视事之暇，娱游水石"，桂林、柳州、宜州、鹿寨县、融水县、兴安县等地都有方信孺的诗文题词题榜等。方信孺应该是在广西留有石刻最多的人，主要石刻如表 2-1 所示：

表 2-1　方信孺主要石刻

序号	地点	内容	时间	同游者
1	桂林中隐山	诗境	嘉定六年三月三日	——
2	桂林宝积山	方信孺管湛等三人宝积山题记	嘉定六年夏至前四日	管湛、陈肤仲
3	桂林普陀山	钟大鸣方信孺曾公岩题记：访尧山，过曾、程二岩，酌别于龙隐。	嘉定六年六月末	钟大鸣、道士刘佺平

第二章　宋代石刻

（续表）

序号	地点	内容	时间	同游者
4	桂林中隐山	管湛方信孺等三人中隐山题记	嘉定六年重阳前一日	管湛、陈肤仲
5	桂林隐山	方信孺侍亲娄游题记	嘉定六年九月	亲人
6	桂林伏波山	方信孺杨志等人还珠洞题记	嘉定六年九月	杨志、李阆祖
7	桂林宝积山	方信孺携儿华景洞题记	嘉定六年十月廿九日	领客携儿
8	桂林南溪山	刘仙岩题记：探白龙洞、过刘仙岩。物情乐喜，熙然如春。	嘉定六年十月	管湛、陈孔硕
9	桂林普陀山	七星岩榜书：方信孺游	嘉定七年五月十六	——
10	桂林隐山	管湛竢德亭记：管湛作小亭于潜洞口，期方孚若来观	嘉定七年初伏后一日	管湛、陈肤仲
11	桂林琴潭岩	琴潭岩题记：爱之几不能去。安得为此莧裘地耶	嘉定七年七月廿日	李子凝、张玉父、子左廷、左车
12	桂林琴潭岩	题琴潭	嘉定七年	——
13	桂林普陀山	七星岩题记	嘉定九年十月	——
14	柳州马鞍山	题云洞	嘉定八年十月	——
15	宜州九龙山	张自明与方信孺游九龙洞	嘉定八年	张自明等
16	宜州南山寺	题记：方信孺行部来游	嘉定九年	——
17	鹿寨县	题鹿寨西祖岩	嘉定九年六月	——
18	兴安县岩关	题岩关	嘉定九年九月	——
19	兴安县乳洞	李守约、郭季韩等八人乳洞题记	嘉定十年三月七日	李阆祖、郭季韩等
20	题龙隐岩诗	桂林月牙山	嘉定七年四月	清人谢启昆和其诗并摩崖
21	清秀山题诗	桂林清秀山	嘉定七年六月	张自明刻和诗并记
22	题云崖轩	桂林象鼻山	嘉定七年七月	张自明刻《次诗境方公高韵》
23	碧桂山林铭并序	桂林西山	嘉定八年正月	方信孺述，张自明立石；清人谢光绮重刻方信孺书碧桂山林。
24	古相思曲	桂林虞山	嘉定八年二月	《观我轩集》《全宋诗》收录名为《虞山》

(续表)

序号	地点	内容	时间	同游者
25	刊米芾自画像记	桂林伏波山	嘉定八年八月	画像后亦刻米友仁书跋
26	龙隐洞题诗三首	桂林月牙山	嘉定九年	其中两首为和人韵。
27	再游龙隐岩，追和陶商翁韵（诗）	桂林月牙山	未刻时间	《观我轩集》《全宋诗》收录名为《龙隐岩》
28	西江月	桂林月牙山	未刻时间	《全宋词》收录名为《西江月 再游龙隐岩追和陶商翁韵》
29	碧瑶坛铭并序	桂林西山	未刻时间	
30	西山题诗（二首）	桂林西山	未刻时间	
31	还珠洞题诗	桂林伏波山	未刻时间	曾宏正和诗并摩崖
32	题乳洞诗（二首）	广西兴安乳洞	嘉定十年三月	并用李阊祖韵

这些石刻形式全面，有榜书、小字，有正书、行书、草书、篆书、隶书等；文体丰富，有题名、诗词、散文铭文、序文及记等；主题上，多为广西山水之景，生动且富情感性，内容上涵盖记事记景记情；创作方法上，于简练中多用文学典故、意象等颇具文学色彩，在方信孺的文学创作与影响中皆具有代表性。方信孺以石刻书景地名称，或记游时地，均可见其好游山水、铭记岁月之意，同时也展示了其书法与诗文之才，也反映了其个性特征及爱好。后人依山间题名，即可在山间遍览古时方信孺及其友人游览各地山水之遗踪与心境。

值得一提的是，方信孺还多以刻石等方式传播文化，将自己喜好的名家作品摩崖保存及公示于众，形成一种潜移默化的文化影响。嘉定六年（1213），方信孺重回父亲当年任职之地，回想学《诗》《礼》之时，便重修父亲当年的"漕堂厅室"，命名"世节堂"，以期世代保持高品质节操，并请吴猎撰写了《方公祠堂记》刻石，又有易祓书"世节堂"于嘉定八年（1215）摩崖于龙隐岩，将这种方家所传的精神铭之于山崖，希望使之与山石般永垂不朽。嘉定七年（1214），方信孺刻陆游书诗境于龙隐岩之风洞，真书径7寸许，"诗境"二字横列，中题"陆游书"三字，"信孺跋"在"诗境"左右。跋文云"此字始刻于韶之武溪，再刻于道之窊尊，三刻于桂之龙隐岩"。这一题字摩崖记录不仅填补了信孺史所未载之历官踪迹，即信孺任职韶州后，于嘉定五年（1212）冬抵道州任，次年三月至桂。同时也将方信孺自己对陆游之喜爱与钦佩以刻石方式表现出来，这不仅仅是自己的个人行为，也成为了宣扬与保存文化艺术的一种行为。清宣宗道光十八年（1838），罗城县主簿余应松因恐方信孺曾镌刻于龙隐岩的"诗境"久而漫漶，乃请梁章钜重书"诗境"刻于读书岩，希望能为名山增墨宝，余应松将梁章钜书"诗境"摩崖并作跋文记之。可见，摩崖影响之久远。嘉定八年（1215）八月，方信孺于桂林伏波山还珠洞刊米芾自画像并记。《刊米芾自画像记》记录了米芾生平履历，并对其是否任职临桂之事有一定考证，也记录了信孺曾访米芾于洺光遗迹，得其《北山养疾篇》及石刻，又至桂林得《僧绍言诗序》及米芾与潘景纯同游石刻之事。信孺得米芾之曾孙秀实所藏公自画像，遂将之刻于伏波岩米芾题记之左，使后来者可以想象米公凌云御风之高致云。方信孺记在米芾画像下，画像右侧有米友仁书"先南宫戏作此小像真迹，今归御府"。《海岳遗事》云"米公自写真世有数本。一本服古衣冠，曾入绍兴内府，有其子友仁审定赞跋"，知方信孺所刊刻即此本也。

综合而言，方信孺在广西任职的时间长达五年，与其相关石刻题刻遍布桂林，其创作石刻作品并带动了刻石活动。其中方信孺本人参与的题记、题诗26方，间接或直接与家人相关石刻多件，另又有多件他人唱和方信孺诗文的石刻。这些石刻内容包含了简单的记游、兴之所至诗文、家族祠堂记及送神曲，内容涵盖较广，也从各个方面记载和反映了方信孺的情况，提供了从另一角度了解方信孺的历史文献。方信孺也因刻石得以记载还原其形象。与方信孺相关的刻石活动与石刻作品，不仅是当时相关士人的生活之乐与情感慰藉，也成为全方位展现方信孺为人处世、家学渊源与文学造诣的立体史料。他在广西的政事、游历等活动促进了刻石活动的践行，也借摩崖题记得以较为详细的记录，相关文学创作不仅展现了自身与交游之人的才情，也带动时人及后来文士的文化活动交流，其作品从文体到内容在一定程度上也丰富了广西文学。

第三章

元代石刻

第一节 发展概略

元代（1271—1368）是我国历史上第一个由蒙古族统治者建立起来的大一统政权，在我国历史上延续时间比较短，如果从元世祖至元十三年（1276），桂林城被阿里海牙率领的元军攻破、《广西通志》卷五十二记载的实格任广西两江道宣抚使算起，元人进入广西的时间又短于其他地区。此时，派来广西的外来官员较少，游客变少，经济自然没办法与前朝比肩。亭台楼阁的建设，开山辟洞探险制造景区的数量以及游记类作品自然全都较少。因此，元朝易代后，元代石刻成为广西石刻发展史上一个低潮阶段，石刻的范围、数量、质量、作者的人数都下降不少。在总量上，元朝统治国家90多年中，广西石刻存在的地域减少了，数量相较于元前后也少很多，据辑录时间较近的则由桂海碑林博物馆编《桂林石刻碑文集》，收录桂林石刻45件，加上《广西石刻总集辑校》收录广西其他地区的29件，还不足百件。

广西元代石刻的发展，从地域分布看，有南宁、柳州、融水、全州、兴安、桂林、灵川、平乐、贵港、北流、永福、合浦等地，主要产地是贵港、桂林与融水。如融水一地就有奉直大夫金岭南广西道肃正廉访司事燕山的《游真仙岩》诗，梁国栋、黄仪国等人的诗歌《题真仙岩》多首，还有卢让的《融州平猺记》，赵孜的《真仙岩记》，宋思义的《真仙岩题记》、李□道的《真仙岩题记》等，当然桂林石刻依然最丰富。

从形制上看，广西元代石刻主要以摩崖为主，比如桂林石刻、贵港石刻、融水石刻基本上都是以摩崖形式存在。人制型碑刻主要存在于为府学或者官衙而雕镌者，如桂林府学的《释奠牲币器图记》、邝露《释奠位序仪式图记》之类。

虽然总量不多，但元代石刻在内容上也算较为丰富，有关于政治民生类的石刻、宗教类的石刻、儒学及教育类石刻、文学类石刻等。政治民生类，如至顺二年（1331）刻于桂林文庙的元文宗图帖睦尔圣旨碑《封孔庙碑》，元统二年（1334）刊于独秀峰的李震孙《广西道平蛮记》，泰定三年（1326）刊于融县的卢让《融州平猺记》，天历二年（1329）刊于贵港的屈少英《记元文帝御书南山寺碑》等，反映了元代广西政治文化发展的一斑，也反映了蒙汉、朝廷与边疆的战争与融合。同时，元代石刻中开始出现了出使越南途径广西的使臣身份的创作者，他们在石刻题记或是题诗中记载了出使交趾（今越南）的内容，丰富了中越交流的历史记忆。民生类石刻以杨顺民撰《修城碑碑阴记》、郭思诚撰《新开西湖之记》、黄裳撰《灵济庙记》等为代表。

宗教类石刻，如道教有桂林的史格命《修全真观题记》、杨璧《全真观记》、叠彩山碧霞洞《全真建造道院记》、马宗成《庆真阁记碑》及《刘法真施地记》《隐真岩建阁施舍题名碑》等。佛教有全州县湘山题"无量寿佛□祖"碑，贵港有横州学官屈少英记元文帝御书南山寺碑，燕帖木儿《重修南山寺记》等，一定程度也体现出元蒙古政权对道教、佛教、儒学等中原汉文化的接受与运用。

儒家与学记类的石刻，重要者有黎载的《孔子造像记》，陈懋卿《校刻柳州文宣王新修庙碑》、李□□《刻柳宗元像跋》，桂林府学的《释奠牲币器图记》、邝露《释奠位序仪式图记》、摩崖于桂林虞山的刘杰撰《帝舜庙碑》、刘跃《重建灵文庙记》等，一定程度反映了广西教育的状况。

元代石刻偏重实用性的记事记史碑刻为主，文学性碑刻较少，但也有一些诗文，如黄仪国题真仙岩就有3首，还有清老先生《青山偈》等，最著名的就是范椁的《海角亭记》和伯颜的《海角亭记》。

元代的广西石刻作者成分比较单一，主要是官员，比如元代著名诗人翰林国史院编修范椁、合浦郡守伯颜、横州学官屈少英、静江路儒学教授李震孙、昭州教授福建常挺、奉议大夫都留守司经历曹时泰、朝列大夫衔同知全州路总管府事陈彦古、承德郎为融州知州兼劝农事卢让等。当然，也有隐士，如刘跃，字起宗，安城人，居庐陵中洲，自号中洲钓者，在元朝屡聘不出。

为数不多的广西元代石刻，由于当朝纸质文献的匮乏，石刻文献有助于人们认识广西经济、文化、政治的发展水平，其价值不可估量。

第二节 元代石刻的内容

广西元代石刻的数量虽然不多，但内容也算丰富，比如各种题名、诗文、墓碑铭志、造乐记之类。综合而言，元代石刻的主要内容包含了政治民生类、宗教类、儒学及教育类以及文学艺术类石刻等。

一、政治民生类石刻

元代的政治民生类石刻，主要在记事，记录了军事政治、民生城池与水利建设等，且在记录仕宦方面，突出记录了蒙古官员以及与交趾相关仕宦信息。

（一）记事碑文

1.记军事政治

"岭南控蛮夷窟穴，自古为边患"，平乱、建城等军事政治历史多以碑刻刊载。广西元代的记军事碑刻可以李震孙《广西道平蛮记》、卢让《融州平猺记》为代表。

元惠宗元统二年（1334），时任静江路儒学教授的李振孙撰《广西道平蛮记》，摩崖在桂林独秀峰略有缺损。《中国西南地区历代石刻汇编》注：高226厘米，宽173厘米，正书，字径5厘米。碑刻全文如下：

岭南控蛮夷窟穴，自古为边患。我皇元受命，威德远加，悉建长统属。大德中，有小丑肇衅，自是，宜宾等洞效尤蜂起，祸延海北，广东、湖南无宁岁。朝廷屡命亲王重臣征讨，狸鼠负穴，朝班师，而幕复号啸。元统初，圣天子远念南岭飞龙旧藩，欲俾群生脱艰虞而臻平康，命建屯，选将遣才，望臣监临。中议大夫撒竹兀歹公适总宪纲。公简重有韬略，抚众料敌，慨以身任之。时逆俦不自悔，祸尚陆梁梗化。癸酉冬，陷道州，回涉吾境，同知元帅失列吉思战没于南隘。甲戌春三月，复寇吾属邑，长驱入全州，且回，即欲攻桂城。公乃咨幕宾张君师圣、照磨李君君谅，会中顺大夫、宣慰副使也先帖木儿。公暨历周君瑞,及召阖郡文武官僚告之曰:"今日之寇,贪而深入,我以逸待劳,邀而击之,必败。尔将军大夫历甲兵以致天讨。用命有赏,不用命有罚。勖哉!"公乃斋被告上下有神,昼夜躬巡城郭。自捐帑金,募敢死士。四月己未,贼距城一舍,聚谋乘间攻城。庚申,公督万夫长铁杰总兵出征,用公所募士当先锋军,民兵踵之。翌日旦,遇临桂廖村,获其伏,计窘逆战,我师斩其旗,随射殪厥首,鼓而进,大败,斩首数百。公受凯于东城逍遥楼,劳将士,第功赏。惟允得所掠男女,令悉给聚,咸泣谢曰:"解倒悬而更生之,公惠也。"逐北余党,馘擒累累,至所擒巨酋相与哭曰:"吾同若弄兵,发殆种种,出转战,而入□□□□□,今一败涂地,天亡乎?"初,贼未败之先日,天震雷电,以风折木,扬沙昼晦,江溪水溢。既败日,□□□□□川气郁葱。则公之精神感格,岂特人效命于明,神亦协力于幽。比讫事,公嗟曰:"为暴者幸籍天之威败获,但疮痍者尚呻吟,惸独茹苦,死者或暴露。予恻然于怀。"乃命知事张君发库资二千缗,赈所寇兴安邑四百家,用埋死恤生。噫!昔交址女子征反,尚在化外之地。侬智高叛,不踰年即平。岂若此寇,转攻化地数千里,遗毒蠢生灵三十年,士卒肝胆脂草野,藩臣边将死难,项背相望。公一旦发踪于堂上,而俘馘于郊外,何易哉!于是邦父老咸嘱震孙曰:"猗欤!兹举,文学宜纪。"震孙既述其事,复系以诗。曰:

有寇如鬼,篁茅舒啸。煽厥妖氛,昏蒙岭峤。岁在甲戌,来觊桂城。谋残我人,橐负我赢。有赫寀公,克运厥韬。一鼓歼之,如火燎毛。始是来觊,桂人惴惴。临谷恐坠,公曰无畏。及既克止,万室按堵。公摩其怖,踊跃欲舞。公曰噫哉,予曷尔保。惟帝之德,无远不冒。假哉帝德,公克祗之。独秀岩岩,永歌垂之。

碑文后列共23人,均未见传记资料。碑刻记载了元代的岭南叛乱历史,宣扬朝廷"威德远加,悉建长统属"。其文详细记录了元统年间中议大夫撒竹兀歹率兵民平蛮的艰辛,亦运用了铺垫对比的手法,以突显撒竹兀歹的功绩。文中更直言邦父老咸嘱应文学纪此举,碑后又系之以诗咏歌垂之。平蛮碑文的书写延续了唐宋平蛮碑的结构、手法,以历史背景为铺垫,以对比的手法突出平乱将士的英勇,后系之以颂辞作结。

泰定年间,卢让以承德郎为融州知州兼劝农事,撰《融州平猺记》,摩崖在融水县真仙岩，泰定三年（1326）刊，拓片长135厘米，宽95厘米，楷书，胡允题额，山童寺立石。碑文撰写亦如《广西道平蛮碑》，简单叙述了"虑融在万山间，民受猺害"的历史背景，详述"廷臣金俞特命资政大夫湖广等处行中书省右丞崔公佩印，分省平蛮，统驭有司，褒宠有秩"，终"融民得免征役之劳，皆公力也。仆衰老之踪，力疲供役，转输给饷，幸免于罪，而斯民耆耋屡请石以记公功"，故记有功之人，并刊之以颂，曰：

  于戏皇元，君明臣贤，混一无前。礼度有文，法制有刑，万邦来臣。维兹岭南，地险俗顽，丛生百蛮。瞻天之高，势若可逃。雨啸风号，疾呼其徒，如鼪如鼯，以速天诛。王人远临，相臣专征，帅将协心。长披余锋，笑剪渠凶。后及玉融，赫然雷霆，熙然阳春，仰瞻德音。蕞尔遗黎，再造于兹，万死无为。凡此武功，左相式隆。克孝克忠，融山之巅。民颂石焉，期万斯年。

2. 记民生基础建设

元代的民生类碑刻主要以城市建设或者建筑记事碑刻为主，可以杨顺民撰《修城碑阴记》、郭思诚撰《新开西湖之记》、黄裳撰《灵济庙记》等为代表。

杨舜民，字子春，蜀人，登元进士第，曾任清湘县丞，尝作《新城碑记》。至正年间避兵寓静江，作《修城碑阴记》，碑原在桂林东城上逍遥楼故址，元顺帝至正二十一年（1361）刻，已毁。《中国西南地区历代石刻汇编》注：拓片长236厘米，宽130厘米，楷书，额篆书，杨子春撰。

《修城碑阴记》简述广西从古南越之地到宋置经略安抚司的历代更革史，言明修城池之因，"八桂根本，一十六州，国保于民，民保于城"，即建筑城池以为设险守国之要。碑刻详细记载了修城人力、物力、财力及建造过程、城之构造功用等，四年而克成厥事，其勤可谓至矣。从碑文可知，修城过程中，军民就役者五千余人；城广袤三千七百丈，城内外自顶至踵"皆甃以大石，渖米为膏，炼石为灰，捣如墐坭，涂泽其中"；城墙构造方面，城两厢砌石三重，缭绕周回十余里，因山为城，增卑益高；城构造上，详述了东南西北各方位城门设计，及各城门名称、城门楼阁、守城吏士周庐、城上垒陴、城之颠面、阑马墙等设计方式与功用。其后更是备述其事，勒之碑阴，详列修城规格、城台数，财用之广，石、竹木、灰、米、瓴甓、金铁等材料均上万，军民夫役人数及具体分工、人名等信息，皆铭之于碑。从碑文内容可详见修新城之规模与历史。

郭思诚，淇川（河南）人，至元乙亥来桂任廉访经历，次年编集《桂林郡志》。

郭思诚在桂期间曾修建瑞莲亭、尧庙，并留有多处石刻，石刻刊载了其为政事迹，如《新开西湖之记》《归复唐帝庙田碑》等即记录了其对城市、民生建设之功。《新开西湖之记》，摩崖在桂林西山东南端山麓，刊于至元三年（1337），高70厘米，宽57厘米，行书，字径1.5厘米；额正书，直径6厘米。《新开西湖之记》碑文以天下"西湖所在皆胜概也"为引，引出"桂林郡城相去数里许，亦有西湖，水源自夹山鲇鱼洞而出，环绕隐山潜洞，南隔阳江。唐宋名贤帅此邦者，建立亭阁洲屿于湖山，皆有著迹于《郡志》。惟南轩先生张公改置放生池于此，非特游赏之所也"的桂林西湖历史，描绘了西湖之景，又记载了"西湖绵亘数顷，天造地设，宽可维舟，深可为渊，宣泄风土郁蒸之气，润泽城廓。地接资庆阑若，号为五峰龙脉所聚，为一郡山川形胜……湖之湮塞，使郡之地脉枯燥，官府失于检察"，"亟命帅掾摄县事庐陵刘宗信踏勘覈实，塞其渠而疏其源，撤其垒而锄其堰，追索私立契据，没抹入卷，申府闻达帅阃。剳付下，给榜禁治，以绝后弊……不数月，水痕如故，芙蕖荇藻复生，远迩人皆欢喜，亦系乎数也"等塞渠疏源、重现水漾荷香旧貌等事。

黄裳《灵济庙记》原在秦堤四贤祠，至正十五年（1355）刊；碑有多处残损，碑文亦有漶漫处，一九八五年夏，兴安县文物管理所重刻，亦立在秦堤四贤祠，《中国西南地区历代石刻汇编》著录拓片长180厘米，宽75厘米，楷书。四贤祠的创建时间不确定，只能从此碑得以大概。此碑为记录建庙刻石，从其中文可知元代岭南西道肃政访使也儿吉尼等人组织修渠，至正十三年（1353）夏，山水暴至，堤者圮、陡者隤，渠以大涸，壅漕绝溉，"于是岭南广西道肃政廉访副使唐兀公，悼功之不成，悯民之重困，悉发近岁给禄秩钱五千缗，付有司具木竹金石土穀，募工佣力。而命静江路判官王君惟让涖其役，宪使张君文显专督之。……燔祼未终，而云日开朗，役者、筑者，斫者、耆者、甃者，手足便利，无有所苦，并力丕作。于是铧陡之制加于初，漕溉之利咸复其旧矣"。为感激先贤之灵便在此首创了"灵济庙"。其前部分文还记录了兴安灵渠之发展，提到秦监御史禄、汉伏波将军马援、唐桂管观察使李渤、唐桂州防御使鱼孟威"四贤"："自史禄始作以通漕。既而汉伏波将军马援继疏之。唐观察使李渤始为铧堤以固渠，作陡门以蓄水。而防御使鱼孟威复增修之。更四贤之勤，历秦、汉，暨唐而后，其制大备，以迄于今，公私蒙其利，盖千五百有余岁，其致之者渐也"。此纪念碑，也表达了人们对贤人能合智创物、攘患庇民之心愿。

3.反映仕宦文化

与唐宋石刻的创作者一样，元代石刻所涉及人物多仕宦。值得一提的是，元代碑刻在记事记人的碑刻、题名题诗摩崖中记录了很多寓桂的蒙古族官员，标明其职官与名字，可见蒙汉官员事迹及交往等情况，为元代政治历史补轶。如西夏观音奴鲁山于桂林刘仙岩书诗并跋刻了"至元四年闰八月廿又七日，陪宪官梁公、鲁公、坚公、姚公、知司丁君、同宪郎右抹克温、董伯与、丁文德、路德昭、刘方存、欧阳童叟、陈元中、张仲渊等游此"。桂林普陀山必申达儿普陀岩题记，记录了"宪使朵儿只班正议、宪副赵天纲中顺、签宪赛因不花、朝列知事丁允中文林、照磨吴伯寅从仕偕游栖霞洞"，"承直郎江南诸道行御史台监察御史必申达儿题。静江路吏李森摹刻"。叠彩山、七星岩妥妥穆尔允中等人题记，记"正议大夫廉访副使妥妥穆尔允中、朝散大夫廉访副使李思敬君让、奉议大夫佥廉访司事宋思义宜之、朝请大夫廉访司经历忽都诚之、征事郎廉访知事王士勖公勉"等人。刘杰《舜帝庙碑》落款亦记载多人，"荣禄大夫湖广等处行中书省平章政事兼领南广西道肃政廉访使也儿吉尼、中奉大夫领南广西道肃政廉访使甄囊嘉台、承德郎领南广西道肃政廉访副使洁烈、朝列大夫领南广西道肃政廉访副使侯惟权、承事郎领南广西道肃政廉访司经历俺普、承直郎领南广西道肃政廉访司知事傅居信等同识此崖石云"。这些碑刻中的人名、官职都显然异于前后朝代，具有明显的蒙古民族姓氏特征。

桂林南溪山刘仙岩内有潘仁撰《游仙岩记》，至正四年（1344）刊，高136厘米，宽69厘米，真书，字径3厘米。其文描绘了桂林山水，记录了"宪使济南宋公绍明按节广右、佐使妥妥穆尔、佥司长寿宋思义、知事王士勖""从行者，译史胡蒙、古鱓、书吏陈璟、曹侯、胡廷英、彭思信、陈时举、章迪、刘坦、周继善，奏差罗瑞、锺玄、张真安、刘弼"等人相与同集岩下瞰幽穴、摩挲石刻，访刘仙踪迹、踵昔贤之芳躅。文中提到的职务"译史""书吏""奏差"等在唐宋石刻中的官职中均未见。"译史"的出现，可见当时翻译机构、翻译人员的存在情况，以及翻译在当时国家治理、民族关系处理等方面的重要作用，亦反映了多民族语言地域间的政治、军事以及其他活动中的一些细节问题。"奏差"也是元、明、清时才出现，即在某些官署中设置的供差遣的官职。

在为数不多的元代石刻中，还出现了几件奉使或是征战交趾的仕宦所留石刻，从石刻记载中即可看到一些中越交流文化印记。

至元壬辰年（1292），陈孚以礼部郎中随梁曾使安南，与僧录叶居中、教授吕溥仁普同游七星岩，题诗云"铁崖万仞，鬼斧所凿。长啸一声，白云惊跃"，题刻中留名"礼部郎中陈孚刚中使交趾"。该摩崖据《中国西南地区历代石刻汇编》注：拓片长58厘米，宽33厘米，楷书。陈孚（1240—1313），字刚中，天台临海人，历官上蔡书院山长、翰林国史院编修、奉直大夫台州路总管府治中等职，著有《观光稿》1卷、《交州稿》1卷、《玉堂稿》1卷、《附录》1卷。桂林栖霞洞口还有一方与使臣相关的摩崖题诗并序："至元甲午，奉诏使安南国。冬仲至桂林，同礼部侍郎李公游栖霞洞，偶赋。奉训大夫、兵部郎中、庐陵方厓萧泰登。……府推张敏命工刻。"萧泰登，字则平，至元三十一年（1294）以兵部郎中随礼部侍郎李衎出使安南。而后，萧泰登以仲冬望日过清湘栈道，偶成唐律《使安南过清湘》，清湘县丞陈远大刻石于广西全州。于燕豪于桂林西山观音峰书题记"至元三十年十一月十八日，征交趾到此"，可见于元世祖至元三十年（1293）年间有南征历史。承直郎、兵部郎中杜与可撰《静江路修学造乐记》，留刻时间为"元年八月记"，即元仁宗皇庆元年（1312）刊。碑文记载了修学造乐、记文等事宜背景"圣人龙飞初元，走使诞告万方。安南海邦惟暇，与可在行。毕事，将反命阙下。鰕邕江行，再次桂林"，即杜与可奉使安南返程至桂林所作。这些石刻既有文学价值，也是一种稀见的外交史料文献。这些碑刻在时间、人物、事件等方面细化了中越交流的历史记录，也成为元代石刻在内容上异于唐宋石刻的一个特点。

（二）公文告示类石刻

在数量较少的广西元代碑刻中，仍旧刊刻了少量的公文告示。其中较为突出的是桂林普陀山摩崖《元世祖谕全真观圣旨碑》与原在府学文庙内的《文宗圣旨碑》。

《元世祖谕全真观圣旨碑》在桂林普陀山普陀岩，高55厘米，宽20厘米，真书字径2.5厘米。其文："皇帝圣旨：命广南西道宣慰使司照验府东全真观，自破城之后，别无道士住持。为此，使司勘当到元祖玉虚观、报恩观、沸水庄废额田支拨于本观，永充常住。拟令道士唐大淳安众焚修。"据杨璧撰《全真观记》刊载道观住持唐大淳"廪四方之游士，斋粥之余，铢积寸累者三年，庆有余力，逐日视栖真泉之侧，幸有隙地，欲规一金门寥阳之殿"，可知唐大淳奉此圣旨入住全真观，截至至元十七年（1280）已有3年之久，亦可推知此圣旨当早于杨璧撰《全真观记》前。

《文宗圣旨碑》，今在桂林市桂林中学内（旧广西府学文庙内），至顺二年（1331）刻，高214厘米，宽105厘米；"圣旨"二字隶书，字径9厘米；文真书，字径2.5厘米。碑相完整，字迹清晰。该碑所载为元文宗所为圣旨，共八则封文："启圣王制""特封大成至圣文宣王夫人制""兖国复圣公制""郕国宗圣公制""沂国述圣公制""邹国亚圣公""豫国公制""洛国公制"。每篇以"上天眷命，皇帝圣旨"开启，具体内容言及道统、世家、明德、宗庙之礼，封孔庙圣人，圣旨所封人员均为宋元以来推崇的儒家圣贤，追加叔梁纥、颜渊等圣王。圣旨中明言"朕事观人文，惟孔氏之有作，集群圣之大成……尚笃其庆，以相斯文"。其后刊刻记录了封孔子父亲齐国公叔梁纥为启圣王，孔子母亲鲁国太夫人颜氏可加封启圣王夫人；大成至圣文宣王妻并官氏封大成至圣文宣王夫人，颜子加封兖国复圣公，曾子封郕国宗圣公，子思封沂国述圣公，孟子加封邹国亚圣公，程颢封豫国公，程颐封洛国公。各封圣旨中皆彰先贤之德，以谕世人。

从此二圣旨碑文的内容及刊刻可见，元代官方对宗教以及文教方面的重视与举措，亦反映了元朝少数民族统治时期对汉文化的兼容并用。

二、宗教类石刻

（一）道教石刻

由于元代中央对广西各地的经略不同、中原文化影响程度不同等因素，元代广西道教兴盛的主要地点仍分布于桂东地区，其中主要集中在桂林，虽也向桂西、桂西南少数民族聚居地区传播，但势头并不强劲。元代不少碑刻即展现了关于广西元代道教的发展情况，其中以桂林为主，相关石刻约9件，在为数不多的桂林元刻中占有较大的比例，包括道观、城隍庙等庙宇兴建碑记、道教相关诗文等。

与唐宋、明清相比较，元代广西道教宫观的修建处于落后态势，但仍留有一定数量的全真观碑记刊载了广西元代全真观的兴废。此类碑刻主要以桂林普陀岩的全真观碑记群为代表，记载了元代桂林全真观的兴废以及静江地区道教文化的活动情况，是研究古代桂林道教的重要资料。

桂林道教发展、道观建设相关类石刻主要有记载了桂林普陀山全真观重建始末及缘由的《元世祖谕全真观圣旨碑》、杨璧《全真观记》、叠彩山碧霞洞《全真建造道院记》、马宗成《庆真阁记碑》以及月牙山《隐真岩建阁施舍题名碑》、吴璋撰《重修紫极宫碑》。桂林普陀山全真观前身为栖霞寺，建于唐代，元代留有《元世祖谕全真观圣旨碑》摩崖及蜀之关外寓桂者杨璧记《全真观记》。杨璧撰《全真观记》，刊于至元十七年（1280），今残余仅10余字，可据拓片知其文。《中国西南地区历代石刻汇编》注该碑：拓片长178厘米，宽105厘米，楷书。杨璧《全真观记》云"今全真乃昔之栖霞岩，扁名曰径者也。去城止一江之界，山水之秀，望桂林诸岩洞，此又最焉……尊修殿阁，百楹相扶，闳丽轩豁，户外之屦日满"，且"事已见诸岩记"，可见之前亦有碑刻记录全真观事宜。杨璧于碑文中记参政宣慰史相公择令道士唐大淳安众焚修，给据拨田，永充常住，又邦人群起而助之，富者以赀，巧者以匠，壮者以力，不数月而宝殿两庑三门皆落成之，而叹曰："吁！不观丙子历数之否，无以知今日世道之泰；不观二相府施田力、舍财力，无以知今日福地之兴；不观住山人修造庄严之妙，无以知今日大道之隆。"二碑文反映了全真观的发展历史与修建概况等，尤其记载了全真观重建由道士唐大淳主持、政府牵头并给予协助、民众出资出力，共同协作而成，反映出元代统治者对道教的大力扶持以及道教文化深入到人民社会生活中。这也是广西现存关于设立全真道观的最早资料记载。

桂林叠彩山碧霞洞有《全真建造道院记》题记"西灵道院，全真常住"，又有马宗成《庆真阁记》。马宗成，号湖湘道人，生平不详。《桂林石刻》上册注：高1尺6寸，宽1尺5寸，真书，径4分。碑记"天历三年混，临江胡云兴整葺碧霞洞天，驾阁道以便人之登临。妆饰玄帝圣相，立龛堂以起人之瞻仰。扁其额曰庆真阁"。碑文后详细记载了碧霞洞地理位置及景观，胡云兴捐资碧霞洞庆真阁立龛堂、安圣像、肃侍徒、列天降等具体事宜，并描绘了此后观内景象及碧霞洞佳景，赞其常清常静、尘飞自隔、诚为仙境。据《粤西文载》辑录，原桂林紫极宫中还有吴璋撰《重修紫极宫碑》，宫与碑早已被毁。其文记载了桂林紫极宫之历史变迁，宫"自唐迄今。至元初，寺观悉毁，而是宫独存……岁庚辰，住持黄道常乃捐资，命工修三门，建正殿，创玉虚阁与夫斋堂寝室，兴百废而一新之"，其后又经陈继善、陈居礼等人相继复资众力修缮维护，吴璋受请撰文记载而垂美誉。

除官方组织建道观立碑刻外，还有民众自发传播道教之碑刻记录。桂林月牙山隐真岩《建阁施舍题名》碑，主要记载了月牙山隐真阁损毁的缘由及修葺的过程，记录了民众捐资建道观，描述了隐真岩的地理环境及其兴衰始末，列举了捐献功德钱的具体民众 70 余人及捐献金额。叠彩山《刘法真施地记》则记载了道教弟子刘法真购买碧霞洞前的土地，舍给碧霞岩法院的事迹。

除此外，元代还有与道教相关的城隍庙碑刻。城隍庙，是用来祭祀城隍神的庙宇。城隍是产生于古代祭祀而经道教演衍的地方守护神，是中国古代宗教文化中普遍祭祀的重要神祇之一，大多由有功于地方民众的名臣英雄充当，他是中国民间和道教信奉守护城池之神，因此城隍就跟城市相关，并随城市的发展而发展。祭祀城隍神的例规形成于南北朝时，唐宋时城隍神信仰滋盛，宋代列为国家祀典，元代封之为佑圣王。至元十九年（1282），南宁人张良金因目击南宁水患，心骇是变故，因记重建城隍庙一事而备言之，撰《南宁府城隍庙碑》，聊使后人知其为壬午事。碑文记录了南宁城隍庙发展史及重建一事："邕州城隍庙，创立于郡治之右，规模虽小，地势高大，盖依乎城之址为之。所以重建者，会至元壬午之水灾故也。""独壬午之水，何为其甚也。一日而没岸，再日而漫城。郡侯忧在生灵，急命杜塞城门，填筑沟洫，无罅不补，靡神不举。几日雷怒雨注，水乃穿窦而入，裂地而出，一郡汹汹如遇兵寇。戊辰日丑初，宵江门水灌城，奔如长鲸，涌如潮头，迅湍激涛，环走四向，触仓库，突寺观，翻屋庐。……壬午后，雨载息，首饰城隍庙堂殿神像，一一鼎新。诸寺观庙宇，亦次第整葺。岂非大变革之后，否去而泰必来？邕之社稷，盖迎大元气数而复振立者矣。"此碑即记重建庙宇一事，也记载了南宁城市发展中的一次历史事件，同时也流露对社稷安稳的祈求心愿。

与城隍庙一样满足民间信仰、英雄崇拜等需求的还有灵济庙。桂林兴安有元人黄裳《灵济庙记》，原碑在秦堤四贤祠，至正十五年（1355）刊。碑文交代了灵渠兴修历程："兴安灵渠，自史禄始作以通漕。既而汉伏波将军马援继疏之。唐观察使李渤始为铧堤以固渠，作陡门以蓄水。而防御使鱼孟威复增修之。更四贤之勤，历秦汉暨唐，而后其制大备，以迄于今，公私蒙其利，盖千五百有余岁，其致之者渐也。"接着，详叙修渠之过程："于是岭南广西道肃政廉访副使唐兀公，悼功之不成，悯民之重困，悉发近岁给禄秩钱五千缗，付有司具木竹金石土穀，募工佣力。而命静江路判官王君惟让汩其役，宪使张君文显专督之。群材委积，庶民子来。时维秋冬之间，积雨汙溢，畚锸难施。二君承命督泹，惧弗克称，周询有众，得四贤旧祠于西山之地，则相与查苎籈币而请祷焉。"渠修成后，为感激先贤之灵而建"灵济庙"："比竣事，二君图所以答灵贶者。顾庙貌窳陋，不称神栖。既归复命，具以故告。公曰：'神昔勤渠利，兹复相予克缵旧绩，休嘉骈应，宜有隆报。惟增饰祠像，肇置土田，庶几神民永久有赖，惟二人其卒图事。'二君请即经营，撤敝为新，易卑以崇。庑陛有严，门堂有秩。像设如在，精灵炳然。民吏具瞻，罔不祗肃。命之曰灵济之庙。"最后，"府僚合议，辱征裳文，将刻石庙门，以着不朽。窃惟岭南之民，好祥瑞，侈祠宇，其俗固矣。惟兹四贤，其生也，于灵渠之兴能合智以创物；其没也，于灵渠之坏能攘患以庇民。是在祭法所当祀者，岂与他祀比哉！"除记录详细的修渠建庙过程及目的外，食货财力田亩之数亦记于碑之阴。此碑为兴安四贤祠唯一的元碑，表达了人们对英雄的崇敬与信奉，对为后人做过好事的四贤的永志不忘。

另一方面，元代也有以刊刻道教诗文以传道的石刻作品。桂林碧霞洞有《清老先生青山偈》："道道入青山……修悟长生道。草木遮遍地，上山问青山，青山有已秘。青山不回语，青风替山言，半空呵呵笑。"诗文描绘了清幽山景，又掺入道之体悟，营造了自然与道相融之氛围。南溪山刘仙岩有西夏观音奴鲁山书绝句二首赠刘仙岩道士胡清安，"道人家住仙岩下，山逐秋深落叶重。只恐羽衣归去晚，上山迷却下山踪"，"石洞云深龙出早，仙岩月冷鹤归迟。道人政自眼如漆，莫遣秋风吹鬓丝"。诗以秋深隐秘的山景衬托突出道人生活之景，描绘道人之貌"眼如漆"，表达对道人的关切以及对道教的认可。

（二）佛教石刻

元代亦有体现佛家发展的石刻，一是寺庙兴修的碑记或是题匾，二是佛寺僧人题记题诗等。

贵港南山寺自北宋起留下了较多的历代名人墨客石刻遗迹，其中有一块元代重修南山寺记事碑以及一块珍贵的元代御书碑。宣授忠翊校尉贵州达鲁花赤兼劝农事燕帖木儿撰《重修南山寺记》，大德四年（1300）刊，《中国西南地区历代石刻汇编》著录拓片长143厘米，宽83厘米，楷书，主要写贵港南山寺佛像的位置及天然而成："隔丘之南，距城十里，二十四峰之中，有一石广，既穿且高。其间一二石，笋拥成佛之状。古人因石像而润色之，立殿宇以崇奉之。至于观音泗州之有堂，弥勒湘山之有殿，可谓天然之佛土也。"然后写自己职位所当而修，"当职来守兹土，迨今八年，暇日游观，慨然动念，特捐己俸，命工重修"，"上而葛翁之洞，旁而飞仙之桥，处处增修，一一完备。香火使之复续，景象为之更新。厥功告成，岂徒观美？当刻诸石，以纪岁月云"。

元至治元年（1321），图贴睦尔亲王被流放海南岛，于至治三年（1323）奉召返京重游南山，亲书"南山寺"三字赐与寺僧。天历元年（1328），图贴睦尔登位，号文宗皇帝。天历二年（1329），横州学官屈少英记元文帝御书南山寺刊石，原碑毁，今仅仿碑刻"南山寺御书"五字，跋文无录。屈少英，《粤西文载》作"伯奇赛音，曾为横州学官"。其记文据《粤西文载》等资料录，碑文历考南山寺的兴起及文宗在潜邸时书写"南山寺"及周天祥等立碑的过程，全文为：

尝览汉纪，明帝梦金人身长丈六，至殿庭。遣王遵等往西域，迎佛画像至中国，创置白马寺，此寺僧之始也。由是寺舍布天下，建楼台殿阁，土木之工，资人之力。

及考贵州南山寺，列二十四峰中，岩洞穹窿，高五六丈余，宽一百尺余，天生石佛三尊，地产石钟一座，释迦文殊有殿，观音菩萨有阁，山顶之上有仙翁炼丹遗迹，□□□寺，天造地设，与世间建寺土木之工不同，宋仁宗赐额"景祐禅寺"。至治元年八月，皇上潜邸幸南，道经南山，驻跸登览，至治三年冬十一月还京都。复幸是山。观阅洞中，亲洒宸翰"南山寺"三字赐寺僧为之匾。云汉昭回，奎璧分耀，山川草木，咸被光辉。

天历元年九月，龙飞御极。诏赦天下，四民欢忻。本州判官臣周天祥，欣逢嘉会，仰瞻御书，饰金扁刻于木。虑岁久字泯，谨摹写刻于琬琰，与同知州事忽都海牙，达鲁花赤兼劝农事忻都，捐俸立碑，以期永传。有朝廷差来官大不花怯烈失皇吉经临，捐钞劳匠。承郡侯命仆作记。自愧庸才浅学，安能黼黻盛事？援笔谨按，圣经《南山篇》有曰："节彼南山，维石岩岩。"《南山有台篇》又曰："南山有台，邦家之基。乐只君子，万寿无期。"以此为记。承郡侯秉臣子忠节，如南山不可移也。上祝圣寿万年，与南山同久长也。此山此碑，万世不朽。国祚永昌，万世不朽。南山寺亦万世光荣也。吁！镌琢坚珉，揭示宸画，炳如日星，震耀前古，昭垂后代，岂不伟欤。

碑文论述了南山寺的发展历程与元文宗御书之事，希冀立碑永传御书，以山与碑之不朽祝圣寿与国运，而南山寺亦因此得万世荣光，镌琢立碑乃震耀前古、昭垂后代，一举多得。同样的山寺题刻还有全州湘山题刻。全州湘山寺始建于唐代，素有"兴唐显宋"之美誉，"楚南第一名刹"之雅称，元代有题刻"无量寿佛□祖。大元国戊辰"，题字篆书，落款楷书，碑完整，但字迹模糊。具体刊刻时间戊辰或1268年，或1328年。因1268年元人还未到广西，因此，该戊辰应为1328年。

元代也存有少量佛寺禅语诗文摩崖。至顺壬申年（1332），桂林潜光寺住持僧师澄于太平岩题诗并记。《中国西南地区历代石刻汇编》注：拓片长50厘米，宽70厘米，行书。僧师澄，至顺年间为桂林潜光寺住持。其"亲手刻石，成诸物象"，"聊陈鄙语，以记不朽"，"潜龙胜迹属当今，独秀峰前众所钦。长寿佛前称圣寿，观音岩畔听潮音。猿攀花处树无影，兔捣药时月有阴。万岁山前高瞻仰，更加五福海深深"。而桂林摩崖佛教造像的存在也吸引了元人观岩题记，如桂林叠彩山风洞有元代题刻"城西北因山为城，中有风洞，佛相存焉"的记录。

三、教育类石刻

元人由马上打天下的时代转向马下治理天下，也颇懂得教育的重要性。各府也办理府学，如桂林府学、南宁府学等设置教授、学官。《广西通志》记载仁宗元延祐丁巳（1317）总管梁国栋在桂林府建蒙古字学，地址在字民坊，设教授学正各一员。元代有相当一部分石刻与孔子、儒学相关，反映了儒学在广西的发展。教育类石刻主要包括学记类石刻以及各级学校中的礼乐设置。统观元代的教育类石刻也可分为两大类，一是与学校直接相关者，如释奠、礼乐、郡学记；二是儒家先贤的纪念崇奉、庙宇的建设碑记，以实现兴教崇儒等目的。

（一）学记碑刻

在元代，学记类石刻主要体现了郡学与府学的建设与发展。府学相关石刻以静江府为主，反映记录了府学教育中的具体事宜，如重刻宋人吴纯臣的《桂林府学释奠图记》相关碑刻，还有杜与可的《静江路修学造乐记》等。

在宋人吴纯臣《桂林府学释奠图记》直接跋刻圣人之像及教育箴言后，元代延续了桂林府学碑刻。元世祖至元十三年（1276），桂林城被阿里海牙率领的元军攻破，桂学释奠二图石碑毁于战火。曾任广西制抚、静江知府的吕师夔留存了吴纯臣辑勒的释奠图石碑拓本，后赠送给了金陵学官鲁师道。至元三十一年（1294），鲁师道调桂林静江府学，出任静江路儒学教授，次年将释奠图捧至桂学，因初创学校未及刻石，直至大德元年（1297），"始以一图锓梓，立于明伦堂之右"。随后，鲁师道捧拓本找奉议大夫岭南广西道肃政廉访副使臧梦解撰文记事以体现"今圣天子崇重孔道"，随即有了臧梦解和鲁师道分撰《重镌桂林府学释奠图记》。记文详细记载了静江府学释奠二图锓梓、立图书记刻碑等前后经过及缘由，并直言"若止存墨本，则又恐沦坠"，"若夫勒之于石，以垂无穷，则深有望于后之同志君子"。元仁宗延祐五年（1318），嘉议公重福始至桂林率先风教，申饬有司，辑古考图，摹勒肄习之，于鲁师道后21年复刻释奠图于石。将仕郎岭南广西道肃政廉访司邝露受儒学教授高道孙请撰《释奠位序仪式图记》，静江路总管兼管内劝农事寿人梁国栋立石，将桂林府学发展、桂学释奠仪式、器服二图以及吴纯臣、鲁师道、臧梦解等人的记文一起刻石，以载桂林府学之兴。此碑文严重漫漶，原分3段，上为图及说明文字，记在最下部。碑文刊载了"桂林自秦汉沿唐历宋，为岭南大藩，故学校之兴，文物之隆，有自来矣"与历代文臣皆行风教之教育历史，时人延续建学绘图、刻石记文以为劝来者，昭朝廷尊崇乐育之美。同时，也记录了后人在鲁师道、臧梦解重镌宋本释奠图基础上，图器服与仪一依旧式，以使广海之民来游来观，其孝悌之心、忠爱之念油然而生，助于人才彬彬，言明以使人乐而归善。至此，释奠牲币器服图与释奠位序仪式图经由宋吴纯臣刻于石、元鲁师道刻于木、重福复刻于石，石碑立于桂林府学。府学文庙旧址原还有刘三吾撰《重修桂林府学碑记》，刊于至正二十二年（1362），碑记以绪言及铭文记载了至元年间元重修府学过程以及赞誉兴文治之举。这些碑记不仅记载了桂林府学建设与教育发展情况，也不断重申中央到地方对边疆教育的重视。

广西省文庙内原有元代承直郎兵部郎中杜与可撰、儒学教授邹焕午立石的《静江路修学造乐记》，也是与教育有关的一篇石刻文。杜與可任承直郎兵部郎中，至大四年（1311），与礼部尚书奈曼岱等人奉使安南，宣仁宗皇帝即位诏，皇庆初元（1312），完成使命，将复命阙下时，再次路过桂林，写了这篇《静江路修学造乐记》，由镇国上将军同知广西两江道宣慰使司副都元帅陈谦亨题盖，将仕佐郎路儒学教授邹焕午立石，桂林野衲朱□川镌。该石刻碑原在桂林广西省文庙，元仁宗皇庆元年（1312）刊刻，碑已不在。《中国西南地区历代石刻汇编》注：拓片长210厘米，宽120厘米，隶书，额篆书，杜与可撰并书。碑文记录了官员谒学、于礼殿前筑堂敝室以助于诸生学习，又"择齿长士二人，专职训饬，征士民子□□□入学，诵《诗》读《书》，余力学文，日廪月试"；同时，亦记录了造乐之事，"以歌乐重经校雠"，"三阅月，乐果讫工。琴、瑟、钟、鼓、柷、敔计六十二事，延师授徒"，建堂以贮乐，终得献奏用飨，式章成仪。此外，该碑及碑阴还记录了修学造乐有功之人名。从这些碑刻亦可见元代广西在祭祀礼仪的完备、祭器的普及、大成乐的推行等方面的发展。

除府学碑刻外，元代还留刻了郡学碑。

淳祐中任昭州教授的常挺撰《平乐郡学记》，碑在平乐，至正二十四年（1364）刊。常挺，福建三山人，淳祐中任昭州教授。平乐，古称昭州，后升为郡，距离桂林府不远，受礼义风化的影响非常大。因此，前代从科考出身的人，在各郡中是最多的，这都与郡学教育分不开。可惜的是郡学在元初被战争破坏掉了。郡学记为记元末平乐府儒学重修落成而作。碑文先是叙述了前有郡监刘怀远、知州孙武德及孙武德之子、平章荣禄等经营创始，后有平章荣禄公、理问官拓跋元善、郡博士赵显祖、文学掾尹龙等人修复郡学以及其用度等事宜：

岁次壬午，武德之子梦得，再知州事，力加修理，规模益宏壮。然官政有通塞，或兴或废，其可称述者盖无几。至正二十有三年，平章荣禄公总制军旅，开署省事。其明年，以昭郡重地，控制梧、贺。选本省理问官拓跋元善摄郡监，兼义兵万户，劝农防御，以镇抚之。君以是年六月莅事，前政多废弛，君乃正身帅下，早晚以思，寝食不遑，发号施令，与民更始，威惠兼施，宽猛得宜。自郡城达于四境，吏民为之改观。朔望视学，见其上漏旁穿，震风凌雨，日益倾圮。喟然叹曰："兴崇学校，守令责也！予敢不夙夜祗惧，恪勤厥职，鼎建祠庙，以奉祀事。"郡博士赵显祖，文学掾尹龙，协力赞成之。乃考核学租之没于某者，得粟一百九十八石，某氏儒士之义助者一十锭，公与学官各捐己俸，共得数千缗，选匠具徒，购木于昭、贺之境。至正二十有四年冬，建立大成殿，旧殿湫隘，不足以奉几筵，则扩而充之，应门两庑，讲堂斋馆，焕然一新。材木之良，工匠之巧，规矩准绳，深广如法。川流山峙，前拱后揖，圣容穆穆，侑坐肃然，祭祀以时，洋洋如在。春夏诗书之教，朝夕弦诵之声，使民沐浴于膏泽，被服先王之道。元善可谓知为政之本矣！

接着又陈述了教育的国家功用：

我国家列圣相承，渐民以仁，摩民以义，孝弟忠信，礼义廉耻，太平日百年。士大夫以名节相尚，变故以来，仗节忠义者无虑数千人，汉唐有愧焉！下至闾阎穷巷，匹夫匹妇与析圭儋爵之君子，同一贞节，不为利回，不为威屈，皎然如日星之光耀。国家仁厚之泽，于此可见，天理之在人心，有非强暴所可夺者。学校有功于世道，岂小补哉？昔卫文公当春秋时，敷教劝学，国以强富，为时贤诸侯。汉文翁守蜀郡，率民子弟，教以经术，蜀文之盛，自文翁始。元善监是郡，不期年而政行大化，吏畏其威，民怀其德，庠序之兴，明伦育俊，化民成俗，有古君子风。事既落成，来谓予曰愿有以记之。

吾闻古者，大事书之于策，小事书之于简，作而不记，后嗣何观？建学之大事也，不可以不书！郡监元善，先世西夏拓跋氏龙川公任，前世多显官。由京秩出监象州，再升省理问官，正直廉敏，才略过人，为当时名公卿子。予旧居省幕府，相知为甚详，以其言信而有征，谨具颠末而刻诸石，是役也。湖广省宣使权平乐县令余永、府判梁仓赤、何功应、提控按牍谭绍祖，主簿勾龙缘保、监工千户于德元、府吏范宗杰、直学陈元亨、知事何计孙，皆预有劳焉，是为记。

这是一篇平乐的教育史，对研究平乐的古代教育有参考价值。

（二）兴教碑刻

元代有相当一部分石刻与孔子、儒学相关，反映儒学在广西的发展，亦可见蒙古政权对儒学的重视。

桂林虞山自唐便有舜庙碑记载以庙宇形盛德之美，舜帝庙在元代得到延续性建设。元顺帝至正二十三年（1363），刘杰撰《帝舜庙碑》，刊于虞山南熏亭故址。《中国西南地区历代石刻汇编》注：拓片长365厘米，宽180厘米，隶书。刘杰，江西金溪人，赐同进士出身，承德郎佥岭南广西道肃政廉访司事。碑文先述"桂林城阴虞山之下，故有帝庙，肇修于唐观察使李公昌巙，文之者礼部郎中韩云卿。宋经略使张宣公载新之"的修建历史，后详述元修葺过程，"领南监宪、今湖广平章唐兀公也儿吉尼至，始起宋季之废而庙之……公廉得实，命所司访故址摸崖刻以征前闻"，"捐俸规才庀功拓故所，剸营芜而宇之"，以及"其明年春，杰是来，以帝人伦之至，若稽礼度，庙宜如校，官则为前殿后寝，左右宾序、应门、灵星门聊以周垣，直南加甃，其涂旁树之松……今年闰三月三日告成，行释奠礼。公与宪僚以次三献"等庙宇具体建构、祭祀等，并感叹"地之废兴有时，庙之成毁以人，由唐而宋迄今，历几兴废矣！而美之以宗庙，富之以百官，必待乎公，得非山川之气，郁而当舒？故出作兴其人，俾尔民观像思德，复还世道于雍熙也哉！规模远矣！"碑后仍记相关官员姓名。

元代的儒学或纪念先贤石刻也比较多。

桂林独秀峰读书岩有孔子半身像，有《孔子造像记》，元惠宗至正五年（1345）刊，临川人黎载跋记，由丁方钟画，朱瑞刊石。《中国西南地区历代石刻汇编》注，该碑高80厘米，宽71厘米，正书，字径2厘米。跋文言"大元至正五年，畏兀氏塔海帖木儿、喜童、同安马奴、答密失海牙、李京、孙章道、静江间唐兀氏、祖师保、各侍亲官桂林宪帅司来学于颜公书岩，刻孔子像，朝夕瞻敬，永保无荒"，记载了畏兀氏塔海帖木儿等人游览胜景、凭吊先贤之余，在桂林独秀峰为孔子造半身石像等事宜。而此孔子石像是桂林石刻中不可多得的圣人刻像，造像记中题"朝夕瞻敬，永保无荒"的文字，说明刻造孔子像旨在教化民众，以儒教礼制束缚和规范民众的言行。

前文提到的《文宗圣旨碑》封圣即可见元代对封圣兴教之重视，圣旨中皆彰先贤之德，欲以谕世人，即是对教育之重视与施行体现。元顺帝元统二年（1334），常珏撰《宣圣庙释菜碑》。常珏，河南路人，至顺三年（1332）以嘉议大夫任广西道肃政廉访使臣。《宣圣庙释菜碑》，镌石献颂，记载宣圣庙行释菜礼，其原为古代学校的祭祀典礼，属于"三礼"中的"君师"礼，以菜蔬设祭，为始立学堂或学子时祭祀先圣先师的仪节。恭城文庙内亦有《至圣先师孔子赞并序》《孔子赞碑》等与孔子儒学相关碑刻。这些碑刻皆以刻文或刻像的方式执经书，引仁义，传孔子之道。

柳州柳侯祠亦多有纪念先贤之碑刻。奉训大夫柳州路总管兼内劝农事刻柳宗元像跋，跋曰："遗像旧有石刻……因岁月毁裂，元人再刻之，重置于原庙，俾往来者得以瞻礼。"陈懋卿撰《校刻柳州文宣王新修庙碑》，《中国西南地区历代石刻汇编》载拓片长200厘米，宽110厘米，楷书，额篆书。该碑言"府长贰等乃与邦人合镌立碑文庙，上方刻侯之文，下方刻侯之像，侪诸从祀，以垂永久"。刘跃撰《重建灵文庙记》，记梁国栋太守重建灵文庙，曰："太守梁公来柳，过马平，谒灵文庙曰：'惟侯不鄙夷是民，沛文泽泽之，民倚生，遂无斁。公幼读侯文，今拜皇命，牧兹土，敢不体侯文泽为治？然堂庭庳陋，橡栋毁坠，奚以妥灵？誓图更张之。'"又赞柳侯"侯之道，本《易》《书》《诗》《春秋》《礼》，求所谓且质、且恒、且宜、且断、且动者为原。侯之文。参《孟》《荀》《庄》《老》《国语》《离骚》《谷梁》《太》，通为航道，源于古。俛默窥奥，体立用行，极羽翼之功。文流于道，制述俦经，辞严义正，娘深博之妙，雄深雅健，悉有度"传文道等事。

四、文学艺术类石刻

元代石刻数量少，文学类更少，主要有题诗与题记，诗文内容以记广西自然风光之景多，又与地方文化景观相结合，兼以少量情志慨叹。其中不少描写景物的诗句值得品味。

（一）摩崖题诗

元代留刻的诗文基本为外来仕宦游山揽景所作，赞美所游之景，写景状物亦情景交融。

桂林伏波山王逢书《还珠洞题诗》并记，作者与友人过蒙亭岩，见"仙客骚人多会于此，刻石记者甚众，予因作二十八字以记岁月云"，故作诗："嵯峨石眼天然秀，点滴泉声分外清。仙客骚人多会此，悭诗不作只留名。"诗中从视觉、听觉赞美蒙亭岩之水石清秀，亦反映出此处古人留名题记较多。石永坚《游龙岩和前贤韵》，摩崖于青狮潭镇龙岩洞内："茫茫天地老洪崖，太朴何年此凿开。一派灵源流不尽，教人疑是九天来。"诗人以丰富的想象感叹此洞之奇，又仿"疑是银河落九天"之叹来写其源流不尽。元惠宗至元三年（1337），以朝列大夫衔同知全州路总管府事的陈彦古游大圩镇虎岩，在洞内右上方石壁摩崖题诗："剔苔看古记，英士尽留题。风逐虎岩出，云归龙洞栖。地泉通石窦，崖级凿仙梯。纵步山头立，翻身欲便飞。"诗歌记录了岩中留题古迹，对景观的描写给人以磅礴大气之感，如"风逐""云归""仙梯""欲便飞"等，给人以亲临开阔景观中的切身感受。

同时，描绘自然之景外，诗人又会根据自己心境融入一定的情志。奉使安南的萧泰登在广西留有两处摩崖。先是过清湘，成唐律《使安南过清湘》："石壁千寻仰面看，崔巍势欲压江干。南来已度湘源险，西望浑忘蜀道难。万里瘴烟添老色，一川风雨送新寒。圣朝自有平蛮策，未许诸君上将坛。"由清湘县丞陈远大刻石于全州，诗中有对广西"万里瘴烟"与新寒的描绘，亦有对朝廷威严的信心流露。而转眼到桂林，与友人游栖霞洞偶赋《游栖霞洞诗》，由府推张敏命工刻："连日南来烟雨濛，新晴寻胜客愁空。山联北斗紫微近，洞映中天碧落通。石状鱼龙惊出没，云形苍狗自西东。登临一洗尘埃目，尽日徘徊乐未穷。"此诗之情显然异于全州之诗，或因桂林之景给诗人带来的更多是欣喜与希望，一洗客之尘埃之愁而逸乐无穷，其对栖霞洞的描写与赞美也让人从文字中享受游玩之乐。

此外，除对自然之景描绘外，亦多受当地文化因子所影响而作诗题刻，因而多集中在几个唐宋延续至元的文化景观中，诗文中即蕴含此地文化要素。一些诗歌因游与宗教、文化相关景地而作，诗中带向学、悟道或禅意等韵味。如融水县真仙岩内多文人题诗，官奉直大夫金岭南广西道肃正廉访司事燕山月暮行部游融水县真仙岩，书"老君洞"三字镂匾，以记岁月，作《游真仙岩题诗》："几年混元境，曾有绣衣游。刻石俯丹井，题名瞰碧流。我来寻古迹，鱼跃上扁舟。还是夙缘否，真仙微点头。"静江路总管、柳州知州梁国栋，游真仙岩老君洞题诗并跋："飞来何处空珑岩，巍然第一名真仙。廓□□邈甲天□，绝胜罗浮诸洞天。寿溪长源来屃赑，溪声清响流潺。古人饮水皆云寿，至今世俗犹相传。老聃南游幻石□，冠髻俨肖非雕镌。莲簪玉笋森左右，石狮丹竈罗后先。知谁呼龙出瑶谷，知谁驾鹤耘芝田。幽花野草不知数，白日洞穴生云烟。我来亲蹑太清境，一洗尘抱神超然。人间浩劫几千年，聃翁与我真有缘。"黄仪国《题真仙岩》三首："守洞百岁眠不醒，栖云白鹤寿难穷。苏黄妙墨□感□□，俗事何能继□翁。"这些摩崖题诗均有对真仙岩"仙"之书写。至正二十五年（1365）春晦日，曹时泰捧诏，途经广西另一道教景观地——北流勾漏洞，亦围绕道家文化，题刻一首近体诗以识一时之清赏："洞府神仙去莫寻，岚光清锁不胜阴。火余丹灶烟霞湿，云满砂床岁月深。三十六天曾得道，百千万载几知音。人间应有长生术，头搔朝簪了素心。"再如海北海南道肃政廉访司廉访使孙直淳经清湘，登全州磐石寺，题五言律诗以记清游："贪游磐石寺，倦足强攀跻。万仞削苍壁，双峰锁碧溪。僧房无地着，佛殿与天齐。一笑下山去，晴云逐马蹄。"诗尾联似有悟佛家之坦然豁达意蕴。至正二十四年（1364）夏四月，王国宝在桂林虞山韶音洞题诗并记："玄德升闻位紫宸，重华光胤帝尧仁。五弦琴奏韶音美，宇宙雍熙万古春。"可见虞山尧舜、南熏韶音等内容从唐宋至元之影响。这些摩崖诗文将文化与山水相连，融情于景，又以景阐释文化及其意义。

（二）题名记文

宋代摩崖题名记景记游鼎盛，到元代纯表达游乐的题名则较少，主要集中在桂林和融水县真仙岩。

桂林诸山多有元人游玩题记，记中有景观描写与情感抒发。比较有代表性的是桂林南溪山刘仙岩内潘仁撰《游仙岩记》，篇幅较长，描写翔实，记桂林诸山奇秀。至正四年仲夏初吉，此时"时雨新霁，岚气廓清"，宪使济南宋公绍明、佐使妥妥穆尔、金司长寿宋思义、知事王士勖等人相与同集刘仙岩下观览胜概，侍吏潘仁记其事，静江路儒学教授吴璋立，学录李勉书，朱瑞刊石。其记详录胜景，"桂林诸山奇秀，为岭南最，皆平地拔起，望之亭亭玉立，或森若剑戟，而岩洞幽邃，冥搜莫极，至雕镂万状，穷极天巧，虽绘事不能得其彷佛"，众人"屏徒御，攀危磴，瞰幽穴，摩挲石刻，以访刘仙之遗踪，蹑昔贤之芳躅，竿目旷漠之野，而悯兹耕稼之民，俯仰今古，怅然兴怀。下憩方士观，焚香煮茗，觞小亭中。酒数行辄止。未几，四山吐云，祥岚袭衣，甘澍大作，人以为随车之应。归过白龙洞，仰观绝壁巅崖，神爽飞越"。后又有感岭南"庶政否臧、民生休戚，所系为尤重。今自长、贰泊宾僚，咸以雅德重望，同寅协恭，率是南服，用能以澄清之眼，怡情山水之间，以写咨询之意，推是心也，民瘼庶有瘳乎？"文章状物写景、叙事抒情皆有，平铺直叙，用句灵活，对景物描写细致又不乏夸饰以展现自然景观之壮阔或是优美，又以悠游怡情之事联想至政事民生之思。除这篇长文外，刘仙岩还有赵鼎新、周刚善等九人泰定丙寅（1326）登游题记，描绘"时春气骀荡，草木葱茜，日光水影，交映互发。仙迹有无，不必远稽，山川胜概，亦足乐也"。以短短几句四言将春日山川草木之形与游赏之乐概括题刻于此。

除南溪山刘仙岩有元代题记外，桂林普陀山、叠彩山皆有。必申达儿等6人于至元六年（1340）十一月暇日登游普陀山，借景慨叹："顾瞻徘徊，慨想千古。吁！自有天地，即有此山。而登览者不知几何人矣。日月易迈，山川不磨。因命刻石纪名，庶以继前哲云尔。"妥妥穆尔等5人至正五年（1345）于普陀山镌石记"怡情登览之间，以寓谘诹之意"。桂林叠彩山风洞内，妥妥穆尔、李思政等人至正五年（1345）镌石纪岁月，以示来者，题记称赞"桂林山岩奇秀，占胜岭表"，记录"仰观巅崖，俯瞰平野，因举酒相属，怡然觞咏"之乐。张祐等人至正丙午年（1366）登览风洞题刻描绘风洞："翠阁参差，绮霞照耀，千状万态，宛在图画。比因公暇，登临周览，啸咏留憩，真一时之胜概也。"

元人亦多游观融水真仙岩留刻题记。至正四年（1344），儒林郎广西帅府经历洛阳赵孜奉陪焦使君思忠检核仓储，至融州，与儒学正何德新、镇守把总官王道真、吏目李居仁等人游真仙岩，奉命书其游览梗概以附题名。题名记曰"广西之山多岩洞，泉石竹树，萦带其间。世俗相传，率皆真人隐士栖神之所"，"观夫形迹幽邃，眩异呈奇，寔予昔所未见也。乃若苍峦嵌空，石室开敞，初可容数十百人。稍入，其阻回互转，却通贯叠出，所谓窈□深廓，其有容□而□如往而复来，如盘谷之属为可匹乎。漱清泉，抚苔壁。徜徉久之，尝叹何已"。至正五年（1345），奉议大夫佥岭南广西道肃政廉访司事河东宋思义巡历至融州，十一月与书吏汶上黄俣能之、临川陈良贵彦卿、秦羌金陵蒋仁杰仲英等人游真仙岩，刻石记岁月，记曰："观石室宏深，涛溪清冽，西广以南，山川形胜，莫甚于此。

前贤题咏，历历可观。往岁公宪至者，无不一登览其胜概，惜无题名以纪来游。嗟夫！山川信美，人物废兴，后之视今，宁不观感于斯？因命刻石，以识岁月。"

这些景地题记都不失为对当地自然风光的写真，有对广西自然山石的描绘与夸赞，也有对前贤题咏的记录，以及因景带来的观游之乐的记录。其题刻亦自成其地文化景观一部分，是人文与自然融合的鉴证。

第三节 元代的名家名刻

元代石刻虽不可与宋代争雄，然也有名人名作行世。

一、赵孟𫖯书"宁寿"

永福县百寿镇东岸村旁百寿岩内，从宋到清，历代均有留迹。前有宋绍定二年（1229）史渭撰百"寿"字榜书，高175厘米，宽148厘米，是现今所见的时代最早的集古代单字诸体于一体的摩崖石刻。字旁有光绪二十二年（1896）知县加的款识附跋文，文记曰："永宁在宋为古县。旧有丹砂井，扶族数百口饮之，多寿。《广舆纪》《抱朴子》记载相同。宋绍定己丑知县史渭刊此寿字石壁中，镌小寿字百，真草隶篆俱备。传以碌拓之，载诸行箧，可镇风涛云。"此"寿"字集正、篆、隶、行、草五法于一体：大字结构为楷体，以篆书运笔，钩之燕尾又备隶法，点作桃形，实为行章，内含草意，整体和谐匀当。在大字笔画中刻有100个古体小篆字，各体皆备，百字各异。百寿岩原名夫子岩，百寿岩因西汉初年的廖扶得名，葛洪《抱朴子》记："廖扶丹井，一族数百口饮之多寿。"丹砂井也被誉为"长寿泉"。其后《广舆记》《太平寰宇记》《旧唐书》等多记："廖扶，永宁人，相传家有丹砂井，一族饮此井者，皆百余岁"。"百寿岩"也由此得名。

百寿岩岩壁有题字、赋诗、格言、记事等石刻20余方，其中有一方元代书法家赵孟𫖯书"宁寿"二字榜书最为珍贵。该摩崖刻年不详，"宁寿"二字自右而左，右下角落款刻"赵孟𫖯书"。《永福石刻》注：高65厘米，宽110厘米，行书，字径50厘米，阴刻横行，落款字径7厘米。

赵孟𫖯（1254—1322），字子昂，号松雪道人，又号水晶宫道人，湖州人（今属浙江吴兴），宋太祖子秦王德芳的后裔。入元，荐授刑部主事，累官至翰林学士承旨，封魏国公，谥文敏，故人又称之"赵文敏"。赵孟頫博学多才，诗文书画俱佳，书法诸体兼工，尤其善楷、行、草书。楷书婉转流美，自成一家，史称"赵体"。传世书法作品有《六体千字文》《兰亭十三跋》《寿春堂记》《前后赤壁赋》《妙严寺记》《胆巴碑》等。

摩崖榜书"宁寿"二字外貌圆润，点画遒劲圆活，外似柔润而内实坚强，形体端正而骨架劲挺。结构布白也较方正谨严，横直相安，重点安稳。从记载来看，未见赵孟頫有到古永宁州之记载。从字体笔画形式看，与赵孟頫的书法代表作《吴兴赋》《道德经》《胆巴碑》有一定区别，相较而言更为端正圆润。无论是他人刊刻赵孟頫所书真迹，还是仿刻摩崖，皆可见名家书法于摩崖石刻的影响与意义。

二、合浦《海角亭记》

合浦县廉州镇西南隅有海角亭，元代范梈与伯颜分别作《海角亭记》并刻石，记录了重建海角亭一事。

廉州府为历史行政区划名，元至元十七年（1280）升廉州置，治合浦县，辖境相当今广西壮族自治区北海、合浦、浦北等市县地，属湖广行省。汉孟尝上任合浦太守后，兴利除弊，珠徙复还，人思其遗爱，建海角亭纪念，亭始建于北宋景德年间（1004—1007）。海角亭所蕴含的历史文化内涵，除了历朝历代的诗词题字之外，精华所在者数元代范梈和伯颜分别所作的《海角亭记》。据范梈《海角亭记》，范梈于延祐三年（1316）秋始过郡，访旧址，责成郡吏重建海角亭，第二年再过廉州时，亭已建成，可知元代重建海角亭时间为延祐三年至四年。延祐四年（1317），时任廉州路总管、后任宰相的伯颜分治此郡，作《海角亭记》也为元朝重建海角亭作证。

范梈，字德机、亨父、抒文，人称文白先生，清江人，历翰林国史院编修官、授将仕佐郎、海南海北道肃政廉访司管勾、承发架阁库兼照磨，与虞集、杨载、揭傒斯齐被誉为元诗四大家。其诗好为古体，风格清健淳朴，有《范德机诗集》。范梈于延祐四年再过合浦，郡吏请其为重建海角亭作记，撰《海角亭记》。《中国西南地区历代石刻汇编》著录碑额拓片长45厘米，宽60厘米，篆书。正文拓片长165厘米，宽83厘米，隶书，竖书。该碑碑文隶书，端庄凝重。完整碑文如下：

> 钦、廉、雷在百粤，距中国万里而远，郡南皆岸大洋，而廉又居其折，故曰海角也。有亭在城西南隅，昔人以是名之。岁远代易，废亦久矣。延祐

三年秋，余使过郡访其地，得于荒芜乱水之间，欲复之未能也。属之郡吏曰："诺。"明年，来告成，请记之。

夫土木之靡，工人之用，虽未获谂。至于云霞之暎带，坞堵之出没，梦寐所历，犹见其处，亦殊方之胜概也。然廉为侯郡，亭有地胜，居是者虽拥高爵厚禄，亦往有悲愤无聊之感者，何哉？盖尝因是而忆之，地僻远，加瘴疠，自古以来，非谪徙流离之士鲜至焉。以吾无为而得之，宜其人之戚尔也。抑尝推昔朝廷之于士大夫，苟非是过极恶，未尝不欲曲受而优容之。万不得已，则又非深放远屏无以启其摧痛自反之忠。古之人臣思尧君而心魏阙者，每惓于畎亩之间，江海之上，彼萧墙之内，固有负不扶不持之忧者多矣。然则是疏之者，乃所以甚亲之也。于此见圣王忠厚之至也。而居者从未思也，思而或未之求也。登斯亭者，有能驱去流俗之悲，涵养孤忠之气，把酒赋诗，凭高瞰远，反而求之，何往而不得所适哉！又岂独夸结构之华，徒临眺之乐而已。于是记之，俾刻亭上。后之览者，其不参有所感发矣兮！

前翰林国史院编修官、今授将仕佐郎、海北海南道肃政廉访司管勾、承发架阁库兼照磨高平范梈文，承直郎佥海北海南道肃政廉访司事燕山大都题额。

范梈的《海角亭记》文辞优美，立意高远。先简述了海角亭名之由来及修葺之缘由，后叙述廉州历史地理位置、特点及胜概，最后突出建亭意义之深思，即"登斯亭者，有能驱去流俗之悲，涵养孤忠之气，把酒赋诗，凭高瞰远，反而求之，何往而不得所适哉！又岂独夸结构之华，徒临眺之乐而已"。据史料载，范梈在任时，不畏风寒瘴疠，巡历偏远地区，兴学教民，颇有政声，因而其文中"驱去流俗之悲，涵养孤忠之气"也正是范梈自身追求与写照。

伯颜，元朝初年名臣，善用兵筹谋，又善作诗文，是蒙古族中较早学习运用汉文创作的诗人。延祐丁巳年（1317），任廉州路总管、湖广中书行省的伯颜到廉州，访郡耆老。延祐七年（1320），钦承宣命，从京师，于公暇，登亭览风土，为海角亭作记。碑文有两个差异较大的版本，其一如下：

古合浦汉名郡也，地属南海，乃百粤之分。韶广以西，朱崖以东，水万折而归之。故以海角名。其涯□未易量也。唐改郡为廉州，何也？尝谓汉有孟尝守，政善弊革，珠徙复还，因易而人名以取律贪之义焉。自是牧是邦者，多京师人物，或以名节著，或以德行称。其为政之最者，有七贤守。孟君其先，邦人爱慕，立祠岁祀，到今不泯。延祐丁巳秋，予分治兹土，访郡耆老，讲求还珠故事。佥曰：海角有亭为此设也。夫亭以地胜，古人之取其水光月色，上下辉映，足以临眺赋诗，对月把酒，一时之乐耳。仕宦而家于万里之外，宅千里之寄，不思为国计，不思为民忧，而希一时之乐，兴尽悲来，曾无憾乎！后之登斯亭者，有能刷垢磨光，扬清激浊，宁悉心以报国，毋顾身以忘民，胡功不成，胡名不立，罔俾有帮专美孟尝。

其二如下：

古合浦，汉名郡也。地属南海，乃百粤之分。韶广以西，朱崖以东，水万折而归之，故以海角名，其涯涘未易量也。唐改郡为廉州，何哉？盖谓汉有孟尝守，政善革弊，珠徙复还，因易廉名以取律贪之义焉。自是，牧是邦者多京师人物，或以名节著，或以德行称。其为政之最者，有七贤守，孟居其先。邦人爱慕，立祠岁祀，到今不忘。宋改州治放海门镇，复为廉州，领廉州合浦军事，为中州，隶广南西路。

夫如是，概不可以僻远论。考之图志："廉之境土称善，民俗称淳。询人才，当时则有水部侍郎、王宫教授，继而掇巍科，陟上庠者，代不乏人。采土物，则有盐生于潮，可以充国用之须；珠产于池，可以广土贡之入。至若有城壁为之藩屏，有官府为之纪纲，虽临而交趾，交人俯首不敢窥，濒而大海，海寇垂尾不敢犯。其为海角也，假曰：去天万里，孰得而眇之欤！"昔人以是名亭于城之西南隅。陶弼有诗云："骑马客来惊路断，泛舟民去喜帆轻。虽然地远今无益，争奈珠还古有名。"诵其诗则知名存而不没者系乎人，势穷而有通者系乎地。惜乎亭址芜而铭石缺矣。谁其与之，谁其废之，有以作之，无以述之，悲夫！逮至元朝启运，四海混一，别广西暨海之六州三军，析而隶海北南道，改本州岛为路，总管府亦属焉，而廉之名如故。向匪天相地灵，何以流芳与千百余载之下而不坠耶？延祐丁巳秋，本道分宪按治，访郡耆老，讲求还珠故事，佥曰："海角有亭，为此设也，今废也。"久乃勉之，仍旧贯。亭成，请志，以俟来者。延祐七年庚申夏，予钦承宣命，来从京师，任居牧长。莅事之始，稽古因革，询民利病，见可兴除者，次第举行。一日公暇，临斯亭，览风土，慨然激思古伤今之叹。视亭虽兴，口陋弗称，非所以光前显后也。或□□□亭之北，疏导州江，绿云水绕。亭之西南，旧有金波桥，岁远亦废，民每病涉。于是谋诸僚属，相协经理，与亭并增广之。乃率先捐己用，不费官工，不妨农口。毕成功千里之奇，观夫亭以地胜，古人之取其水光月色，上下辉映，足以临流赋诗，对月把酒，一时之乐耳。仕宦而家于万里之外，宅千里之寄，不思为国计，不思为民忧，而希一时之乐？兴尽悲来，曾无感乎？噫！汉一孟守，奚为而得名声于南粤之简哉？后之登斯亭者，有能剔垢磨光，扬清激浊，宁忠心以报国，毋顾身以忘民，胡功不成，胡名不立，罔俾有邦专美孟尝，予于是乎记。

时至治壬戌孟秋吉日，奉议大夫、廉州路总管府达鲁花赤兼管内劝农事伯颜重建。

伯颜之文更侧重于阐述海角亭的修建意义，明确此亭最先为纪念汉孟尝"政善弊革"而建，描绘海角亭的水光月色之地胜，但强调登此亭不应只限于享"临眺赋诗，对月把酒"的一时之乐，仕宦更应该思考其背后的深层次意义，即思国计、民忧，能于登游此亭时思"剔垢磨光，扬清激浊，宁悉心以报国"。从内容较为详细的版本内容可见，伯颜又疏导亭北州江，修亭西南金波桥，亭、水、江、桥等上下辉映，在此过程中，伯颜以身作则践行其文中突出之意，以己俸禄捐修海角亭及周边。同时，此碑文也为考究宋元之交的廉州府社会经济、人文状况提供了直接的依据。

第四章

明代石刻

第一节 发展概略

公元1368年，朱元璋建立大明王朝，新的政治格局、政治环境对广西文化影响深远。广西文化现状依然与中原地区有较大差距，但是，多方面的动力，特别是经济的发展、民族的渐次融合等，使明代广西的文明步伐在唐宋基础上开始加快。在教育方面，由基层社学、府州县官学以及书院共同组成的基本教育体系初步建立；文学方面，作家、作品数量也有所增加；其他方面如建筑、手工业等领域的科学技术发展亦有可喜表现。明代广西的石刻也更丰富，石刻的数量、分布范围、作者、内容等都有所发展。

从地域分布上来看，明代石刻分布于桂林、柳州、南宁、宜州、北流、贺州、贵港、崇左、玉林、梧州等市区，以及合浦、融水、永福、全州、灵川、恭城、兴安、灵山、龙州、横县、平南等县，开始出现明显地由桂北向桂南延展、由西向东全面发展的趋势，主要集中地仍在桂林市各景区、融水真仙岩、北流勾漏洞、灵山县三海岩、宜州会仙山白龙洞、柳州鱼峰山等石刻景点群，且明代石刻明显多于宋。如灵山三海岩，有各官员游三海岩或与之相关记事、唱和题诗数十首，分巡海北兵备道佥事翁溥书陶弼题"三海岩"、灵山知县林锦撰《灵山新城记》、三海岩造像记以及多种题名。柳州鱼峰山石刻较之于宋时多题记，明代则多为《题鱼峰山诗》。

从石刻形制上来看，以桂林、融水、灵山等地为主的广西石刻仍以摩崖为主，但府学、县学碑刻以及墓志、告示碑等多形制的实用性碑刻增多，如《宜山县儒学科贡题名记》《南宁府学科第题名碑》《桂林府学进士题名碑》《重修临桂县学记》等教育类碑刻，恭城、桂林府告示以及平乐府江修路碑文、横县捐修乌蛮山路碑等修桥、路碑，以及如《靖江怀顺王妃谷氏圹志文》《十代靖江王悼妃滕氏石刻》《靖江八府辅国将军朱赞储神道碑》、蔡炼撰《靖江王府承奉正潘公寿藏碑》、张居正撰《吕调阳墓志铭》、张文熙撰《诰封一品夫人吕母行状》等墓志类碑刻。

从石刻文的体裁形式上来看，一是应用文上有如圣谕、布告、法令、修路记、村规民约、梵文等，二是文学类有以往常见的题诗、题记、记文、颂、赞外，也有词、赋、对联，如桂林伏波山有伍希儒游还珠洞题词调《霜天晓角》、桂林月牙山有陈彬《游龙隐岩赋》、全州湘山有顾溧《念奴娇·古湘山怀古》、桂林普陀山有姚诚立书"欲放光明眼，深皈空寂天"对联等，且墓志铭、行状、神道碑较前代多。同时，随着体裁多样的变化，其题材也进一步丰富，石刻运用更为广泛多样，政治军事、民生、教育、城市建设、宗教等皆有涉猎。

从石刻的创作者来看看，除常见的外来仕宦、本地文人、百姓等创作者外，靖江王府王臣将相对石刻创作十分热衷与多产。似乎受到了时代的影响，围绕着靖江王，有形成文人集团的趋势，靖江王雅好诗词文章的不少，宗室成员中也有很多善诗词之人。庄简王朱佐敬（五代靖江王）、端懿王朱约麒（八代靖江王）、安肃王朱经扶（九代靖江王）、恭惠王朱邦苎（十代靖江王）是其中的佼佼者。几位靖江王俨然成为桂林文坛引领风气的人物，他们还常组织文人仕宦集会登游作诗、刻石，明代石刻中多有与之相关的唱和、联句诗词石刻。除墓志、悼文外，靖江王府内独秀峰上多相关摩崖，如靖江王《游独秀岩记》《独秀岩西洞记》、五代靖江王撰《独秀岩记并诗》、题"天光云影""冰壶秋月"、九代靖江王《观雪诗》《独秀峰赏春景诗》。此外，明代石刻作者的仕宦中还出现了钦差镇守广西等处地方内观监太监，如陈彬在桂林有《游龙隐岩赋》《游龙隐岩诗》《劝善诗》以及题名和榜书，傅伦在题刻《游还珠洞题记并诗》《叠彩山拱辰亭联句诗》《为义男傅云庆出家题诗并序》等，而据清人汪森《粤西文载》记桂林还有万祥撰《太监题名碑记》，其中记载了多名出镇两广的太监，其中便包括了陈彬和傅伦。

从石刻的内容来看，明代广西石刻主要可从几个方面概述：一是社会政治与民生类石刻。有平蛮历史碑刻，如《府江纪事》《平怀远叛碑》《征平周安、古蓬、都者记》《府江勒叛纪事》《思明府纪事碑》《右江北三平寇记》《督府刘公平蛮碑》等；有地方基础建设或是景观建设碑刻，如《府江修路碑文》《重建南丹卫城记》《重修灵山县城记》《廉郡修城记》《重修南宁府江城记》《开辟府江险滩碑记》《重修飞鸾桥记》等。二是教育类石刻，如《灌阳县迁学记》《道乡书院记》《修复敷文书院记》《重修南宁郡儒学记》《郁林州重修儒学记》、唐世尧《平乐县学记》等。三是宗教类石刻，如造像记、《清静经》摩崖、《协天祠记》《重修真武庙像记》《唐凤塑装真武像记》《太平岩供奉玄帝记略》等。四是文学类石刻，包括诗词文赋，多以记游记景为主，也有记人、感怀之诗文。

综合而言，广西明代石刻的数量有所增加，其数量与内容等一定程度上也反映了广西当时政治、经济、文化的发展，是广西明代文献中不可或缺的一部分。

第二节 明代石刻的内容

广西明代的石刻分布更为广泛，数量增多，内容也随之更为丰富全面。内容上，主要仍然可分为政事民生、宗教与教育、文学艺术类。各类碑刻，除以往常见的内容与类型外，内容更加细化、丰富。

一、政治民生类石刻

广西明代的政治民生类石刻，主要记载了明代广西的重大历史事件以及政事处理、民生建设，且更多的公文、告示类碑刻反映当时的社会管理、经济状况等。

（一）记事碑文

1. 记军事政治

明初政治较清明，广西大体尚能维持安定的局面。明中叶后，广西的社会矛盾开始激化。一是各族人民与明朝统治阶级的矛盾，主要反映在土地、各类杂税上；二是流官与土官间的矛盾，土流矛盾引发战祸；三是明代广西各族农民起义频发。据记载，从明初洪武年间到明末崇祯年间，广西先后爆发农民起义多达数十次，主要中心有庆远（治所在今宜山县，辖今宜山、罗城、环江、忻城、河池、南丹），马平（治所今柳州市，辖今柳州、柳江），大藤峡（包括今桂平、贵县、象州、武宣、平南、藤县、金秀），府江（指漓江中游，包括阳朔、荔浦、平乐、昭平、贺县、富川、恭城、蒙山），八寨（指思吉、周安、古卯、古蓬、古钵、都者、罗墨、剥丁8个自然村，包括今东起柳州，西至东兰，南抵上林，北连宜山、忻城之间的广大地区），古田（今永福、融安、鹿寨）等地，其起义坚持时间长，断断续续，活动范围广。各地多碑刻反映了其中战事，主要如表4-1所示：

表4-1 明代记载战事的代表性碑刻

序号	碑刻名称	刊载地	刊载时间	备注
1	《平瑶碑》	富川	成化四年（1468）	
2	《田州立碑》	田阳	嘉靖五年（1526）	据《中国西南地区历代石刻汇编》注：拓片长185厘米，宽85厘米，楷书
3	《阳朔纪事》	阳朔	嘉靖三十一年（1552）	王宗沐题
4	《奇田山记》	宜州	嘉靖三十六年（1557）	张焙书
5	《摩崖府江纪事》	阳朔	隆庆二年（1568）	茅坤撰
6	《古田纪事碑》	永福	隆庆五年（1571）	俞大猷传。碑高250厘米，宽270厘米。真书17行，满行18字，字径10厘米
7	《殷正茂等平怀远纪功碑》	桂林、柳州、鹿寨、融水	万历二年（1574）	此作品一文四刻，刻于四个地方，只个别字句及人员有出入，其余均相同
8	《剿平北三大功记》	柳州	万历六年（1578）	张翀书
9	《右江北三平寇记》	桂林	万历六年（1578）	庄国祯撰，据《桂林石刻碑文集》，碑高166厘米，宽142厘米。真书，字径5厘米
10	《征平周安、古蓬、都者记》	忻城	万历八年（1580）	碑高72厘米，宽118厘米
11	《平蛮碑》	桂林	万历八年（1580）	汪道昆撰，据《桂林石刻碑文集》，碑高330厘米，宽400厘米。真书，字径6厘米
12	《吴文华等平府江西岸纪功碑》	桂林	万历十三年（1585）	据《桂林石刻碑文集》，碑高273厘米，宽242厘米。真书，字径8厘米
13	《平皮林苗纪功碑》	桂林	万历壬寅（1602）	杨芳撰，据《桂林石刻碑文集》，碑高250厘米，宽108厘米。真书，字径11厘米
14	《平思明府叛目陆佑纪功碑》	桂林	万历丙午（1606）	杨芳撰，据《桂林石刻碑文集》，碑高445厘米，宽335厘米。真书，字径15厘米

从这些碑刻可见，刊刻地点基本集中在起义爆发相关地以及桂林。时间上主要集中于嘉靖、隆庆和万历年间。正如王世贞在总结明代广西各地人民起义经过时说："自隆（庆）、万（历）之间，执政者始务以威之，决策诛剿。于是凌公（云翼）与前后大帅殷（正茂）、刘（尧海）诸公，皆极其公力，不避镆铘之潜。而贼之授首于锋镞者十已八九矣"[1]，从隆庆至万历年间，明朝廷对广西起义实行了最激烈的镇压，大多碑刻也集中于此时段。

较早的富川《平瑶碑》，记载了景泰纪元年（1450）间"富川灵亭乡下设源瑶人盘性子作梗，纠合冷水诸源瑶人廖八子辈……时寨下市巡检司缉之实白，于郡邑飞报镇守广西总兵征蛮将军都督田正，摘调指挥同知葛宗荫，率领精兵征剿之"。其后的嘉靖、隆庆、万历年间的战事纪功等碑刻多与古田及其相关联起义战事相关。田阳县田州镇的《田州立碑》，记载嘉靖五年（1526）皇帝"命新建伯臣王守仁曷往视师，其以德绥，勿以兵虐。乃班师撤旅，信义大宣，诸夷感慕"。此事亦见于《修复新建柏王文成公敷文书院记》碑文，比《田州立碑》所记更为详细。其后，《阳朔纪事》《奇田山记》《摩崖府江纪事》《古田纪事碑》都提及"古田"。古田壮族起义是明代少数民族起义之一，以韦朝威、韦银豹父子及覃万贤、韦朝猛等为领导的壮族农民起义，从明季代宗景泰年间至穆宗隆庆五年（1571），坚持达百年之久。古田，自古便是壮、瑶民族聚居地，在今广西永福西北，其县治在今永福寿城镇，分属今永福、融安两县，在柳庆、融县、怀远与桂林之间，南扼永福、洛容（今鹿寨）、阳朔、荔浦、平乐，西控柳庆、融县、怀远，东北屏义宁、桂林、灵川，是一个政治军事要地。历代封建王朝均设治所，戍兵镇守。但因土地问题与民族矛盾等影响，兵祸连结不断。同时，古田起义与各地起义相配合，自古田煽乱，江道为梗，诸巢无不响应，如今来宾县境北三的覃公旺领导的"铲马军"，八寨与古田起义军联合进攻桂林，且多次攻陷南宁府城与古田县相毗邻的永福阳朔、义宁等县，东起岑溪、府江、西至柳庆、融县、怀远，南自左右江各溪洞，北至全州、灌阳，比比皆是。隆庆三年（1569），明王朝决定加强对广西农民起义军的武装镇压，并确定先征古田、八寨，将原江西按察使殷正茂升任为都察院右金都御史巡抚广西，充当镇压广西各族人民起义军总指挥。隆庆四年（1570），殷正茂到达广西，将十多万大军，分七路向古田进攻，<u>其中以总兵俞大猷、参将王世科领兵由东面永福县入龙坑隘</u>，俞大猷是这次

---

[1] 王世贞：《吴中丞平岭西前后功志》，《粤西文载》卷二十五。

大围剿的前线总指挥。永福《古田纪事碑》记隆庆五年（1571），"合各路官兵，连日攻克古田之潮水、藤浪、马浪、三千、苦累、麻行、天堂、扶台、龙角、西洋、阴山、凤凰、老莫、马骝、思美、头盔、古城、思鹅、君师、王武、石盆、古洛、水头、死马、古底诸巢，斩获巨魁韦银豹、黄朝猛徒党首功万计，俘获数万计"。《殷正茂等平怀远纪功碑》《剿平北三大功记》《右江北三平寇记》《征平周安、古蓬、都者记》《平蛮碑》等即皆记载与之相关的八寨、永福、柳庆、忻城等地战事。此外，恭城又有《瑶目万历二年石碑古记》碑在恭城县西岭瑶族乡新合路口村榨油房，万历二年（1574）刊。碑横断，但字迹清晰可认。碑记良猺给予赏给，"子孙永远世代沾恩，评给施土，恩泽历靖，告本县照验，准给申告之。"

仅万历年间记载民变的相关碑刻至少就有八方。《殷正茂等平怀远纪功碑》，此文一文四刻，只个别字句及人员有出入，其余均相同；分别摩崖于桂林普陀山、柳州石碑坪山尾村龙船山、鹿寨县中渡镇旧县村覆盆山、融水苗族自治县真仙岩。此碑记载殷正茂等人"万历元年，诏讨怀远叛猺，调集左右两江及湖浙官兵十万员名……二年二月移师，剿雒容之猺，定洛斗，柳城之上油、下油，永宁之古底、上宋，永福之边山，阳朔之碎江，荔浦之山湾诸巢"等战事。张翀书《剿平北三大功记》摩崖石刻碑位于广西壮族自治区柳州市荣军路蚂拐岩，记功碑石刻高10米，宽2米，竖行，共908字楷体，字体长宽均7厘米。碑赞颂廉能官宦、时任广西巡抚吴文华的文韬武略，碑记载的是吴文华于万历五年（1577）在柳庆之间平北三之"乱"。庄国祯撰《右江北三平寇记》摩崖在桂林月牙山龙隐岩，记载的也是万历五年吴文华平北三"不顺之民"。汪道昆撰《平蛮碑》，记载万历八年（1580）间粤西发各部兵，益以粤东、浙江三营，平定粤西八寨。《征平周安、古蓬、都者记》记载万历八年征讨平周安、古蓬、都者寨贼。此二碑所记皆与八寨相关，八寨位于广西忻城县内红水河南岸，生活在这里的瑶壮农民依山险设寨堡，设有思吉、周安、剥丁、古卯、罗墨、古钵、古蓬、都者八个山寨，到万历年间又增加龙哈、布咳两寨，因此又称十寨。《吴文华等平府江西岸纪功碑》记载万历十二年、十三年，吴文华、吴善等人"诏剿府江西岸叛猺"。《平皮林苗纪功碑》记载万历二十八年，"皮林有苗弗率，上命粤西抚臣杨芳会楚、黔师共剿之"，平皮林不臣服的少数民族之乱。《平思明府叛目陆佑纪功碑》则记"万历甲辰，思明府叛目陆佑胁四寨三邨兵反，上命抚臣杨芳督东、西两省汉土兵剿平之"。

这些碑文的撰写者从官方的角度去看待问题，不免歪曲事实，但仍然透露出了一些真实情况，可作为考察明代广西在处理少数民族问题方面的历史资料。土地问题导致社会矛盾激化，引发民变，在上述碑文中也有所反馈，如《右江北三平寇记》记载平定后"复民屯田粮以万计"。《平蛮碑》记载不服之民"侵我土田"，民变是为了获得土地所有权。其他有关民申的矛盾问题，如食盐垄断与水陆交通控制权的争夺紧密相关，百姓为获取食盐而掀起夺盐风潮。广东到广西重要食盐必由之路的府江航道就演变成了争夺的重要对象。《平蛮碑》记载的民变，不但是为了获得土地，还"御我道路"，《吴文华等平府江西岸纪功碑》记载平定叛猺后，"余党抚定，水陆肃清"，都反映出水陆交通是为民变目的与内容之一。

明代记载军事的石刻值得一提的还有茅坤所撰《摩崖府江纪事》摩崖，碑文针对侵扰阳朔的古田诸部瑶族、壮族，分析了雕剿之法（以应变出奇之计进行讨伐）及大征之法的优缺，最后用"以雕剿而行大征之法"，抚平了诸部。该文详析兵法，颇具军事价值与历史价值。在写作艺术上，文章富于文采，论证严密，条理清晰，运用了排比、对偶等手法，词藻丰富。此文不但显示出茅坤的文学才华，亦可看出他颇具军事才能，虑事周密，先熟悉广西地方情况，然后有针对性采用剿抚的方法，成效显著。摘引论雕剿法与大征法一段如下：

予抱檄行部，稍稍按往牒及帐下吏士谙兵事者大略，治南粤诸穴，莫善于雕剿，莫不善于大征，何者？夷虽丑类，其凶悍鸷骜者，特十之一，百之一而已。择渠魁而雕之，而其余不以及，则诸部落罪案始分，人人知惧；大征则堙山刊谷而部斩之矣。其为功莫真于雕剿，而莫赝于大征。雕剿者师不移时，倏而入，倏而出，如雕之搏兔，然故其为功最真；而大征者，非征兵储饷者，踰年不办，兵未集，而贼皆走险矣。其始也，兵连祸结，其继也，率斩他馘以缓罪，故其为功多赝，然当事者往往附和大征而不便雕剿。大征之师，如泰山压卵，奏捷之后，辄冒爵赏；而雕剿之法，少不利则罪且收坐之矣。予故深忧之。又按故当事并知雕剿之善而不敢遽行者有三：一曰将士不勤，二曰向导不审，三曰机事不密。

原存广西阳朔县福利圩镇之白面山岩内的王宗沐《阳朔纪事》记载了同一事，此碑刊于嘉靖三十一年（1552）。王宗沐，字新甫，临海人，嘉靖二十三年（1544）进士，嘉靖年间任广西督学、佥事、左布政使等职，与李攀龙、王世贞等人以诗文相酬酢。但该文文采不及《摩崖府江纪事》，仅翔实记事，记录了嘉靖三十一

112

年五月至十月间具体战事情况。

2. 记地方建设

明代广西有关地方建设的石刻，一是有与宋元时期相仿的城池修建碑刻，这些城池的修建也多着眼于军事防御；二是与民生相关的具体地方工程、景观等建设碑刻。

（1）城池建设

有关城池建设的碑刻中，较早期的有包裕撰《重修广西省城碑记》（正德壬申，1512年），较详细记载了桂林城郭建设，记文"以为后之守土者告，俾求所以固本和人之方，毋徒恃高深以为险也"。再如《重建南丹卫城记》（嘉靖七年，1528年）记"协同镇守副总兵镇国将军张祐奉兵部尚书新建伯王委重建筑南丹卫城"，张岳履廉州府任时撰写的《重修灵山县城记》（嘉靖十一年，1532年）记分巡海北兵备道佥事王崇主持重修灵山县城墙之事，以及廉州千户相巫铎撰《廉郡修城记》（嘉靖三十三年，1554年）为记太守何御"修城备警"以保障廉郡、"荒除盗、锄强暴、植柔儒、兴教化"等事宜。此三碑皆记明嘉靖年间修城之事。也有如兴安岩严《严关建关记》类碑刻，记载"崇祯戊寅，布政司详奉两院稽古建关"之事。另有南宁《重修南宁府江城记》与平乐《龙矶堤记》，此二碑为明代较为典型，重要的有关护城建设历史的碑刻。

在明代记修城历史的碑刻中，较为典型的可举南宁籍礼部尚书萧云举撰《重修南宁府江城记》为例。碑在南宁，林梦琦于万历四十六年（1618）任南宁知府，该碑刊于此时或稍后。萧云举，字允升，宣化人，年十九荐于乡，登万历丙戌进士，选翰林，历官吏部左侍郎平生气节文章有过人者。兹摘录部分碑文如下：

> 青乌氏辄云，水之害匪直士庶病也，城郭亦病。盖水为发生导祥之源，静则利，激则害，顺则善下，逆则横流。城郭于江宜远不宜逼，宜坚不宜瑕。为水也，计者导其势；为城也，计者厚其基。裁成功力，固两相需也。邕江之岸，高于城身者寻尺。循岸而上，层累若升梯。然岸距城不数武，春夏之交，桃花、白苹两河并会，洪流巨浸，每岁辄二三至以为恒。俯堞而瞰之，百雉濒危，势凛凛欲堕。故郡邑之有河患，犹三陲之患边，濒海之患倭也。故防河之忧，与兵祸等；而捍卫之功，与折冲等……

> 邕于江左为绾毂。自侬氏乱，篙棘间井以勤王师。宋元丰六年，城始再徙。明兴二百余岁，稍稍丰其齿。育守土者，蒙安袭嬉，无暇问封圻事。日

月弥久，城弥倾仄。土恶善溃，重以淫霖堕之。城以下，骎骎乎址半啮矣。去夏，阳侯为祟，佐以雨师，一夕而拉然割然。濒河之屋，至为河伯窟宅。何以奠厥攸居？会治兵使者胡公诸所为恫人隐，核吏蠹，严斥堠，蓄储糈，练军实以备缓急。其绸缪武事良悉，暇以其时谛观睥睨间而忧之，谓卒有叵测，如城社何？若不即治，因仍陋简，及瓜以竣，后之君子，彼复狃如是，将县官奚赖焉？而郡守林公亦然，曰："设险域民，匪城奚卫？是役曷容已已？冶于是召陶人为甓，甓凡若干。召石人为甃，甃凡若干。召埏埴者司厥后，佣直若干。而以文武两官董其役。画地而筑，分工而廪。勤者旌之，怠者杖之。经始于庚申之秋，越辛酉匝岁而成。城之滨江壕者，广轮之八十一丈，高二丈五尺有奇。闉闍凡四，堞凡八十有九。费仅二百四十余缗。赀廉而速，工坚而完。厥状如玉鳞皓齿，而知为雄邦，严严翼翼，屹乎称巨观矣……

该碑文重点对邕江防洪堤工程等事宜予以褒扬，详细记载了该工程于万历四十八年（1620）秋天动工，至天启元年（1621）秋天竣工，由左江道兵备副使胡廷宴、南宁府知府林梦琦主持，此二人均为造福一方的一代名宦。碑文的撰写也体现了萧云举之文笔。全文论述结合，有对河堤、城池状况的描述，也有对城郭、水利建设重要意义的论述，对具体的建设过程及结果也一一详述，且语言凝练，叙事流畅。

关于水利护城同样详细记载的是唐世尧撰《龙矶堤记》，碑在平乐，万历三十一年（1603）刊。唐世尧，平乐人，万历进士，授宁波推官擢吏部主事，后因忤宦官，居家不复出仕。碑文详细记录了筑堤以护平乐城之事。龙头矶堤位于平乐镇北面茶江河段，始建于明壬寅年（1602）八月，竣工于癸卯年（1603）四月，"起亭子脚，迄上冲口，绵亘八十余丈，高二丈，阔六尺。堤外为水荡者三，以杀逆湍"，此建筑至今大部分仍完好。碑文先是简介了平乐地理与历史状况："平乐自汉唐建置以来，数千余载，负山面漓，灵秀钟毓不乏。其北一支水，出楚之桃川，迤逦恭城，南折而会于乐，再折而入于漓。先是城之西北，濒江为县学，环宫墙而为庐舍者无算。盖恭水实西绕之。明兴百余年间，胶庠之彦，斌斌兴起，闾阎亦用殷富。"接着简述修堤之必要与兴修缘由："至弘治间，渐没于春涨，向之宫墙庐舍，并失所在，询之父老，盖屡屡能道其详，云往莅是邦者，咸知宜堤。然筑舍道旁，岁复一岁，江堧龃龉之迹，视城下仅跬步，有足虞者。维时侍御佴公行部昭州，重悯一方之几为鱼也，特允道府转详本县之条约议。爰会总督大司马戴公、巡抚大中丞杨公若曰：惟平乐郡治西北，当恭水之冲。昔年溃我县学、圮我前街，惟城下有池，更邻江水，独恃后街一线，几幸旦夕脱，一旦后街不固，则江水灌池，城闉可虑，及今不葺，是无城，无城是无民矣！谓宜筑堤以护之便。"其后总结了兴修经过与结果，"工始壬寅八月，竣役于癸卯四月，为日凡二百四十有奇"，"越明年三月，大水自恭来如故，五月再大水，而昭竟无恙。长堤坚固，亘地如虹，江流循堤西注，沿堤以内，渐涨淤沙尺许。有司以状闻公及督抚，两公大悦，并赋诗歌，以纪其盛"。最后，以铭纪之：

于惟昭郡，襟带桂梧。漓乐孕秀，埒于名都。有水桃川，聿来自楚。百折南奔，会旦漓渚。岁岁春涨，其来撼空。啮我北隅，蛟蜃修宫。氓庐漂没，宫宇为沼。菰藻交加，烟涛莽渺。下迫于今，虞及城隍。民患滋深，率吁彼苍。天启休明，有待三院。民溺眷怀，乃发帑羡。役者均力，辇者协谋。工既告成，蠹焉培蝼。邦人欢呼，孰是竖建。既奠吾居，复昌文运。民当农隙，财出羡余。惟兹长堤，三台拮据。凡我士民，奚繇报德。镌词贞珉，昭示万亿。

整篇碑文，内容完整翔实，既是记载兴修历史的重要碑刻史料，也是一篇优秀的碑记文。

（2）民生基础建设

地方建设类碑刻中还多有记具体的地方民生基建之碑，如兴安《通筑兴安渠陡记》、全州《重修飞鸾桥记》、平乐《府江修路碑文》《府江开路记》、永福《重修夫子岩望北亭记》、融水《重建鲍公亭记》等，碑记涉及通渠、修坝、建桥、铺路、搭亭等事宜。

兴安《通筑兴安渠陡记》，现在秦堤飞来石上，洪武二十九年(1396)刊，由广西布政使司委官庆远同知皮南玉刻石。碑记御史严震直于大明洪武二十九年二月初一日钦依通筑兴安县渠陡。严震直，字子敏，乌程人（今浙江吴兴织里镇骥村人），擢通政司参议，升工部右侍郎、尚书，降监察御史，奉命至广西修兴安灵渠，因升都察院右都御史，复拜工部尚书。从碑文可见，严震直奉命修兴安灵渠，不到一年的时间，"南北河道疏通五千一百五十九丈，陡岸三十六处……灌田水函二十四处。涵陂小陡二处。泄水陂二处。共长一十五丈。桥二座：白云、攀桂"。

漓江自古是岭南地区的水上交通要道，自秦汉以来，这条河流被称为离水、漓水、漓江、始安江、桂水、桂江、府江、抚河等，其中"府江"一词始见于明代史籍，常见于明清时期，后又名"抚河"。明代的主流观点认为"府江"主要指明代平乐府境内的桂江河段。明中后期，官府数次出兵清剿府江两岸，主要有隆庆四年（1570）大征古田、隆庆六年（1572）大征府江、万历十二年（1584）再征府江。此后官府大力开山凿路、疏浚府江，先后有管大勋《府江开路记碑》、冯时可《府江修路碑铭》、翁汝进《辟府江险滩碑记》等文记载历次修凿府江河道之事。管大勋《府江开路记》，碑在平乐，万历十四年（1586）刊。管大勋，鄞县人，万历间任守苍梧道、广西左右布政使等职。冯时可《府江修路碑铭》，碑在平乐与昭平交界之间，位于漓江岸，万历二十二年（1594）刊。冯时可，字敏卿，松江华亭人，隆庆辛未进士，除广西湖广参政，万历间任广西按察使副使。翁汝进《开辟府江险滩碑记》，碑存平乐县东南百余里之漓江龙门峡（松林峡），万历三十八年（1610）前后刊刻。翁汝进，字献甫，会稽人，万历乙未进士，万历三十八年广西兵备，按察使副使。此三碑在书写体例、内容上较为相似。明代广西交通建设述略提到漓江"河三百二十五里，内有险滩五十二处"，河流落差大、水流湍急，"殊为行旅之患"。管大勋碑文即言"夫粤有府江，在漓江下，合蒙荔水折而南，盖全省咽喉也。其流入金峡，趋巴江，出丛林，两崖截嶪，叠嶂连云，茂林密菁，怪石危壑，人迹罕通。诸蛮每每从冲口或蒙阴中出，邀商旅，戕吏民，岁岁为患，虽经诛剿，屯兵列堡，迄未有翦荆伐翳、凿山通道为千百年计者"。冯时可碑文言："府江自海阳而来，分流为漓，缭绕桂林，合蒙、荔诸水，以出苍梧，下番禺。惊涛急湍，若雷霆激石，趋走数百里于一瞬息，舟一不戒，与石铓相触，则糜溃无踪。其逆溯而上，则用数十人牵絙力挽，淹辰更朔而难达。不幸而扼阳侯，葬鱼腹者，往往而有。缘江两岸，群山戢戢。"翁汝进碑文中亦言："粤西三大江，府江居其一，会漓、乐、恭、荔诸水，建瓴而下，万山夹峙，而惊涛怒波之中，嶙峋怪石林立鬼翔，且隐且现，积为航舰之雠，攫之无不糜溃。"因此，明代一些广西的地方官员开始整治府江。管大勋碑文记："万历十三年……维时督府连江吴公，抚台龙溪吴公，相与协虑而筹……乃合谋于直指黄公……上报曰可。于是檄兵备宪副归安韩公总董其事。"万历三十六年（1608），广西巡抚蔡应科，兵备翁汝进，知府陈启孙开始筹备排除险滩，如翁氏撰文所记："今大中丞龙溪蔡公沂江来抚兹土，亲觌从舟之糜溃于所谓马鞍石者，喟然兴开凿之，思继禹功，以属平乐陈郡守。"而后三碑文皆详细记载了整治过程及人力、物力等，翁文并以"太行王屋之山，方七百里，高万仞，举而移之朔东雍南，若挈壶酰酱瓿，匹夫精诚而能动上帝，而驱操蛇之神，况一时诸台痌瘝民瘼，率作庶僚，天人助顺，且奏百粤而措之袵席，何有于一江哉？曩时诸蛮蜂屯鸟起，攻剽无忌，于是有大征之役"作比，突出治江艰险与重要意义，工竣伐石纪而铭之，"爰作俚词，以勒贞珉"。管文则以"今年春移官东臬，顺流过之，烟嶂廓清，新堤迁衍，轮蹄络绎，负担载途，舳舻蔽江，村舍相望，别一境界矣"概括开路之功。这些刻碑对于研究府江河流自然地理、政区设置、开凿管理等历史都提供了较为详细的参考资料。

除记录重大工程外，明代还多有记载修桥铺路之碑刻。如蒋冕撰《重修飞鸾桥记》，碑存全州，嘉靖六年（1527）刊。蒋冕，字敬之，广西全州人。明成化二十三年进士，选庶吉士，授编修；历官吏部左侍郎、礼部尚书、武英殿大学士、户部尚书等职，曾代杨廷和为首辅，为时两月即致仕。蒋冕所撰文论述了飞鸾桥的地理位置、意义以及兴修历史，直言"水行地中，如血脉之在人身，无处无之。然人之往来于四方，而水不能为之阻者，随流上下，则有舟楫焉；截流横过，则有桥梁焉。平险阻以济不通，非以财成辅相之功用，有以助造化之所不及者邪？全之为州，东北接永，北跨东安，东控灌阳，西南经全义以达于桂。其间舆梁、徒杠不下数十，惟飞鸾最为要冲"。后详细记载了嘉靖四年至六年（1525—1527）期间的重修过程及以所耗人力物力等，终"桥成，隐然长虹卧波，过其上者，如履平地，无复垫溺之忧矣"。同类修路的碑刻，还有林篪《许东山六峰山开路记》，摩崖在灵山县六峰山，嘉靖三十七年（1558）刊，碑宽70厘米，长80厘米，12行小楷，每字字径约2厘米。林篪，浙江临海县贡生，嘉靖三十五年至三十八年（1556—1559）任灵山县教谕。碑文简略记载了"然所居面城，城外即六峰，草木延漫，步屐攀缘，游人固有半途而返者。东山遂捐赀若干募工开辟，然后石磴层层，甃砌整整"的修路之事。

明代如宋代一样，地方官员政务闲暇之余好登游，关注景观建设，因此也留下部分记录亭台楼阁修建之碑，比较典型的有永福《重修夫子岩望北亭记》和融水《重建鲍公亭记》。

永福《重修夫子岩望北亭记》，摩崖在永福县百寿镇东岸村后百寿岩外西面小洞旁石壁上，万历十五年（1587）刊，陈荣撰。陈荣，福建长乐人，举人，万历十五年（1587）任永宁州知州。碑文先简介永福夫子岩历史与状况："永宁州阅城涉江而东，不数步有夫子岩。岩之名未详何昉，其悬崖有宋刻满幅古'寿'

字，俗亦称'寿字岩'。而有亭翼于右垂，则今少司空奉新命总制百粤南洲吴公备兵时作也。"后交代了重建亭之缘由与过程，即司空善、童元镇将军等人"得以优游多暇，陟奇抉幽，举旷兴无，以增一方胜丽。因作斯亭，寄名'望北'，以示公在万里外，不忘魏阙之念"。后将军还嘱陈荣纪岁月于石，系以诗曰："彼缁衣兮，改为之思。如彼甘棠兮，其谁忍伤？维蕃孽之是望"。

王法撰《重建鲍公亭记》，碑在融水县真仙岩，万历三十五年（1607）刊。《中国西南地区历代石刻汇编》注：拓片长195厘米，宽94厘米，楷书。王法，融水人，官承德郎直隶苏州府通判。早在宋代，真仙岩就有《真仙岩亭赋》摩崖，"融州太守鲍公作亭于真仙岩之前，长沙易祓为之赋"。明万历年间，来桂官员组织重修鲍公亭，使其焕然复新，"洞天藉以增彩，万口为之欢胜，游人士客趾相错于道"，王法撰文以记。亭记记载了"当有宋状元张孝祥题曰'天下第一真仙之岩'，内藏御书百余轴。赫赫洞名，斯不炳今昔而甲环区哉！顾堪舆家曰：洞形似虎。嘉定间，融州守鲍公曾因洞口巨石上创高亭，用镇形胜，代故传为鲍公亭云"的亭台历史，又以华丽语言赞誉重建亭台："时当春而登，则霞明桃艳，鸟语花香，洞门春晓，色色争妍；见谓宜春夏而登，则水光澄彻，清风徐来，溽暑坐消，烦襟尽涤；见谓宜夏秋而登，则烟收月皎，天朗气清，群峰献翠，万顷堆黄；见谓宜秋冬而登，则长空云阴，阴日舒温，牧唱樵歌，响振岩谷；见谓宜冬，四时之景无穷，而此楼之光景亦与之无穷。凭虚凭高，寻真探古，飘飘然恍在蓬瀛之上。而七尺欲蜕，虽乐此不为疲者。矧楼势面北，频展拱辰，思彬彬髦士，济济帝臣，将亿万年景运益培而壮焉。"

以上碑刻记录当时的城池、水利、民生及景观建设等历史，正如蒋冕《重修飞鸾桥记》所言"因为推本舟楫桥梁之设，其功用有以助造化之所不及者，而于兹桥昔日废圮之易，今日综理之周，详悉谆复，以告来者，俾有所考，以图永利于斯民焉"，这些碑刻记载了时人为护民助民等所做之事，为地方当时实现了刻碑记事有所考的记功、宣传等功用。同时，很多碑刻也成为当地重要的文物或是景观部分，成为后人了解地方建设以及观赏的重要载体。

（二）公文、告示等

至明清时期，各种公文、告示类碑刻成了石刻中数量非常多的一类。公文、告示类碑刻及公立碑的剧增，首先显示人们对石刻功能认识的成熟。其次，这些石刻的内容涉及社会政治生活的方方面面，也能展现明清时期广西的社会政治面貌，显示出广西地方治理的完善。明代公文、告示等碑刻数量相对于清代还是较少，但也较为全面，具代表性的有地界、水文、粮田、禁示类等公立告示碑等，除此之外，还有纪年碑、冤状碑、圣谕碑等。

1. 田地相关告示

中国自古以农立国，历朝历代都注意与农业息息相关的土地管理。明初，地方设布政司，统管地方民政和财政。明神宗时推行"一条鞭法"，即多税合一，把赋与役合并为一，丁（人口役）与粮（田租）合一，并把征集重心由户丁转向田亩。万历九年（1581），张居正在明神宗的支持下，开始在全国推行"一条鞭法"。广西即出现了不少反映明代土地的管理与归属等问题的碑刻。

一是"立合同，以免争佔事"而立碑告示田地划分与归属，以碑界定区域划分杜绝争端。其中，不少碑刻也反映地方平乱后的治理，即多官方介入的"各书石界，以杜后来争端"。如兴安《韦公佑陈仁碧等人均分隘田隘山界址碑》告示，碑在青狮潭镇下马鞍村中间一巷内，成化二年（1466）刊。《灵川历代碑文集》注：高85厘米，宽52.5厘米。真书，字径2厘米。碑文明示："上宪咨部，将十八江水田山作为隘业，给与隘丁自耕自食，需纳屯粮。山拆粮，轻差免，屯田无应税之条……蒙秦指军带同各隘头目会议，沥情禀明上宪台前，恳恩将十八隘田山均匀分派，各管各业。尔韦公佑、陈仁碧正住马鞍隘口，东至阳丈口为界，南至白旗山为界，西至半斤塘为界，北至上石礁为界，各管各业，不得侵占，如有越占，指名禀究，决不宽贷。恐后无凭，各执一纸存照。"又有如太平府告示《隘碑记》，碑在崇左何处不明，天启元年（1621）刊。碑文言及："太平府正堂今升广西提刑按察司副使……乃设立荡不、阜成二隘，募兵守之，听各兵自行开垦，以为己业。已经评允，三院司道，从此岫内始成坦途。今本府升任，恐后来奸豪窥岫内可耕，冒认争夺，合行勒石严禁。自后倘有争占耕地者，即系强盗窝主，许守隘各兵，禀官究解。特示。天启元年十二月初二日给。东至山楼上，南至陇零止，西至陇高墙，北至陇穷陇圈上。带管经历司安平州吏目周日庠督工立石。"再有恭城县告示《瑶目万历二年石碑古记》中记"申告县赏给照大姓良猺……即行招德大朝兵马。……给赏良猺把手山隘口，开垦山场，安居乐业"，与猺目永远耕种管业开垦，"道府各处衙门，计政存案，征给印照，山猺目各自收为据。子孙永远世代沾恩，评给施土……"通过碑刻将平叛后的保民举措以刻石的方式宣示，既是对历史的记录，也是社会发展、秩序维护过程中对百姓的警示。

同时，还有一些碑刻记田地来源、归属及税赋等问题，以避免争端。如明代贺州佚名《税所捨田碑》、恭城县《记粮田碑》、兴安县《香田碑》、存于柳侯祠的《开元寺置田碑》等。贺州佚名《税所捨田碑》，碑在贺州市博物馆，万历三十二年（1604）刊，碑文不全。贺州博物馆注云："税所舍田碑记述明代万历卅二年县税所施舍水田给沸水寺一事，后被废弃在沸水寺故址上，因年久风化，于1986年运回本馆。"恭城县《记粮田碑》，碑在恭城县武庙，万历三十三年（1605）刊。公立碑文记："本排里长龙体智回报引旺，故绝京思鸾远不便，顾将前粮田施入协天祠为香田，恐后隐没无凭稽查，禀陈爷，令助京立碑，永远不朽。计开土名田工具后计税每工田租穀……"

2. 禁示类公立碑

明代开始出现一些禁示碑，由官方或是众议立定禁示约束条例以促进地方治理。如桂林府理刑厅告示《淋田源禁砍水源林木碑》今存龙水乡龙水村旧祠堂，万历二十九年（1601）刊。其文主要如下：

萧推爷禁示榜谕：七排公占天仙庵水源一带，被九甲吴才录父子兄弟恃恶占夺山田，纠众强割，经鸣按察司批本府萧刑廉将成举发配自良绎，成学毙狱，从禹、从舜等各责罚有差。怙恶不悛，复盗卖源木于蒋文备挖窑烧炭，除给照毁窑外，仍着仰约甲地方勒石垂戒。桂林府理刑厅萧为禁护水源林以资灌溉、以裕征纳事：淋田一源，出自天仙而来，分派下灌，何啻千百余亩。然山阴则源润，虽有旷旱不竭，故培养山林，滋润源头，亦至理也。曾经吴成举赴州，告给示禁伐，第彼意在利市，假公济私。以一人禁，以一人伐，而数十年巨木欲卖尽矣。此本厅之所亲而目睹者。今七排复呈禁伐，固不得以成举概疑，众排间而有之。所有水源林木，务在培养茂盛，则源不期裕而自裕矣。系国课民命，敢有违禁，擅取一木一竹者，许七排指名呈究，定行严治不贷，特禁示。

桂林府亦有告示刊于叠彩山冰壶洞，碑高45厘米，宽25厘米，真书，字径3厘米。其文主要内容："桂林府示：此洞内藏匿奸盗，万历十四年六月内详奉院、道明文砌塞，刻石严禁。再后毋为异说扯惑，轻议开拆。……"

3. 圣谕、公文等其他碑

明代有不少御赐类碑文，反映出朝廷对广西的关注。如桂林有《御祭朱约跻碑文》，记皇帝于弘治十五年（1502）遣人赐祭于靖江王府镇国中尉朱约跻曰："惟尔生于宗藩，早膺封命，胡为遘疾，倏焉云亡？爰推恤恩，赐葬与祭。尔灵不昧，尚克承之！"同类型的还有桂林《御祭端懿王妃杨氏文》《钦赐靖江端懿王妃杨氏圹志》（正德十五年，1520年）、《御祭靖江安肃王文》《钦赐靖江安肃王圹志》（嘉靖五年，1526年）等。横县博物馆外墙有一个明代圣谕碑，四周镶以龙纹，嘉靖七年（1528）刊。其文不全，但是可见部分字知其内容，如"圣谕……其与风化良有裨益"。

明代还有一方碑刻中较少见的冤状碑。周螯为虞庆则等撰冤状碑，即《隋桂州道行军总管虞公申雪记》，刊于嘉靖二十六年（1547）。摩崖在桂林叠彩山，《中国西南地区历代石刻汇编》注高66厘米，宽144厘米，真书，字径2.5厘米；冤状文正书，字径2厘米。周螯，明武进人，嘉靖二十年（1541）进士，累官登州守。嘉靖丙午（1546）奉命恤广西狱。碑文记录了周螯为隋代桂州道行军总管虞庆则、晋将高宝、唐桂州押衙乐生等三人平冤申雪一事。从碑文可知，周螯奉命恤广西狱，"间阅《省志》，得往昔数事，率抱瘖哑死，竟莫为雪"，其中，以隋桂州道行军总管虞庆则尤为甚，述其冤，并命工镌石刻虞公像，又列晋成帝时将高宾、唐桂州押衙乐生等人皆为冤死，最后作结且列诸公冤状于岩壁："是广西之狱之有冤，从古然矣。然冤及死者，人生之不幸也。死而负冤，心自无疚，为厉鬼，为明神，能自已乎？汉伏波公之事可鉴也。今还珠之洞犹在也。伏波且然，何有于虞公？书之正史，肖之山阿，公像岿然，奸人伏焉，冤可释矣！或曰：'子恤刑不于生而负冤者，加意顾于死且久者惓惓焉，悖哉！'曰：'是余之罪也，然余心无弗尽矣。可生者已生之，疑者谳上君父裁焉。外此，有可生者，则皆开其端矣，不能尽雪者，智弗及也。中正明达果断者，当必继至，宁独假诸驽钝哉。'山下有泉，淹没余数十年。老僧示其处，凿之得泉，洌甚。补旧甃之，阙名曰'永洌'，愿不复壅蔽也。峒旧名风，风荡冤释，改曰'无冤'，远为总管公慰，且为吾辈来兹地规也。"

二、宗教类石刻

明王朝对佛、道两教实行了抑制和利用兼并的政策，利用释、道宗教的力量维护社会秩序，给予"皇粮"保障的宗教在一定程度上又脱离了广大信众。相比较而言，民间宗教则承担了一定的社会功能，民众转向民间宗教，形成民间泛神论与多元信仰。民间宗教以贴近下层百姓生活的组织形式和内容，满足下层民众的宗教需求。明代广西宗教类的石刻主要还是集中于佛教、道教，主要包括经文、图像的刊刻和祠庙建设记事碑记等,对于反映明代广西宗教的发展有一定的意义。

(一) 道教石刻

明代道教相关石刻数量较多,主要集中于道教神祇的建设碑记,分布于桂林、容县、灵山、恭城、横州等地,反映了各地的宗教信仰与崇祀。其中主要有祭奉玄天真武帝的真武阁记、武当宫碑等,如《五岳观碑》《重修真武庙像记》《唐凤塑装真武像记》《太平岩供奉玄帝记略》《重修白龙洞大殿等碑》;以及祭祀其他神祇之庙宇宫殿,如《修建城隍庙香亭记》《协天祠记》等。另有少量的经文刊刻,如融水县真仙岩的《清静经》摩崖,万历十二年(1584)刊,国子监学正西粤宣化蒋行可书,庠生李扬名镌,《中国西南地区历代石刻汇编》注:拓片长280厘米,宽175厘米,楷书。真仙岩原本因有石肖貌老子而得名,故蒋行可将《清静经》这一源于道家思想的道教经文刊石,是非常应景的。此外,还有记录道教活动的题名,如桂林南溪山刘仙岩《全真道众刘仙岩诵经圆满题名》,刊于崇祯十七年(1644),刊刻了道众24人之名,其题名以记"在此岩玉皇阁讽诵皇经,三年圆满"。

明代是玄天真武大帝信仰的鼎盛期,崇祀真武神的祠庙宫观遍布各地,广西亦受此影响,各地真武宫观增多,该类碑刻增多,如《重修真武庙像记》《唐凤塑装真武像记》《太平岩供奉玄帝记略》《重修白龙洞大殿等碑》《重修容县武当宫碑文》《重修师祖庙记》等。

明代比较全面记载崇奉真武神的祠庙宫观记主要以《重修容县武当宫碑文》为代表。该碑今在广西容县公园,嘉靖三十一年(1552)刊,梁珮撰。《中国西南地区历代石刻汇编》注:拓片长128厘米,宽48厘米,楷书。碑文不仅记载了容县武当宫位置、发展及重修之史,更详细记载了道教宫殿规制与渊源,以及建殿祭祀之意义。兹摘录部分如下:

苍梧之野之南陬,邑属维容焉。厥川山涓衍岀峙之雄丽,良为表岭胜览。黉殿因建,内垣而东,一山孤起高拔,占侯方隅,居青方七宿,为魁山甲巚之吉曜焉。唐季置经略台于其上,寻废,改建武当宫……

珮粤稽《禹贡》,嶓冢导漾东流为汉,又东为沧浪之水,过三噬至于大别,南入于江。故自沧浪而上为嶓漾之源,自武当而下为嶓漾之委。昔先王建旗设旒,观仰察俯,前南而曰朱鹑,后北而曰武玄,左东而曰青苍,右西而曰金豹。上招摇耀芒,急缮厥怒,故在天成象,在地成体,在人成范,在物成色。先王因象以创制，后世因制以立庙貌，庙之建，始昉于此，昭代国家，甫桑吴会。天造草昧而未宁之初，初遏伪汉，封厥鲸鲵，阴若神之默相。故今日貌庙于武当汉上之山，为赫煊灵岩，而载剑旌麾色物，与昭代如日俱新。且堪壤山川，水自积石龙门而下，以至于海，若建瓴然。山自昆仑而下，以至魏晋，自魏晋而下，以至于襄汉汝淮，自襄汉汝淮而至于衡永湖湘，由衡永湖湘而越于苍梧之野，若旋案然。

然则堪壤之川山，其脊脉之蜿蜒逶迤峙列，有可以标列者。容邑武当宫之创始，先民故耆其名义，当不在取法于汉上欤？自今伊始，容庙新奕，于皇春秋享祀勿忒。邑城之中有报焉，有祈焉，有雛碟焉。祃于师旅而王猷允固，吉蠲于乡校，而文轨丕振，将以奏成嘉于隍土，而罔以获幻凶于旅庶焉。则苍梧南陬，厥神之灵，殆亦同于汉上之赫着。斯固吾彦哲以下而至于乡者之深冀而厚望。呜呼！神之洋洋乎昭著于天，譬彼河海之溹衍于地，其流动固在而罔不充彻者也，将焉间于苍梧容峤之外也哉。终冀贶灵，拜嘉镜石。

真武神具有不同的神格属性、宗教职司，无论朝廷官员还是百姓各取所需，依据自身崇祀之追求建造各种规格和模式的庙宇祠祀，或刻碑，或雕像以祀，因而产生了不同的祭祀产物碑刻，大体可分为三类。

一是真武神所代表的"武神"意义，具有"神武"的军事属性和护佑功能，官方出于政治、军事方面的需要而修建祠祀、祈求真武神力护佑，并留下相应石刻。历代靖江王中多有崇祀真武者，并在王城主山——独秀山等核心区域留有祭祀产物，"期以永镇藩邦"。永乐二十一年（1423），奉命"剿贼"而"累世不靖"的总兵官顾兴祖在七星岩崇祀真武神纪于石："七星岩阿旧有庙宇崇奉真武神像，年久倾圮。永乐二十一年六月吉日，总兵官征蛮将军镇远侯游此，因命工修葺之。"显然其中有为祈求军事上的胜利建立武功之意。嘉靖十三年（1534）靖江恭惠王朱邦苧撰《太平岩供奉玄帝记略》，摩崖在桂林独秀峰太平岩。碑已毁，据《桂林石刻碑文集》录：高63厘米，宽34厘米，真书，字径3.5厘米。其中记录修建岩洞、立圣像祭祀，并言明此举之意："先是，予欲开岩之时，意犹未决，尝祷于玄帝，拜求灵签，得荷允许，始敢开辟。遂发诚心，欲立圣像于中，以为万年香火。由是日食辰斋，减其常膳之具，积资若干，爰命内使秦文而量其市铜，募工铸造圣像一尊，侍从六尊，庄严成像。以今甲午岁菊节之前二日，入岩供奉，期以永镇藩邦，而同磐石之安，翊我皇图而享无疆之休也。"记后铭文曰："维靖之邦，有小独峰。人杰地灵，实生帝胄。有岩太平，爰奉神灵。坐镇兹土，家邦以宁。曰山弗惊，曰水弗涸。佑我遐龄，载延国祚。王母寿康，后嗣克昌。皇风浩荡，庆衍无疆。赫赫神威，绵绵福力。亿万斯年，永保贞吉。"

二是真武神又作为水神，被认为具有镇水火、主风雨的神圣职司，因而在一些有江水影响地区亦有相关石刻。在桂林市西郊的筌塘村桃花江中游流域畔立有一尊明代石塔，当地村民称为镇妖石。石塔通高2.27米，为石灰岩凿造，其基座分上下两层，下座已埋入土中，上座为方形；塔身由下部石柱、上部柱头及阁式檐枋组成。塔的东面刻有一身神像，神像挺身而立，头发向后披散，不着冠帽，亦无发髻，戎装飘带，右手高举长剑，左手结印于胸前，足踏龟蛇；北面刻有一通道符，柱尖呈葫芦形宝顶，下接檐枋。石塔的下部柱身西面刻有"嘉靖十一壬辰太岁四月吉日众发善心命匠□□"凡20字。塔形、刻像等为宋元以后真武像的常用造型，多见于这一时期的道教宫观造像、壁画等实物中。桃花江沿岸河面宽窄变化较大，为洪涝灾害频发区域，而嘉靖十一年（1532）建造的这尊真武石塔建立于桃花江畔，且石塔柱东面所刻真武神像与符箓皆朝向毗邻桃花江的一侧，很可能与前一年爆发的洪灾有关，即反映出人们建塔刻石之意：有意识地将真武像与驱邪符咒结合以应对邪妖鬼祟引发的灾害，助其发挥斩鬼辟邪、福佑生人的法力。

三是真武神也被奉为"治世福神"，在民间碑视为有求必应、威灵显著的万能之神，能福佑良善、祛邪治病、保生延嗣等，因而各地相应出现各种形式的崇祀仪式，而产生相应碑刻。如桂林刘仙岩摩崖《唐凤等塑装真武殿记》记载，成化七年（1471），桂林府灵川县人唐凤等"发心备资，命匠塑装天地水府三官大帝全堂真武殿"，以祈"夫妇齐眉，消除刑克，先祖生天，子孙蒙福"，即唐凤阖家在刘仙岩塑装真武殿即为祈延嗣，还将同样职司保育的九天卫房圣母元君与真武神一并供奉。宜州会仙山白龙洞《重修白龙洞大殿等碑》记："古殿中观设有大殿，并玄帝像宇。经年次来岁而枯木石砆，屋尾崩塌。时嘉靖十一年，赵纪司事度重修完成。及至嘉靖十二年，内大殿右边砌石倾颓，殿屋崩泻。时有齐人龙喜贤，乃融邑人氏，寓此焚香，持素募缘，公同道士秦兴广疏赖各化首劝缘，仕宦乡信男女施银钱，共成因果，修砌殿阶并烧砖镘铺玄真殿拜地……"从"仕宦乡信男女施银钱"可见，真武神在民间信奉之广度与影响。在灵山六峰山的道教庙宇——北帝庙还有《重修师祖庙记》，天启五年（1625）刊，陈兆东撰。北帝庙始建于明朝正德五年（1510），香火长旺不衰，而北帝庙的北帝神像是与山体连成一体的天然石块，脚下踏着龟和蛇。陈兆东刻文即言"邑有六峰，境最称奇，其毓灵处突钟一石，峨然象神，当时游者赏者每一过而失焉。吾祖柏山公见而讶之，拟其为祖师神也。正德间，命匠创成，立庙以祀，于是龟蛇潜现以赫厥，灵邑士人靡不藉昔呵谀，迄今百余祀矣。日为风雨所圮，余于万历甲辰春廓而重新，兹复捐田于庙，并原舍广嗣田而共祀之，令主持者岁修祀事"。碑文还记载了陈兆东修庙不仅为立庙以祀，还为广其祖之志，以衍其无穷之思，以志不忘。

另一方面，民间宗教信仰自汉朝以来，又渐渐融合各宗教信仰而为一的民间信仰，如恭城武庙《协天祠记》《装修碑记》中所祭关云长，关帝圣君乃儒、释、道三教均尊其为神灵者，儒家中称为关圣帝君，佛教传说他曾显圣玉泉山，道家中的历代封号又不同，有协天大帝、翔汉天神、武圣帝君、关帝爷等称号。明代，广西出现了道教相关祭祀关公的祠观，且有碑刻记事。何廷相撰《协天祠记》，万历三十六年（1608）刊，碑在恭城县武庙。何廷相，字辅之，号旭岩，广西富川豪山村人。万历二十五年（1597）丁酉科举人，明万历三十五年（1607）丁未科二甲进士，授户部主事，累升员外郎中，浙江温州府、河北保定府、广东韶州府、卫辉府同知，衡州府知府，两淮盐运使。该碑记赞"粤稽汉寿亭侯云长关公慷慨有大节，始因汉室倾颓，权奸儹窃，识先主为中山靖王裔，乃与翼德公会桃源翊戴之，结同生死之义。……此盖忠魂义气隐发，亦为神所飈，殆与飞升尸解者殊也。故迄今千有余年，亦我朝犹远嘉忠义以为世仪，晋爵为王，寻尊为协天帝"，故恭城效北方建庙奉祠，"万历癸卯，邑侯陈公莅政之暇，熟度郭西岗之崖，江之滨，其地爽垲僻静，为神所栖，乃首倡士大夫相与捐俸，出力营庙、置殿、绘像于中堂，旁有舍，前有庑，庑之中虚处架木为台，竖亭于上，以蔽内而幽以妥也，以敞外而明以禽也"。且于碑文中铭刻建祠之目的："是祠匪啻能勤忠勤义于未艾，且有造于是邑，而令世受召社之庇也，岂事西竺南华之虚幻者，可得而班哉？"庙内还有《装修碑记》，刊于天启二年（1622），碑记修理装饰，云："信官潘一栋普闻敬神如在，窃见关王圣像年久色退，左右将马颓塌，心欲修饬，自揣独立难成，致同客总黄大信等各发善念，记缘首化簿名后，开资财债工买料，装饬神像与诸将马，修理完日，设蘸牲品奉酹神恩，刻碑勒名以为后鉴。"

（二）佛教石刻

广西的佛教在唐宋时期曾颇为兴盛，入元之后，渐次衰微。明代亦未能恢复昔日气象，但尚可维持其教统在粤西不坠。全州湘山寺、贵港南山寺等名刹在明代依旧兴盛，诗人文士题咏甚多。这一时期，佛教相关石刻主要有佛像雕刻、佛寺修筑及记事碑刻。

佛像类石刻，主要以刻像为主，随后附记，主要有如桂林《祝福原造像记》《李文凯临观音像并记》《李文凯画释迦文殊普贤像附记》《唐凤塑白龙洞千手千眼观音记》、富川县瑞光塔《刻观音像》、灵山县三海岩《造像记》等。《祝福原造像记》摩崖在桂林伏波山，洪熙元年（1425）刊，碑已毁，据《桂林石刻碑文集》注高47厘米，宽25厘米，真书，字径2厘米。记曰"钦差内官祝福原到于广西，发心用石命匠镌造南无释迦牟尼文佛宝相一尊，阿难迦叶二尊，入于伏波山岩，人天供养，福有所归者"。《李文凯临观音像并记》与《李文凯画释迦文殊普贤像附记》，碑在桂林文昌门外开元寺故址，今舍利塔院内，建文二年（1400）刊，已毁。《桂林石刻碑文集》注前者：高170厘米，宽93厘米；半身像高120厘米，记刻于像下方，真书，字径2厘米；后者高170厘米，宽97厘米，三尊趺坐像，各高53厘米，记文刻于像下方，真书，字径1.7厘米。碑文称京都信士王仁得"大士化身亲手所画"观音像，"于是镂板盛传于世。自唐迄今，岁月迭更，不可胜纪，圣像零落于人间亦为罕矣。寓桂林善信朱觉本等，惜其真迹，又恐不能久传于后世，命画士李文凯复临圣像，谨勒于石"。《刻观音像》碑在广西富川县瑞光塔，观音像站姿，记曰"唐吴道子作。万历甲辰季春朔，邑人汪若冰刻石"。汪若冰，广西富川人，云南等处提刑按察司副使。

佛寺修筑记事类碑刻，一是记录寺庙修筑历史，并于其中阐释建寺拜佛、纪念意义。

广西部分寺庙在明代得以新建或重修，留下数方建寺碑记，主要有桂林《宁寿禅寺重建舍利塔铭》［洪武十八年（1385）］、《白龙庵记》［弘治元年（1488）］、《安仁寺碑》［正德五年（1510）］《重修宁寿寺碑》［嘉靖二年（1523）］、梧州《重建冰井禅寺记》［正德九年（1514）］、宜州《鼎新金刚寺记》［万历十四年（1586）］、灵川《重新皙建观音殿碑》［万历三十二年（1604）］、富川汪若冰撰《重修高田寺碑记》［崇祯元年（1628）］等。这些碑记刊载了各寺庙发展历史及重修或新建之状况，也反映了当时人们的崇拜祭奉情况，同时部分亦反映出朝廷以此进行安民。如《安仁寺碑》记新寺"金碧交辉，诚城东伟观也。……所谓公道神明者，即此心之天地也。吾之心正，则天地之心亦正。大而纲常伦理，小而事务细微，莫不各尽其当然之道"。《重建冰井禅寺记》记新寺之状况："四隅周匝，筑涣然一新。命僧圆芝住于此，似便梵修。公尚虑无所恒给，重出白金购田数拾亩，以助祝香灯之费。寺外抵城东傍有待覆乎驰道，樵苏有衣，蔬食有囿，作善之心详且密矣。"同时，碑文还记录有"正德癸酉，钦命总广御马监太监潘公以盗息民安，工成例载，乃商于统督右都御史三山公大武凤曰不生，废堕可鉴，冰井古刹诚为灵区，岁久复陵泉源湮塞，饮水者忿，游观者，予利乎民，识咸可之。公遂捐赐金购材植，慕二，重为建，其砾费不取于官，不科于民，凡民之后者，皆厚以工食"，"予天下之利，莫水若也。兴其利以福苍生，固天下之人所愿"。碑文虽不全，但可见其建寺之为安民。《鼎新金刚寺记》，摩崖在宜州德胜韦家山上，庠生杨应魁撰，韦圣孝书。《宜州碑刻集》注：碑高80厘米，宽120厘米，楷书。碑记："梓里有山名曰金刚。现有侳洞，势本天成，是成化年间立寺，塑像寓比丘而侍像教讵不有年矣！至于因其制虽敝，其址犹存，苦于恢恢之功，孰谁知矣欤？乃佽云游河阳，涉斯巅而爱侍斯，佽遂修善果，一会缘舟圣化首，聚获众赏，鸠良工而鼎建。考绩期年，凡百年而告成。则寺之殿像，门街焕然一新。美哉，奇观！自是有佽，朝夕焚香，晨昏钟鼓，修己行，祈众信，一念精诚。于戏！佽天之祐，异日或福厥题，或昌厥后，如向应声，岂有施而无报耶！兹工完矣，众讳书矣！遂命题名永记耳。"僧人寂瑞《重新皙建观音殿碑》，摩崖在定江镇塘洞村东面斋公岩上岩洞右侧石壁上。《灵川历代碑文集》注：碑面为圆顶，高75厘米，宽56厘米，真书，额字径5厘米，主文字径1.5厘米。碑记云："予尝览舆图，谓桂林山水甲天下，而秀谷奇岩，精蓝梵塔，在在不乏。但灵邑猴山之西，历有古刹，自大明隆庆，众善发心皙建，名曰'净乐庵'者。山形盘错，地势纡回，不啻佛园发脉。入不二门，内有送子观音圣殿，多历年所，久已颓圮，危墙破壁，几卧斜阳，烂柱朽椽，屡经冷雨。僧寂瑞击目惊心，宁无隐念？然创造虽借于山灵，而重建必丐于地主，倘不假众力以相成，则一木焉能支大厦耶？是以僧寂瑞于甲辰冬季，焚香顶礼，普募慈檀，重新皙建。方今殿宇告成，佛像重辉，若不表忏立碑，则众善之功德付诸乌有，而住持之劳勋亦置之东流矣。用是泐石，福有攸归，以志不朽云尔。"其后还详列捐资助建信徒之信息。汪若冰撰《重修高田寺碑记》不仅记载了高田寺历史、田地等状况，其中还记录了报恩寺情况，"寺名高田，创明成化乙巳，与在城报恩寺同一宗门，不啻车相倚。僧普静有徒二：致信住持报恩寺，致存住持高田寺……费可若干缗，以明鉴，承报恩、明阳守宫，增饰工用倍于前修……"

佛寺修筑记事类碑刻中，二是刊载寺庙田地产及相关运营等事宜，反映了明代宗教得以"吃皇粮"等官方措施。如兴安县《香田碑记》，碑在广西兴安县岩关，万历四十五年（1617）刊。碑文记载："设庵堂，化度猺夷，为民造福。本县捐俸修葺，助银开垦，以资本庵修理并香火之费如议。……据严关庵斋人寂云禀称，会同本县陈爷修葺，并将宿夹门荒地开垦，永作香灯修理，且神人沾恩，造神无穷，伏乞赏照香田缘由。蒙兴安守备府照得严关乃通省之要路，盗贼作判，亦不能越度此关。迩来猺獞二种，悉听抚批，化改为童正里排，年觉得渐为一体之民，使地方之人，尽是本道之修路垦田，便人利众，相率而道化之中，不止诸夷之改为新民矣。《书》云：'在明明德，在新民，在止于至善。'本道名寂云者，其至善之道欤？本府念其苦修，捐俸修庵垦田，各省亦皆捐助，如有奸横扰害侵占，许地方呈禀究治。仍镌石，永久遵守。缴奉此，谨勒石为记。"柳州柳侯祠有《开元寺置田碑记》，碑文不详，但依此前其他置田碑记，多以明确寺庙之经济来源之田地权责为目的刻碑，此碑或亦为此类。

佛寺记事类碑刻还记录了一些礼佛、拜佛之事。如全州县湘山寺妙明塔旁郭棐撰《无量寿佛云望真身记》[万历十五年（1587）]，碑下方有残缺，字迹多半漶漫难辨，大致可知其记录了郭棐及"广西都指挥使军政掌印都指挥靳阳李、同第丁卯科举人李"等人拜瞻湘山寺下，"适帅阃仰池李公过访，手《湘山真像记》"，又记其参佛之记"言教是不知教也，舍教。言佛是不知佛也。是故无求佛者，以教善求性者……"再有《龙胜山佛塔岩广福祠路记》记录为拜自然之佛的修路之事，摩崖在九屋镇东皋桥村前左面龙胜山佛塔岩洞口右边石壁上，宣德八年（1433）刊。《灵川历代碑文集》注：高56厘米，宽85厘米，真书，字径1.5厘米。碑记："县治西三十余里，其山曰龙胜，有岩曰'佛塔'，非凿非琢，自然而成，岂空谷之可比，乃胜境清幽之所也。尝窃父老传闻，始初未纪年号，有圣母、二郎王石安社，白石三郎王登高陂社，东灵傅岩王苦乐堽社。祠民立，勅封善祐广福侯王，庙于峻磊山下。自宋雍熙二年秋祀，不见圣像，寻至此岩，忽观圣像端坐于中。自此。祠民以为神灵所致，莫敢移动，祖祀至今。神通显赫，福祐祠民，岁稔年丰，人安物阜。因岁久年深，圣相剥落，道路崎岖，乡民祈祷往来不便"，故修路以便祭祀，后刻碑记此事与人。

此外，明代的一些摩崖诗文亦反映了当时人们对佛教佛理之态度，且多与当地景观结合，于自然中参佛悟佛，或以佛理描绘景观之意境。如灵山县六峰山吕调和作《崖真禅庵》:"山高壁立势巍然,谁结孤菴向斗眠?法士真成丹窑泠,幽坛尘净白云连。金玉月殿藏龙虎,玉液叶池觅朱铅。一窍玄关岂易破,原非道骨莫谈禅。白石山人桂菴吕调和书。"全州湘山寺《龙飞永祚碑并跋》:"世本无佛无无佛,佛果无生生还无。有生有穷净未净,无生无量佛无佛。量天量地今古寿,君寿国寿民物一。荔阿沙藏万界对,佛对我,无生无。"湘山寺叶文华题《飞来石题诗》:"冥搜湘山一段奇,寺钟鸣寂寂鸣时。真身幻化知谁是,蜕骨香凝觉自疑。历历宝峰环点翠,茫茫性水漾微漪。西方大士吾徒者,直解玄诠不待诗。东粤叶文华题。"贵港市南山寺林朝钥题《游南山诗》:"灵岩迢递郁茏葱,岩里分明厂梵宫。法鼓不传真境寂,昙花初放石坛空。浮图标胜三千界,丹鼎留奇万古风。何事主人淹赏兴,笙歌归路挂晴虹。"崇左碧云洞林凤翔《碧云洞题诗》:"此洞何年开,我朝始再开。人从明处入,景自暗中猜。一窍通天(汉),千云拥法台。僧房横卧榻,佛刹回飞埃。塑饰金成像,落柱玉几阶。经伦多在意,干欲极新载。远俗仙为伴,观岩乃是媒。暴闻虚谷响,忽拟半空雷。积瑞烟含璧,流霞晓度杯……"

在灵山县三海岩有李瑾撰《闻说灵山有洞天》摩崖,其诗更是涵盖了道教、佛教等内容,将灵山洞天之传说描绘得充满宗教色彩。摩崖诗中如"人道天地三岩异,境入蓬莱一爪玄。炼石女娲曾此凿,开山师祖向来剑。顶天立地弥陀佛,运海多以吕洞仙。仰驾鹏遮天半黑,俯惊鳌玄地窗偏。桑田填起蛟龙窟,蜃气浮凝海岛□。山覆龟形开披阙,岩乳无群列华轩。风呼虎啸崆峒出,液滴星来咫尺悉。地涌金莲擎法座,天生铁树柱飞檐。唐僧驼载经来域,老子牛车道出干。……六祖当年说因果,人僧胜会净凡缘。三誉嶂叠垂维伞,方丈坛横照壁砖。幻出西天排俳阁,指开东土坐僧禅。……余今点出仙家妙,谁复妆修佛法佺。重碧图画难尽笔,诗文石刻任采镌。天然好个灵山景,灵精遗留几万年"。

桂林叠彩山有一方双面石碑,一名为广西护工前千户所武昭将军张穆书造反文佛教图径碑刻,另一面有康熙二十五年(1686)立的《香田碑记》。佛教图径碑上所有年款缺失,今人李东论文《广西发现明代佛教图径石刻印版考述》中根据军事单位设置以及官衔等信息,认为此为明代碑刻,又其为反字碑,该碑或为佛教经文雕版印版,具有一定的印版功能,故将此碑放在明代佛教碑刻一节中论述。该碑高145厘米,宽65厘米,碑上反刻"南无阿弥陀佛"标题及《十二月礼佛灭罪文》。"南无阿弥陀佛"标题下分为九个方格刻有反映西方极乐世界等级制度的"三品九生图"，上排三环内刻菩萨，中排三环内刻罗汉，下排三环内中刻佛、金莲及莲花童子。图后为结合佛教的上、中、下"三品"，刻"三口品颂"。后半部分为玄奘进奉太宗十二个月的礼佛灭罪文。这一礼佛刊佛之碑刻，较之于以往的单纯简单的立佛像记祈福碑文更为详细，内容也较为特殊，反字碑及"三品九生图"石刻全国罕见。

（三）祭祀其他良将及先贤之祠庙碑

广西明代的寺庙宫观除追求祈神拜佛外，也有用以纪念忠义之士之祠，将忠义之士奉为与神同在，以建祠刻碑的方式加以纪念。如纪念崇奉汉高祖、诸葛亮的《高祖庙新建西庑神像碑》、桂林《重修诸葛武侯祠碑记》；纪念东汉马援的《伏波将军庙碑记》《重修伏波庙碑记》以及《重建宋怀忠苏公祠碑记》《陈崇仪庙碑记》等。

陈通撰《高祖庙新建西庑神像碑》，碑在大圩镇鼓楼街原汉王庙内，景泰六年（1455）刊。《灵川历代碑文集》注：高150厘米，宽75厘米，真书，额字径10厘米，主文字径2.5厘米。碑文刊载的是高祖庙之建筑史及意义："是庙之设其来远矣，所以为国祝厘，为民祈年也。""正统十一年，中顺大夫、桂林郡守苏台吴公惠因公历此，辖盖是临，冠笏庄肃，诣殿谒而退之，募诸乡耆曰：'高祖，汉之圣君也，食尔祭也，福尔民也。廊庑未备，神像未周，弗堪瞻仰，尔等宜协力而为之，广其敬也。'芦田巡宰繁昌张克聪任惣督之责，长安李宗裕等为化导之首。"且其记后铭云："圣君高祖，龙凤之姿。庙像魏然，仰之敬之。春祈秋报，遂及公私。我有稼穑，神赐其宜。皇图永固，圣寿麋期。民归康域，同享雍熙。"

东汉光武帝时候的马援因南征，与广西渊源深厚，自古便有其相关传说和祠庙碑刻记录，明代亦然。横县有两块明代伏波将军庙碑：蒋山卿撰《伏波将军庙碑》，张邦教撰《重修伏波庙碑记》。蒋山卿撰《伏波将军庙碑》，嘉靖七年（1528）刊，《中国西南地区历代石刻汇编》注：拓片长193厘米，宽77厘米，行书，额篆书，陈高立石。蒋山卿，字子云，仪真人，正德甲戌（1514）进士，嘉靖五年（1526）任浔州府知府，后迁广西左参政等职。此碑前文赞马援之"奇功"，赞其"几""忠""智""神"，后言明横州伏波庙及其意义："将军有庙，在横州乌蛮滩之北涯。所谓以死勤事，以劳定国，于法所当祀者。兹土之人，岁时伏腊必祷焉，旱札瘟必祷焉。诸往来者，亦血荐。"张邦教撰《重修伏波庙碑记》，万历三十年（1602）刊。张邦教，进士，南宁府推官。该碑记驿丞陈陞等人组织重修乌蛮滩马伏波庙，并抚今追昔，刻碑以记。碑文重点论述建庙及修庙之由是"后人追勋报德，崇祀春秋，扁伏波庙"，"嗣是递圮递修，经今几三百年所，凡舟所经，靡不肃然，瞻拜仰藉神休，盖灵震殊方已也"，"古人惟忠义在人心，不容磨灭。伏波矢矍铄之忠贞，招携怀贰，标镇蛮方，民到于今受安澜之赐。今去伏波不知几千百载，乃一倡鼎新，万心响应，轮奂翚飞，耿光如在，彼图何如此庙之长系人心，烝尝不绝哉？"

此外，南宁还有苏濬撰《重建宋怀忠苏公祠碑记》，林梦琦于万历四十六年（1618）任南宁知府时重修苏公祠，该碑应刊于此时。苏濬，字君禹，号紫溪，学者称紫溪先生，晋江人。万历丁丑进士，官至广西布政司参政。碑文言"邕州故有怀忠公祠，余先大夫也。公讳缄，宋熙宁间为邕守，会交人不靖，蹯钦、廉，入邕近郊，势张甚。公部置卒伍，日以忠义拊循之，而警四五至，而治兵使者，推空伍不相援。……邕人立庙以祀，赐额怀忠，盖特典也。后祀就圮，因附狄襄惠四公之庙，名五公祠云"。

以上这些跟宗教相关的碑刻，数量、刊刻内容、崇奉意义等各方面综合反映了明代宗教崇拜的一些特征，以及宗教在广西的发展情况，丰富了明代宗教研究以及地方文化史、宗教史、民俗史的基本内容。

三、教育类石刻

一个时代、一个地方的政治教化情况，首先体现在教育。明代广西教育远胜于元代，与宋代相比也有较大进步。明清时期，广西一带记载学宫、书院建设、管理的石刻很多，显示出教育事业在广西的发展、繁荣，其政治思想也能从这类碑刻略见一斑。明代的教育类石刻的发展主要体现在学记碑刻，间以少量记载教育实践的碑刻。

（一）学记碑刻

明清后各类学校数量大增，在县级行政区划基本普及。尤其是在土司土官地区兴建官学的罕见举措，更是明代广西教育兴盛的突出体现。明代69所府州县学中，属新建者有20余所。这些新建官学，大部分分布在原先未立官学、在学校教育方面鸿蒙未开的桂南桂西地区。宋元时期，广西一带学记类碑刻数量已不少。明代，广西学记石刻有所增加，留存近10方。与宋元时期相较，虽有关桂林学宫的碑刻还是居多，但周边很多地方都有了自己的学宫，如南宁、桂平、柳州、玉林、平乐、灌阳等地。这些学宫有些即始建于明代，如南宁敷文书院（始建于明嘉靖七年，1528年），土村（现在桂平市平南县）乡学（始建于明嘉靖二十三年，1544年），桂林市平乐县学（始建于明洪武四年，1371年），浔州（现桂平市）府学（始建于明初）。

明代广西的学记碑刻，主要有《重修南宁郡儒学记》（正统十三年，1448年）、《灌阳县迁学记》（嘉靖六年，1527年）、平乐《道乡书院记》（嘉靖九年，1530年）、南宁《修复新建柏王文成公敷文书院记》（万历十三年，1535年）、《郁林州重修儒学记》（弘治十三年，1550年）、平南《建乡学碑记》（万历十八年，1590年）、《平乐县学记》（万历三十六年，1608年）、临桂《社学碑记》（万历三十八年，1610年）、桂平《重修浔州府学碑记》（崇祯七年，1634年）。这些碑刻记载了各地的学堂建设与教育，反映了各级各地对教育的重视。同时，学记碑文中也多呈现出当代的文化发展与地方治理。

首先，比较常见的是各地学记记载书院的建设与重修之事。胡智撰《重修南宁郡儒学记》，记正统十三年（1448）重修南宁郡儒学学宫；《郁林州重修儒学记》记弘治十三年（1500）重修玉林儒学学宫；张治《道乡书院记》载"嘉靖庚寅，平乐道乡书院成"；唐世尧撰《平乐县学记》载万历年间重修平乐县庠；黄华撰《建乡学碑记》载万历十八年（1590）鸠工募材建平南乡学；龙文光撰《重修浔州府学碑记》载崇祯癸酉（1633）"督学使者程公策以衡士至瞩其阙状惧无以薪槱而答上心，辄议葺之"而后重修浔州府学。

这些记文在写作体例上较为一致。一是常于记中收录仕宦、参与者间的对话、讨论之话语，以纪实的方式陈述学宫坍圮、仕宦关注探讨助学宫得以重修，生动反映出管理者对于学宫、教育的关注。如《郁林州重修儒学记》中记述知州事李永珍之话语，《平乐县学记》录兵宪陈公、督学杨公等人话语。这些对话记录或许为撰文者突出记录示以对他人之奉承，但其话语中也自然流露了建学兴学之意义。

二是或简或详记载了学宫之建设与布局等，也助于后人参考，如《道乡书院记》描绘其"书院去府治之北凡半里，广为丈有十一，袤倍广之。前为门，中为堂，凡五楹。左右为栖士之舍，凡二十楹，周以垣，额曰'道乡'，从公号也"。《平乐县学记》描绘其学宫"中为先师庙三楹，东西庑如之。前为戟门五楹，又前为泮池、为棂星，西北隅为启圣祠庙，以东为明伦堂，皆三楹。堂之前为儒学门，后为博士私宅，亦三楹。工未数月，而垣墉庑庑之属，丹艧涂塈，焕然一新矣！"《重修浔州府学碑记》更是记载了几十年的府学兴建修补之历史："正统三年，由小南门外徙入内城西隅，南向。此则修之最著也。未几，为寇所毁。成化四年重为修建，而改向于东。越七年，修明伦堂，建春风亭于南隙地。弘治二年，又辟前地，改移戟门。正德十一年，修殿庑，建门舍。嘉靖四年，始建射圃亭。八年，又增敬一亭。"

三是记文也或多或少反映了当朝兴建书院、兴学之状态，并不断申明、阐释各地新建或是重建书院的教育意义，反映当代文化发展，或是反映战乱后的文教治理举措等。如张治《道乡书院记》言"孔、孟、周、朱之说微，故德学废而词章之，性道废而功利之，仁义废而富贵之。夫词章害学也，功利害道也，富贵害义也，三害出，天下无真儒矣"，反映出明代儒士重道轻文的思想。又言"夫学患未复耳，革故鼎新，复还旧物，去我凶德，兆嘉绩于兹邦矣。诸士藏修于斯，游息于斯。其益争自濯磨，讲明正学。崇闳其论议，荡涤其尘襟。近以应当世茅茹汇征之期，远以翼圣明泰交之运"。《郁林州重修儒学记》中云"古者，建学以明人伦。人伦明，小民亲，其应犹形声影响，舍是而治则未矣。其不沦胥而为夷，以至于乱亡者几希。故凡有天下者，皆以为首务，而我朝尤加意焉"，反映明代重人伦教化的思想。《建乡学碑记》言："为政以才为先，必赖有贤以为养贤育才之地，庠序学校之设，三代之重学可考也。嗣我明兴，崇文兴学，于国都有学焉，于郡邑有学焉，于闾里有学焉。随地而立之学，于以养贤育才，扶树道教，则其得人宏化，媲于三代之隆有由然已。"

广西作为边疆之地，其发展教育、宣扬儒教，不只为培养人才，还与维护地方安定有着密切的联系，不少学记中还体现出地方治理举措。如《灌阳县迁学记》中云："兴学崇化，以息夷患。"《道乡书院记》亦云："平乐在昔为窜逐之地，今彬彬然埒于中土，此固圣神甄育之泽，而君子过化之功，亦不可诬焉。"《郁林州重修儒学记》述："阅岁兵解，民心甫宁。又再期，岁稔，民思教化，守乃吁民以农隙之时，取材于山，治瓦于陶，用工于民力之余，以修治其百务。"

此外，一些学记还载有其他丰富的内容，使其成为考证历史、人物等的重要史料。如《修复新建柏王文成公敷文书院记》，碑刻不只记载了新建柏王文成公敷文书院的修复情况，还记载了创建敷文书院之人——王守仁的事迹：

方卢、苏、王、受之挟邦相反也。挽抢蹶张，两江震撼，粤以盖半糜蹦于戈载。世庙震怒一时，易置粤文武大吏，廷议以凤望，就其家起为尚书，本兵柄提督两广江湖四省军务，帅师讨之。

命下诸酋长，相与咋舌，谓曰：是尝擒宁藩，剿闽寇，累累扬平大乱略者。归訾伏股栗夺气矣。及公至，□愈韬晦，一切不论兵而论学，集四省兵驻南宁，尽一幢间曾不少间，思田付如□，爰辟书院，日与藩臬幕寮集诸生讲学，即幕寮亦罕窥其为，公但密遣人约苏受曰：尔罪在不贳，然吾之（知）非尔本心，天兵逼之耳。吾令待尔以不死，其亟降。往复开谕，略无□□。受辈感泣，慕义缚而来归，归际之日，党凡七万一千，欢阗巷市，公数其罪而薄谴之，悉放还农。县官无亡镞之费，而两广数百万黔黧，一朝出汤火而任席之，四省将士得以解休养，函蒙福社，公之赐也。事闻，于嘉悦使使赍玺书金币褒异之，思、田以定。

王守仁平定思恩、田州之乱，记中言其派人说服卢苏、王受投降，游说之辞颇为二人开解。《明史》亦有详细记载，与此碑记载略有不同，摘引如下："十二月，守仁抵浔州，会巡抚御史石金定计招抚，悉散遣诸军，留永顺、保靖，土兵数千，解甲休息。苏、受初求抚不得，闻守仁至，益惧。至是，则大嘉守仁，赴南宁，二人遣使乞降，守仁令诣军门，二人窃议曰：'王公素多诈，恐绐我。'陈兵入见，守仁数二人罪，杖而释之，亲入营抚其众七万。"即《明史》载卢苏、王受亲自来见王守仁，被王守仁一一数落他们的罪过，还被杖打。比较来看，碑文的记载更合乎情理。同时，此碑还记载了王守仁思想在其时及其后的接受情况："夫公倡绝学千载，先是天下之疑信者犹相半，其疑胶葛于朱陆异同之辨，不指之为禅，诋之为伪，盖于良知之说，呶呶也。乃今圣天子神明伏断，破除群疑，与馆阁大臣阋议，持旨称王守仁是有用道学，诏下天郡国，得从祀孔子庙庭，如先臣薛公瑄故事，倚与□与。盖至是，而公之学，主上深知之，海内学士大夫深信之，边方之吏民，又适戮力尊崇而扬厉之，是天下后世之所取裁者也。"于此可知，时人王守仁的良知之说一开始有所厥疑，而是在他死后获得大臣与皇帝的肯定与推崇，才得以广为流行。

（二）兴教碑刻

除学宫碑记外，明代也出现了较多的反映广西仕宦兴教劝学情况的题名碑刻，这类碑刻记录了广西教育管理中具体的人物、实施举措及内容，反映出仕宦在关系教育宣传上的加强与对教育的重视。

1. 题名碑刻

明代学记类碑刻中，有一类是将科举考试考取之人的姓名刊石，《桂林府学进士题名碑》《宜山县儒学科贡题名记》《南宁府学科第题名碑》即属此类。碑文中皆言其目的为勉励后进，激励士子，促进人才的培养。另有《桂林府儒学考祀先贤记》将桂林本地或来桂林任职的名人刊刻于石，其目的与题名碑类似。

《桂林府学进士题名碑》刊于原桂林府学文庙内，正统十三年（1448）刊，曾蒙简撰。曾蒙简，泰和人，正统十年（1445）进士，授监察御史，擢福建按察佥事。碑已毁，《粤西文载》收录全文。曾蒙简巡广西，览文庙，见庙中无明代题名，故谓众言："桂林虽古百粤之地，今为西南巨藩，山川秀气，钟乎人，显诸前者顾不暇论。自入我朝八十余载，涵濡圣泽既久且深，诗书礼乐之习俪美也。西广自洪武永乐以来，由科名著当世者累累有人。今独无题名之石，使后生小子漫不可考，庸非缺典欤？"碑中更明确立题名碑之意义重大，一是以石勒名以垂永久、显示对进士文人之重视，又激励过往之人，使其见碑则易"感发之念油然而生，则效之思沛乎莫之能御矣。夫人心恒所趋者，义与利之间；出乎此，则入乎彼，顾导之者何如耳？一石之举，而寓激劝之道，非义之大者欤？"因此，乃择取前朝称述政绩之有补于治教者立石，"复合洪武以迄于今若干科，由乡选登第者若干人，第其先后姓氏镌之，而虚其左方，以俟来者。总题曰：桂林府学进士题名碑"。

《宜州县儒学科贡题名记》，正德八年（1513）刊，据《宜州碑刻集》载碑高200厘米，宽110厘米。该碑由乡进士署宜山县儒学教谕事新会胡呈章撰文，迪功郎宜山县丞南海梁瑛书丹。胡呈章，新会人，正德间任宜山县儒学教谕、德化知县。该碑后详列了科贡人员名单，从其记载来看，宜州从洪武年间至正德年间，科举考试考取人数及岁贡生人数呈增加趋势，这种趋势说明宜州教育水平的提高。列名单前，该碑刻还论及学校教育、立碑之意义以及科举考试的内容，明代的统治思想于此可见一斑，其内容如下："秦汉后，教养法坏，求道不本诸心性，论贤专事乎文辞，化本不立，时措莫知，是以选举虽严，竟不能得其真才，以比隆四代，诚以不得其本也。今代遭圣神稽古，亦又本经书以造士，请科贡以求贤，养之有素，用之以实，百五十年间，天下豪杰，莫不由是出以辅成雍熙泰和之治。"这段文字批评唐代至元代的科举考试偏重文章的文采，明代则以儒家经典作为考试内容，归于根本可见士子于是成为治国安邦的人才。

《南宁府学科第题名碑》，嘉靖四十一年（1562）刊，方瑜撰。方瑜，歙县人，进士，嘉靖四十一年（1562）任南宁府知府。文中提到了"题名太学以昭示于无穷，作人立教之意，弘且远矣"的普遍现象，而累有题名者的南宁却无题名碑，方瑜因"无以教诸生，兹值立石，爰述国家作人与有司所以表扬之意，因并勒之"。同时，碑文亦阐述了题名碑之目的："诸生日游于兹，睹其姓名，而考其行履，易亦曰某也贤，吾师之；某也不肖，吾耻之；某一乡之士，某天下之士，吾取以为法焉。他日次于诸君子之后，功名德业，如姜、如冯，真足以光于天下，传于来世。"

从以上几方碑可见，此时对于科举之重视以及对题名碑的价值意义皆有共识。

另有《桂林府儒学考祀先贤记》，弘治三年（1490）刊，碑原在桂林文庙先贤祠，周孟中撰。周孟中，字时可，号韦菴，庐陵人，成化五年（1469）进士，二十三年（1487），以贵州按察司佥事升广西按察司副使提督学政。"监察御史邵武朱公钦巡按二广，政暇考图按志广右人物"，得唐宋名宦数十人，"朱公祠而祀之，以风后进，可谓知所务矣！孟中奉命督学，恐其久而泯没也，乃谓桂林府知府罗珦，同知马冕琢石刻诸贤名氏并履历之大概，庶后之君子仰其名而论其世，论其世而师其人"。其中记了唐人褚遂良、张九龄、元结、宋人余靖、李师中等人，"诸君子或生于斯，或仕于斯，或流寓于斯，或以忠义著，或以孝友称，或以政事名，或以武功奋当任而不疲，抗大议而不回，临大节而不变，虽时异势殊，而根于正气之发者，盖无有不同也。故是气之光明如日星，正大如山岳，精诚不二贯金石而通神明，去今千百载，凛凛犹有生气"。显然，该考祀先贤碑记目的与前面提及的题名碑类目的相似，皆围绕兴教兴学、改善士风而作。

2. 刊载具体教育事迹碑刻

兴教类碑刻中还有部分刊载了具体的教育先贤事迹与督学教育等举措。如桂林的《临桂大尹叶侯善教记》与《督学题名碑记》，皆刊载具体的教育举措或是思考，且明言刻碑记事以使教育之德与思影响更为深远。

《临桂大尹叶侯善教记》，摩崖在桂林市回龙山山脚东南壁，宣德七年（1432）刊。《中国西南地区历代石刻汇编》注：高164厘米，宽93厘米，记正书，字径2.5厘米，额篆书，字径6.5厘米。靖江八府教授曲江萧以成撰，唐府伴读曲江张子政书丹。该碑记颂扬曾在桂为官的叶俊在任期间，锄强去暴、兴学营缮、为民造福的功绩。文中直言撰文刻碑之目的，乃使后之人诵斯文而知侯德，遐想英风于异日、循良之称，以传于其后，则侯之著名将与斯山相高，而与天地同其悠久。碑文叙述了叶侯"善教"之具体事宜以及教之成果，重点内容部分碑文摘录如下：

君子为政，去而见思。思之不已，致勒遗爱于坚珉者，以其惠之及于民者深，而民之思其德者愈久而不忘也。

……大君叶侯名俊，字肃苒，号松台，宋进士吏部侍郎宝文阁学士水心先生之八代孙也。世家浙之永嘉，发轫庠序，登永乐壬辰状元马锋榜。出宰是邑，下车以来，毅然秉政，锄强去暴。……不期年，政化洋溢，县庭无事如是。视琴堂之歌什，吏庑之倾颓，皆撤而新之，而吏民耸瞻仰矣。礼殿廊庑，尊先圣祀先贤也，则崇而广之。讲堂斋舍，隆师道育贤才也，为缮而增之，而衿佩胥悦矣。

侯天资高明，理学深刻。至其为文章，人皆师法。累科取士四方，尝走书币，聘举文衡，侯皆以妨政辞。每遇月朔，必进诸生，讲论经史，课试文艺，未尝以务冗废。以致士风奋发，科贡彬彬倍增。往昔城南有桥，洪流冲圮，即垒墩架梁以复其旧。县吏官道过江阻之，作舟楫，立篙师，以济其艰，而人无病涉矣。广社学以厚民彝，贫无读书之资者，为贷礼延师，给予衣食书笔之物。……

入其境，见宫室宏严，闤闠壮观，皆侯作兴之功。且官不费，民不瘁，十数年间，桑麻遍野，满邑弦歌。令尹弹琴不下堂，而仁风宏洽于四境矣。今年秋九月，九载绩成，治下士夫君子，以至垂白之老，莫不额叹曰："自前至今，未有如斯之为政者！洽今兹之去，良犹赤子之慈父母。欲留无识，乃相议于北关社学之南明月洞磨崖，以纪侯之政绩，于以思侯于不泯也。

刘节撰《督学题名碑记》，碑原在广西提学道署内（桂林市），以刘节任职广西按察司副使提调学校的时间推算，碑文约作于正德十六年至嘉靖元年（1521—1522）。刘节，字介夫，大庾人，弘治十八年（1505）进士，历兵部主事、四川提学佥事、广西提学副使、福建及浙江布政使等。碑已无存，据《粤西文载》记可知其文。碑文叙述了明朝对教育之重视，言"皇明洪武初年，诏天下府州县立学，设诸校官为师，间里俊秀为弟子元，各以其长吏提调之"，又重点论述了督学之要义，教导之内容，任教人之职责，具体而言：

节尝疑之，谓其中人望人者也。夫中人者，导之善则善，禁之不善则不为不善者也。是故上智大贤，其为善，火然泉下；其不为不善，驺虞杀，窃脂不穀。何也？夫善者性也。性出于天，有善，未有不善者也。上智大贤为善，不为不善，率性而已矣。性，教所从出也。监司督学，任教人之责者也。教人者，教之率性而已矣。《诗》曰:"民之秉彝,好是懿德。"言率性也。节也,中人弗逮,导之善犹弗能焉者也,敢不惟是碑是惧?于戏!道积厥躬,有教无类,前诸君子其谓斯何?后诸君子其谓斯何?《诗》曰:"高山仰止,景行行止。"

四、文学艺术类石刻

广西明代石刻中包含了大量诗文词赋等文学类作品,主要有记人记事的碑文、记游的诗文。这些石刻文学承载了石刻传统的记事、记人、记游功能,也反映了广西社会及文学的某些特点。记事方面,本章在概述政治民生类石刻时已提及,这类石刻以较为一致的体例记述地方军事历史、民生建设等,单从文学创作上而言,其叙述技巧、辞句运用等不乏优秀作品,但其意义更侧重于纪实。记人方面,明代开始有较多的墓志铭写人,且一些祠庙碑记中亦有对人物的刻画,比较典型的是明代皇室宗亲的墓志铭留存较多,还有记录德政先贤之碑文。明代延续了传统的记游散文、诗词、赋等摩崖作品创作,留下了较多的描写广西山水及其带来的情感体验等诗文。

(一)记人之文

明代广西石刻之记人作品主要分为两大类:墓志铭及德政碑,数量上较宋元时期多。另,也有少部分摩崖诗歌中记人,如忻城白虎岩摩崖《咏王阳明》(嘉靖九年,1530)是石刻诗中少见的直接以咏人为题的摩崖诗,以及蒋一葵《跋道乡泉邹浩诗》(万历四十年,1612)摩崖邹浩诗歌并跋文记其人与事。本节主要从墓志、德政记录碑文两类进行论述明代记人的石刻文学作品发展史。

1. 墓志类

(1)皇室宗亲——靖江王及其姻亲墓志

明代广西墓志铭显著的一个特点是皇室宗亲——靖江王及其姻亲的墓志铭留存特多。明洪武三年(1370),明太祖朱元璋封其侄孙朱守谦为靖江王,藩据桂林。靖江王共存280年,传十四代藩王。靖江王及其姻亲的墓志铭留存特多,原因在于靖江王府有专门的陵园——靖江王陵。其中,撰写内容较为丰富的如表4-2所示:

表4-2 明代皇室宗亲代表性墓志

序号	墓志	刊刻时间	备注
1	《靖江八府辅国将军朱赞储神道碑》	宣德九年,1434年	
2	《奉国将军朱佐顺墓铭》	景泰四年,1453年	

第四章　明代石刻

（续表）

序号	墓志	刊刻时间	备注
3	《奉国将军朱佐㶇墓志铭》	天顺壬午，1462 年	
4	《奉国将军夫人鲁氏墓志铭》	正德十三年，1518 年	
5	《辅国将军朱相璁墓志铭》	嘉靖三年，1524 年	
6	《大明靖江安肃王神道碑》	嘉靖七年，1528 年	
7	《镇国中尉朱云渠墓志铭》	嘉靖十四年，1535 年	
8	《奉国将军朱规聃墓志铭》	嘉靖十五年，1536 年	
9	《辅国将军夫人林氏墓志铭》	嘉靖十六年，1537 年	辅国将军筠菴公二夫人
10	《辅国将军朱约㹻墓志铭》	嘉靖十八年，1539 年	
11	《靖江恭惠王悼妃滕氏石刻》	嘉靖十八年，1539 年	靖江恭惠王妃
12	《辅国将军朱相综墓志铭》	嘉靖十九年，1540 年	
13	《靖江辅国中尉朱云峰墓志铭》	嘉靖二十一年，1542 年	
14	《奉国将军朱规声墓志铭》	嘉靖二十七年，1548 年	
15	《靖江奉国将军太夫人徐氏墓志铭》	嘉靖二十七年，1548 年	奉国将军朱规聃太夫人

内容上，读靖江府人员的墓志铭，可以感受到一个王府就像皇宫的缩影。这里有王储幼年执政，府臣辅佐，如《靖江王府承奉正潘公寿藏碑》；亦有妃嫔争宠，至使正妃夭亡，如《靖江恭惠王悼妃滕氏石刻》。同时，靖江府亦多与地方军政要员结为姻亲，以巩固其在桂林的势力，如广东都指挥佥事杨观的墓志以及《钦赐靖江端懿王妃杨氏圹志》中提及其女为端懿王王妃；《靖江怀顺王妃谷氏圹志文》言其二女下嫁广西护卫指挥史、桂林中卫指挥。不同的是，这些王爷们虽贵为皇亲，却不得参与政事，只能在信佛崇道、吟诗作赋中度此一生。如《靖江王府辅国将军筠菴公墓志铭》记载庄简王第十一子朱筠菴："惟乐与士夫游。先后镇巡藩臬，诸搢绅与往来之。词人墨客恒与觞咏，岁无少间。至事有涉诸政务者，则绝口不之及，故有位者咸以厚德长者称焉。"执政者赞其绝口不提政务，明代朝廷对于宗室姻亲的防范态度，于此可见一斑。即便他们与地方军政要员结为姻亲，权势地位也仅限于一方，且不可能掌控军队，如杨观本在广西境内带兵攻伐、驻守，与王府结为姻亲后，自请调任广东。

在写人的手法上，各墓志对王室成员的特点描写各有不同，且不论其赞美之词是否中肯，但其描摹之语尚可。《靖江八府辅国将军朱赞储神道碑》描绘靖江王之第八子朱赞储"幼聪明，好学强记"，"身长八尺余，美髭髯，端肃简重"。《奉国将军朱佐顺墓铭》记朱佐顺"钟性英睿，丰姿神秀，倜傥魁梧，温恭贤德，嘉重文士"。《镇国中尉朱约赞墓志铭》记庄简王玄孙朱约赞"生而颖悟，知识

139

不群","治家克勤而干盅用誉，生财有道而丰裕饶足……"《靖江辅国中尉朱云峰墓志铭》记朱云峰"生而刚敏，才质奇秀，童时寡嬉戏，有谨重风。稍长，即勤俭不妄费，处诸父昆季，谦逊守礼"。明代墓志中还不少王室夫人墓志，对这些女性的描写也较细腻，如《辅国将军夫人林氏墓志铭》描绘林氏"自幼颖敏聪慧，不苟言笑。少长，勤于女工，凡有所为，皆极精巧"，"柔顺乐易，安详淑慎，有古贤淑女之风"。《悼妃滕氏石刻》记滕氏"年方五五，如月东辉。阴云随起，清光遽迷。镜尘玉掩，花落鹃啼"，"自幼聪慧，婉娩柔淑"。

情感上，大部分的墓志碑铭重在记录墓主生平，且对墓主多溢美之辞，表达对墓主的尊敬、赞颂或是思念。在这些靖江王及其姻亲的墓志铭中，最为悱恻动人的是靖江恭惠王朱邦苎为亡妻所撰《悼妃滕氏石刻》。祭文以深哀巨痛之情感人，其文采亦凄艳动人。自然宛转的对偶、一唱三叹的语气词、悲痛抒泄不尽的排比句式、美好与遽逝的对比，无不与文情相切。欧阳修曾言"道胜者文不难而自至"，于朱邦苎这几篇祭文，可谓"情深者文不难而自至"。下节在明代的名家名刻中详述此碑刻。

（2）官员及家属墓志

靖江府属官的墓志铭也较多，诸如《昭勇将军都指挥佥事杨观墓志铭》《靖江王府承奉正潘公寿藏碑》《沈希仪生墓碑记》。其中，这些墓志铭多记属官平定广西叛乱之功绩。所以，这些碑刻不但能见出个人生平之迹，也显现了广西地方社会治乱之迹。如《昭勇将军都指挥佥事杨观墓志铭》记杨观的一生，参与了广西境内的多次平叛：成化乙酉年（1465），修仁、荔浦的民变；成化十三年（1477），庆远府天河的民变；成化庚子（1480），郁林的民变；弘治戊申（1488），武岗阳峒苗民民变；弘治甲寅（1494），兴安苗民民变；弘治乙卯（1495），府江贼起；弘治九年（1496），郁林、北流猺獞自相仇杀，剽掠乡村、攻城邑。前文曾提到记载广西民变的相关碑刻，主要是发生在万历年间。结合杨观的墓志铭可知，有明一代，广西社会民变多发。杨观夫人墓亦有墓志，钱瓒撰《昭勇将军杨公夫人张氏墓志铭》，其中亦简略记载了杨氏事迹。

唐顺之所撰《沈希仪生墓碑记》记录了右军都督府都督同知紫江沈江沈希仪，亦能见出广西民变多发，不多述。值得一说的是，《沈希仪生墓碑记》有多处骈偶句，可见唐顺之虽尊崇唐宋古文，却并不排斥形式之美。试摘引一段来看：

带镖佩弩，箐栈联络，环广右而巢者以千数，柳庆最劲。小劫大掠，烧城掊库，无月不有，廓清为难，擅地拥兵，杀生恣睢，环两江而州府者以百数，右江最劲。喜人怒兽，吁党斗儺，无岁不有，铃辖为难。公御诸猺，荡巢摧壁，不专以威，绥辑善猺，视同吾人，是以诸猺畏而信。公御土酋，解纷排难，不专以恩，洞其阴事，坐羁其牙，是以土酋睦而惧。然则世雄之与乌合，情状各异，攻心之与夺气，变化亦殊。猺贼虑其散走，聚其党而猎之，则公之所以歼漻里也。土酋虑其蔽众，散其党而孤之，则公之所以缚岑金也。

这一段共有3处很长的骈偶句，用这样长的对偶句叙述地方局势、治理方法，实属不易，可见唐顺之在语言上的功力。

此期还有张居正所撰《吕调阳墓志铭》有一定代表性。吕调阳，明史无传，只能从张居正等人的传记中略知其人其事。如《明史·张居正传》记载："是时太后以帝冲年，尊礼居正，甚至同列吕调阳莫敢异同。"此传还记载张居正因处理父亲丧葬，回江陵老家三月，期间国家大事，皇帝命令要由吕调阳驰赴江陵向张居正汇报，听凭他的处置。从这些文字来看，在处理政事上，吕调阳主要是听从于张居正。关于他的记载不多，所以《吕调阳墓志铭》是考察吕调阳生平的重要资料。墓志中记载了吕调阳"字和卿，西粤桂林人"，并记载了吕家族大概家族史，"吕氏文学自纲始，世为郡诸生"；其后详载吕调阳生平及后辈家族。此外，桂林人张文熙撰写的《诰封一品夫人吕母行状》出土于张氏与吕调阳合葬墓中，该行状篇幅较长，内容丰富。行状写吕调阳的妻子张夫人生平，亦提到吕调阳，可以参看。《诰封一品夫人吕母行状》记载，吕调阳及其夫人治家崇俭，张居正家则"即仆从亦鲜衣怒马，见者辟易"，张夫人预言，张居正家人仆丛的奢侈必导致他家的败落。当然，张居正死后被抄家，不能简单归因于奢侈，但豪奢肯定会招来嫉恨。吕调阳虽为张居正同党，却没被株连，与低调的处世态度有一定的关系。在桂林南溪山下将军桥北端还出土了马鸣撰《安人马氏墓志铭》，铭中言"安人马氏，吾全庠秋宇之季女也。生而敏慧婉淑……生子履，英伟超迈，垂训一经，择配相阁吕氏之媳"。"相阁吕氏"亦为吕调阳，可见此也与吕氏有相关性。

2. 德政记录等石刻

广西明代石刻中，除比较典型的皇室宗亲的墓志铭外，还有少量记录前贤及其德政事的碑刻，如萧以成撰《临桂大尹叶侯善教记》、章世纯撰《论吴峦雉》，以及蒋山卿撰《伏波将军庙碑》、周孟中《刘贤良祠记》等祠庙中的记人碑记。

其中，以萧以成撰《临桂大尹叶侯善教记》为典型的记人碑刻，碑文叙述了叶侯"善教"之具体事宜以及教之成果。本章前文概述教育类碑刻中已提及该碑文的教育意义，而在写人上，该碑文亦较具文学价值。《临桂大尹叶侯善教记》记载的是叶俊的德政。叶俊，《明史》无传，据《临桂大尹叶侯善教记》，他是永嘉人，永乐至宣德年间在临桂县任县令，任职期间，利民颇多，如修筑桥梁、扩建社学、锄强去暴等。碑文介绍了叶俊家世，赞其为人为学"天资高明，理学深刻。至其为文章，人皆师法"，为官上"毅然秉政，锄强去暴"，且皆以具体事宜突出其为人为官之德，兴教上"讲论经史，课试文艺，未尝以务冗废……贫无读书之资者，为贽礼延师，给予衣食书笔之物"，为民为官上"民疫疠，则精意祈禳，而妖氛潜消……至仓廪、街道、阴阳、医校、孤老、屋室，莫不焕然一新……十数年间，桑麻遍野，满邑弦歌"。整篇文章对叶侯的描写详细又精简，没有过多的虚浮夸饰。同时，摩崖作品最后以"则侯之著名荒蹋，将与斯山相高，而与天地同其悠久"结，将贤臣之德与山石特性结合，将文摩之于崖更具意义。同样的如桂林普陀山摩崖的章世纯撰《论吴峦雉》，摩崖篇幅短小，但记录了吴峦雉理桂之事，"传寇至全阳，先生毅然谢遣妻孥，独身来此……至则寇退。先生并摄府篆，谓攘外先安内，为治在收拾人心，以不扰不苛为主，故闻燕京之变……先生平易近人，而风节凛然。持论若此，非深有得于山水之奇者……"，并赞曰"先生之风，与山水并高且长矣！"同样以山高石久的特点与人之贤德融为一体。

（二）记游之文

明代文学发展中呈现出明显的地域特征，尤其是诗歌常被划分为吴中、浙东、江右、闽中、岭南、中原等区域。明代广西的诗歌创作亦有一定的特色，在石刻文学作品中尤为显著地体现为对地方景观、历史的书写，历代入桂士人多对广西山水之描摹，多记游石刻作品。

首先，这些记游石刻在空间分布上集中于山水佳盛的桂林、柳州、融水、宜州、灵山等地的山岩，描绘其中的奇山幽洞，也展现作者的闲情逸致。明代以前，石刻记游作品主要集中在桂林。明代，广西其他地方也有石刻记游作品非常集中的地方，如宜州的会仙山白龙洞、灵山县的三海岩、融县的真仙岩。这种现象显示的是石刻文学由桂林向周边地区的扩散。这些地方也是以仙迹、奇景引发骚人墨客的题咏兴致。如会仙山，据说是唐代陆休服修炼之所，白龙洞洞中有石似龙，这些都是很好的吟咏题材。刘良彦甚至在此作了首800多字的长篇歌行，是为《白龙洞诗并序》，以浪漫主义的艺术手法描写陆休服悠游快意的修炼生活、成仙的情景及会仙山仙境般的景致："寂寞洞中幽，但觉天地宽。放荡云水外，笑傲烟霞间。黄精煮酒能驻颜，雕胡炊饭饥可餐。有时长啸震陵谷，松花落地云斑斑。朝采山上薪，暮煮涧底芹。猿猱可为友，麋鹿堪为邻。薜萝之衣缠满身，时流唤作羲皇氏。有时汲泉煮白石，有时对奕娱青春。但能山中消白日，不管世上飞黄尘。"同时，明代广西对山水的开发和营建规模超越前代，风景建筑遍布于山水之间，以桂林独秀峰为例，黄佐《广西藩封志》载其"亭有清樾、喜阳、拱秀、望江，台有凌虚，馆有中和，室有延生，轩有可心，所有修玄，门有拥翠、平矗、拱辰、朝天，其上则玄武阁，次则观音堂、三官庙，山半则灵官及山神祠"。在这些景观地也多与之相关的诗文碑刻。

其次，在文体与内容上，与之前的石刻相比较，广西明代的记游石刻作品与宋代有很多相似之处，可见二者间的继承关系，亦有自身特点。以下从文体与内容具体论述明代文学类石刻。

1. 记游作品之内容

明代文学性石刻作品与唐宋一样，多描摹山水，并与安边靖民、鼓励善政、与民同乐、识才用贤、岁丰人晏等联系起来，以提升诗文的思想价值。如果说广西宋代的石刻记游作品受中原文化影响较大的话，当广西石刻发展起来之后，则呈现出内部的前后继承关系。广西明代的石刻记游作品在内容上与广西宋代的石刻记游作品的相似性就说明了这一点。

（1）登临山水与安边靖民

摩崖题刻纪游较多地将登山临水与安边静民联系起来，主要包括直言安边或与民同乐、祈求岁丰人晏等。

在直言安边方面，如汤节的《三海岩题诗并序》、余祜的《四仙岩题诗》、孔儒的《北山诗并跋》、张佳胤的《游贵县南岩记》、刘綎的《题百寿岩二首》等。以三海岩题诗为例。汤节《三海岩题诗并序》云"唯余明月照空岩，大海波涛息久矣。摩崖拭看读雄文，宋室词章传海宇。我来巡历统三军，猺獠闻风潜遁去。边城宁谧瘴烟消，雨足田畴民鼓舞。挽回戈甲洗天河，海角天涯人安堵。还将忠赤答明皇，四海升平朝圣主"，虽有自我宣扬之嫌，但祈愿边疆安宁、百姓富足的心却是感人的。白玉"仍创小亭覆盖，四方往来好善君子暂此少憩。偶成口号，用纪壮游岁月云"，作《三海岩建亭偶成》："竹瓦编亭小，山屏入座新。

仰祈疆土靖，流泽及边民。"李榆题《虹宇步韵》："灵岩图画自天开，有客探奇尽日来……忧时久抱安边略，怀国仍登望阙台。"诗句多以登游所作，将景与安民之愿相结合。

在描写登山临水和与民同乐方面，典型的如陈彬的《游龙隐岩赋》，将欣赏山水美景之乐与"使民饱食暖衣，拘舒劳逸而亦得以同乐"相联系，希望"吾君之乐也，庶几后之登斯岩者，见而慕之。有以知今之当道不独乐，而与人不少乐，而与众体君爱民之良心，有以脍炙将来之口于无穷"。提升了此赋的思想境界，其赋中所写诸如"恒先忧而后乐，矧际遇乎明春""茫乎凌汪洋之波，浩乎履巉岩之石"等句，也很容易让人们联想到范仲淹的《登岳阳楼记》及欧阳修的《醉翁亭记》。

将登山临水与祈盼丰年联系起来的题刻多见于桂林龙隐岩、宜州白龙洞。龙隐岩中题刻，多将龙隐岩的龙脊纹与施雨救干旱联系起来，是前人诗歌常有的内容。明代有袁凯的《龙隐岩题诗》，该诗以"山联桂岭峰峦秀，地胜桃源草树香。灵物重来应莫测，愿施甘雨洗炎荒"收束，是全篇的结穴。类似的还有王尚文《龙隐岩题诗》"甘霖已遂苍生望，犹卷风云万里还"、李棠等《龙隐洞唱和诗》中梁棽所写"瑞昭文治符昌运，泽沛甘霖兆有年"等。宜州白龙洞亦然，将洞中龙纹与施雨结合，如郭子庐、彭举等《岭南胜境唱和诗》志其游，郭子庐诗云"石洞何年凿得开，老龙潜隐洞中来。旱时莫但私兹土，须作甘霖遍九垓"，彭举和"洞口云深昼不开，老龙行雨夜归来。甘霖肯慰苍生望，仁见秋成富秭垓"，翟迪和"白云深处洞天开，胜地今看骢马来。惊起蛰龙腾八极，大施霖雨润田垓"，马康应和"莫道潜龙终勿用，会施甘泽遍田垓"。

（2）登临山水与用贤善政

将山水胜境的发现与识才用贤联系起来的有周垚的《会仙岩记》，该文从会仙岩的发现感喟人才的埋没："一物之微无足异也，使伊尹不遇成汤，终作有莘之农夫，孔明不遇刘先主，卒为隆中之处士。天下之广大，古今之悠久，岂无怀才抱德之士如二君者哉？或悔于丘园，或隐于下位，猾疾者不能荐，天子不闻名声，有才弗试，有德弗彰，至于没世而名不称者，尤可喟也！"

将胜境与勉励德政联系起来的如李骏《合浦还珠亭记》，记载东汉官吏孟尝事迹，并总结道："若孟君者，诚可为东汉守吏之最，而足为师表百世者也。今去孟君几千百年，而人之思孟君者同于一日，则知善政之感于人心，殆千载一时而未尝有间也。今李君能因民心之所同，而复新斯亭以示劝，因表其义以励俗，则其为政亦未尝不取于孟君焉。"

（3）山水描写与历史遗迹

明代摩崖石刻的内容更偏重于对山水名胜与历史遗迹的欣赏和品题，如桂林独秀峰、宜州白龙洞、龙州得月洞、融水真仙岩、北流勾漏洞、灵山三海岩等地题刻，记录作者登临山水的同时，亦多记录前人题刻或是历史传说、遗迹，并附有欣赏品题之内容。

如饶秉鉴《游三海岩诗》云："偶来三海洞，喜见洞沉沉。石壁题诗满，苔阶草长深。远山分黛色，啼鸟弄春音。到此尘嚣静，悠然惬素心。"胡松《游三海岩》记："振衣蹑丹霞，残碑摩且读。野猿会闲心，山鸟怪儒服。新诗出肺腑，醉扫兔毫秃。尽日不逢人，薰风暗相逐。"龚文选《谒柳州柳子厚祠韵》感叹"残碑苔藓合，遗像古今留。莫怪荒投苦，堪怜死不休"。杨芳在桂林虞山题《南薰亭同张太仆泛舟过还珠洞乘月夜归得秋字》："解愠余弦疑尚在，还珠往迹似曾留。探奇不觉归舟暝，几度磨崖贾壮游。"林维翰、张鉴等人七星岩唱和"摩崖观古句，觞酒涤新愁"。这些诗词中可见明人登临山水的同时也得以观摩崖题刻。

在桂林龙隐岩的明代题诗中常见以龙隐石刻入诗，并多有碑刻观感，诸如李棠、甘泽等人龙隐岩唱和诗云"龙去尚余灵异迹，客来多勒古今名""仰依盘谷瞻宸翰，高勒崖碑陋汉辞""丹瀌长悬晴日雨。苍崖犹刻古人诗"等概括龙隐石刻，杜衡诗更是将龙隐石刻与浯溪碑林作比，言"岩崖况似浯溪好，清颂何年向此镌？"另，如王鸣鹤《题龙隐岩诗》则将游岩所见党人碑及观感融入诗中："何年龙去洞逶迤，客爱登临晚霁时。片石功高班史颂，千秋名重党人碑。璚云忽敛山当席，画舫初移月满卮。共道胜游追赤壁，清风江上起遐思。"钱奂题诗"崇儒尚有前朝刻，讨贼犹存大将碑"，江勋题诗"平蛮名将悬崖刻，命世真儒御笔题"则又记录了龙隐平蛮碑刻。

（4）登临山水与谢尘情结

山水胜景常常引发文人仕宦的"谢尘世"情结，因而明代记游题刻中亦多见登临山水与谢尘缘情感抒发的结合。

三海岩中题刻多此类，如林锦题"见说蓬莱元不远，便应从此谢尘缘"；饶秉鉴题"传闻学仙侣，曾此谢尘缘"；张岳题"聊兹永日留，真性非外奖。暝色望征途，何由释尘鞅"；王良弼题"偷此半时闲，慕此清虚道。扰扰尘世间，何人肯捐暴？嗟哉未悟解，虚度一生了"；冯文焞题"尘虑浑披豁，时光易转流。那能常践此，徒倚恋清幽"。其他石刻景观中，诸如白龙洞、勾漏洞、叠彩山等皆常见。勾漏洞中王同休题"抚景悠然尘世隔，可能无语答烟霞"；熊养初题"久至解脱即是仙，咄咄名利徒熬煎"。七星岩中林维翰、魏俊游唱和诗中言："回看市朝远，思欲谢尘缘。"白龙洞中孔镛题"中有学仙侣，种芝结屋庐。避世厌名利，赏景多踌躇。守静虽居然，视险得宴如。我来尘境外，烦襟从兹舒"；鱼峰山上赵存豫题"洞壑葱珑玉作山，携壶常到一开颜……欲来莲社清尘虑，愿得禅房小半间"。龙州仙岩沈恪题"兴来成独步，闲扫石床眠。梦醒黄粱熟，棋敲江月悬。顿忘尘世扰，转觉利名牵。始泐烟霞境，令人骨欲仙"。叠彩山上傅伦题"洒落情怀诗遣兴，优游岁月酒相酬。烟波钓叟轻名利，不羡人间万户侯"；王鸣鹤题"春游洞壑暖风回，徙倚临江百尺台。何处梵音乘夕至，似闻天籁和云来。因生静念祛尘鞅，顿起遐思渡海杯。此日诗篇总成偈，昙花随意向人开"。这些题诗皆表达了登游所带来的与尘世隔绝之审美体验，让人不禁产生谢尘缘之想。

（5）皇室宗亲等记游创作

这一时期，游赏山水多以藩王宗室、显宦大臣为主体，如周垚《会仙岩记》中所记"时和岁丰，故得以放浪于林泉之间"，更以"仙岩"为岩命名，俨然自视为"地行之神仙"。因此桂林较多的题刻展现了王室登游与诗文活动，其中还不乏集体登游、赋诗刻石活动记录，也成为明代记游题刻的一个特殊内容。

比较典型的大型登游聚会、赋诗刻石的活动从石刻可见就有多次。正德二年（1507）丁卯四月朔，朱约岑与包裕、傅金、许良、徐纲、于福等人一道在还珠洞联句赋诗。正德六年（1511）十月，周垚《会仙岩记》亦记载朱约岑等二十六人聚于会仙岩赋诗以宣其意，勒之崖间。正德十年（1514）正月，朱约岑与方良永、徐淮、周进隆、刘台、杨玮、王政等人同游七星岩，各自赋诗刻石。正德十年（1515）初夏，朱约岑与徐翊、黄一隆、戴仪等人一起游玩叠彩山，并赋诗刻石。嘉靖十二年（1533）十月，十世恭惠王朱邦苎复开独秀岩西洞，将西洞更名为太平岩，并作诗二律且摩崖，又邀请宗室、属官以及镇巡藩臬诸司一众官员参观太平岩，唱和作诗且刻石纪念。会仙岩聚会题刻，朱相璁题诗曰："幸际圣明熙皞日，遥追高尚晋风流。"辅国将军诚庵题诗曰："得句频赓和，开樽互劝酬。太平无可报，嵩祝万年秋。"辅国将军玉庵题诗曰："地位清高尘俗迥，悠游洞府白云深。"

辅国中尉槐庵题诗曰："无分功名缘国禁，自娱诗酒足乐谋。"历代靖江王诗文作品对独秀峰多有赞颂，如庄简王朱佐敬《独秀岩记》和安肃王朱经扶《独秀峰诗》。复开太平岩时，恭惠王朱邦苎题序并作诗："他山自是无肩并，吾祖从来有德音。不羡繁花春绚灿，却宜丛木夏生阴。洞中此日风光满，帝德亲恩覆载深。"各靖江王与仕宦又和庄简王诗20余首，如万潮和"看取太平行乐处，百年礼乐积来深"，梁鼎和"一柱峥嵘诸岫拱，九重雨露五湖深"，钱铎和"先王手泽依然在，应是山深惠复深"等，这组摩崖诗歌由太平岩联想到靖江王室百年治理，又想起治世之真道，由不得感慨深沉。这些众人的和诗围绕着王室祖宗盛德而写，咏山水、歌圣德、慕先祖，尽显太平之乐，展现闲适之风。

另一方面，众多靖江王的寄情诗词，或与皇帝对藩国的防范有关。前文提到《靖江辅国将军朱筠菴墓志铭》中即指出："至事有涉诸政务者，则绝口不之及，故有位者咸以厚德长者称焉。"桂林叠彩山桑悦撰《桂山草堂记》亦言"静庵（桂山草堂主人自署"宗室静庵规聪达亥"，朱规聪为辅国将军朱相继之子）以有用之才，限于本朝法制，终老于此堂"。靖江王不能参与政治，只好游山玩水、谈玄说道、赋诗撰文。他们的诗文偶尔也透露出不满与无奈，如朱邦苎的《太平岩诗和庄简王次元僧师澄韵》尾联"百年事业惭无补，才际升平感荷深"，表面上是在歌颂太平、感戴皇恩、自愧无补于世，实际上是在发泄才华无处施展的愤慨、牢骚。从朱邦苎的作品来看，其确颇有才华，前文提到过他为亡妻撰写的祭文亦情深意切、悱恻动人，他的几篇诗文也都写得不错。

（6）模山范水与抒情写志

明代石刻中出现了以抒情为直接目的的诗文，即使诗文中带有少量描摹山水或是记游，也只是作为抒情所需的次要因素。这些诗文题目多直截了当，如李琨《三海岩怀前宪》、徐栋《赴灵山任》、罗作《读党人籍感赋》等，也有如刘桓《题三海岩》诗前序言明其诗刻原因："大明成化庚子冬之任，道由灵山，适值大军征进，怀感偶成。"当然，很多诗歌没有于题目或是以序言点题，但其诗文显然以抒发豪情壮志、祈愿保民太平、抚今怀古等情感为重，一定程度展现出如盛唐诗风的重情主气、雄浑豪放。试摘录几首摩崖题诗，可见一斑：

> 箪食壶浆远送迎，人心归向若为情。冥顽昔为饥寒逼，礼义今由富足生。深峒月明无犬吠，荒村雨过有农耕。扶绥自我无他扰，可保吾民乐太平。（刘桓《题三海岩》）

寇退谁经理？都称宪副林。新城劳版筑，余党息勃侵。任代时逾久，民思日转深。紫芝贤裔继，抚辑实同心。

二宪勤劳久，投簪向竹林。为怜群聚苦，肯顾二毛侵。勋业如山重，仁恩似海深。台内留雅什，慰我后人心。（李琨《三海岩怀前宪》，诗前序"余出巡至灵山，道中访俗，偶成俚语，识于壁，用美昔宪职守土之贤劳，因以劝将来云。"）

独乐岂知百姓乐，要钱那有一文钱！古时多少循命吏，留得声名世世传。（徐栋《赴灵山任》，诗后记"此余志也，被论改任，勒石纪之。"）

相逢尽问事何如，我亦九夷一度居。此日但能行笃敬，他时可使左诗书。柔化刚克功常罔，恩用威施化有余。开辟千年今再见，却疑天地果无初。（俞大猷《题百寿岩》）

仗钺西来岂浪游，指麾烽垒万山头。七年浑若丹心尽，一洗泷江血赤流。圣代版图今镇静，边域鬼魅莫惊愁。太平已许将军置，新凿讴歌日益休。（李应祥《次陈焕摩崖韵》）

幽岩春老薜萝青，雨霁行吟到野亭。天地有恩怜逐客，疏慵无计庇生灵。三年正愧妨贤路，十里深嗟去福星。但愿太平如一日，江湖随处着浮萍。（尹廷俊《题百寿岩》）

元祐由来五百秋，党人姓字此间留。中衰宋室匡攸定，贝锦谗言谱不休。岩石坚刚胜竹帛，薜萝掩覆若金瓯。贤良自是流芳远，追贬徒劳奸佞谋。（罗作《读党人籍感赋》）

较为优秀以刘綎《题百寿岩二首》为例。刘綎，字子绶，号省吾，江西南昌人，史称"刘大刀"。万历初年，刘綎追从其父刘显征讨九丝蛮，以军功官升云南迤东（今云南寻甸县）守备，累官至游击将军署理腾冲（今云南腾冲）守备、副总兵。因骄贪惹兵噪反，谪为游击。万历十五年（1587）调任广西永宁州参将。后擢四川总兵，以平定播州（今贵州遵义市）杨应龙叛乱之功晋升左都督。万历四十六年（1618）辽兵犯边，朝廷召为左府佥事。天启初赠少保，立祠曰"表忠"。他的《题百寿岩二首》亦透露着豪迈旷达、许身报国的英雄气概，其诗云："南北奔驰春又深，寿岩胜处漫开襟。深情误惹闲花妒，诗兴偏谐好鸟吟。百战有谁怜白骨，九重无自暴丹心。丈夫满抱筹边策，肯向天崖叹陆沉。匣剑重开血未干，龙光又射斗牛寒。玉关西去几千里，函谷东封仅一九。敢谓风尘淹逐客，还期露布走材官。生平许国心如铁,到处乾坤正气漫。"两首诗创作于万历十八年(1590),刘綎在永福县时(即任广西永宁州参将时),已经经历了讨济蕻蛮、驱逐入侵云南的缅甸人、因贪贿而落职、平定罗雄继荣的叛乱,出生入死、功勋昭著、身世浮沉,对人世的体验颇深。有转战各地的奔驰之苦,见惯死亡的深沉悲悯,许国忠心被诬的愤懑,沉沦下僚而壮心依然的胸襟,随处而在的正直之气。借刘勰的话,可谓"骨气端翔",与一般的登山临水石刻诗文不同。

2.记游作品之文体

广西明代石刻的记游作品在数量上与宋代差不多,文体亦与宋代类似。广西明代石刻承续前代遗风,形式以吟咏山水之题诗、游记为主,艺术风格上有复古、性灵,不同时期也有不同特点。相对于宋代,明代延续有诗、词、铭、赋、记等记游作品,只缺六言诗歌,记载游踪的题名相对较少,榜书渐多。

(1)诗

与唐宋摩崖诗歌一样,明代不乏对地方山水描摹的诗刻,展现出一定的地域性、群体性特征。如桂林独秀峰、宜州白龙洞、龙州得月洞、融水真仙岩、北流勾漏洞、灵山三海岩等地题刻,不仅有描写山水、记录前人题刻或是历史遗迹,也多作者欣赏品题之内容,多有系统性、全面性书写的组诗,如融水真仙岩"天柱石星、龙泉珠月、鹤岩旭日、群峰来秀、万象朝真"真仙洞八景及"水月洞天、独秀青山、香峰叠翠、玉华仙洞、融江暮雨、南院蔷薇、安灵龙潭"玉融八景的题诗、勾漏洞"瓯池春暖、凤岭秋清、寒山应雨、紫水流霞、白石洞天、水月岩虚、石室仙踪、龙桥古渡"等玉林八景等石刻组诗。同时,明代摩崖山水诗也反映了明代诗文发展特征,如复古、议论等入诗的特点在广西明代石刻诗文中比较常见,也反映出广西明代文学的创作发展。并且,明代石刻诗歌也有一定拓展创新,如联句诗刻的出现,以及唱和诗的骤增。

首先,明代广西的石刻诗歌,多工整、健朗,写景细致或开阔,内含一定意蕴。比较有代表性特点的即是一些诗歌中显著的复古、性灵与议论品题,其诗亦平和雅正。

明代以汉魏、盛唐为各种诗文正体的时代格调在明代广西石刻中有所体现,一是常见古风长韵诗歌,另一种是化用前人诗文及情感。正如胡智、陈辉等3人虞山题诗并记所言:"酒效陶潜隐,诗宗杜甫裁。"如林民悦题《游三海岩六峰山》:"五岭宗名岳,烟霞自吐吞。结庐非人境,避世有桃源。三海讵无洞?六峰涌法门。琪花翻蝶影，石壁已苔痕。翠滴晴疑雨，岚浮昼欲昏。登高惭什雅，力揽契玄机。景藉山灵胜，轩辟地主尊。官情无萧薮，俗虑德忘天。岩月霓裳白，松涛浣间喧。断猿归正切，秋色满如相。"林裕阳《初游钟鼓岩得句》："误入桃源胜，嚾岘一径通。秋容山色外，花气鸟声中。酒以兵厨旨，诗惭武库工。地灵今始显，逸兴几人同？"杨铨《虞山题诗》："春郊积雨霁，日夕山气佳。揽衣撷芳芷，陈词在重华。寂寂凤鸟声，盈盈桃李花。韶音阒稀歇，空洞临水涯。隔叶鸣黄鹂，大泽生龙蛇。九疑望才绝，苍梧云正赊。僻壤过神化，六合千载家。风气蔼文物，雨露深桑麻。腐儒谬行役，系处真瓠瓜。苦材竟何济，率物身且瑕。隐忧问豺虎，焉能化虫沙。举目瞻北辰，白日行西斜。陟亭上高峰，贯月随虚槎。南风时一发，聊解吾民嗟。"这些都显然有着陶潜诗句化用与情感立意。再有如许娄良与李棠等人在龙隐岩的唱和诗中以"光景无边收不尽，落霞孤鹜又齐飞"作结，显然化用王勃《滕王阁序》"落霞与孤鹜齐飞，秋水共长天一色"之句与意。此外，杜甫、崔颢、刘禹锡等人也都成为明人学习的对象，石刻诗中亦有体现。

　　前文概述登临山水与谢世情结内容的诗文，即较为显著地体现出明代"独抒性灵"的一个特点，诗中包含了诗人内心情感的表达，又有意境营造，在遣词造句上亦有灵动特色。如七星岩中林维翰、魏俊游唱和诗中言："胜日游仙处，山明景物妍。幽花香细细，浅流碧涓涓。洞古遗丹灶，溪虚集钓船。回看市朝远，思欲谢尘缘。"龙州仙岩中沈恪题："兴来成独步，闲扫石床眠。梦醒黄粱熟，棋敲江月悬。顿忘尘世扰，转觉利名牵。始泐烟霞境，令人骨欲仙。"将登临山水与"思欲谢尘缘"相结合，于景中抒情。再如宗玺题还珠洞诗："洞口经冬气若春，飞花随意点苔痕。浊醪未厌浇胸次，短菊犹堪插缤根。落日半空撩野色，寒江千尺写吟魂。诸僧不解山灵意，晚磬泠泠出绀园。"诗中"点""撩""写"等字将飞花点缀、夕阳西照、千尺寒江等景写得灵动富有意味，而"飞花""浊醪""短菊""落日""寒江"等意象相较于宋代桂林很多石刻诗中描写洞穴常用的艰深拗口的意象来得自然、清新。

　　此外，明代石刻诗歌还多直叙议论品题，在登游中多对所有之景、生活感悟等进行议论、品题。如王鸣鹤《题龙隐岩诗》："何年龙去洞逶迤，客爱登临晚霁时。片石功高班史颂，千秋名重党人碑。璃云忽敛山当席，画舫初移月满卮。共道胜游追赤壁，清风江上起遐思。"傅伦题还珠洞："城东峭壁插天荒，绿水洄流岁月长。六月西瓜收洞里，四时渔艇系岩傍。眼前景物真堪乐，世上人生总是忙。骚客登临舒啸傲，数声横笛应沧浪。"诗人登游观景，无论是对历史还是生活的感触，皆可见其从胸臆直出，非凭空捏造。

其次，明代之前未见联句诗石刻，明代有至少六方，并且唱和诗也较多，同一主题的唱和诗数量更是有多达20余首。联句诗中，《逸庵玉庵等刻像并联句诗》《逸轩毅庵等到五人刻像并联句诗》是靖江王宗室成员的联句，《包裕等六人还珠洞联句诗》是靖江王宗室成员与文人的联句，《南薰亭联句诗并序》《周进隆等四人七星岩联句》《周进隆等三人还珠洞联句诗》是文人的联句。联句诗一般有个大致的主题，才不至于漶漫无边，如《包裕等六人还珠洞联句诗》就是围绕着"岩石连，出状元"这一主题而发，故显得较为完整统一，其诗及记如下：

岩中石合状元征，（福）
此语分明自昔闻。（裕）
巢凤山锺王世则，（金）
飞鸾峰毓赵观文。（岑）
应知奎聚开昌运，（良）
会见胪传现庆云。（纲）
天子圣神贤哲出，（福）
庙廊继步策华勋。（岑）

伏波岩有石下生如柱，向离石二尺许。谶云"岩石连，出状元"，至是将连矣。维时宗室约备酒肴，偕寓士于福、宪佥傅金、挥使许良、徐纲与裕往观。酒既，喜而连句成律，命裕识之。

明代广西的石刻唱和诗有同期唱和与前后唱和，尤其王室与官员间唱和较多，如众人和庄简王太平岩诗、周进隆等人华景洞唱和、陈辉胡智七星岩唱和等。大部分和诗劲健，写景细致，生气勃勃。如周进隆、沈林、薛金等六人华景洞唱和所作"斑点苍苔湔细雨，玲珑翠竹透斜晖"，"一水澄清千尺护，群峰吐秀几重围"，"歌戟有声酣百战，酒兵无力解重围。几通蛙鼓喧天乐，万点鸦金背落晖"，"一泓水若青罗绕，两壁山如翠帐围。雅兴共推陶靖节，高怀重忆谢元晖。"在普陀山七星岩还有周进隆等人致祭而作的唱和及哀挽诗，这在一般以写景叙游为主题的唱和诗石刻中极为少见。

综合联句诗刻与唱和诗可见，联句诗在广西石刻的出现，首先显示出此期文人之间关系的密切。《南薰亭联句诗并序》即云："是日天宇晴明，衣冠雍雅，列坐以齿不以爵，叙契阔，论道德，怡怡若兄弟然，名曰戊戌同年会。"此次聚会，大家亲如兄弟。聚会还被取了个名作叫"戊戌同年会"。这也是此前广西碑刻未曾见的，给聚会取名体现了文人们对雅聚意义认识的加强。此期文人往来密切还与包裕有关。包裕，字好问，临桂人，成化戊戌（1478）进士，由抚州推官征授御史，有謇谔风，巡按贵州，后为云南按察佥事，逾年，遭丧归，复佥河南，升云南按察副使，后以疾自陈致仕，啸歌娱志，所著有《拙菴稿》。桂林有他的石刻诗文多处。从这些诗文可知，他喜欢与文人们一起登山临水，诗词唱和，且和靖江王及宗室成员多有来往。有些聚会就是由他及靖江王宗室成员共同发起。

广西明代联句诗以及唱和诗之多，还显示出围绕着靖江王有形成文人集团的趋势。这种趋势首先表现为以靖江王宗室成员组织的文人雅聚之多，除了上文所举《还珠洞联句诗》，记靖江王宗室成员等人发起、参与的文人聚会还有欧阳旦的《游风洞记》、包裕的《还珠洞题记》、周垚的《会仙岩记》以及其后的 20 余首唱和诗。周垚所记是一次规模很大的文学聚会，与会人员 26 人，其中 24 人赋有诗篇或参与联句，《逸庵玉庵等刻像并联句诗》《逸轩毅庵等到五人刻像并联句诗》就是此次聚会的成果之一。另外，嘉靖十二年至十五年（1533—1536），很多人有《和庄简王次元僧师澄韵》。僧师澄，元代至顺年间为桂林潜光寺住持，他有诗并记刻于独秀峰太平岩。靖江庄简王曾次韵此诗，已不见。和作之人共 24 人，有些是靖江王宗室成员，如靖江王朱邦苧，其他人（除生平不详的）都是在嘉靖年间供职于桂林。和作皆刻于太平岩，朱邦苧的和作创作时间最早，是在嘉靖十二年（1533）或之后不久，其他人的只有诸演的标注了时间：嘉靖丙申秋［嘉靖十五年（1536）］。推测来看，当是由朱邦苧先写了和作，几年后，他组织了一次聚会，一些宗室成员及文人分别写了同题同韵的诗。

（2）文

明代游记摩崖也较多，内容上不拘泥于明代台阁体，多与日常生活有关，抒写闲情逸致；篇幅形式上，叙写详细，叙事议论皆有，一些文中还多人物游览中的语言对白，篇幅短小，文笔轻快。这一时期的游记文较为典型的主要有唐复《点翠亭记》［正统七年（1442）］、朱佐敬《游独秀岩记》［正统九年（1444）］、李瑾《闻说灵山有洞天》［正德五年（1510）］、周垚《会仙岩记》［正德六年（1511）］、陶珪《碧山记》《碧山亭记》［嘉靖二十二年（1543）］、张佳胤《游贵县南岩记》（隆庆二年，1568）、曲迁乔《游龙岩泉寺有序》［万历三十三年

（1605）]等。兹摘录部分游记如下：

　　予以其苍翠一点，正在昭潭驿前，因名曰昭山点翠。一日，移舫舣山下，欲登览焉，四壁如削，遂拂衣踞寒石，令人猿扳而上，见顶平如掌，纵横各八九尺有奇，窃嘉焉。于是因山为基，因石为蹬，与文武奔驰策扶而陟其巅，睇楼堞之雄骏，瞻峰峦之回抱，瞰帆樯之出没，数鳞翼之泳飞，云烟香霭，林壑蔽亏，爽豁高明，一瞬无际，万状千态，献秀舒奇，此浩瀚无穷之气象，昔之韬珍秘光，一寓目而尽得于今也。……昔司马文正公作独乐园，欧阳文忠公记醉翁亭，词采风流，脍炙人口，以予视之，只自乐而自醉耳，今作斯亭于昭山之上，来者嬉，去者游，或壶饮觞咏于风晨月夕，或管弄弦喧于晴岚翠霭，娱心耀目，与众共之，岂余所得而独乐独醉耶？（《点翠亭记》）

　　维时天气清爽，主宾情浃，剧饮酒酣，既而舍车徒行，来憩于此。仰睇苍峰，俯瞰幽谷，顿觉心旷神怡，于是命仆张具，洗盏更酌，盘桓留恋，有弗能舍。文起举杯酌客而言曰："身际盛世，辅弼贤王，藩屏清穆，时和岁丰，故得以放浪于林泉之间，所谓后天下之乐而乐者，仰不愧而俯不怍，止无柅而行无牵，真地行之神仙也，请题斯岩为会仙，诸君宜有作以咏之。夫如是，岂不足以踵昔人之风流，彰今日之乐事乎！"……各有感而喟焉者，盖谓地辟于丑，即有是岩矣，且当轮蹄辀辘之所，曾不遇好事者一顾，而蓁莽荒秽，至于今日始得显于诸君，不亦晚乎！予谓："一物之微无足异也，使伊尹不遇成汤，终作有莘之农夫，孔明不遇刘先主，卒为隆中之处士。天下之广大，古今之悠久，岂无怀才抱德之士如二君者哉？或悔于丘园，或隐于下位，娟疾者不能荐，天子不闻名声，有才弗试，有德弗彰，至于没世而名不称者，尤可喟也！"客闻之怃然。（《会仙岩记》）

　　广西多岩洞，屏风山去城五里之外，亦曰程公岩，亦曰空明洞。嘉靖癸卯夏四月，登溪、云岫公，比及下车，举酒属余游之……古人有以一自奇者，万物不干其志，以一丘自重者，天下不其乐。非借泉石而忘形宇宙者，未必有也……山水之乐，人徒知以乐为乐，而先君子乐生于哀也；徒知以己为乐，而先君子乐生于亲也；徒知纵一时之耳目以为乐，而先君子性分之乐，乐其有终身之丧也……今日台基筑矣，亭榭构矣，池塘凿矣，花木培矣。愚兄弟子侄祭扫既毕，亦少憩于此！以继先君之素志，以窃先君之余乐。(《碧山记》)

　　桂林东北七十里许，有龙岩泉……风景奇绝，众共称之久矣！余任兹地六年余，未尝一到，颇以为歉。会枭长林公梓发与首倡，不佞迁乔遂偕方伯邹公墀、宪副杨公逢时、邓公思启、都阃徐公一鸣，拨冗舟游。于月之十二日甲寅卯刻命驾，未没临池，至则地主舣舟而待。林公且具樽俎、梨园从焉。于是，歌《赤壁》之章，觐角觝之戏，诸从事踊跃欢呼，声震林麓，两岸士女夹观者千余人，皆有笑颜，余辈不觉欣欣然色喜也，遂畅怀开襟。引画船穿水洞，由西入东，复折而南，见石缝内发奇花数朵，青梗黄华，英英可爱，采置筵前，玩赏不已。复浮东达西，泛舟而下。时则云卷晴空，明月在上，庶几清风徐来，水波不兴者矣。诸公各驾小舟轻济，经坝者六十余，急湍飞渡，莫不爽然称快也。余醉眸望水底苍松，讶之，舟人曰"此岸上松也，影落水中耳冶，乃寤而笑。抵白石潭，大舟候焉。复通漓江，诸公合为一舟，大嚼剧饮，通宵不寐，盖昧爽始旋，则为十三日乙卯矣。嗟乎！浮生逆旅，佳会难逢，龙岩曷让赤壁，斯游无忝东坡，虽乏二赋，聊成四诗。

（《游龙岩泉寺有序》）

这些游记多为外来仕宦所作，叙写多人合游吟诗勒石之兴事，在形式上皆介绍景观、记叙游乐之况，进而总结升华景观游乐之意义。唐复撰《点翠亭记》，碑在平乐。唐复在文中先介绍了"昭山点翠"之景，接着叙述文武宾士策扶以游，得见峰峦浩瀚气象，遂建亭，文武宾僚毕集亭下觥筹互劝，人各得以适其趣而乐其乐，最后以欧阳修记醉翁亭比，将游记进一步升华，揭示建亭于昭山之上是来往士人壶饮觞咏、管弄弦喧、娱心耀目、与众共享之乐。而周垚撰《会仙岩记》摩崖于桂林会仙岩，记载了以靖江王府宗室成员为主的26人携酒游观会仙岩，仰睇苍峰，俯瞰幽谷，洗盏更酌，放浪于林泉之间，又自视地行神仙，为岩命名，且作诗以咏且勒石，以踵昔人之风流，彰游之乐事。游记后是众人刻像并诗，诗歌亦写景抒情或颂德。曲迁乔《游龙岩泉寺有序》，摩崖在青狮潭镇龙岩洞口左上方石壁上。其文亦记叙了龙岩泉风景奇绝，众人泛舟玩赏，更赞"龙岩曷让赤壁"。在这些游记中，离不开对自然山水的赞美，也都提及对"乐"之理解，又引欧阳修、苏轼等前人之游记及相关景观，可见明人对唐宋文人雅致生活、理趣及文学作品的赞赏与效仿。

（3）词、赋及其他

以词这一文体来看，明代以前广西石刻词集中在桂林，他处未见。明代主要有两首词作刊碑，是整个广西石刻史中为数不多的词作石刻代表之一：一是伍希儒的还珠洞题《霜天晓角》，正德十三年（1518）刻于桂林伏波山；一是顾璘的《念奴娇·古湘山怀古》，正德九年（1514）摩崖在全州县湘山。从分布地域上来说，这也显示出桂林周边地区石刻的发展。伍希儒题词后注"右调《霜天晓角》"，词："丹岩千尺，势入蛟龙窟。江上群峰列戟，今亘古，青青色。雁拖遥天碧，笛怨晚风思。试问伏波往事，寒潭水，秋空月。"顾璘的《念奴娇·古湘山怀古》，词后注"古湘山怀古，调《念奴娇》"，词："振衣箪兀，洗长空，初过一天新雨。万壑千峰争耸秀，犹有微云吞吐。扑地闾阎，横江城郭，总是闲尘土。寺前松桧，让渠曾见今古。漫说衡岳巡游，郁林开拓，身后还谁主。湘竹斑斑空洒血，玉辇而今何处？水底灵均，江边刺史，蔓草埋荒宇，举觞浮白，竟须烂醉休语。"两首词曲皆以词曲的形式描摹山水，又重在感怀。其用词如"青青色""寒潭水""秋空月""水底灵均""微云吞吐"，加之词曲本身的韵调，给景观描绘平添别样风味。

就赋而言，明代广西石刻中赋作也较少，主要以蓝渠《三海岩赋》和陈彬《游龙隐岩赋》为代表。陆机在《文赋》里曾说："诗缘情而绮靡，赋体物而浏亮。"赋用来描绘客观事物，内容充实，气格高古，文词简朴质实。辞赋复古之风至明朝中期仍在继续，明人将复古范围大大放宽至魏晋甚至南北朝。从永乐开始，都邑、地理、山水、游览等大赋就联翩而出，此类赋作，体式和写法多承汉代大赋，铺张扬厉，洋洋洒洒，辞藻华赡，气势恢宏。广西石刻赋亦有其特点，主要用以描写广西山水。兹录如下：

维此阴阳之融液兮，灿搏攫于兴松。渺荒厘而骇见兮，肆矗员而离披。攒风雨以何年兮，探星历于不知。忽呼号于透隙兮，瞰日月于颠危。樽炉绰楔伊讵之为兮，委天匠之炉锤。泻三山而远系兮，有蟠蝀之在兹。纵诞说谓仙栖兮，自擘翠而掞奇。纪钱峰而联龟月兮，摘形似之如斯。吾欲遣青州之从事兮，相剧僧于所思。拉有君以杜浮夸兮，舍陶谢其奚之？聆丁当时而嗅华蕤兮，携胎仙以相随。蹑飞鞚而临天外兮，拄九节以驱驰。埼崖外入宣嚣篆以顺调兮，尚鵾鹤于一枝。得少憩以自娱乐兮，抑不知再此于何时。嗣珠玉而不兑于候虫兮，为蜩笑夫奚疑？（蓝渠《三海岩赋》）

圣皇临御，海宇清平。奉命来镇，恪秉忠诚。喜塞草之抽青，乐边警之无闻。恒先忧而后乐，矧际遇乎明春。维时政暇，驾楼船于江浒，遣从属于同寅相浮于龙隐山下。茫乎凌汪洋之波，浩乎履巉岩之石。振衣而上，宏敞

155

可观。目江流之奔腾，听鸟语之间关。意潜蛟之踪迹，犹恍惚于深渊，殊有以绝尘嚣之味也。遂命设肴酾酒，宾主献酬。不必雅歌鸣瑟，而眼前风景，谷口幽芳，入耳有声，触目成色，所取无穷，其乐有余也，诚一时之盛会。于是有客洗爵重酌而谓曰："吾侪今日之纡朱拖紫，树旗旄罗弓矢，实赖吾君而有此乐也。"然又恶可不推吾心之乐，使民饱食暖衣，拘舒劳逸而亦得以同乐？吾君之乐也，庶几后之登斯岩者，见而慕之。有以知今之当道不独乐，而与人不少乐，而与众体君爱民之良心，有以脍炙将来之口于无穷。呜呼！不亦盛乎！呜呼！不亦盛乎！（陈彬《游龙隐岩赋》）

此二赋体式不同，内容侧重不同，但都颇富文采与意蕴。蓝渠《三海岩赋》为骚体赋，形式上与楚辞接近，以"兮"字句为主，句式散文化，内容上侧重于咏物抒情。赋中"渺荒厘而骇见兮，肆赑屃而离披。攒风雨以何年兮，探星历于不知。忽呼号于透隙兮，瞰日月于颠危"等句气势丰沛，文笔恣肆，展现三海岩大气磅礴之感；意象上，也似楚辞多用各种动植物等，如赋中所用的"华蕤"（植物）、"齑箓"（乐器）、"鹡鸰"（鸟）、"候虫"、"蜩"等。陈彬《游龙隐岩赋》从对边疆态度表述入手，言"喜塞草之抽青，乐边警之无闻。恒先忧而后乐"，继而叙述游龙隐岩景"茫乎凌汪洋之波，浩乎履巉岩之石"、"目江流之奔腾，听鸟语之间关"，"殊有以绝尘嚣之味"，最后以"今之当道不独乐，而与人不少乐，而与众体君爱民之良心，有以脍炙将来之口于无穷"作结，全赋有如范仲淹《岳阳楼记》之写景与志，也有如苏轼《赤壁赋》"苏子与客泛舟游于赤壁之下"，"举酒属客，诵明月之诗，歌窈窕之章"之趣的"设肴酾酒，宾主献酬"。为数不多的石刻赋即体现出明代古体赋的盛行。

除此之外，明代广西记游石刻中还有少量题记与榜书。广西明代记录踪迹与简略写景的题名较之于唐宋未有太大变化新意，数量也较少。榜书有一定的增长，如宜州白龙洞"瞻云""云深"榜书、北流勾漏洞"勾漏洞""云关"榜书、贵港李焘题"龙岩洞"、贵港南山寺林明钥题"古怀第一山"、柳州鱼峰山杨芳题"南来滋穴"、陈起龙阳朔碧莲峰题"江山锁钥"等，这些也仅以书法题刻、精炼文字概括景地。

第三节 明代的名家名刻

一、十代靖江王《悼妃滕氏石刻》

明代广西墓志铭显著的一个特点是靖江王及其姻亲的墓志铭留存较多。葬于桂林市区七星区东郊尧山西南麓的靖江王墓是我国现存的为数不多的保存最完整、规模最大、世系最全的藩王墓区，也较好地留存了较多的墓志碑铭。在这些靖江王及其姻亲的墓志铭中，最为悱恻动人的是靖江恭惠王朱邦苎为其亡妃所撰《悼妃滕氏石刻》。

此墓志碑从滕妃与恭惠王朱邦苎合葬墓内出土，今存于靖江王陵博物馆，嘉靖十八年（1539）刻。据《中国西南地区历代石刻汇编》注：高115厘米，宽70厘米。额刻于祭文上方，隶书，字径11厘米，祭文与志文正书，字径1厘米。石刻正反两面皆刻有文章，皆是靖江王朱邦苎为亡妻所撰。正面祭文3篇：一是嘉靖十六年（1537）十一月二十七日所撰，为赋体；二是嘉靖十八年（1539）十一月十五所撰，亦为赋；三是嘉靖十八年十二月初四日所撰，为骚体，反面是散体，撰于嘉靖十八年十一月十一日。所以，按时间顺序，先写成一篇赋，两年后写成散体篇，4天之后，再写了一篇赋，半个月之后，写成骚体篇。刻碑之时，将散体篇放在反面，其他三篇刻于正面。

朱邦苎，号澹仙道人、味玄道人，靖江安肃王朱经扶之子，嘉靖六年（1527）袭封靖江王为十代靖江。朱邦苎纳有妻妾3人，其中，滕氏薨于嘉靖十六年（1537）十一月二十日，年仅25岁。朱邦苎为之撰写了4篇文章，先不说其祭文溢于言表的悲恸之情，只篇数就能看出其对亡妻难以忘怀。至于其祭文，则更显朱邦苎失妻之痛。如抒与滕氏知己之情，曰："我有所忧，汝能纾之。我有所为，汝能相之。汝之心事，我则真知。"如憾滕氏之早逝，曰："奇葩异种，不华而落。玉斝金罍，方献而覆。"如愤刘氏之悍妒奸险，则曰："鸲鹆好音兮，鸾凤潜藏。桃李竞艳兮，兰桂无芳。谄谀得志兮，谨厚摈弃。鸿鹄远逝兮，燕雀翱翔。"如悲与滕氏永诀之痛与思念之苦，曰："呜呼痛哉！幽明分异路，岁月分更张。恩爱兮寂寞，音容兮渺茫。相逢兮莫再，相眄兮难忘。举一觞而致奠兮，聊慰汝于冥乡。寄惆怅于空邈兮，竟诀别于天长。""慕音容其杳杳兮，茫乎无际。惨忧思其绵绵兮，曷为其忘哉！"

祭文不但以深哀巨痛之情感人，其文采亦凄艳动人。自然宛转的对偶，"幼女失慈，茕茕何依？""至恩割断，茕茕何依？""汝恨未央，芳魂奚所？"等悲痛抒泄不尽的反问、排比句式，加之一唱三叹的"嗟哉天乎""呜呼痛哉""呜呼"等语气词；又有"年方五五，如月东辉。阴云随起，清光遽迷。镜尘玉掩，花落鹃啼"美好与遽逝的对比，以及"瑶琴绝响，玉案虚张。宝奁尘暗，绣户无光。魂驰梦逐，地久天长"的衬托与直抒胸臆，无不与文情相切。欧阳修曾言，"情深者文不难而自至"，于朱邦苧这几篇祭文可谓实至名归。

滕氏的早逝，从志文看来，是因为朱邦苧继娶之妾刘氏的悍妒侮辱。而刘氏之蛮横无理，朱邦苧在滕氏气死之前也多次因之愤恚成疾。为何堂堂王爷要忍受妾室之悍，并最后失去爱妻？原因不单单是刘氏有子嗣，滕氏只有一女。蒋冕《靖江安肃王神道碑》提到："配妃徐氏，河南孟津知县敩之长女，江西按察佥事干之女弟，生子女各一，皆早殇。次刘氏，桂林右卫指挥使祯之长女，嗣王之生母也。嗣王名邦苧，先帝所命也。"而朱邦苧所写祭文散体篇提到："继而母妃再命纳妾广嗣，予请以少迟，慈命不可，乃谋诸署承奉司事门正秦得，广询贞淑，以应其选。得乃本省民，不谓彼即为其甥桂林右卫指挥刘经预计，求立其女。"也就是说朱邦苧的生母是桂林右卫指挥使刘祯之女，朱邦苧的妾室刘氏亦是桂林右卫指挥刘经之女。纳妾之事是由朱邦苧之母提议，朱邦苧推迟其事的建议也被生母拒绝。推测看来，刘氏与朱邦苧生母当为亲戚，朱邦苧之母将娘家人娶进王府，并偏袒刘氏，排挤滕氏，也就在情理之中。而朱邦苧不敢与生母相对抗，进而不便与刘氏相较，只好忍气受之，并最后失去爱妻，也是情理之事。朱邦苧没有直接说出母亲与刘氏的关系，而将罪责归于刘氏，或也是碍于母子情面。此事被朱邦苧忌恨终身，此后在朱邦苧无奈奏请将刘氏之子朱任昌立为长子之时，亦无请封刘氏为妃之意。

单从悼文而言，此碑志倾注了朱邦苧真情实感，其文字、情感在明代的石刻墓志文中都较为突出。

二、王鸣鹤之桂林石刻

王鸣鹤，字羽卿，山阳人（今江苏省淮安市）人，明朝名将，诗文家、武将、武学理论家。明万历十四年（1586），举进士高第，迁甘肃参将，又以军功升副总兵。万历中为广西总兵、广东总兵，平海南黎族部落叛乱归途中染瘴疾卒。其守边境30余年，历大小数十战，每战必胜。王鸣鹤"出自将门，少负伟志"，出身武胄之家的他不仅熟谙站阵之道，亦"喜吟咏，多文才"，文武全才，创作了颇多诗文武著。但其诗文武著多散佚，著述仅有少量传世，所著诗集全部亡佚，存世诗文极少。诸如《西征集》2卷、《百粤草》《绶带吟》等今皆佚。其中最为著名的是，在30余年间的南北转战中，王鸣鹤广泛辑录论兵之作，编纂成体系庞大、内容丰富、百科全书式的军事类书《登坛必究》40卷。

明末有王鸣鹤立传，其事迹多语焉不详，一生辗转多处为官，游览各地风景多有题字留念。万历年间，王鸣鹤任广西总兵，出镇粤西，镇守广西总兵官兼都督同知，挂征蛮将军印。在桂期间，王鸣鹤与友人同僚游览山水，于七星岩、虞山、南溪山等处留下题名、榜书、诗文等摩崖，成为研究王鸣鹤的宝贵资料，亦可补轶其散落诗文。此外，也有与之相关并记载其事迹的石刻，如杨芳镌石于桂林普陀山的《思明府纪事碑》中记载了万历年间思明府叛乱历史，刊刻了参与战事的将领，其中便包括"总统诸师则征蛮将军都督佥事王鸣鹤"。这些记录也丰富了其行年事迹。

桂林叠彩山南面四望山有王鸣鹤题"江山会景处"，落款为"万历乙巳秋日，羽卿题"，明万历三十三年（1605）刻，高239厘米，宽80厘米；正书，题字字径47厘米，字形端庄健劲；款书字径14厘米。叠彩山由于越山、四望山与明月峰、仙鹤峰等组成，山高可俯瞰遥望城内外景色，成为观景佳处，登览无余，望疑仙境；又有望江亭、迎风楼、白鹤洞、拿云亭、风洞等景点揽山水秀色。清人庆保于《景风阁记》云此处旧阁"居四望、于越之间，前接广野，倚大江，廓然翕受，窈而多风。其东小阁数椽，故为游人憩望地，每盛夏熏灼，于此解烦焉"。此榜书可谓为叠彩秀景点题之作，"江山会景"便对山石、亭台景观特色做了高度的概括与阐释，于有限的艺术形象中体现出无限的艺术意蕴，耐人寻味，呈现出景物与书法等多重视觉审美意蕴。

王鸣鹤虽为武将，亦崇儒尚文，吟诗作赋，其诗"不废吟咏，诗特清丽"。其摩崖于桂林山间的诗文便是存世的最好见证，主要有《游龙隐岩题诗并序》《南熏亭饯别谢紫会诗》《游七星岩题诗》《游白龙洞分韵得"春"字诗》《游风洞山得"云"字诗》《题暮山闻梵诗》《游省春岩得"梅"字诗》。万历三十二年（1604）孟春九日，王鸣鹤陪大中丞济翁杨老公祖游白龙洞即席分韵得春字，赋诗摩崖。据《桂林石刻碑文集》注，高133厘米，宽77厘米，行书，序字径6厘米，诗字径8厘米。诗言："喜随宪节共寻春，微雨南郊为浥尘。山色樽前供醉眼，鸟声花外避游人。洞深珠在诗堪换，谷暖兰芬佩可纫。百粤阳春今已遍，迁乔伫听啭莺新。"诗歌描写"寻春"，写"微雨""山色""鸟声花外""谷暖兰芬"的"百粤阳春"，意象清新，视觉、听觉、嗅觉全方位描绘了春景。同年春日，王鸣鹤又游风洞得"云"字诗，摩崖高96厘米，宽70厘米，真书，字径6厘米。诗言："春来淑气自氤氲，小队山城驻夕曛。树色有无天外见，江光明灭槛前分。凭虚把酒还邀月，选石题诗不碍云。最喜登临风乍暖，肯辞秉烛续余醺。"描绘得更多是春游"把酒邀月""选石题诗""登临""秉烛续余熏"等乐趣，景与趣相生。其余诗歌多类此，对景物的描写清丽细致，加之赏游赋诗之感，与一个武将的身份有颇有反差。

　　王鸣鹤的摩崖诗文还很好地记载了其在桂林与人的交游活动。一是王鸣鹤诗酒送行且摩崖。王鸣鹤于虞山摩崖南熏亭饯别谢紫会诗，高45厘米，宽60厘米，行书字径5厘米。其序言："万历癸卯（1603）秋，大行谢紫会典试粤西，便道还豫章。携酒南熏亭，诗以送之。"诗曰："秋日炎方暑渐微，一樽相送谢玄晖。已多意气怜分别，况复文章重锁闱。恋阙每依枢斗望，怀家暂指豫章莋。荐贤自合明迁宠，马首重来是绣衣。"摩崖中的"大行谢紫会"未见传记资料，但从王鸣鹤的记载中可知其到过广西，于广西主持过考试之事。二是从摩崖诗文中可见王鸣鹤与杨芳在桂期间常结伴游览山水，并赋诗摩崖。杨芳，字以德，号济寰，明巴县人，四川重庆卫军籍出身，万历五年（1577）参加殿试，于万历二十六年（1598）以右副都御史巡抚广西，主持编撰军事兵防宝典《殿粤要纂》四卷，又于万历二十七年（1599）为苏濬编纂的《广西通志》作序并刊行。杨芳在桂期间，游遍桂林的名山秀水，所到之处，挥毫泼墨，在龙隐洞、还珠洞、省春岩、七星岩、叠彩山和全州湘山寺等留有题刻，除龙隐岩的《皮林记事碑》和省春岩的《思明府记事碑》记录镇压历史外，其余均为性情之作。在桂林留刻的一些诗文中也提及与王鸣鹤共游，如杨芳与王鸣鹤于春日小集于逍遥楼，并题诗；二人又于早春郊行望澄江烟树，分别得"云"字、"梅"字诗刊于普陀山；万历甲辰春日（1604），同游叠彩山风洞，王鸣鹤即席咏"澄江烟树"，分得"云"字，刻诗以记；万历甲辰（1604）孟春九日，同游南溪山白龙洞，即席分韵，王鸣鹤得"春"字赋诗。其中，二人摩崖于普陀山省春岩的诗歌较为清丽，与二人身份、同游紧密联系。杨芳得"云"字诗，《桂林石刻碑文集》注，摩崖高160厘米，宽79厘米，行书字径10厘米。诗为："结伴携觞傍水滨，望中韶景气氤氲。长江照眼浑疑雪，远树含烟半似云。寄眺总怜春色早，赓吟那觉晓钟闻。潇湘一幅堪图画，剩有将军雅好文。"王鸣鹤得"梅"字诗为："省春岩畔探春信，绛蜡光中见蜡梅。素影不随红泪堕，冰姿还映火莲开。折来香满凭风引，刻罢诗成赖酒催。寄语封姨休见妒，瑶华玉烛在春台。"二人诗歌展现了结伴携酒、吟诗、郊游之况，对所游之处春景的描绘又颇有特色，杨诗的"远树含烟半似云""赓吟那觉晓钟闻"付诸于视觉、听觉，又将如画之景与将军好文并提，王诗"冰姿还映火莲开""折来香满凭风引"则以视觉、嗅觉写景，而尾联或借"寄语封姨""瑶华玉烛"的风神之力传播诗文、赞美诗文。

总而言之，通过摩崖刊载，王鸣鹤的生平履历得以更为立体丰富。相较于其被人们大加赞赏的武学著作《登坛必究》，摩崖诗文给人们提供了另一个认识王鸣鹤的平台，看到的是武将背后崇儒尚文的形象。其诗文也为广西石刻添上不同的一笔，异于前朝多文人赋诗摩崖之况。

三、湛若水与梧州《总府题名记》

1977年，梧州市原梧州总府衙门旧址出土了一只重约8吨、长3.1米、宽2.1米的明代"石龟"。出土时，龟背上有一块长2米、宽1.2米的石碑，碑有残缺。石碑背面刻着由明朝弘治年间状元伦文叙题字、兵部尚书湛若水作跋的《总府题名记》，全文共363字。碑的正面还刻着明代61位驻梧的总督、总镇和总兵的名字，名下注有籍贯、出身、勋衔及出任时间。碑后置于梧州市龙母庙内，其全文如下：

  总府题名记。（篆额）

  总府者，三府同寅协恭之地也。《书》称"三后协心"，《易》称"二人同心，同心之言，其臭如兰"，故总府之设，凡欲以协同也。府创于总督韩公，永熙总镇陈公、总兵陈公赞成之。府题名肇于今总府竹田林公舜举，总镇潘公世贞、总兵郭公世臣赞成之。自陈公迄潘公，总镇者凡七公；自陈公迄郭公，总兵者亦七公；自韩公迄林公，总督者凡十有五。于是乎总府始有题名记，而缺典肇修。盖公于抚绥之余，海隅平定之后，尤欲以继往绩而示来世，其有功斯府大矣。若水适以安南之使道过苍梧，见夫三公者，礼遇甚勤间，尝道三府之事。潘公曰："子岂有事事哉，余惟以静以镇。"余应曰："然。"林公曰："子职无所弗督，督在余。"予应曰："然。"郭公曰："余惟戎事是忘，其敢弗虔？"余应曰："然。"若三公者，其有不协同者乎？然而，自三公而上，等而辨之，其然与否者可知矣。虽或继三公者，其然与否又可类而知矣。是故后之观题名者曰：某也然，某也否，某也贤，某也不然，某也协以成功，某也乖以偾事。其将起敬起畏，是效是惩，勿使后之人复议我也。林公遂俾余跋于下方。

湛若水，湛若水印。伦文叙，伦文叙印。

碑文中未记有刊文时间，《梧州市志》《苍梧县志》载总府石龟为明代正德五年（1510）所造。而据湛若水出使越南后所作《南交赋》记载，正德七年（1512），湛若水奉使往安南国册封安南王；次年正月十七日到达安南国。碑文提到"若水适以安南之使道过苍梧，见夫三公者"，则该跋文刊刻时间至少应为正德七年。

湛若水（1466—1560），字元明，号甘泉，广东广州府增城县甘泉都（今广州市增城区新塘）人，明代思想家、哲学家、政治家、教育家、书法家，《明史》有传。弘治十八年（1595）进士，累官翰林侍讲、国子监祭酒、吏礼兵三部尚书。著述有《古易训测》《春秋正传》《圣学格物通》《心性图说》《白沙诗教解注》等，有《甘泉集》传世。湛若水曾赴新会县拜名儒陈献章为师，深得陈的赏识，成为白沙学说的衣钵传人。他在继承陈献章学说的基础上，以"随处体认天理"为宗，提出"格物为体认天理"与"为学先须认仁，仁与天地万物为一体"的理念，创立了"甘泉学派"，终至自成理学的一大门派，与王阳明的"阳明学"被时人并称为"王湛之学"。正德七年，湛若水使安南（今越南），因而与梧州有交集，留下了此跋文，也记载了其过梧州之历史。

石龟及碑刻原位于梧州总府衙门，而梧州总府历史在明代历史上亦有着特殊意义。梧州地处两广交界之处，又是三江交汇之地，扼守着两广的军事要冲，并能控制岭南少数民族分布地区，便于居中调度、东西兼顾。明成化元年（1465）初，中央设两广总督驻梧州。成化五年（1469），明宪宗钦定在梧州设立中央政府的派出机构：总督府、总兵府、总镇府（称三总府）。成化六年（1470），总督府在梧州正式设立，这是中国历史上第一个总督府，也是中国历史上唯一的一次由中央政府向地方政权钦派的机构。同年（1470），第一任两广总督韩雍题《建总府记》，并刻于石龟背驮的石碑上。梧州于2002年4月又出土了一只重量超过10吨的明代"石龟"，且推断碑文即韩雍题《建总府记》。石龟长约3.3米，宽1.8米，高1.2米，重11.56吨。石碑虽已毁坏，但《苍梧总督军门志》详细记载了这一碑文。韩雍的《建总府记》记载，总督府正堂门前有楹联曰：开府梧州，总制百粤。而在50多年后的嘉靖三年（1524），三总府再次由右都御史张枫重建，又由伦文叙的第二个儿子伦以训撰《重修总督府记》。"三总府"设在梧州期间，梧州百业兴旺，经济繁荣，成为两广政治、军事、经济中心。

跋文介绍了总府设置之目的与历任官员等事宜，也提到了"府创于总督韩公"，印证了韩雍《建总府记》之史。而作跋刻文的意义更在于描述湛若水会见总兵、总镇和总督，勉励三总府官员要同寅协恭办事，精诚团结，消除隔阂，共同治理好一方。故，以"总府题名碑"的形式把总督、总兵、总镇的出生籍贯以及他们的任期都记录在上面，而示后世。

此碑也体现了湛若水不愧作为教育家、哲学家的智慧。一是跋文撰写思路展现的睿智。在描绘与总府官员对话过程及结果前，先对总府设置的认识阐释便充满了智慧。一句话概述何为"总府"，后引《尚书·毕命》"三后协心，同底于道"与《周易·系辞上》"二人同心，其利断金；同心之言，其臭如兰"二理，阐述协作之重要。最后又以留任后人评判是非的定论来作结，对时人以及后人的警戒意义不言而喻。二是通过碑文所记对话来看，湛若水会见总府官员时的交谈、处理方式亦充满智慧。湛若水与三公"道三府之事"，听三人各述其职，均以"然"来平淡作答，不予褒贬作评，"其然与否"通过他人观察即可知晓。最后只是通过对对话的实录刊刻，题名留痕，留待后之观题名者评判，以达到赞赏效仿和惩戒的效果，以实物持续发挥警示效益，以使后人起畏惧之心。

因而，这块《总府题名碑》不仅是湛若水出使安南途中的故事记载，也是其为官处世界能力与智慧的展现。同时，这一碑刻也成为了古代廉政教育的实物，见证了梧州作为总督府的一个强盛时期。

第五章

清代石刻

第一节 发展概略

在广西石刻发展史上，清代是其发展繁荣期，经过唐宋元明时期的积累，清代更大范围地运用石刻，留下了大量的石刻作品。广西清代石刻在数量、地域范围、内容题材等方面均有了进一步的发展。

在地域分布方面，加上清前各个时期石刻发展的分布，清代的广西大部分地区都有石刻作品，整体呈现了由北向南的趋势，但仍然以桂林及周边为主，发展较为集中的是桂林及周边全州、兴安、永福、龙胜等县，向南主要分布于柳州、宜州、贺州、崇左、贵港、桂平、融水县、富川县、罗城县、平南县、容县、陆川县、横县、扶绥县、龙州县、灵山县、合浦县等市县。有些较西北、西南地区的山崖在清代才开始出现石刻，但其石刻内容也较为丰富，如凭祥大连城白玉洞、那坡县感驮岩等地。以凭祥白玉洞为例，其中便有清代临米芾题字、勒光绪赐"福"字、跋题"养心处"与"仙骨佛心"等，榜书有"情游于物之外""一大垒城""又一蓬莱"等，以及《游白玉洞诗》《白玉洞记》《连城玉洞丹砂记》《游连城白玉洞记》等相关诗文题刻。

石刻形制方面，以往各地发展的摩崖石刻均有一定延续，也有了新的摩崖景观地。此时，对石刻的社会管理、记事功用的追求更为明显，所以实用性的地方碑刻与告示、公立石碑增多，多立于特定的场所展示给相应群体。体裁形式上，清代石刻延续了以往所有体裁的创作，诗词歌赋、墓志、铭、颂、榜书、告示等应有尽有，使用较多的还是实用性的告示、记事碑刻。

作者方面，清代石刻的创作者仍旧不少仕宦，他们以石刻辅助地方治理，也有用摩崖记录景与情。但因告示、众议碑的增多，这些碑刻往往由官方发布或地方众议立碑，则由官方发文或众人商议完后由人代笔，所以不再有具体的撰写者留名。除此外，诸如学记、庙碑记、会馆碑记等也都无法知晓撰写者。以此看来，石刻发展至此，人们留名记录个人事迹、情感的创作减少了，更在意集体、公共事宜的立碑刻石。

石刻内容方面，社会政治与民生内容的碑刻亦占了较大比重，反映了清代的军事政治、民生建设、地方治理、商业贸易等情况。教育类碑刻，仍旧不少学记碑文记载教育发展状况，一些记人记事碑文中也反映了对教育的重视与实施。宗教类石刻不仅延续前朝各类宗教发展的模式，也出现了伊斯兰教等新的碑刻内容，且多体现出佛、道、伊斯兰教与儒学相融的情况。明清的经济社团发展表现在宗教上即以团体形式谋求神灵护佑，遂出现社团组织刻碑中反映宗教崇祀。文学艺术性相关石刻相对于清代总体石刻数量而言占比稍小，写人与记事的刻文依旧主要为墓志铭与记事碑志，写景记游方面则有时人新作写景记游、抒怀的诗词文赋，也有刊刻前人诗文并作唱和的诗文。相对而言，清代更趋于理性，更多石刻突出其实用性，但也不乏优秀的文学艺术品。

综合而言，随着金石学的发展，以及时代较近易于保存及辑佚等原因，我们现今所见清代的广西石刻数量大增，内容极丰富，分布地域极广，且佳作迭出，的确可谓广西石刻的繁荣期。大量的石刻一定程度也反映了广西清代政治、经济、文化的发展，是广西清代文献中不可或缺的一部分。

第二节　清代石刻的内容

一、政治民生类石刻

事关社会政治类的广西清代碑刻较之前更多，记载广西重大历史事件的碑刻外，还出现了用以借鉴或是警示之用的记载其他地方军事历史的碑刻。在政治民生类的石刻中，多记录清代广西的城市、景观以及基础设施等建设，且更多公文、告示类碑刻反映了当时安抚地方和发展经济的时代特征。

（一）记事碑文

1.记军事政治

清朝的政治局势，较为显著的特点之一是贯穿有清一代的内忧及清末的外患，其中内忧又包括边疆少数民族及内地百姓与中央或是地方的矛盾。广西清代石刻即有较多体现此时军事政治历史的内容，显示出石刻文及时记载时事的功能，也成就了其历史价值。

首先，广西石刻体现出了清代社会之内忧历史。原桂林府学存有四方清代平定边疆告成太学的碑刻，分别是《康熙平定朔漠告成太学碑》[康熙四十三年（1704）刊]、《雍正平定青海告成太学碑文》[雍正三年（1725）刊]、《乾隆平定金川告成太学碑文》[乾隆十四年（1749）刊]、《乾隆平定准噶尔告成太学碑文》[乾隆二十年（1755）刊]，合称清代四大平定御碑。这些御制碑刻把平定叛乱、维护国家统一作为莫大的政绩御文敕石告功于天下，且碑面皆刻有汉文和满文。四篇碑文所记载的几次战役都显示出清初边疆的不稳定，虽皆与广西无关，但因战乱胜利后国家立碑太学以达到告知天下的目的，故桂林府学将其刊石告知广西地区，可以让学人文士了解本朝大事及思想政策。

其次，清代石刻在广西有关的军事内容方面亦多有记载，主要体现在边疆民族矛盾、太平天国运动等相关内容的碑刻中，同时也反映了清代出现的外患历史。另一方面，还有如桂林鹦鹉山留刻的《广西练兵记》也比较特别，记录了地方对练兵及管理之看法与举措，以维护地方边防。较之于明代，"平瑶"碑减少，可见地方的民族关系历经明清或趋于缓和。具体而言，可分从以下几点可见：

一是历来存在的边疆少数民族斗争石刻碑文逐渐减少，这些少数民族的民变多发生在清初。诸如恭城县《张泰阶平瑶碑》，刊刻时间约为雍正十年（1732），记载了恭城瑶族头领黄天贵、黄公辅于雍正二年（1724）发动的叛乱历史："劫取衣被财物，掳掠子妇，焚毁屋庐。"再有桂林普陀山下灵剑江边悬崖刻徐嘉宾撰《平古州八万苗记》，记载了广西出兵平定都江河道不顺从的苗族，以使广西与贵州水陆交通顺畅、以便商贸往来，其文曰："惟黔省古州八万苗性犷悍，虽经两次招抚，而都江河道尚有逆苗梗塞。按：都江上抵都匀，下达柳州，利舟楫，便商贾，实黔粤之血脉。河道未通，与无古州等也。雍正七年冬，少保巡视粤西，会商抚军金，公具奏剿抚，调粤西汉土官兵四千三百余名，会黔兵同进，飞檄庆远府……斩获二千余级，招抚生苗男妇合前七万四千七百余名口，收盈甲器械枪炮无算。"在徐嘉宾撰《述职碑》中亦提及"予自雍正五年由梧州调补斯郡，目睹猺獞横行，案牍山积"此类相关历史。

二是民间起义历史相关碑刻突出。其中，较为突出的是清朝规模最大的农民起义——太平天国运动的相关石刻。该起义发起于广西，桂林、北流、天等县等地都有相关石刻记载其事，其内容包括起义相关历史以及相关人物事宜。

反映具体历史方面，如桂林叠彩山刻《李士莲郑献甫等五人平乱纪实诗》记载："我省自洪逆于道光戊申倡乱，越咸丰二年逸湖南，黄逆坚据浔州。同治元年，方伯岘庄刘公（名坤一）奉命征剿，贼遁，盘踞平天寨。三年三月讨平之，生擒首逆黄三，凯旋省垣。"从记载看，洪秀全于道光戊申年（1848）在广西起义（一般的史书皆称1851年发动起义），咸丰二年（1852）攻往湖南，文中所说"黄逆"可能指的是起义领袖之一广西桂平人黄玉昆，他居守浔州（即桂平）。同治元年（1862），刘坤一奉命征讨，同治三年（1864）三月，黄带领的起义军被讨平。同年，太平天国的首都天京（现南京）陷落。再有如天等县龙茗镇《龙英八仙山摩崖碑》记载："我清自咸丰四年内，游匪蜂起，势猖獗。州人协力重循先人之旧，结庐集处，寂历十余年，经贼数次侵攻，悉能稳守无虞。讵至同治七年五月内，冯军门奉旨统兵出征，时大队已围攻镇远贼巢，又派营兵分剿窜据上映之匪。本州之雅山公奉带练随营，剿贼守寨，藉有兵临，因施其防。该匪集党乘虚攀附山后而上，逐袭我寨。州主闻此警报，即刻带练旋归，与绅士团总等，殚一生之智力，冒险还攻。幸托神庇，三日间夺回山城。"这篇碑文记载了太平天国起义军在同治七年（1868）还有军队存留在广西，他们侵袭了平等县龙英州八仙山山寨，但被山寨军民驱逐。

同时，还有太平天国运动的参与者范亚音、陈金刚等人的起义记录碑刻。北流勾漏洞有刻王恩培撰《记蒋泽春平寇事》，同治三年（1864）刊，其文曰："北流当两粤接壤之交，容寇范亚音倡乱于南，信寇陈金刚盘踞于东。勾联为患，荼毒生灵，已逾十年矣。恩培履任三年，该逆等七次入境，孤城危而复安者亦屡矣。癸亥夏，蒋帅统十营官兵下县进剿，驻军勾漏。由西山直捣其巢，培集邑子弟三千为向导军分路助之。二逆先后授首，邻氛一律肃清。"范亚音是广西容县人，陈金刚是广东信宜人，他们带领的起义军各在广西、广东活动了10多年，同治二年（1863），起义军被蒋泽春带领的清兵及地方武装扑灭，范亚音、陈金刚先后被杀。同治年间还有吴亚终等人领导的起义，起义军在同治六年（1867）攻陷了龙州，后败走越南，同治七年（1868）由越南再次攻入龙州，后被冯子材击败。位于崇左市的《太平府重建府署记》[同治十年，1871年刊]有此相关记载。

清末的内乱还有李立亭领导的起义，摩崖在灵山县三海岩龟岩西壁的《平定李立亭文》[光绪二十四年（1898）刊]记载了其事："光绪戊戌年夏五月，广西李逆立亭纠众倡乱，陆川、容县、北流、兴业相继失陷，博白、郁林受困，危在旦夕。时余督绥远军各营剿办灵山会匪，首逆黎履芳甫径就擒，迭接两广提督谭宫保电调西援，即饬谢允中、潘成秀各卒劲勇二百人，兼程赴剿，立解博围。复于念八日驰纠郁林，以孤军深入，破贼二万众，斩馘二千余，郁林围乃解，各城旋复。以寡击众，战则胜，士用命，要皆朝廷威福，克城厥功。凯旋经次，泐石以志。"李立亭，广西陆川人，于1898年5月发动起义，起义军很快占领了陆川、容县、北流、兴业，围攻博白、郁林，后被潘培楷带领的军队击退。李立亭在光绪末年参与同盟会，继续着反清反封建的革命运动。

三是广西清代石刻反映内乱之外，亦记载了发生于清末的外患。这首先体现在马盛治撰写的3篇碑文中。马盛治，字仲平，广西永安人，积功至赐号壮勇巴图鲁、勇号哈丰阿，迁副将。光绪十二年（1886），马盛治除柳庆镇总兵，筑炮台，设廛市，赏双眼花翎；二十一年（1895），会办中越界务，晋提督；二十八年（1902），移署左江镇。终其一生，马盛治都与广西联系密切，且亲历中法战争，其所撰《隘口伏波庙碑记》《凤尾岭炮台碑记》《建睦南关马援祠碑》三碑皆在凭祥，皆关于中法战争，皆记载了镇南关之战。镇南关战役是中国在对法战争中转败为胜的重要战役，碑文及时记载了此事，显示出石刻的主要功能之一，即记载重大历史事件以垂久远。

《隘口伏波庙碑记》刊石于光绪十四年（1888），也就是中法议和之后的第三年，碑文分析了之所以能在镇南关击败法军的地势原因："明江之境，有伏波岭焉，崔巍耸翠，为群山雄。东接牛头山、饭包岭；西接镇南关关前临诸山；北则屏蔽凭祥、龙州；南则俯瞰越疆，有高屋建瓴之势。其麓则陵阜缭绕，谷口岔出，可起可伏，可进可退，固战守之要地，形势之雄图也。"伏波岭地势的险要，古今良将所见略同，伏波将军马援征交趾时，在此建垒，光绪九年（1883），中法战争开战时，守卫广西的将帅都在这里驻军，此处可以侦察敌情，所以能取得战争的胜利。用碑文原话说，即"主兵者咸驻于兹，用以图方略而瞰敌情，故所向克捷"。

镇南关之捷更令将帅们意识到这里地理形势的重要，需加强防备，遂在此增建炮台。马盛治所撰《凤尾岭炮台碑记》即记载了他在关前隘左峰建了炮台，又在隘右之巅建炮台，以"远击越南，扣摩诸境，近顾关内"。

关于镇南关炮台的增建，记载更为详尽的是唐蔚清的《镇北台记》，碑刻位于凭祥市友谊关金鸡岭，光绪二十一年（1895）刊。《中国西南地区历代石刻汇编》注：拓片长126厘米，宽54厘米，楷书。其相关文字摘引如下："光绪癸甲之交，越南入寇，至乙酉春，逼犯边关，势张甚。朝命今少保苏督师平之。追款议定，仍用鸿沟画界，中越各守约章。于是设险备御，增建置焉。镇南关右山高可插天，旧曰梅梨岭，今名石山顶，俯瞰越疆，形势了然。苏帅凭临喜甚，慨然有长城之奇，因以兹山创立炮台者三：曰镇中、镇南、镇北，命文游戎上贵董之，而以镇北一台委饶游戎占彪督其役，阅四寒暑讫事。今巨砲自海邦购运安置斯台者，每尊约数万斤，运捭灵活，左右旋转如意，皆机轮为之。轰击命中，远可及四五十里。军器捷利，于古未闻，然非筑斯台镇之，不足以张威烈而壮观瞻。"火炮是从海外用大船运来，运转灵活、射程远，可以有效地发挥防守的功能。类似的碑刻还有光绪二十一年（1895）刊刻于凭祥的郑标撰《镇中台记》《题镇南台记》。

关于中越与法国之间的战争，还要提到的是吴亚终起义队伍中一支由刘永福领导的黑旗军，这支队伍在同治七年（1868）进驻越南。同治十二年（1873），法国侵略越南，他应越方的要求与越南军队联合作战，在河内大败法军。广西上思县十万大山麓平福汤岩村米荷处刻有越南封赠刘永福父亲的两方碑刻：《安南阮氏王朝封刘永福父之一》与《安南阮氏王朝封刘永福父之二》，这两方碑刻见证了越南对刘永福的褒奖。中法战争开始后，刘永福还与清兵联合击退法军，于光绪十一年（1885）在宣光、临洮等处取得胜利，得到清政府的嘉奖，这也有碑刻记载其事，见光绪十三年（1887）刊刻于上思县十万大山麓的《封刘永福父建威将军碑》。民国三十一年（1942）刊刻的《抗法战士墓碑》亦提及"且是时也，云贵总督岑毓英和唐景松、刘永福等亦败法国于临洮，越南同胞蜂起响应，破竹之势已成，不难席卷河内，光复全越"。

除军事历史记载外，还有一些碑刻亦约略提到此时社会发展情况。除学记类、公文告示类碑刻显示出清时期的政治教化发展情况外，也有一些记事碑刻反映了地方或是时代特殊的发展情况。

如改土归流,这是清政府治理少数民族地区的一项重要政策,这一政策于雍正四年(1726)推行。这项重要的举措也在广西石刻中有所反映。徐嘉宾的《述职碑》记载他于雍正五年(1727)调任庆远府(现宜州市及周边地区)知府,并开始在一些地方施行改土归流政策:"东兰外哨土族韦咬旧居也,则改土为流,设知州并吏目以抚循之。"

再如晚清时期鸦片烟在中国的泛滥及其对国人的毒害,亦有相关碑刻详细论说,如以兵部侍郎兼都察院右副都御史为广西巡抚的和□□所撰《快哉亭劝民文》:

一鸦片烟是该禁戒的。鸦片烟最是害人之物,乃近来无论富贵贱贫老少男女买食者极多。你们细想,人生在世,士农工商各有专业,积得银钱,便该上养父母,下蓄妻儿,却为何以有用之钱文,买这害人之毒药?始而被人引诱,不惜重价购求,后遂自入迷途,不听正人劝戒。既费银钱,又妨事业。及至烟引以深,面目枯槁,精神耗竭,不能动作,奄奄一息,成了个半死半活的人,只落得个鸦片鬼的名儿。旁人背地耻笑,骨肉暗地伤心。本有家资的,钱财耗尽,本无家资的,衣食余无。眼睁睁看着你生身的父母无奉养,嫡亲的妻子受饥寒。若不孝的儿孙学了样子,不以亡身,往往遂至绝祀。到这时候后怕不后悔?俗语说道,早知今日,悔不当初。此后你们百姓,务须听人劝戒,极力禁绝。将买鸦片烟的钱文,留作买米、买菜、买布帛,养活自己的至亲骨肉。一家有衣有食,朝夕团圆,白头到老,岂不快乐!

这段论析从百姓的日常生活入手,平实恳切,语言通俗易懂,不愧为劝民之文。

总之,清代风云变幻的国家形势以及社会历史发展情况等都在广西石刻中留下了印迹。

2.记地方建设与发展

(1)城池建设

广西清代有关地方建设的石刻,仍有与前朝相仿的一类,如刻于康熙二年(1663)的《重修钟山镇城碑记》、康熙十三年(1674)刊刻的《修左州城墙记》、道光二十七年(1847)刊刻的《兴业重建城垣记》等城池的修建历史碑刻。这些碑刻仍旧强调修城以护民,祈求民丰安居,实现城镇焕然一新,也体现为官之政绩,并记录修城有功之人。其中,如《修左州城墙记》这种碑记,没有长篇的叙述铺垫,只有三五句修城梗概,但其中的毁城历史较为特殊,即"遭交趾之变,城遂頹圮",可作为边疆地区的战争、交流历史文献考察。

但较之于明代,广西清代较少长篇的中心城市的修城碑记,可见此时修城相对较少。此时,倒是出现一些记载修建县衙、营房的碑记。如记载较为详细的乾隆八年(1743)所刊《龙胜理苗厅新建城堡营房等工程碑》为例,碑文言"乾隆五年夏,苗猺梗化,耆定武功,仰荷皇仁宪德,不忍弃此方民,乃置协营,以资捍卫,设理苗以司教养,建城筑堡,伐木开山",详细记载了地方营房城堡建设,并言"致营宫庙、葺市廛、设学义、实仓廪、油醝利、均租赋,木拔道通,遮绩咸举,俨然建陵一都会矣",反映了地方治理之举。再有如那坡县《重建镇边县署碑记》,该碑刊于宣统元年(1909),由广西镇边(今那坡县)知县事许克襄撰。此碑反映了一定的地方历史,"镇邑藩小镇安通判自改流,迄今百有余年矣,边荒瘴疠,声教远阻";记载了修县署之因,"况官舍为出治之所,读法悬书,万民瞻仰所系。而顾令垣颓墉毁,鞠为茂草,历数十星霜废焉而不举哉";以及重建之经费为"赞助之力,多予绅民。修缔之需,半予廉俸"。

(2)民生基础建设

清代石刻较为实用的一个具体体现即在于多民生基础建设记录的碑刻,尤其公益事业碑刻。官方、民间或官民共同出资建设、施行的公益事业,包括修城、修路、修井、建桥亭、设义渡、建水利设施、景观建设等,这些内容的刊石,广西从宋代即有,清时期涉及的内容更为广泛。如楼阁景观建设碑刻,有合浦《廉州府复建海角亭记》、唐景崧撰《奎光楼记》《补杉楼记》。水利方面碑刻,除原有的灵渠陡河维护相关碑刻,如兴安《重修兴安陡河碑记》《修复陡河碑记》,后又有专为水利而发布的详细规条刻石,如刊于光绪三十三年(1907)的一方桂林水利布告碑,将7个村子的相关水利作详细说明及公示管理约束办法。再有如记录凿井的碑刻也常见,如桂林《重修龙泉井并小井边街碑记》《黎庶椿等重修古井碑记》等。除上述诸项外,还有如义帮制、救济院与义仓的建设等,显示出公益事业更趋细化。

首先,能显示出此期特点的地方建设石刻,主要以水利设施方面的石刻为例。这类石刻,集中于灵渠。明清之前亦有,但留存下来的极少。如宋代的秦晟的《重修黄□堤碑记》,碑文多处字迹模糊。元代黄裳的《灵济庙记》,此碑有多处残损,残余碑文亦有漶漫处,秦堤四贤祠有重刻之碑。至清代,则数量剧增,至少有17方之多。灵渠的修建,始于秦代,史禄任其事,此后,"追汉之马援,唐之李渤、鱼孟威，宋之李师中，元之也儿吉尼，明之严震直，疏导防御，复而增之者代不乏人"。（清代查礼《复修灵渠记》）可能当时亦有相应文章记载其事，刻于石上，以垂永久，只是没有留存下来。据查礼的《复修灵渠记》明确记载："且灵渠右岸飞来石上，磨崖一则，记前明洪武末侍御严震直奉敕来兴安通筑渠陡。"可见，严震直修缮灵渠事亦刻于石，惜已不存。不过，我们还是能从清代留存相应碑刻之多看出清朝政府对灵渠的重视，有甚于前代。如所存石刻记载的几次修缮，频率很高，康熙年间有3次，雍正年间1次，乾隆年间2次，嘉庆年间1次，光绪年间1次。清代对灵渠的备加重视，不止于其在灌溉、防洪方面的利泽，陈元龙《重建灵渠石隄陡门碑记》所言极确："实三楚、两广之咽喉。行师馈粮，以及商贾百货之流通，唯此一水是赖。"清代较之前朝，更着意于对西南边疆的掌控，水陆交通之通畅是其基础，金鉷的《临桂陡河碑记》即记载朝廷于雍正十三年（1735）用兵黔省，军粮士卒便取道灵渠，其文曰："乙卯岁，王师赴黔征苗，粮饷戈甲，飞输挽运，起桂林经柳州者，胥是河通焉。"

其次，在义渡、救济、义帮等有关内容的碑刻中，有如桂平《义渡河工规费碑》、桂林《广济院碑记》《重修西关外古茶庵碑记》、崇左《奉协镇都督府郭批示勒石遵行碑》等多记载了地方对于公益事业的管理与进步。民间普通百姓公益帮扶管理的碑刻方面，如桂平金田新墟有《安良约》碑，刊于道光年间。其中有"酌经费以裕财"条款，内容是合约中的人按资产多少捐出一定经费，交给专业人士去生息增值，因这项经费刚刚设立，银钱不多，暂时只能备在凶荒之年用于捕盗，等经费积蓄丰余，再建义仓以备荒年。这种经费，类似于现在的民间基金。此类碑刻还有龙胜县光绪年间的《建仓捐款碑》，记载官绅兵民共同捐资建设义仓事。再有，康熙年间黄性震撰《广济院碑记》记载扩建桂林救济院之事，碑文言"由后之言，必竭其膏泽焦劳一堂，施不博不如勿施，济不众不如勿济，又尧舜其痛之心也，而宁置也"。任广西按察使的黄性震等人为郡之穷民得食之居之，谋兴养济院，"因人众屋少，又寻旧址，沿昔之广而广之焉。木石木匠所需兴养济院等得屋若干间。诣而观之，亦可容千人，米贮县仓，仅使无饿而已"。同样的，鲍元、范学恒于嘉庆年间撰《各济院收养碑记》，亦详载救济院经费数量及放发办法。

另，除百姓生活帮扶外，还有碑刻记载了军营中的义帮。崇左《奉协镇都督府郭批示勒石遵行》碑，刊于乾隆四十四年（1779），即记载了广西新太协左营目军营中的兵士"为众愿义帮恳恩勒石事",详列义举条款。该碑反映了"粤西边土瘠薄,家无蓄藏,偶遇不测之事,设措维艰,苦形拮据",故"设立义帮一节,除吉事以及不法责革不帮外,有年老笃疾告退,与其父母本身病故者,分别帮助,俾垂耋之年得有小本之资以营生,不致失所,卒然变故,可勷丧葬之资以入土,幸免久搁,此实众擎易举之事"。从具体条约可见,具体帮扶了年老辞退者、因公出差辞退名粮复进营者、遇父母病故者、本身有病故者等有困难者,军营中的其他兵士每人出一定数量的银钱,帮助此类人员安度晚年、安葬或渡过难关。这种义帮制体现了军营中兵士的相互体恤,也是为自己的未来储备资金,类似于现在的社会保险制度,只不过其施行的集体是军营,范围较小。

(3)记社会经济文化等

会馆是明清时期由同乡或同业组成的团体,明清时期出现了大量的工商业会馆,清代也随之出现了较多相关的碑刻。这些碑刻记载了会馆的建设与管理,也记录了会馆的发展、作用及其宗教信仰等内容,有些会馆同时亦是明清时期各地商贸频繁、商业兴旺的历史见证。广西清代会馆遍布各地,各地会馆多有相关碑刻,如太平镇有关琏撰《粤东会馆前后座碑记》[乾隆四十四年(1779)刊]、宜州有陆苍霖撰《庆远粤东会馆碑记》[乾隆四十九年(1784)刊]、苍梧县有温汝适撰《重建戎墟会馆记》[乾隆五十三年(1788)刊]、桂林有《濂溪会碑记》[道光十五年(1835)刊]、平乐有叶林撰《重建粤东会馆碑序》[道光三十年(1850)刊]、百色有谭宗浚撰《重修粤东会馆碑记》(清刻,具体年月未知)、象州《粤东会馆碑记》[道光七年(1827)刊]、恭城《重建会馆记》[同治十二年(1873)刊]等。同时,一些地方建设的捐资碑中亦提及以会馆、商会名义捐款名单,如《平南码头重建预记》即详列各商会捐资名单,可见会馆社团在建设中的积极参与,也反映了此时社团在经济方面的发展状况。

其中,关琏所撰《粤东会馆前后座碑记》为较典型、全面的会馆碑刻。录其文如下:

郡邑之有会馆,亦犹乡之有社,族之有祠。盖所以联情敦本,得以溯所自来,不致涣漫无稽,此昔人所以重乡谊而崇敬也。太平郡为粤西边疆冲要之区,凡城廓、市、镇多外省宦游商族所经,而惟"粤东"为最。故或经营贸易,舟楫往来者所在皆有。即隶籍兹土,科名显达者,亦不胜纪。是乌可无会聚之所,以洽此乎乡邻也。乾隆二十七年,首事梁敏韬等倡议捐建粤东会馆，凡属同乡，靡不踊跃勷事。于是，卜地东门外之北，数契凑买，合成基址，为之鸠工庀材，率作兴事。未几，而栋宇规制，屼然壮观矣。惟是工费浩繁，一时难以告竣，故初建仅成前后两座，及戏台耳房。至乾隆三十八年，续行捐建中座，自是而大厅廊房、墙壁，渐次无不坚好完备矣。于今睹庙貌之辉煌，规模之宏广，前俯丽江，后枕壶城，山环水绕，幽雅宜人。登斯堂也，瞻武帝之威灵赫濯而肃然畏敬，看江天之鸢飞鱼跃而穆然神怡，不亦一胜概也哉！第名为会馆，而又颜其额曰"粤东书院"，是不但借以迎神宴会，居停囤积，将来两傍余地多建厢房，俾乡之子弟弦诵其间，或藉神灵之呵护以成名者，正未可量，是一举而两善备焉。当中座落成之时，其捐资姓名，业经同斋族侄学闵记之。……

该碑点明了当时对于会馆的认识，各地的会馆如乡社、族祠，以重乡谊而崇敬。其中还提到各地会馆尤其以粤东会馆为盛，到处见粤东会馆碑。同时，碑文中对于当时会馆的建筑形貌、意义也作了较为详细的描绘。会馆不仅成为一处胜景，也成为士子读书的书院、迎神宴会、居停囤积之所，一举多得，体现了当时会馆的各种社会意义，也反映了当时的社会经济、文化之发展。

其他如温汝适撰《重建戎墟会馆记》以及苍梧县粤东会馆内的《重建粤东会馆题名碑记》2则，三碑并排嵌入墙体，其内容亦与此相似，只题名碑记更加详细罗列了一众认领捐资人名及单位。各地相关会馆建设碑记大致相似，而象州《粤东会馆碑记》、百色《重修粤东会馆碑记》等碑记，其文章叙事更富文学色彩，多以对仗骈偶创作，四六言间以七言，读之顺畅，且对会馆所在地及会馆风景之描绘较为精细凝练。

同时，清代广西还出现了前朝未曾见的反映时代文化的现象相关碑刻，如戏曲发展、医学会的碑刻。

戏曲方面，主要体现在建戏台、戏曲展演等相关记事的碑刻。《大河圩演戏首事名碑》在桂林大河墟码头，乾隆六十年（1795）刊。其文先介绍了大圩的赶集日，反映了大圩作为经济交汇地的地位与繁荣，曰："墟之成也，诚盛事焉。兹墟始于乾隆六十年乙卯春，其地系三都十图，并占其墟之期一、四、七日。聚百产之精，通四方之货。"其后，又主要记载了各村演戏立墟首事芳名，将各村赠戏首事芳名亦备载于后。平乐县榕津村《鼎建戏台碑记》，嘉庆十一年（1806）刊。碑记言："自会馆鼎建以来，敬延元君坐镇，遂觉气象一新。言其士则文风日上，言商贾则利路宏开，言农工则安居乐业。揆其由来，莫非庇民之功德所致也。独是戏台未备，恐无以体神心而娱神志，是亦有憾焉。兹际诞期将及，妥议创立戏台，各宜踊跃乐助资财，倘或不敷，则设抽货头，复启庞公之计，如商酌不日可。夫戏台亦几会馆皆有，何敢以言酹答鸿庥，无非略表吾辈弟子之诚心云尔。至于功成告竣，自将乐助芳名勒之于石，以垂不朽。"不仅夸赞了会馆发展之益，也夸饰了当时的士农工商的兴盛，人们修筑戏台虽以娱神志为目的，但也是一种地方文化的延伸发展。

桂林叠彩山风洞外，有一方刊于宣统三年（1911）的摩崖，为吴仲复撰《崇华医学会碑记》，是目前发现的唯一的近代中医学会碑记。此碑所记的医学会可谓开广西中医界组成学会的先河，因而此碑也是研究近代广西中医史、中医学会史及我国近代中医史、中医学会史的珍贵文物。该碑记录了"崇华"医学会的成立，可见其缘起、宗旨、组织、基金、会员等信息俱全。碑文主要内容有："中华，黄帝裔也。《内经》，黄帝言也。后世子若孙，宜如何保存？如何研究？乃上下数千年，纵横几万里，先哲先达，彰若辰星。秦汉代兴，诊胜方胜，道经日午。华公继起，更能阐发，俞跗衣钵，心传深造，灵枢经水，奥旨志切，匡汉杀身成仁，至人至德，为来世宗。宋室迁儒，目为小道，愈趋愈下，日见凌夷。我辈既属同派，复为操觚，慨世道而日非，伤斯文之将丧，急起直追，组织成会，名曰崇华。典产业以作基本，借他山以成攻错。谓保存其裔也可，谓研究其经也亦可。"即碑文强调了为保存与研究《皇帝内经》、华佗医术等传统中华医学而组织成会，其后详列了20余会员之名。从此碑可见，随着商品经济的发展，社会交往的增加，中医界也开始了同行间的交流切磋，促进学术进步。

（二）公文、告示、公立碑等

清代的社会政治类碑刻以公文、告示、公立碑为主。正如前章所述公文、告示的刊石剧增显示出地方管理治理的制度化、公开化及接受民间监督的意愿，也反映了清代广西地方治理的问题以及针对问题的解决完善办法。公立碑较多是社会团体为共同利益而达成相关的协议，这类碑刻在明清时期数量剧增，暴露了广西社会的各种矛盾，亦显示出人们为解决矛盾做出的努力。公文、告示类碑刻为官方饬令刊石的碑刻，公立碑多是民间自立的碑刻，二者在内容上有重叠，主要涵盖了赋税徭役、禁盗禁赌等禁示以及水利、商贸等农工商各类管理。

下文即就这几类进行论述。

1. 赋税徭役类碑刻

首先，广西清代公立碑文中仍有明代常见的涉及到田地赋税、归属等内容的碑文，还常有水源问题的争议定论。如桂平《仙沙寺田碑记》"将寺田租粮坵段勒石永据"，《龙珠庙记》"将祀奉圣帝庙香田勒石为记于后"，以及横县《书院义田碑记》、桂平《龙华水洁二寺田租告示》《浔阳桂邑两书院田租碑记》等等。同时，水源、渔产、草场是乡民们赖以生存的重要物资，这些物资也有可能被侵夺，或因分界不清晰而引发纷争，故禁侵夺、防纷争的碑刻也有一些。如大梧村吴氏宗祠藏有一方公立碑，记载吴姓与莫姓于道光八年（1828）因水源问题发生纷争，经官府勘断，规定："其坝任从吴姓等庤水上田，灌养秧苗粮田，莫姓不得间阻。"龙胜县和平乡龙脊村黄落寨有一方《盛世河碑》，记载评断寨人到黄落寨所管辖的河内捕鱼，为此，龙胜县官府出示，严禁"踰界侵占，任意恃强夺取"。罗城县上地栋村有一方由梧州府于宣统二年（1910）出示的告示，告示记载上地栋村与下地栋树因塘鱼及塘中所蓄之水发生纷争，梧州府的判定是："断令该塘仍归上村管业，鱼归上村打取，外村不得争占。其塘内所蓄之水，仍准下村及向来占水之村照旧开放灌溉，上地栋村人不得抗阻，并不得将塘变卖。"此类碑刻以立碑明示的方式阻止了争端，确保了地方生产与生活的正常秩序。

其次，赋税类公立碑中还有征收税赋或是申请批示免税事项体现，此类碑刻多见于恭城、龙州等县村镇。如桂林郊区大河公社阳家村《众议拨税碑记》，记中言"盖田地者，民生之恒产；赋税者，国帑之常经。田地本赋税所以出，赋税随田地为留，例也"，但"迨存留日久，遂致户名无稽、钱粮无著"，故因思变，重新整理户名，明确田税，并勒石记名以传，以免空粮愈积愈多，津贴愈加愈重。再如恭城县公立碑《征官租粮米碑》明确每年应征管租粮米的时间与统一斗升等事项，又有《奉旨优免碑记》"赏给印照，豁免柴薪等项"。类似的还有如崇左江州公文《奉州立石碑记》，经勘验复查，"除批准作粮壹升，编入十二月粮额税租外，合行经批准耕"，"所有应纳粮银每于十二月内见等照所承田抄合，自行赴衙上纳给飞，毋得混缴"，"日后田地既经成熟，本州断不加租，亦不例外苛求，致民失所"。清代也有免派夫役的告示碑，如龙州《免役照牌》告示实贴江那村晓谕"嗣后准该村民等永免传派夫役，至于每年应缴钱粮例谷，不得延欠"；龙胜理苗分府公文《派用役夫碑》刻石晓谕，除少数特殊情况外，

"一切雇用民夫差使，俱令州县预期签用印票，传集填注向项差使需夫若干名，不许胥役暗派扰"。

最后，部分比较多的有关赋税徭役的公文、告示碑刻及公立碑显示出一些官吏、兵士、无赖恶霸巧立的各种杂捐、杂役，也显示出官府禁革杂捐杂役的努力。例如桂平石咀镇平安村存有一方广西提刑按察使颁布的告示：《奉臬台示碑》。该告示指出，广西地方于光绪时期有命案发生，一些地方官并不亲自前去勘验，而是让佐吏代行，佐吏则任意索派钱财夫役，或地方官亲自去，其索派更为严重。因出告示整饬："因除通饬各属一体遵照外，合行出示晓谕，为此示，仰绅民诸色人等知悉。阙后州县据报命案均系自备夫马饭食亲往相验，不取民间一钱。如有不肖书吏丁役任意需索，准该户亲人等即赴该州县衙门指名控告。倘该州县不能认真查办，准即赴府、赴省呈控以凭提案审究，照例惩办。"类似的告示还有一些，如龙胜县留存的一方由广西布政使与按察使联合出示的告示，甚至还将案件诉讼费用明示于众："将此后各州县并准理民词之各厅讼费定为每案三千二百文，于结案后由理曲之人付给，理直者不给。所给之钱，书吏得六成，差役得四成，此外不准多索。"为杜绝滥派夫役，广西还有专门的《粤西夫役章程》，明确规定派用事项、人数、印票传票制度。再有如龙州县《上龙司正堂印照》碑文即明确"凡遇上下公差，只许应夫递送，不许索食鸡酒，以恤民瘼，所有应免办"，等等。

一些有关赋税徭役的碑刻体现出广西地方对少数民族地区及贫困地区的扶持优待政策，如恭城县西岭瑶族乡新合村棉花地雷王庙有一块公立碑，显示出地方对瑶民的优待政策，摘引相关文字如下："为此，照给瑶民邓明全、盘福和、赵启相等派（收）执，嗣后采买谷石及香菌并一切杂项夫役等事，概行豁免，永远耕营，不得侵越他人地土，以靖瑶疆。"龙胜县马堤乡百湾村有一方由龙胜理苗分府于道光十六年（1836）出示的告示碑，此碑详载岗头、田地、山场地界，并说明这些地域划归壮民，且不收粮赋、不派差役。再如崇左有一方《太平府公文》，指出此地"山多田少"，百姓"穷苦难堪"，为此"革去管堡名色一切供，不许管堡收用"，即革除了管堡（可能是地方官吏之一类）到民间私派夫役的陋例。

2. 禁示类公立碑

禁盗禁赌类的禁示碑刻是公立碑及告示类碑刻中数量极多的一类，它们分布于各地乡镇。无论是官方告示类碑刻中的地方禁约，还是由乡村、氏族等社会小团体达成的乡规、村规、族规的公立碑文，其涉及的内容主要包括以往明代已经出现过的禁约内容，诸如禁盗、禁赌、禁侵夺、禁伐树开矿采石等。这些碑刻让我们可以从非常细微的方面去了解清代广西地方社会治理情况。常见的有如下几种：

一是综合类的禁示碑。碑文涵盖了生活中常见的事宜以确保地方生活的安定。此类主要包括氏族制定族规，或是乡、村乃至街道众议立碑。氏族公议立碑，以《传芳堂族规条列》为例，此族规由富川县毛氏族长毛信钊等人议定，内容涉及禁盗禁赌、日常行为、赋税完纳等方面，并有相关惩处条例，如罚款、报官究治。乡规、村规与此大体相似。尤其县城乡镇中多众议碑，如龙胜、恭城等地皆有。以龙胜《金坑禁约碑》为例，禁约碑文列了近20条禁约，内容丰富详细。其中，涉及到了修坟、买田地、抵当、留生人、偷盗、兵器管理、婚丧嫁娶、山林管理、产业等等。其中的各条例有些非常详细，如定嫁娶财礼钱的金额、改嫁需退还财礼钱，有如下两条："一、议佳期下定钱二千文，娶嫁钱财十八文，贫富一体，不得高价。如有此情，众等加倍公罚。二、议改嫁婚姻，有归回前夫妻，将财礼退还，不得昂抗。又舅公钱三千二百文。如有有高昂起价，众等公罚。"这种规定源于此寨山多地少，人口众多，不得不在钱财方面做些细致的规定。其中还多次提及禁止自杀，条约规定："一概不许索诈、吞烟、自缢、幡悔田土、捏害善良。"吞鸦片自杀事件往往发生于夫妻不合的情况，女方出逃自杀，或强盗之家父母自杀。同类的碑刻还有如恭城县《奉县批准议立条规碑》、龙胜泗水乡孟山大寨旁《兴安龙胜联合禁约碑》等，也是因为地方土地贫瘠、百姓贫寒而制定了较为详细的涉及婚丧嫁娶等内容的禁约条例，如嫁娶、祝寿等礼仪场合送礼送什么、送多少等问题，以免当地人为体面而破费钱财。此外，以街道居民众议的禁约也比较特别，如桂林有以街道居民商贾合议的八街《公议禁约》立碑。该禁约碑合南城外桥上下四街暨下码头、竹木巷、油榨缺江口、章家关共八街的居民商贾，编诸保甲，八街共主祀，但因其时各种乱象影响安宁，故爰集八街同人公议定禁约十则，并勒石以垂远久。其条约涵盖了人伦风化、禁盗抢赌博奸淫、禁扒龙船放龙灯以及管理打鱼、买卖、挑抬等。

二是具体禁示某一事项的碑刻。这些具体碑刻涉及到生产发展多方面，出现以往少见的比如禁止侵占官道、禁止欠租等告示。具体说来，试举一些比较典型的具体禁示碑如下：

（1）禁偷盗扰民

乡、村中的偷盗往往以偷窃牛马、鸡犬、鹅鸭、池鱼、树木、禾谷等细小事，虽为细事，若听任不管，也会严重侵害村民利益，故将这些琐事详细开列，明确赏罚，既能警戒约束人们的行为，亦能避免纷争，确保地方的安宁。龙胜县和平乡龙脊村有一方《龙脊永禁贼盗碑》，记载了道光年间拿获的强盗团伙，这一团伙中的一些从犯，经他们亲戚的求情，官方给予了较为人性化的处理："因各贼之亲房哀求，各自戒禁，以后再不敢为匪，情愿书立犯约，交与众等收据，倘后不遵，仍有为非，任由众等将我等家门房族一并送官领罪。今后如遇被贼□，经鸣头甲，任由寻搜，不敢害捏。如遇争讼，必依头人理论带告，如仍勾串害民，鼓而攻之。尤恐后来不严，又有一种子弟，贪玩好□，投师入伙，是以录刊贼盗姓名，竖碑为记，永远禁除可也。"也就是说，犯人的亲人会禁约犯人，确保不再犯罪，如果再犯，连亲人也要受罚。同时，犯人名姓，也刊刻于石，以示警戒。此外，清代还出现了严禁盗卖盗葬等的告示碑，如桂林尧山有告示碑记载了盗墓案件，随即勒石以示"不得挖毁朱姓坟茔，并不许盗卖盗葬"。

（2）赌博

赌博最能败坏地方的风气，所以民间规约及官方禁约中，有很多将禁赌列为内容之一。如灵川县官府接受地方百姓的呈请而颁发的禁约——《禁止容留游匪窝窃聚赌》，明文规定："查窝留贼匪、行窃聚赌、宰杀牛只等项，一经有犯，重则遣戍、轻亦杖徒。"此碑文中还明令禁止乞丐强讨现象，规定："老弱残疾花子，听从给米一酒杯，不得沿门俱要，凡遇喜事，每人给钱二文，无疾丐匪不给，如有沿门发癔、强讨强要者，绑送究治。"无疾丐匪，即未丧失劳动力却三五成群进行乞讨的人，这一类人使坏耍赖，强讨强要，类似于强盗团伙，应该予以惩处。有些地方甚至有开赌场的，如桂林府于道光五年（1825）出示一方告示，明示对开赌场者的惩处："偶然聚会开场聚赌及存留之人，抽头无多者，各枷号三个月，杖一百；民人将自己银钱开场诱引赌赙经旬累月，聚集无赖，放头抽头者，初犯杖一百，徒三年。"

（3）渔、林、牧等禁示

伐木往往对一地的环境造成破坏，所以官方、民间的禁约也比较多。如桂林宝积山有一方光绪五年（1879）广西按察使司长出示的告示："按察使司长示：禁止毁树。"关于禁止毁树的原因，比较多的说法是树木有关风水，如龙胜平等乡寨枕村有道光十八年（1892）立的《亘古记碑》记载其乡有松杉林："亦是借以遮荫，而且风水有关，岂又忍伤乎！以今大众公议，永世不许剪伐。"亦有将其与保护水源、利惠农业联系起来，有着明显的环境保护意识。再如桂林龙水乡龙水村的桂林府理刑厅出示《萧推爷禁示榜谕》指出："淋田一源，出自天仙而来，分派下灌，何啻千百余亩。然山阴则源润，虽有旷旱不竭，故培养山林，滋润源头，亦至理也。"牲畜蓄养管理上，一些综合类的地方禁示碑中专列了牲畜蓄养管理条例外，清代也出现了专门的管理禁示碑。如告示于同治十二年（1873）八月的临桂县正堂告示碑，明确草地归属，非属地者"不得越境司牧，以防牛只往来，毁崩田基，践踏禾苗"，谕"自示之后，尔等牧牛，务须各牧其地，不得越阡过陌，损人肥己"。光绪丁酉（1897），又有《临桂县正堂示》："马洲垦荒种植，禁止放牧。"同类型的碑刻，还有对于捕鱼的管理，也是建立在明确鱼塘归属以及保护地方农民利益基础上的管理。如《临桂县批发黄冬进等三户捕鱼票》："恩取结编号印烙验船给票，以杜假冒事"，"凡有经过沿河塘汛，验票放行，任由捕鱼、过堰，毋得阻滞，有负上宪爱及渔氓至意"。兴安县告示《严禁放鸟入堰塘捉鱼批示碑》，规定严禁放鸟捉鱼，以免毁堰伤禾。而罗城仫佬族自治县龙岸乡上地栋村骆氏宗祠内有《判骆玉书诉邱昌葵等霸占鱼塘案》碑刻，记录了骆玉书等呈控下地栋村民邱昌葵等霸占鱼塘案的具体内容及判决，明确鱼塘中鱼与水的归属管理，其中判案中主要依据了"骆玉书等则有碑文可考"，此碑"因念北略村及附近各村需水灌溉，仍准放水灌田，结批勒石为据"。足见石刻在明确权责、避免争端等方面的实用意义与可靠性。这些用于禁止林木砍伐、禁止滥放养牛羊、捕鱼等民生管理的碑刻，体现出人们对农业生产的重视与管理措施，也反映出人们对于刻石立碑意义的实践。

（4）禁凿石盗矿等

明清时期广西人对开矿采石的负面影响的理解，主要有如下一些：破坏地方风水；祸害农业；招致匪帮；毁坏古迹或防御设施，等等。清代碑刻中，有如北流市勾漏洞《禁凿石山告示》即指出勾漏洞、白沙岩、三座山等处，"诸山环拱，钟灵毓秀，为县治风水攸关，即一邑文运所系。小民无知妄作，凿石烧灰，载运出境，视为利薮。河中有石，状若牛眠，人称为圭江石，取砥柱中流之意。石坚而润，可为砚，可镌图章。奸民椎凿，几无虚日"。将维护自然山水的原貌与地方风水的培埴、人才的孕育联系起来，严禁采石行为。富川县有《奉县封禁坑场碑》，指出采矿者在山坑挖矿，到河中洗矿，造成河流壅堵，影响稻田的灌溉，故出示严禁。贵港市《禀请抚宪批示封禁开矿碑记》，提到开矿之人多为无赖游民，在山中相聚为盗，光绪十三年（1887），地方稍稍安宁，"突有武员莫云成制备机器，带同外洋矿师来县，欲招人开挖。诚恐歹人聚集，愈聚愈众，为祸非轻"，于是禀请地方官封禁石矿。此碑指出开矿之人备着机器、带着外国的采矿师来，见出此时广西采矿技术的提高。而桂林象鼻山则有一禁止开山的告示强调"今后但有诸色人等在此凿石取土，毁伤先贤遗迹者，着地方千百长即拿解重治"，即将凿石与保护先贤古迹相联系。

（5）地方性其他事宜的禁示管理

道光二十八年（1848），桂林某一街议定刊刻了《公议禁约》："道光二十八年五月二十七日，合街老少齐集，公议永禁事宜，开列于后：一、禁扒龙船。议定逢戊年方准迎龙建醮。一、禁自办龙灯。一、禁接放龙灯。以上所禁三事，议定永远遵依，倘有恃强不遵禁约者，合街绅耆公同秉官究治。道光戊申年六月十三日，合街公立。"可见，这次禁约的制定召集了全街的老少参与，所议之事一是不得参与赛龙舟，二是只能在戊年迎龙灯，其余时间不能私自置办龙灯、放龙灯或接龙灯。联系道光二年（1822）桂林府出示的禁示《奉示永禁扒船姓名碑记》，可知赛龙舟易引发好利之徒借机敛钱，也容易导致争斗，甚或酿成人命。所以《公议禁约》禁赛龙舟是情理之事，至于禁龙灯，大概也是因为此举耗费钱财，且舞龙灯时人员密集、烟花任放，亦容易导致祸患。立禁约之人为住同一街道的街坊邻居，显示出利益共同体对本集体的管理意识，行使着类似于现代社会的街道办的职能。有些因地方治理特殊性等原因，其规约更为细致。如忻城县遂意乡堡流村合村众人订立《遂意乡堡流村村规》，细化到马匹的乘骑与否，因村中道路窄狭，为避免儿童被马匹惊扰踏伤，于是规定骑马之人路经此村，要下马步行："自经以后，凡骑到此，请各下马步行，以免□辈走逃跌踏。"桂林还有四街公立碑，禁止开花炮店碑记，因"开花炮店，最易失事，稍有疏虞，贻患非小"，故出示严禁。

三是清代亦多禁示碑刻记录对官吏的管理事项。桂林有无赖恶少借着端午节赛龙舟向百姓索钱，于是，桂林府下文严禁，事见桂林临江下街的《奉示永禁扒船姓名碑记》："借端敛钱，本干律禁，前经本府访闻，向有不法匪徒，藉演龙舟，沿门索派之事，当经出示严禁，并饬临桂县查拿在案。"再如乾隆五十七年

（1792）刊于龙胜泗水乡周家村白面寨旁的告示《奉府示禁碑》，顾及地瘠民贫，加意抚绥，以靖地方，特开列数条规约，如采买方面需"照例还主"，均应在城市圩场"照市价公平采买"；收租则"应平斛乡党"；公务出行，"自备盘费，毋许乘坐篼轿，滥派乡夫，及需索酒饭供应"；官衙修建等，"所需物料，随时给价，毋得任听书差向民间派收工匠钱文"，等等。相似的还有龙胜和平公社龙脊大队的桂林府严禁衙门书差藉端滋扰的禁示碑，龙胜县马堤乡张家村《龙胜理苗分府禁革碑》、兴安县溶江上洞村民公立的防止差役勒索条款碑等。

另一方面，一些禁示碑刻也反映了地方对土司的管理。土官制度是中央治理少数民族地区的特殊制度，由于比较多的少数民族地区社会发展水平较中原落后，土司较一般官民拥有很多特权，但随着社会的发展，他们的一些特权也逐渐被禁革。雍正六年（1728），南宁府出示的对土司陋例进行禁革的告示，规定土官的承袭、生子、嫁娶、丧祭、寿日等日子不可向民间派差夫或索贺礼，等等。摘引相关文字如下："一禁土官，钱粮重加大耗；一禁土官，承袭不派民间；一禁土官，生子不派贺礼；一禁土官，嫁娶不派奁；一禁土官，丧祭不派民间；一禁土官，寿日时节不派贺礼；一禁土官，不许寰为园地；一禁土官，不许擅派民夫；一禁土官，不许强娶民间妻女；一禁土官，不许发牲畜豢养；一禁土官，不许取索鸡鸭各畜；一禁土官，不许强田入。"嘉庆四年（1799），崇江州县出示的告示亦有类似的禁革内容。龙州县《奉上禁革陋例碑记》也明确禁革陋例勒石以示管理土司。土司特权的禁革显示少数民族地区逐渐被中原文化所同化的明显趋势。

3. 商贸管理类碑刻

商贸是社会生活不可或缺的一部分，故在乡规民约中亦有专门条款规定相关事宜。广西清代商贸管理的石刻记载了清代地方对于商业产品、商业贸易及生产活动等相关方面的监管。

首先，管理者或者众人商议勒石示约，对生活所需具体用品的价格、质量等进行监管，保障百姓利益。在石刻中常见的管理物资包括粮、肉、布、杂货等，如前文提到的灵川县《禁止容留游匪窝窃聚赌碑》，此禁约即有一条规定："两里杀猪人不得灌水，头脚下水，不许搭肉同卖，即外乡人来卖干肉，亦不得搭水，肉更不得卖，如违，拿肉议罚。"即对买卖物资质量、买卖方式及惩罚方式进行了明确规定。

其次，勒石警示进行贸易管理，维护市场秩序。诸如桂林大河圩的灵川县官府出示的大河墟墟市贸易管理告示，规定牛行、猪行、盐行、布匹、杂货等项的交易原则，如规定盐行、布匹、杂货等项的斗秤尺寸要公正，如牛猪交易要公平、远近一体、生熟无欺。其中该碑还明确了售后政策，此售后政策是最值一提的，其原文如下："买成一牛者，即交定钱一百文，其或牛有弊病，许对墟退还，若过期者，不准退。买牛者，其或牛无他故，已经过期，因见时价稍平，便思故意来退，希图减价，其或卖者不愿减少，致起争端，酿祸不浅，理合公罚。"猪牛买卖，并非小事，故设定相关政策，若猪牛有弊病，准许买家在一定的时期内退还，但若买家因时价降低而退还，引发争端，则要受处罚。再如平南县《严禁短价私抽谷米碑记》规定："嗣后凡有贩运米谷船只到境采买谷石，不得短价抽买。……至尔商民，挟本营生，亦须安分守法，不可夹带违禁货物，希图获利。"南宁《扬美街通乡士庶设立禁约永远碑记》亦同此类，主要针对集市贸易订立了条约，如猪肉不可灌水搭骨喂盐出售，如街道两旁不可再造房屋及篷厂，如铺面原系可摆放货物售卖的，不可向其收租。这些都是对商贩行为的管束，能很好地保障商家及消费者的利益，显示出明清时期广西商贸业的日益发展完善。

同时，在此过程中，商业的发展必然需要税务方面的管理，因而随之产生对于税赋管理的碑刻告示。藤城镇大东街有一方梧州府分管厘务（税务）部门出示的告示，专门针对商品纳税事晓谕商人："嗣后藤城所属金鸡、三眼堡、陂塘、老鸦塘各村墟市来藤贩买货物，由藤城商店呈现单报验，为数无多，验明即便放行，巡丁人等不得留难阻止；如非墟市零沽之物，即令照章完厘。"也就是说，藤城下属各村商人来城贩卖回村的为数不多的日用商品，是不需交税的；若所贩货物较多且并非墟市零售物件，则需交纳税费。这种规定无疑是合理的。桂平有一方浔州府商税告示，由税关部门出示告示，规定了商品经过哪些关卡需要交税，即"嗣后南北河谷米麦子……统过南北关时始税。此系为望，惟不得籍此走漏若干，查出充公"。

总之，告示类碑刻及公立碑展现了广西社会生活的方方面面，涵盖了士农工商等：赋税徭役与一些禁约碑刻涉及到农业、林业管理，又有专门的水利工程告示、码头鱼塘等管理碑刻维护着地方安稳发展，同时还有较多的商贸管理碑刻。这些都具有很高的史料价值。另外，将公文、告示等刊碑的目的之一，是让民间对政府政策进行监督，或遵守利益共同体制定的协议，故碑刻在当时所起的功能，不单单是传播，还是政务公开的平台、集体事务的窗口。

二、宗教类石刻

广西清代的宗教碑刻得到了巨大发展，表现在数量的增多及内容的丰富。

一是数量的增多。时间上，时代越久远，碑刻损毁越多，而清代距今较近，碑刻保存较好。另，经过各朝代积累，广西宗教在清代得到进一步普及。因此，清代宗教类碑刻数量上多于前代，有近百方。

二是基本内容的丰富。在宗教类别上，清代宗教的发展除了传统的佛教、道教碑刻外，还出现了伊斯兰教碑刻，显示出伊斯兰教在广西的传播情况。具体内容分类上，这些碑刻亦如前朝，一是多记载各地寺庙道观的兴修重建历史，如贵港南山寺《鼎建山门八角亭金刚殿记》、梧州苍梧县《重建庆琳观题名碑记》、崇左《丽水龙神庙碑》、贺州《重修玉皇庙前楼并塑神像碑》等记录庙宇兴修情况及修建、捐资等事宜。二是涉及的崇奉神灵人物多样，如佛教金刚、道教各路神像及历史英雄人物等。清代较为特殊的一面，是留刻了反映新的宗教发展历史的碑刻，如《重建南宁清真寺碑记》、百色市《清真寺碑记》等。题刻的形式上，清代广西石刻依旧是以记事碑刻以及宗教相关诗文摩崖为主，尤其一些较为有名的寺庙、道教场所以及祭祀祠庙仍然延续较多的石刻题诗创作，如桂林栖霞寺、刘仙岩、贵港南山寺、柳州柳侯祠等地。

同时，广西清代宗教类石刻内容的发展显示出佛、道、儒三家（甚至包括伊斯兰教）在广西乃至中国的进一步融合。明清之前，宣扬三教合一方面的碑刻不多，这方面的碑刻在明清时期多起来。在佛、道、伊斯兰教与儒学相融的过程中，可以明显地看到前人如何将宗教与政治教化联系起来。如《重建福胤庵碑文记》《重建定粤禅林碑记》《重修三乘古寺碑记》等碑刻都强调佛教亦能有助于教化。桂林叠彩山摩崖《重建定粤禅林碑记》有文曰："方其靖南土、列雄藩，戡乱以武，敷治以文，独虑粤西苗猺杂处，圣教未足尽开其锢蔽。乃辟为禅林，以阴动之。盖愚氓进以仁义中正而不悟者，示以祸福死生而莫不惧，故佛者亦儒门之助也。"即认为广西少数民族杂居，有些人不能领悟儒家所宣扬的"仁义中正"，却能为佛家所宣扬的"生死祸福"所诫，所以，佛家能导之向善，以利于民族团结、边疆稳定。另有龙胜县九江江底乡桐子湾石刻洞摩崖《观音大士救劫文》，为求雨而撰写，此文历数灶神的上告、玉帝的下命、观音的恳请、散瘟元帅的布灾、观音的下界查访与允诺降雨，这篇救劫文亦显示出道教与佛教的融合。类似的还有桂林独秀峰太平岩摩崖《修塑太平岩前后洞诸神记》，修塑神像者将道教神祇与佛教神祇一起供奉，既有道教神北帝、灵官、雷神、赵元帅、老子，也有佛教神祇观音。同时，连伊斯兰教的宣传者亦强调伊斯兰教义与儒家思想的相通之处。如《桂林崇善路清真寺碑记》即说："况圣本西方教传华夏，其讲明而切究者，罔非忠孝廉洁之道，仁义礼智之条，与儒教无异也。"

另一方面，广西清代社团相关石刻也多反映宗教信仰，同时也反映出资本主义经济自明清以来在中国的萌芽与发展。社团这种经济团体与宗教的关系，就是社团以团体形式谋求神灵护佑，这一内容在社团碑刻中多有体现，如《起造福德神祠重整条规碑记》《祁邑重修财神碑记》《鼎建粤东会馆碑记》《捐助元君祠记》《庆元粤东会馆碑记》等。桂林云峰寺《起造福德神祠重整条规碑记》记载了湖南会馆下属各社团如油行会、冠盖会、皮箱会、小驳船行、濂溪会、衡山会、轩辕会、义和会等社团或以行业命名，或以地方命名，或以其他方式命名，总之是一些商会性质的社团。这些社团共同出资，修建会馆及土地神祠。而湖南会馆主要由湖南入广西的移民组成。崇祠天后，这在平乐《重建会馆记》中亦有记载"我粤馆创自乾隆，供奉天后元君"。桂林《祁邑重修财神碑记》所记祁邑会也是商会性质的社团，祈求财神的护佑也就是自然而然的了，正如其记中所表现出的财神崇奉："窃维财神之为灵也……虽遐方异域，皆知敬而祀之。爰商我同邑共里，各出捐资，并将先年遗像，目今重新以易，木像全贴金身，迁移前殿，悬升匾额，则神像亦光辉，而民亦受其福。"崇左《鼎建粤东会馆碑记》曰："登斯堂也，瞻武帝之威灵赫濯而肃然畏敬，看江天之鸢飞鱼跃而穆然神怡，不亦一胜概也哉！第名为会馆，而又颜其额曰'粤东书院'，是不但借以迎神宴会，居停囤积，将来两傍余地多建厢房，俾乡之子弟弦诵其间，或藉神灵之呵护以成名者，正未可量，是一举而两善备焉。"其中提到武帝，即武财神关帝，其形象威武、忠肝义胆，可镇宅避邪、护佑平安、招财进宝等，常被开店经营、经商理财等世人所崇奉，可见粤东会馆也希望得到财神的护佑。而平乐《捐助元君祠记》等碑刻中则记录了会馆参与宗教管理，如捐助维持祠堂管理的田租经费，"捐入会馆奉祀元君，永洁苾芬，聊供边豆"，也可见当时会馆社团在宗教中的参与与作用。

具体而言，广西清代宗教类石刻主要有以下发展。

（一）道教碑刻

相较于唐宋时期，明清的道教内容石刻有了新的发展。一是明清以前只有佛教经文的刊石，明清时期的道教经文亦多有被刊刻于石，显示出道教在宣传上的加强。二是明清之前宣扬道教神灵的石刻并不多见，很多道教神灵（如马王、龙王、财神、痘神、新息侯、秦淮海）在明清时期进入了碑刻宣传之列，尤其清代多见，这些神灵或源于神话，或出自民间，或本是文臣武将而被神化，显示出人们对造福人类的英雄人物的崇拜敬仰。三是明清以前得道仙人皆为男性，明清之时的女性得道者也进入被宣传的行列，如天后、班夫人。有些特点在明代石刻发展一章中已有论述。本节着重论述清代道教碑刻的发展概况以及一些异于前代的道教碑刻。

1. 道观与神祇石刻

清代的道观建设仍然没有停止，从其留下较多的碑刻即可反映出来。因此，清代道教石刻的发展首先体现在各类庙宇的新建或是重建碑记中，以及反映神祇崇祀的碑刻。从道观建设碑刻可见，清以前的广西崇祀的道教神灵主要是老子、三清（元始天尊、灵宝天尊、道德天尊）、玉皇、城隍。清以后，崇祀的道教神灵急剧增多，除各地以往可见著名的道教神祇外，还有如关帝、龙王、马王、雷神、盘古、财神、痘神这些全国性道教神祇，以及如海阳山神、甘圣公、陈王、班夫人、天后（即海神妈祖）、伏波将军马援这样一些地方神祇。如崇祀龙王，有兴安县《重建龙王庙碑》《重建分水龙王庙碑》、崇左《丽水龙神庙碑》。崇祀真武，有贺州《重造真武观碑记》、容县《重修真武阁记》。崇祀天后，有贺州《重建天后宫序碑》、桂平《天后显圣录》《重修庙宇记》、平乐《天太后元君历朝封典》等。崇祀诸葛武侯，有桂林《重修诸葛武侯祠记》《重修诸葛武侯亭记》等。崇祀关帝，有恭城《重建协天祠记》《重修协天祠碑》2则以及《重修协天祠头门鼎建戏台碑》等。另，又有如恭城《雷王庙碑记》、梧州《重建庆琳观题名碑记》、桂林《重建三清殿药王殿暨山门碑记》《新修痘神庙碑记》《重修虞帝庙碑记》、阳朔《盘古庙古钟铸字序》，等等。

（1）全国性道教神祇

在原有的普遍性神祇道观基础上，与此相关的清代碑刻主要是记载重修、维护此类道教运营事宜以及文化延续，如记录重修真武观、庆林观、三清殿等碑刻，以及延续刘仙岩、白龙洞等道教文化相关的摩崖，展现的是传统普遍的民间道教信仰的延续。如刊刻于乾隆七年（1742）的阳朔《盘古庙古钟铸字序》，其碑文言："大清朝广西道桂林平乐府、阳朔、平乐恭城三县众子孙等，重修龙尾朝天大庙……众等处心炬（铸）造神钟壹员……敬奉开天盘古圣帝、五圣盘王案前，永远供奉。"在一些会馆碑刻中，除有祭祀财神的记录外，像桂林《起造福德神祠重整条规碑记》中记录了湖南会馆重修会馆大殿外，还记载了"建造土地神祠"一事，可见会馆多重视崇祀神祇以祈求保佑。

其中，较之于前朝，清代此类碑刻记载的内容除常见的道观兴建历史、意义记录外，其中对关帝、马王等全国性道教神祇的崇祀还会与边疆安定联系起来，显示出地方特色。如万历年间建的恭城协天祠有记外，康熙二年（1663）刊《重建协天祠记》曰："自今以往，雨旸时若，猺獞帖服，俾恭之士民商……帝之呵护当未有艾也，因□其事以镌之石云。"协天祠之重修，即希望关圣帝能呵护一地的风调雨顺、民族团结。《新建白龙岩马王庙碑记》亦云："粤西地处荒服，接壤滇黔、南越，蛮彝错绣之区。从前戡定，端尚武功，数载征绥，始获宁谧。然绸缪乘雨，安不忘危，其有膺师武之责者，既仰承上命，克镇兹邦，敢自弛其戒□？因是按其所重而必不可废者，无如马□□资□其□□驰逐，用壮威武，为□中之大效耳。"虽文字不全，但约略窥见对马王的尊祀，是期望其能壮武威，保广西之太平。

此时，诸如桂林《酬神大傩记事碑》《新修痘神庙碑记》、恭城县《雷王庙碑记》、阳朔《盘古庙古钟铸字序》，此类碑刻则较为全面地展现了清代各种道教神祇祠庙建设与民间信仰的发展。

桂林雁山区寿崴下村庙有块《酬神大傩记事碑》，刊刻于咸丰九年（1859）。这块酬神碑反映了广西的傩戏表演与祭祀活动的关系。傩戏、傩舞是中国古代诸多"祭祀""祈福"仪式的一种，"傩"字古书上的意思是祛除鬼神，傩戏即是用来驱鬼的仪式。傩戏是在古代祭祀仪式基础上吸取民间舞蹈形式形成的产物，是历史、民俗、民间宗教和原始戏剧的综合体。这种仪式从商周时期就已经开始流行，号称中国古代文化的"活化石"。傩戏发展至今一共经历了"逐疫""酬神""世俗化"三大步。而在广西的石刻中，直到清代，在桂林的碑刻中才有专门记载，也说明了此时桂林傩戏的发展：作为中原文化与岭南文化交流的枢纽，桂林成为中原巫傩文化传播中心，流传至各地。《酬神大傩记事碑》记载了"盖《周礼》方相氏之设，原以掌民时傩而逐疫也。今吾村例五年建酬神，谓之大傩，即古礼也，而宗祠所由立焉"，即下村村民修筑本村宗庙祠堂，并定下了每五年以傩还愿酬神之事。其中也强调了傩神"逐疫""酬神"，反映了这一活动又具有礼仪性、周期性等特点。与此类似，在道教祠观的碑刻中涉及到戏曲等仪式和娱乐文化的，还有恭城武庙内《重修协天祠头门鼎建戏台碑》，此碑记载了众人捐资重修协天祠头门鼎建戏台一事，可见当时人们将宗教信仰与戏曲娱乐活动或是仪式相结合。

再有，桂林还有记载"痘神"的碑刻，这在前朝未见。"痘神"，俗传为主司麻痘之神，又为护佑儿童的司命之神。痘是一种传染性极强的疾病，因此古人对它敬惧如神，在全国各地均有相关痘神庙。康熙五十九年（1720），吴元臣撰《新修痘神庙碑记》，立碑于桂林城隍庙。该碑言："桂林乃省会之区，生齿日繁，熙熙攘攘□毋欲祈禳，欲酬谢大都苟且，荒年竟不成礼。戊戌之冬，数岁或十余岁，亦皆相继出痘。中外平安，十活八九，余神之无地也，因募众缘，共成胜果。"记载了桂林关于出痘的历史与建庙之事，也阐述了痘之缘由与治疗，也联系人口繁衍等事宜来论述，碑后还详列捐资之人与出资数。此碑可见"痘神"祭奉乃此时得以借外来仕宦进行了一定的推广。

此外，除记录大众性的祭祀祠庙道观建设历史外，一些祠观碑刻还记载了宗教得以延续发展的管理，尤其对于经济来源与维持的记录较多。如南溪山刘仙岩内《临桂县更调刘仙岩道童告示》，缘刘仙岩置有香田，由该庙道童收租完粮，"近因旧道童秦松连不守清规，欠粮不完，经众禀请驱逐。兹查有南乡二塘茶店堡道童赵常临师徒为人诚实，堪充该庙道童，并愿将庙中新旧钱粮一并扫数完纳，不敢迟延，恳请批示准充。为此示谕该道童知悉，嗣后务须恪守清规、勤慎侍奉香灯，毋得容留匪徒在庙住宿。至庙中租谷钱粮，尤当年清年款，不得拖欠，尚敢不遵，定即严拘究惩，决不姑宽。毋违。特示"。再有张遴撰《勒南溪山刘仙岩形胜全图并叙复佑圣观田记》，张本真撰立《刘仙岩祀田纪略碑》《祀田位置碑》、贺州《龙珠庙记》等都刊载记录祀奉神祇的香田。恭城县西岭瑶族乡新合村棉花地雷王庙内的《雷王庙碑记》则是勒石刊载"照依四至界内耕管，永免上纳粮税及苛派一切杂项夫役等事"，以示永远子孙沾恩，焚香顶祝，以靖猺疆。

（2）地方性道教神祇

清代广西地方性道教神祇石刻以崇祀天后的现象为典型。这一崇祀碑刻，一是体现了大量的道教宣扬碑刻，二是显示了清代对于女性得道者的宣扬、崇祀，三是外地神祇引入广西的一个历史痕迹。

天后，宋代兴化莆田人（福建沿海地区），原名林默，"天后"为其封号，其事迹见贺州《重建天后宫序碑》、桂平《天后显圣录》《重修庙宇记》、平乐《天太后元君历朝封典》等碑。天后的灵异在于保出海船只平安，摘引《天后显圣录》一段文字来看，"圣母，闽之兴化莆田林氏□也，始祖披公生子九，俱贤……。厥后海洋舟楫，浪息波平，神功普济，随感而通。建宫殿于莆之湄屿，屡受历朝褒封"，"越二十九岁，宋雍熙四年丁亥秋九月重九日道成，白日飞升。厥后海洋舟楫，浪息波平，神功普济，随感而通。建宫殿于莆之湄屿，屡受历朝褒封"。再有，平乐《天太后元君历朝封典》，碑在平乐县榕津村，道光二十二年（1842）刊。此碑亦记载了"天太后娘娘，林氏女也。始祖唐林披公生子九人，俱贤"，以及其历朝显应褒封。

总之，天后本是福建的本土神灵，与海运有关，何以成为广西的崇祀的对象？广西贺州、桂平并不临海，但也有水运，其祭祀天后，还是希望船只运行平安，所以《重建天后宫序碑》说："夫以后之神在天下与在东南何所异，而吾贺逼处水乡，孚佑弥深，则凡聚族于贺，集业于贺者，固非叼宥慈荫。"《重修庙宇记》亦云："按天后□起自宋护国庇民，英灵惠济，而吾郡则犹沾恩无既焉。郡为两江之汇，舟楫时至，铜鼓安澜，白石凌霄，昭如日月，不有以记，安知神灵显赫？"

并且，关于天后崇祀和记载的碑刻又不局限于道观中，如宜州《庆远粤东会馆碑记》，乾隆四十九年（1784）刊。其碑记中言："建兹公宅，以禋祀北帝，其左侧又为天后宫也。"另有《补杉楼记》，提到桂林也有福建人建馆祭祀天后："桂城内有阳塘，塘有桥，桥东曰杉湖，西曰莲荡，闽人馆于湖之北，祠天后，宏阔清严。"从这一碑文推测来看，天后这一福建地方性神祇被广西接纳，可能与福建移民的引进有关。

类似于这种从外省引进的地方性道教神祇，还有洞庭神，见于《洞庭庙重修碑记》，此碑存于桂林。该碑记载了陈氏家族从湖南移民到广西，因屡受神灵的庇护，而建了洞庭庙。按其意大概是祭祀洞庭神，也就是洞庭湖的水神。摘引相关文字如下："盖闻食德者溯源，继前者垂后。吾家有洞庭庙，相传始祖自楚迁粤，历叨神庇，因庙焉。今越数百年，瓜瓞绵延，皆神力也。"

2. 道教经文、图像石刻

如前所述，道教经文刻石在广西明清以前是未见的。有记录的清代道教经文石刻集中于龙胜县九江江底乡桐子湾石刻洞，分别为《太上感应天律》《文昌帝君醒世文》《关圣帝君真经》《玄天上帝金科玉律》《文昌帝君醒世文》。

《太上感应天律》即《太上感应篇》，与《关圣帝君真经》《玄天上帝金科玉律》《文昌帝君醒世文》俱为道教经典著作，内容以劝善为主。这些经文的刻石，其目的可能是宣扬道教思想、导人行善。另外，《关圣帝君真经》碑文后附有如下一段文字："太微仙君垂训云：若以善书传一人者，当十善传十人者，当百善传大富贵、大豪杰者，当千善广布，无穷重刊，不朽者万万善。"也就是说，将经文刊石的人，是希望借撰写经文传递善因。这大概是道教经文被刊于石的原因之一。如同佛教徒撰写佛经求善果。于此又可推测，道教经文的刊石是受佛教经文刊石的启发。

此外，再有如桂林南溪山住山道人张本真除撰立《刘仙岩祀田纪略碑》《祀田位置碑》外，又于康熙庚辰年（1700）重刻桂林刘真人歌并传迹，以期仙迹存久远。其歌诀为《金玄歌》，摘录部分如下："逍遥宇宙人不识，谁会宗流话端的。大隐居廛心欲澄，小隐山间为所寂，乾坤大地炁初分，男女阴阳相配匹，夫妇团栾齐会时，节次存升过关隙。金乌玉兔坎离交，二家通流化为液。四物和合作汞铅，养就玄珠谁会得。固真精，是胎息，烹炼依时无间隔。子午名为七迵根，戌亥加临九转觅。离卦圆，坎卦益，气液相交龙虎历。长就黄芽道本宗，内丹一粒如金璧。加减三昧火频烧，魔鬼星分自潜嘿。天真透出过九宫，独跨赤龙朝紫极。指玄机，伸秘迹，此理深藏宜保惜。勿将轻易示非人，乱泄天机遭灾厄。学道之人守正一，渐成渐转功行毕。出离凡体达蓬瀛，玉帝书名记仙籍。"歌诀引用了大量的道教关键词与理念，更多的是体现道教玄学。

此外，清代还有少量道教圣像、图像石刻及其记事碑文。龙州小连城有刊刻太极图，光绪二十五年（1899）刊。图像有文记此事："光绪二十五年季夏月，信士林新和、林新发偕男柏香、柏高、柏桂、柏馨敬立。"桂林南溪山刘仙岩有李秉绶摹刻刘仙像并附赞、跋、诗，其跋文记："仙像刻于岩际千有余载，风雨剥落，恐久愈失真，兹特拓出重摹……后之景慕仙风者，得瞻其道貌……"这些刻像及记事，也反映了道教在清代的发展状况。

（二）佛教

佛教相关碑刻，一如道教一般，包括寺庙佛塔等修建历史碑刻以及礼佛记事、经文刊刻等内容。

佛庙的兴修与维护最直接反映佛教文化的发展。清代广西依旧有不少佛寺，进而留下了不少碑刻以记其兴衰。如贵港南山寺李彬撰《鼎建山门八角亭金刚殿记》2则，桂林象鼻山云峰寺后潘瑚撰《重建云峰寺碑》、普陀山栖霞寺张联桂撰《重建栖霞寺记》《重建栖霞寺落成诗》、富川县慈云寺《重建镇江慈云寺记》、全州《重修全州湘山寺妙明塔碑》等。这些寺庙碑刻阐明人们信奉佛教，认同佛教诸神救苦难、大慈悲的善德义举。因此，在佛寺经久颓废后进行重修乃理应之事，并且也不断明确佛寺的田地管理，又在碑刻中刊载捐资、修寺等有功之人。以张联桂撰《重建栖霞寺记》为例，该碑文篇幅较长，详细记载了栖霞寺历史、浑融和尚、瞿忠宣、张忠烈等人之事迹。其碑文最后的总结更将寺与人相结合，升华了此寺之意义，具体而言："今日者，梵宇重新，其视曩时结构未知何如？而都人士以春秋佳日俯仰流连，缅毅魄之英灵，憬高僧之仗义，知必有慨然于正气之常伸，而为之低徊不置者。人不因寺而传，寺实因人而重，非徒以山水奇秀、岩洞幽曲足当目前胜景也。寺既落成，乃为文勒石以纪其事。"同时，很多的寺庙碑刻中，常刊刻捐资人名及捐助金额外，从人们捐资建庙、勒石记功亦可见清人对佛教之崇祀。尤其，南山寺的《鼎建山门八角亭金刚殿记》二则刊载近百人名，可见捐资信奉人数之众。另，还有专刻的捐款题名碑，如桂平《洞心寺捐款题名碑》。

石刻佛教经文的清代石刻也不算太多，主要集中在与一些佛像、寺庙等关联的山岩、寺庙中。其中，桂林普陀山普陀石林中有一方摩崖，乃信女唐杨氏将藏经书目列于岩，刻了《华严经》《大宝积经》《长阿含经》等54部佛经名。此外，较为典型的刻经石刻，主要有杨妙清刻于桂林普陀山的《大乘本生心地观经》，刊刻于光绪十八年（1892），其主要内容："若善男子善女人发阿耨多罗三藐三菩提心，一日一夜出家修道，二百万劫，不堕恶趣，常生善处，受胜妙乐，遇善知识，永不退转，得值诸佛，受菩提记，坐金刚座，成正觉道。然出家者，持戒最难，能持戒者，是真出家。"普陀山还有苏繁祉书刻《摩诃般若波罗蜜多心经》，刊刻于光绪乙未年（1895）。普陀山佛教石刻较多，还有续捐修山的题名碑，以及唐汝明刻"佛"字及赞佛偈言。唐汝明还在桂林月牙山刻王静山书"佛"字并佛号题名及跋。

在碑刻分布上，常见的有如宋明时期就已多碑刻记录的贵港南山寺、全州湘山寺、桂林栖霞寺等。清代留石刻较为集中、且诗文较多的以桂林普陀山为典型。

除重建栖霞寺碑、香田碑之类外，还多赠和尚诗或是游寺庙有感诗，可见山中栖霞寺相关的士人与僧人之交流，以及寺庙在当时的影响。如许以忠《游栖霞寺赠浑融和尚诗》、朱英《栖霞寺重访浑大师诗》、翁介眉《栖霞寺与浑融和尚话旧》、刘晓为璞山和尚铭碣、翁周服题《游栖霞寺》、蒋珑《赠浑融和尚诗》、何煊《赠浑融和尚诗》等。其中刊于康熙年间的就有数十首，一直延续到乾隆及以后多有赠寺庙僧人诗歌。如黄性震题刻言"于栖霞山寺公请大中丞范，即席赋诗"，或如大部分人题刻序言所写因游栖霞寺而赠某某和尚，这些诗刻反映了当时寺庙僧人与士人交往之事，也说明当时士人对佛教的态度。此外，栖霞寺故址还有张遴撰《栖霞寺田碑记》，刊于康熙二十五年（1686），碑记不同于一般记田之归属、人名等，而是以佛家之思维记文，先是辩论"施"与"受"之关系，而后引出栖霞寺僧浑融"惧有施而无以受也"，遂记各所施者于石，"为其徒者知某地为某之所捐，而我居之；某田为某之所舍，而我食之。一草一木，皆关因果"。知广西桂林府临桂县事的张遴为此嘉奖栖霞寺僧，并言"栖霞名胜甲八桂。而浑融则僧之精进力行，辟此山为八桂，树此巨观者，自应优以示劝，后之君子，当有同心"。

（三）伊斯兰教碑刻

广西最早的伊斯兰教碑刻存于南宁，是为《重建南宁清真寺碑记》，刊刻于清嘉庆十年（1805）。之后，平乐、桂林、永福、百色等地也出现了伊斯兰教碑刻，主要有《重建南宁清真寺碑记》《百色市清真寺碑记》《平乐县扩建清真寺碑记》、桂林《清真寺增置师长养膳碑记》《桂林市崇山路清真寺碑记》《核理法供膳碑记》等。这些碑刻主要反映了清真寺在广西的修建以及发展管理等事宜。

广西清代的伊斯兰教碑刻主要可分为两个内容，一是记载清真寺发展的历程，二是阐明兴建维护清真寺的原因与教义等。

首先，碑刻助于了解清真寺在广西乃至全国的发展。据《重建南宁清真寺碑记》《百色市清真寺碑记》碑文，南宁清真寺始建于康熙年间甚至更早，百色清真寺的修建也在康熙年间。桂林、平乐、永福清真寺皆始建于乾隆年间。由此可见，伊斯兰教在广西的传播，并非首先在首府桂林被接纳，而是首先被南宁、百色等广西南部、西部地区接纳。当然，时间相距不久。另外，《重建南宁清真寺碑记》《平乐县乐捐本寺师长养膳功德碑》《重修平乐县清真寺碑记》碑刻所记捐资人，有来自广西本地的，如浔州、左江镇、上思、隆林、桂林、阳朔、义宁，还有来自周边省份如湖南、四川的，甚至有来自河南、河北、江西、山东、陕西、北京等地的，可见清代南宁、平乐两地伊斯兰教影响之大，伊斯兰教在中国传播之广。《桂林崇善路清真寺碑记》即言："我清真自隋开皇间始流传中土，越一千数百年而至盛期。"也就是说，伊斯兰教在隋代开皇年间（581—600）流传于中国，至清代才达到繁盛。

同时，这些碑刻也反映出伊斯兰教在广西的传播与信奉伊斯兰教的地方官有一定关系。这些官员到达广西，扶持资助清真寺的修建，影响了伊斯兰教在广西的发展。如《重建南宁清真寺碑记》所记南宁清真寺的修建与南宁地方官沈公有关，这位地方官是"以蓟北真教门为邕南贤太守"，也就是说，他是属于蓟北的清真教徒。再如《重建清真寺后殿序》所记平乐清真寺的始建，与地方官马公有关："岁在辛未，马公来治是邦，于城西关提倡建清真寺，依山带河，坐北向南，规模方正。"马姓多为回族，这位地方官很可能是回族伊斯兰教教民。而桂林清真寺中李成玙撰《清真寺增置师长养膳碑记》亦记载了城内清真寺增置师长养膳事宜，贺县正堂蒋学乾、上思营左部宋朝辅、桂林营总司马应虎等诸公捐资以为养膳之资。

其次，这些碑刻不仅记载清真寺的修建，也阐明了兴建维护清真寺的原因，其中所强调或是阐释的伊斯兰教义常与儒家思想相结合，反映出其相通之处。如《重建南宁清真寺碑记》开篇即云："古之教者，由乡之国学而推之党庠术序，皆所以为教也。吾教之有清真寺，经云'默思至德'，即党庠术序之意焉。传圣经以释真主，胥于是乎？"《桂林崇善路清真寺碑记》也说："况圣本西方教传华夏，其讲明而切究者，罔非忠孝廉洁之道，仁义礼智之条，与儒教无异也。"《清真寺增置师长养膳碑记》亦记载了城内清真寺"近复扩充，业以延请师长，传习经典，申明礼仪"。《核理法供膳碑记》亦言"罔非君臣父子之理，忠孝节廉之行，与儒教敦伦饬纪、崇正黜邪，道若同途"。这些碑刻中所言，或有为吸引教众之嫌，但其教义礼法确有相似之处，对于改善社会风气或有裨益。

（四）祭祀其他良将及先贤之祠庙碑

古时，在政治文化上有建树的人物往往被奉为神灵，广西亦复如此。除了赫赫有名而又带有传奇色彩的人物被封为神灵予以崇祀外，也有很多与历任地方且有较大作为或是良好声誉仕宦相关的纪念崇奉之迹。历史上对广西做出突出贡献的有虞帝、马援、柳宗元、诸葛武侯等人，祭祀他们的庙宇很多，且历代屡有修建，故相应的石刻文献也很多，显示出广西地方将先贤视为佑护一方的神灵进行崇奉。如清代仍然延续有以往的重修虞帝庙碑、伏波将军庙碑、重修罗池庙碑、重修诸葛武侯祠等，都反映了广西历代对这些先贤的崇敬与纪念。

先以蒋山卿《伏波将军庙碑》为例。蒋山卿，仪真人，正德甲戌进士，嘉靖年间任广西左参政，此碑刻于嘉靖六年（1527），碑文从"几""忠""智""神明"4个方面评述马援，结构严谨，行文颇有条理，认为马援生前平定征侧之乱，赶走交阯蛮，划定边界，死后其神灵护佑广西，千年来交阯人不敢越界。略引几段如下：

> 古之豪杰，任大事而立奇功，足以利国家垂永久者，其大致有三，曰几，曰忠，曰智，而神存乎其间。当炎汉中兴，赤符再启，光武提一旅之师，扫除莽贼，芟刈群雄，恢复旧物，如取之掌。于时，征侧以屑然一女子，盗弄甲兵于荒服之外，汉方弃置不顾。将军知时不可失，毅然请往。帝不可抑，众不可挠。此则乘时应会而先夺其心者也。夫是之谓几。

> 交阯隔绝岭海，深入百粤，汉之士马往往冒炎蒸，触瘴雾，物故过半，人鲜轻入，将军独犯难不顾。督楼船之军跨海而进，破贼于浪泊之上。此则蹇蹇匪躬志死国事者也？是之谓忠。及诛征侧，余党悉平，驱逐交蛮，还之故地。界岭分茅，标题铜柱，以限南北。此则识度超迈，处置得宜，筹算计略，已岿然为末世之规矣，是之谓智。

> 呜呼！方将军请行也，帝已老之。及据鞍上马之时，已毅然有分茅之志。

> 楼船南下，指挥所及，风行草偃。迄今所向如故，千百年来，交人顾视铜柱，信如蓍龟，终不敢踰跬步，以争尺寸之地。自非有神明以寓乎其间，乌能然哉。

与马援相关的还有一位女性人物崇拜，即班夫人。班夫人事迹见《班夫人略历碑》《彭年祐重建班夫人墓碑》，二碑皆存于凭祥市。据《班夫人略历碑》，班夫人为汉代人，年少时即有道术，能知未来事，曾预储粮，后资助马援平定叛乱。其文曰：

> 《太平府志》书：凭祥州白马山，相传班氏夫人殁厝于此，威灵感应于驮卢峭壁山上，遂化为白马形，故名。仙释班夫人名觐，凭祥班乡女，少有道术，父母屡迫不嫁，能知未来事。广储稻谷，人问其故，则曰助饷。后十余年，汉遣伏波将军马援征交阯女子征侧征贰，师至缺粮，夫人倾储以助，遂护济。军既平，援以其事闻，诏封太尉夫人，至今血食一方，灵应如响。

其次，柳宗元相关的柳侯祠、罗池庙碑刻历来不断，清代有如戴玑《重修罗池庙记》、戴朱纮撰《重修罗池庙记》、窦斌撰《柳侯刘公祠落成碑记》等。戴玑文推崇柳宗元的文章、善政、灵异，不但有功于当时，亦泽被万代："俾后之读韩碑，知侯之文、之政、之神灵，为功于当时。读王子与余之石，知侯之进于道，其文、其政、其神灵为功于万世。柳之人尸而祝之者，且绳绳而未有艾也。"戴朱纮文亦言修庙"盖其溯柳侯文教之功，示尊崇不忘之意，下以维礼义于民风，上以培国桢而待用"，且"勒之贞珉，垂之永久，无敢有逼处以干我神灵者"。窦斌撰《柳侯刘公祠落成碑记》则言"侯之祠既新，侯之神以妥，而余之夙志用以酬。工竣之日，与都督公率同合郡文武僚属及绅士等，瓣香告祭，因为柳人代祈于侯。疵疠则赖侯消弭，水旱则赖侯捍御"。可见直至清代，人们依旧对柳侯大加赞赏，视其为庇佑地方之神。

在记载柳侯祠的碑记中还多提及"刘贤良祠"，如戴朱纮撰《重修罗池庙记》中言柳侯庙罗池"池之上，别有庙，柳人以祀刘司户参军蕡也"。《柳侯刘公祠落成碑记》记"增建柑香亭于罗池之上，并葺治军刘公贤良祠。刘公即太和中对策，主司嗟伏以为遇古晁、董而不敢取者也。二公皆唐明贤，而先后投荒于此，至今俎豆如一日"。而阎兴邦撰《重建刘贤良祠碑记》即特意记刘蕡之事及祭祀祠之重修。早在明代弘治年间就有周孟中撰《刘贤良祠记》碑刻，百年之后的清代又重建此祠，组织修建了罗池庙和贤良祠的阎兴邦撰碑记，又由戴朱纮书丹。相关碑记都记载了刘公之生平与事，记载"公讳蕡，昌平人，由贤良对策指斥宦竖，后谪于柳，故柳人世称曰'刘贤良'也"，赞扬刘公"迨稽其后之谪柳也，皆不鄙其民，而以德化民，以礼齐民，岂孔子所称有德君子者耶？庙食百世，其宜矣夫"。乾隆二十九年（1764），王锦又撰《重建柳刘二公合祠碑记》，记录重建二公祠外，其前言对于祭祀先贤的历史与意义的阐释更为经典。碑记言"古者祭必以法，法必以族，而尤以施法勤事，列捍灾御患之先……生而屏翰一方，殁而水旱疾疫，有祷辄应，虽宦迹殊轨，而投荒兹土，异世同神，皆宜合祠报嘉，使百众畏而万民服，则礼纵先王未之有，可以义起也"，继而引出"柳人祀唐刺史柳文惠、司户刘贤良数百年于兹矣"的历史以及重建二公祠的过程与意义。

同时，清代也还有同时祭奉多位贤良的祠碑记。元代的兴安《灵济庙记》中就曾言及"有四贤旧祠于西山之地"，"惟兹四贤，其生也，于灵渠之兴能合智以创物；其没也，于灵渠之坏能攘患以庇民。是在祭法所当祀者，岂与他祀比哉!"即言明先贤对于地方兴盛的庇佑之功,以及对其祭祀当可与其他神灵祭祀相比。同样地,桂平县有王勋撰《重建四贤四公祠记》,碑在桂平中山公园,乾隆三年(1738)刊。从碑记可知,"浔州旧有三贤祠,祀濂溪周子、明道程子、伊川二程","后又有五公祠,祀王文成公守仁、韩襄毅公、蔡公经、毛公伯温、翁公万达,为先后帅师平藤峡、鸳滩寇,前此皆大有造于浔也","迨万历朝,则以文成公配享三贤祠,而改五公祠为四公祠"。盖祠祀三贤,是为学脉百世之昭崇,祠祀五公,是为追报武功之震叠,奠生民于安居。后以文成公移配三贤而为四贤,则根心之学术,集四邑中俊彦之英,传四公相继之志,讲明圣贤正道,以备经文纬武之才,为国家良佐,为洙泗传人。其后,又有陈肇波纪功勒石,刊《重建浔郡八公祠残碑》。此碑记载:"浔之有八公祠,由来旧矣。八公者,前明韩公雍、王公守仁、毛公伯温、蔡公经、翁公万达、田公汝成、陶公鲁、刘公台也。旧名八贤祠,有周程三先生,而田公、陶公、刘公不与焉。知府王勋重建,以王附周程为四贤,韩、蔡、毛、翁为四公,而合为一祠。"并作铭赞曰:"君子德风,披拂孔多。此邦之人,岂忘在昔?拔山扒氏,鸠夫重茸。神兮迟迟,松楠有焄。丹荔黄蕉,泂酌可挹。俎豆馨香,传之无斁。"

此外,除纪念一些显赫仕宦武将之外,也有纪念当地普通士人的祠庙碑记。如贺州浮山《重修浮山陈王祠序数碑志》,乾隆三十八年(1773)刊,楷书,欧阳烈撰,莫异贤立石。浮山山顶上有陈王祠,始建于北宋年间。该记录了重修陈王祠,并叙述了浮山隐士陈王之事,志中言:"吾邑中之神也,以灵威慑寇而庇乡人,兆迹于隋,显于宋代,庙食百世,吾邑人凡有求必祷焉。阅今千有余年,英灵赫祷者,我王乃吾邑至显之神也。"相传该祠为纪念陈秀才而建,陈秀才生于隋末唐初,附近江平村人,自幼聪明好学,满腹文章。因三次赴京赶考皆名落孙山,遂放弃功名而回乡隐居于浮山。因其平生利人济物、乐善好施,甚得乡民爱戴。传说其无疾而终是为积德成仙去了,又常显灵庇护乡民。为纪念其恩德,乡民便在浮山立庙祭祀,并尊奉他为"陈侯大王",庙称"陈王祠"。

三、教育类石刻

正如清代书院碑记中有言,"王政之盛衰,视乎学校之兴废","人材为国家之桢干,而学宫关人材之盛衰"。清时,广西记载学宫和书院建设与管理的石刻也较多,显示出教育事业在广西的继续发展、繁荣以及此时的文化教育思想,从创作者以及组织者的组成可见仕宦广西者对于教育的重视。此时的教育内容相关石刻仍旧集中体现在记录学府建设的学记碑刻方面，一些政事民生、个人记事在碑刻中也略有提及，反映兴教内容与发展状况。同时，也有少量的如孔子画像、先师孔子赞并序等石刻也体现了对孔子的尊重和教育的重视。

（一）学记碑刻

宋元时期，广西一带学记类碑刻数量已不少。清代有至少28方这类石刻在广西留存。与宋元时期相较，清代广西学记类碑刻不但数量上增多，且分布也较广。清代广西很多地方都有了自己的学宫，除南宁、平乐县，还有灌阳县、兴安县、桂平、柳州、陆川县、宜州、崇左、灵山县、凭祥、那坡县等。其中有些学宫始建于清，如柳州市龙城书院［始建于清乾隆七年（1742）］、玉林市陆川县三峰书院［始建于清乾隆二十年（1755）］、河池德胜书院［始建于清道光二十二年（1842）］、桂林市大溶江义学［始建于同治四年（1865）］、凭祥届远书院［始建于光绪十年（1884）］、思州（现那坡县）思齐书院［始建于光绪十七年（1891）］。有些县市还不止一个学宫、书院。如此之多的学宫、书院的新建，显示出广西地方教育的繁荣发展，且明显呈现出以桂林为中心，向周边辐射的趋势。因此，清代也留下了不少书院、文庙碑刻，主要可分为3类：重修府学碑记、新建学宫碑记以及记录体现书院的经济、文化教育等管理碑刻。

一是记载重修、修护原有书院文庙的碑刻，这些碑刻则主要集中于原文化教育较为发达地区，即早建有学堂之地。其中以桂林较为突出，如诸葛鼎撰《重建桂林郡学记》所言："桂林隶粤西首郡，襟带五岭，其扶舆磅礴之奇，甲于他州，士之怀瑾瑜自见者，亦非他州所敢望。"清代桂林就有宜思恭撰《重修桂林府儒学碑记》、诸葛鼎撰《重建桂林郡学记》、汪份撰《重修桂林府学大成殿记》、任玉森撰《重修广西省城桂林府学宫记》、张联桂撰《圣像碑记》等。此外，柳州有《龙城书院碑》，恭城县有《重建文庙碑记》，平南有李仲良撰《武城书院碑记》，等等。这些碑刻多叙述书院的兴衰历史，如《重建桂林郡学记》叙述桂林郡学"郡庠乃前代宣成书院，建在省治之西。自兵燹以来，风雨飘摇，两庑倾颓"，"按旧志，桂地原郡、邑二庠相毗顾，邑庠颓坏多载，独郡庠岿然在耳"。《重修桂林府儒学碑记》云桂林府学"历年既久，其间时代变迁，兴废不一。自康熙十一年，前都御史马公择爽垲地，经营移建于此"。再有如《武城书院碑记》记平南"前万历时，始置乡学。康熙间，李君钟璧继建义学于明伦堂。后雍正甲辰，成君宗发就关帝祠设社学"。

其次，重建学记的碑记中还强调教育之重要、重修学宫之意义，如《重修桂林府儒学碑记》言："况桂林为一省之会，而学宫又起化之原，若任其敝陋而不治，其何以造士？且教何以兴？政何以举？"《武城书院碑记》亦言"士习之衰，犹病者手足痿痹"，且重修书院后得以勉励诸生，"诸生既藉秀于武城，又群育于书院，岂无瑰奇卓荦、翘然出类之英出其间，以接武前修、声施遐代也乎？诸生诚惕然而省，奋然而兴，一旦缅周程之流风，读周程之遗书，志其志，而学其学，于以上追邹鲁亦非必不可几之事也。鹄张必射，琴设必鼓，广已造大存乎其人尔"。此外，一些碑刻还记载了各时期的具体兴教政策与教育内容，如《重修桂林府儒学碑记》记载："今我皇上尊儒重道，加意右文，崇祀先师，褒嘉理学。近复升祔朱子，追享范文正公，□幽光潜德所未阐发者，无不表彰而俎豆之。盖崇已往，正所以励将来，文献正所以维风教也。"《龙城书院碑》记载："粤稽三代以来，庠序学校之设，皆以明伦兴行育才……增设书院，以广教德，求圣贤之道，修其孝悌忠信，学于古训，蔚为国祯，法至善也……圣朝重熙累洽，文教覃敷，士风丕振。诏天下省会郡治分建书院，推广裁成陶淑之方。凡山陬海澨，莫不兴起。"《重修桂林府学大成殿记》则探讨了历代立学情况，对于了解中国的教育情况有帮助，如其言：

> 份尝读柳子厚《柳州文宣王新修庙碑》，谓仲尼之道与王化远迩，柳州至唐而夫子之教始行，人去其陋而本于儒。于是刻在庙门，盛称唐之德大以遐。而韩子《处州孔子庙碑》则谓郡邑皆有孔子庙，或不能修事，虽设博士弟子，或役于有司，名存实亡，失其所业。可见唐时学政，如此因循弛废，而柳子所称道，不免失之或夸。又读王荆公《繁昌学记》，谓近世之法，庙事孔子而无学。宋初因其法，而未能改。至庆历中，始诏天下有州者皆得立学。而县之学士满二百人者，亦得之。而曾子固《筠州学记》，谓庆历之初，诏天下立学，而筠独不能应诏。其《宜黄县学记》，则谓有司之议以学者，人情之所不乐，于是天下之学复废。而春秋释奠之事以著于令，则常以庙祀孔氏，庙废不复理。《通考》亦谓宋初州县之学，有司奉诏所建，或作或辍，不免具文。又可见宋时学政之玩，盖较之唐时滋甚。我皇上诞敷文德，声教四讫，虽荒远阻绝之区，亦皆学校如林，庠序盈门，与畿辅近地不异。盖孔子之道，至今日而始，益尊以明。

撰文者汪份，江苏苏州人，任过翰林院编修，康熙五十三年（1714）至广西任考试官，为桂林府学的重修撰写了此文。作为考试官，汪份关注教育，并由此追溯前代教育情况，是为理所当然。碑文中，作者多方引证，以见出州学、县学从唐至宋往往名存实亡，或时建时辍。说到当朝情况，则是边远之地亦且学校如林。汪份的陈述未免夸张，但结合广西学记类碑刻的情况来看，清时广西的教育的确呈现出繁荣发展的局面。

二是记载各地新建书院的碑记，反映了如前文提到的"诏天下省会郡治分建书院，推广栽成陶淑之方"的兴教举措。此类代表主要可举：桂平县有孙以敬撰《桂平县建造学宫记》，宜州有郑献甫撰《新建德胜书院记》、凭祥有徐延旭撰《新建届远书院记》，陆川有许道基撰《新建三峰书院记》，那坡县有马丕瑶撰《思州新建思齐书院记》以及告示《太平府建思齐书院谕碑》，等等。从这些碑刻所反映的新建书院的情况来看，反映出如《新建届远书院记》所言之情况，"后世书院之设，实与学校相表里，至我朝而营建，遍天下遐陬僻壤皆有之"，且在广西各偏远之地，"蛮猺杂处，椎结跣足，或以犷悍相雄长，或安朴野为故常……比年以来，文教渐兴，青其……踵相接，喁喁有向学之风"。而新建书院记事碑刻最突出的特点即反映了清代兴教地域之广，以及重点突出偏远地方教育的落后、不便于亟需改进的情况。如《桂平县建造学宫记》感叹："迨丙午入闱试士，桂庠弟子员俱名落孙山，文风不振，宁非司教者之耻欤？"建学宫希冀"学校修则师儒立，师儒立则俊髦辈出。行见人文炳蔚，媲美中州，而复睹文章道德之盛也"。同样地，《新建德胜书院记》则记载了德胜镇"城在郡之偏，而士之发名成业以去者，几过郡之半。顾去学校甚远，来间燕甚难，又土瘠而风朴。分守者多畏险不肯至，间一至又避嫌不专治事，因陋而就简，士虽向学，官未兴学"。而建此学院，不重在科举，更在意"今书院颇似古之家塾，其他不必城邑而里巷，其长不必官司而乡人，其士不必选举而考课。故成教较易而成材较多"。再有《新建三峰书院记》亦提及陆川之况："陆川粤小邑而俗淳，士彬彬礼教，近文章踵接举科第。渍圣化久，且日上顾未有书院，先是邑之人屡谋，经始以莫适为主事不集。"

三是一些有关教育的碑刻还记录了书院的经济来源、经费管理、教育内容等事宜，我们能从此期的碑刻了解明清时期广西在教育上的财政情况及对人才的奖励制度。首先，前文提到的一些书院碑刻中有经费记录，如《龙城书院碑》记载：

"乾隆七年，右江道宪令升湖臬周公人骥命署守谢玉生建书院于柳侯，延府教授黄正识课诸生肄业其中，量给膏火。九年，前守谭公襄世□聘马立进士胡□立课程间，其尤者优给资斧，以示奖励。岁在乙丑，余奉命来守是邦，督课之余，见诸生恂恂雅饬，著为文章，亦斐然有条理。□若□□□奋志，未免□给每人月米三斗、银一两，资其养赡。掌教每年束修百金，米十二石，月□钱二十四缗。"也就是说，在柳州龙城书院就读的学生能获得一定的学习补助，至于学习成绩优异的则另有奖励：每月米3斗、银1两。至于教师，薪金也挺高，每年年金百金，还有12石米，每月另有月薪24串，即24000钱。

较为明确的书院管理碑刻，有如《查复浔阳桂邑两书院田租碑记》《浔阳桂邑两书院田租碑记》《各书院膏火碑记》《广西巡抚为各书院膏火定例碑记》等。在桂林原秀峰书院故址的碑刻《各书院膏火碑记》中，记载了书院应试书生分膏火的管理办法与规定，如"凡一考列五十名内为超等，领藩库银二两"。《广西巡抚为各书院膏火定例碑记》亦记载在桂林省会各书院就读的学子："凡一考列五十名内，为超等，领藩库银贰两。凡一考列八十名内，为特等，领藩库银壹两。考列五十一名至六十名，实领银壹两伍钱。"这些碑刻记载体现了清代地方官员对教育、科考之鼓励。从《秀峰书院经费记》的记载可知，乾隆年间，桂林秀峰书院、宣成书院的学生有22个额外的名额，从二月至十一月这10个月内，每人每月获得资助米2斗。这些资助源于官员捐官俸置买的田产。额外生可获得资助，额内的学生自然亦有相应资助。

同时，广西还有义学相关碑刻，即记载了地方人士出资支持设立、管理义学教育，帮助有困难的读书子弟。如兴安《大榕江义学碑》[同治四年（1865）刊刻]，"为设立义学，特置田亩事。照得义塾之设，□□以选拔人才"，其碑记载了由监生戴正修出资维持的义学。龙胜《义学告示碑》[光绪十八年（1892）刊刻]记载龙胜设经蒙义学两所，"商民温习章、倪期亮、唐际昌、吕能魁、温王祯、向和兴等，一经该开遵筹款创谈经业义学"，其经费来源及管理"前经本分府查得瓢里街原有房行标会，每年出息二百余串，节将此项酌提一半，充义学经费，旋据该处绅商遵照办理"等事宜。

此外，还有碑刻记载了官员甚至出俸为学子购买试卷，《购试卷碑记》记载："文炳忝为邑宰，每逢乡场，分俸代备试卷，谊所当为，而深病素之专欤。"全文炳离任之前，还用官俸置买了一处房产，用其租金作为购买试卷的专款。

此类碑刻反映了政府或官员推行的学生补助及奖励制度、具体经费支持等，显示出广西地方对教育的鼓励与支持，以及展现了广西教育事业的发展。

（二）兴教碑刻

除常见的书院修护碑记外，清代亦有少量碑刻宣扬教育士人、教育理念等。如横县《秀林书院学约》，同治十年（1871）刊刻。该碑是所存石刻中较少见的学约碑刻，为横州知州王涤心所记。该碑文刊载了长篇关于"为学宜思所学何事"的内容，阐明学之于性善之意义。该学约首先从父子人伦、君臣有义、夫妇有别、长幼有序、朋友有信这五教敦伦以实现复人性之善，又引朱子《白鹿洞书院揭示》亦特重五教之学等言论以论述其观点，论及"右五条养夜气，戒、慎、恐、惧，皆所以培养本原也。慎独，即培养中之精明。克治改过，亦自培养中养出能克能改力量"，"右四条穷理力，为探讨读书，反求诸身，作文先贵实修当下。鞭志使醒，随在莫非，培养本原，策以当下，尤见学只争当下"，"右二条为培养本原者，示以活泼之本体，并示以天德。王道不外一真。此心法也"，"右一条，言希天之学。培养本原，正所以希天。天人本无二。言至希天，则伦敦性复，即人即天矣，此天人一体之学也"。王涤心以此自省，也用以警诸生，每到各地皆逢月课时谆谆与书院生童申明斯约。这一碑刻是王涤心任职横州对于教育的认识与管理记录，也反映了明清时对于教育的理学之思与重视。

同时一些亭台楼阁的修建记事以及个人德政碑文还反映了文人仕宦在崇文兴教过程中的理念与实践。如富川县慈云寺碑《移建文昌阁记》即言："夫为国牧民而不能崇文教以教民，宰之耻也。余于富川，岂敢云教？第公余偶暇，辄进邑之髦士而启迪之。"当地仕宦注重修废举坠之事，以"欲崇文教以冀富邑之人文蔚起，而为之兆云"。另，宾阳县有《恭颂陆公明校士碑》，为恭颂于雍正二年（1724）督学粤西的陆公明而作，碑文颂赞陆公督学于此，"岁科两试育多士，烟云一扫开青天"，也反映了当地教育兴衰，即"宾郡自经兵燹余，儒冠落落晨星比。今闻比户读书声，'菁菁者莪'在中沚"。

督学兴教政绩方面，如蒋肇撰《徐谢屏德政碑记》，是应全州学子之请而撰。《恭颂陆公明校士碑》，是宾阳县绅士公立碑。二碑内容皆为致谢在广西督学的官员。由此二碑能体会到广西地方百姓对科举的重视，亦能见出清政府对边疆地区教化的重视及成效。道光年间，梁章钜的《池司业庙堂碑》也是为学政而立。前文探讨了明清两代学记类碑刻，并总结道："明清时期广西的教育呈现出繁荣发展的局面。"清代为督学的官员立的德政碑之多，亦反映出这种繁荣局面。龙州县《庄蕴宽德政碑》，是龙州学商两界同立，记载庄蕴宽事迹，庄蕴宽于光绪乙巳年（1905）驻节龙州，此后在广西境内兴办师范学校、陆军学校、测绘学校、法政学校，但后两类学校在庄蕴宽因父亡奔丧时还未完工："虽师范陆军相继毕业，而测绘法政，成功尚待来年，深为可惜。"从这一碑文可知，光绪末年广西已经有现代意义的学校了。

四、文学艺术类石刻

广西石刻发展至清代，实用性更为突出，较之于唐宋时期，单纯的文学创作与摩崖占比降低，但仍然有优秀作品留刻。其诗文更多为时事而作，写人记事偏多，写景记游的诗词文赋相对较少。同时，清代亦有少量刊刻前人诗文并作唱和的石刻诗文。

从文体方面而言，广西清代的文学类石刻主要为散文与诗歌。散文方面，主要是记叙文，包括碑志、杂记等。如前文提到的政治民生内容中的城池修建碑记、教育类的学记碑文、宗教类的祠庙道观碑志等，都记录了一定的历史或是刻画相关人物形象及赞颂精神。再有就是重在记人的墓志、德政碑文。诗歌方面，清代广西石刻中的诗词歌赋以律诗为多，常见多人题诗之作，还有联句诗、唱和诗创作，也反映出清代整体诗歌发展的某些特质。本节中主要从石刻涉及的人、游、情等题材内容方面分别概述清代的文学类石刻发展，其中以偏重记人记游的散文、记游抒情的诗歌为主展开论述。

（一）记人之文

清代广西石刻之记人作品延续了明代的石刻记人文章，主要包括墓志铭及德政碑两大类。在写作方法和内容上，与一般墓志一致，平铺直叙，叙述墓主生平、赞扬墓主品行等，重在记录纪念意义。文学创作艺术而言，言语上有娓娓道来，也有夸饰之语，总体而言也有写人的优秀文章。

1. 墓志铭

清代墓志记录的多为仕宦及家属的生平事迹与家世源流等。如《刘太恭人墓志铭》《陈鲲璧墓志铭》《陈宏谋墓志铭》《永安州知州吴江墓志铭》《庞石洲墓碑文》《李吉寿墓志》，等等。

广西清代墓碑中首先值得一提的是彭启丰所撰《陈宏谋墓志铭》。彭启丰，字翰文，江南长洲人，雍正五年（1727）会试第一，殿试置一甲第三，授翰林院修撰，南书房行走。官吏部右侍郎、经筵讲官、兵部右侍郎、兵部尚书、都察院左都御史。陈宏谋是清代名臣之一，字汝咨，曾用名弘谋，临桂（今广西桂林）人，雍正元年（1723）癸卯恩科三甲进士，历官布政使、巡抚、总督，至东阁大学士兼工部尚书。陈宏谋治绩颇佳，彭启丰为他所撰写的墓志铭非常详尽地记载了他的生平。全文四千余字，在广西墓志铭中可谓罕见。该碑篇幅之长，首先是因为墓主的确有很多值得记载的事迹，其次是因为彭启丰与墓主交往颇密，知之甚悉。彭启丰在叙述陈宏谋生平时，也颇具匠心，碑文大致可分为四部分：第一部分，叙述陈宏谋得遇皇帝之由，历数陈宏谋所任官职，总述陈宏谋治理地方的概况。第二部分，详细叙述陈宏谋在各地任职时的善政，概述陈宏谋在吏部的情况及致仕、病逝过程。第三部分，记载陈宏谋的家世、治学、著述、子嗣。第四部分，铭文。碑文详略得当、条理清晰。最精彩的是第二部分，从方方面面记载了陈宏谋的善政，如救助灾民，体恤囚徒，利济商人，便利运粮百姓，增加矿工工费，兴办义学，兴修水利，劝农桑，除虚报垦田之弊，倡节约，禁陋习。诸如此类，皆以事实说话，不流于空言。

《清史稿·陈宏谋传》很多文字与《陈宏谋墓志铭》所记相同，可能其资料多来源于《陈宏谋墓志铭》。比较来看，《陈宏谋墓志铭》更有条理，各部分衔接自然，整体性很强。《清史稿·陈宏谋传》则明显地有资料剪辑、拼贴的痕迹。

其次，在记录个人事迹的同时，墓志碑文中也记载了各种历史。如平乐人李宪元所撰《重刻李梁墓碑并序》是追诉先祖的碑刻，从碑文可以知道唐代宗室到广西平乐平定猺苗寇乱并在此定居下来的历史。与明代广西记人石刻相似，清代广西记人石刻亦有一些体现出清代的治乱之迹，如《永安州知州吴江墓志铭》，墓志铭为吴江之子吴彤所撰，故其事能记载非常详尽。吴江生平中最壮烈的篇章就是死于与洪秀全等人的对抗战中，这段记载无疑能丰富人们对于太平天国运动的认识：

> 三十年，桂平金田寇起，各大帅分道进兵，以平乐之永安州与浔、梧接壤，丞委公防堵。公下车，即清户口，编保甲，获贼目何洪基正法，而贼首洪秀全、杨秀清、罗大旺深衔之，潜师来袭，极力相攻。公与平乐镇阿协戎严守要口，贼不得逞。因念民之倡乱，由失教化，永安旧有眉江书院，会议重修，捐助膏火。方为弭乱计，而乱已至焉。时，贼率众由滕县入永安，公

与阿公集团设伏，毙贼多名，贼势愈炽，遂退保州城。淑人在署，支应军需，心力俱悴。盖贼之入境也，在咸丰元年八月二十三日，至二十八日，历六昼夜，外间兵饷无一至者。贼已逼城，公犹登陴，亲燃大炮，轰毙贼目，而我军伤亡亦多。知势不可为，始将州印付二子，令缒城而出。贼用炮轰塌城垣数丈，城陷，公督兵巷战，与阿协戎同时遇害。淑人闻信，骂贼不去口，亦被害。幕友仆妇同殉者，共二十八人，可谓烈矣！二年，大兵收复永安。

从该文的记载来看，洪秀全于道光三十年（1850）在桂平金田发动起义（与《李士莲郑献甫等五人平乱纪实诗》记载不同），咸丰三年，即1853年8月23日进夺平乐永安州，28日攻陷永安，与官兵进行了巷战，拒不投降的官员及其妻子、仆人皆被杀。第二年，永安州被大兵收复。

还值得一提的是光绪皇帝为岑毓英所撰的碑文，共三方：《御赐岑毓英入祀贤良祠碑文》《御制封赠岑毓英碑文》《御祭岑毓英碑文》。岑毓英，清末大臣，字彦卿，号匡国，广西西林人。他的一生与广西、贵州、云南等地的农民起义联系在一起，并参与了中法战争。从他的生平能让人们略窥清末社会动乱的情况。如《御制封赠岑毓英碑文》记载：

杀贼以卫乡闾，转饷而充军实。始官丞倅，浒绾藩条……当夫回寇乱常，疆臣失驭；张镫元夜，潜生衷甲之谋；挺刃节楼，遽见裹尸之惨。几全城之尽覆，无一旅以相持；维尔孤忠力支危局，誓灭幺幺之众，重劳子弟之兵。飞书而召外援，开辟而示内定。妖氛迅扫，行省重安。洎大理之陆沉，正中原之云扰。鞭长莫及，久纡廊庙之筹；霆震而前，遂夺滇池之气。孤军深入，大敌频摧。黑水研营，朱波攻隘。郑士载缘崖攀木，险径潜趋；檀道济唱筹量沙，敌人惊遁。水鲸风动，羌助战于昆明；火牛电驰，等解围于即墨。聿宣武节，屡下坚城。九攻而魁党离心，三捷而贼酋授首。

虽然碑文太多文饰，缺乏对事实的详细描述，但还是能约略了解到广西、云南发生的几件大事：广西太平天国运动、云南回民起义。

再次，清代还有一些特殊的值得一提的墓志碑文。如立于钦州的翁方纲撰并书的《清诰授奉政大夫刑部主事鱼山冯君墓表》，嘉庆十二年（1807）刊刻。翁方纲，号覃溪，大兴人；乾隆壬申（1752）进士，选庶几士，授编修；擢司业，累至内阁学士。翁方纲精研经术，尝谓考订之学，以衷于义理为主。翁方纲本人又精于书法，爱好金石，这块碑首先有很高的书法价值。其次，所传墓主冯敏昌亦雅好金石、书法，翁方纲即着意于从这方面刻画冯敏昌其人："君生平遍游五岳，皆造巅，题崖壁。予尝登岱，至绝险处竹筤竹中，见飞流巨石上，擘窠镌'冯敏昌来'。而华山苍龙岭高五百丈，隆脊迳滑，窄不容足，行者必援铁索以上。君乃大书'苍龙岭'字于石，字径三尺许，旁识岁月。"可知冯敏昌遍游佳山，于险峻之处或镌文或拓碑，临险犹能神闲气定，见出冯敏昌非凡气度。又另记录了冯敏昌"平生诗文，所至有记"，"书法由褚入大令，尤精研兰亭诸本"。撰文以具体事例刻画墓主人，以小见大，以小见独特，是这篇文章独具匠心之处。再有如陆川县《庞石洲墓碑文》，该碑为仕宦于广西的庞石洲及其元配李大君墓表并铭，此碑较为少见的将二人墓志合二为一的铭刻。

2. 德政碑

清代的德政碑较多，如《吴铨德政碑》《王公德政碑》《庄蕴宽德政碑》《恭颂陆公明校士碑》《徐谢屏德政碑记》《全州左堂徐公德政百寿碑并序》，等等。另，又有很多的祠堂碑记也为歌颂个人德政之文，如《郝公祠堂碑记》《池司业庙堂碑》《劳文毅公祠碑》《元忠臣平章公庙碑》等。清代的德政碑又以康熙、雍正年间的为多。各地的德政碑分别记录了仕宦为政、督学外，还有反映社会经济、教育等历史发展。

《吴铨德政碑》，是全州人感戴吴铨的清廉而立的碑。阳朔县公立碑《王公德政碑》，记载王绂臣事迹。龙胜县亦有一方立于光绪年间的公立德政碑，是为记武翼都尉李公崇山的德政。一些祭祀祠庙中的记人碑更是对人物记录全面、刻画生动的优秀文章。如靳让撰《郝公祠堂碑记》比《清史稿》对郝浴的记载更为详细；许道基撰《元忠臣平章公庙碑》(碑原在桂林平章庙，乾隆十九年(1754)刊刻)更是对元代忠臣平章公唐兀氏的事迹进行梳理与正公名，长篇叙事，碑文中直言"正公名及所系官，复敬述其治粤与死粤大略，备勒于石，后之人得以考而礼焉，不第学使者专祀而已"。

《郝公祠堂碑记》，碑原在桂林虞山南熏亭，康熙四十三年(1704)刊刻，提督广西学政靳让撰，合省绅衿士民公立，记载郝浴事迹。郝浴，字雪海，定州人(现河北定县)，为官清廉，政绩颇佳。《清史稿》亦有其传，与《郝公祠堂碑记》的所载各有详略，可参看。《清史稿》本传着意于记载郝浴一生事迹，《郝公祠堂碑记》则详于郝浴任广西巡抚时的治绩，试摘引相关段落：

> 擢为副都御史，旋膺命镇抚粤西。夫粤西土地硗确，物产鲜少，蛮蜑瑶

僮与居民杂处,拊循而安辑之,往往为难。况其时寇萃于境,师环其疆,室无鸡犬之宁,野有鸿雁之叹。蹂躏之余,凋瘵未起,非一意抚恤,未见其有济也。公于是为粤人谋所以息肩者,无不至当。王师凯旋时,道路络绎,需民船载送,动以万计。楚抚欲以粤人送至长沙,公以粤人不习风波之险,力请永州更代。疏至再三,报可。滇南逆党俘馘入都,黔抚苦于供亿,欲假道广右。公又力争,始免。他如汰冗马,减额兵,酌要害之守,重抚提之旅。读其《规粤四策》,未尝不叹其周详综密也。又是时,平南藩下,亲党不下数十万人,一闻奉撤归旗之旨,众心汹汹。公密请于朝,为分别去留,所豁除者无算,众始怗然。公之曲筹默运,不动声色,而为粤人谋衽席之安者,皆此类也。

靳让从广西自然条件及人文状况说起,结合广西周边的情况,认为治理广西,要以抚恤为主。而郝浴任广西巡抚期间,为政的要义就是让广西百姓休养生息,免受周边军务诸事的侵扰。虽在广西仅两年多,却已令地方百姓感戴不浅。靳让记载郝浴的治绩,既有详细的事例,又有概说的总貌。具体生动的同时,不流于琐屑。

还值得一提的是《劳文毅公祠碑》,这也是公立碑,载劳崇光事迹。劳崇光,号辛阶,湖南善化人(现长沙),道光咸丰年间在广西供职10多年。在广西期间,他的事迹与太平天国起义密切联系在一起,所以这篇碑文不但有助于了解劳崇光的生平,也可见当时内忧外患的一面。试摘录相关段落如下:"咸丰初元,发逆逞乱,群盗蜂起,陷城戕官,屠戮人民,蹂躏地方,全省糜烂。公经权并用,运筹防剿,适值内乱频仍、外匪环攻,危如垒卵,朝不保夕。公不得已,屡乞援于湖南,蒙湘抚骆文忠公不分畛域,先后命湘乡蒋公、新宁江公、清泉段公帅师来援,所向有功。而蒋果敏公治军较久,与公和衷,功绩懋昭,各府厅州县城,次第克复,著名巨魁渐次诛灭,省城肃清,全省底定。"

清代还有一方自传性质的德政碑,为李吉寿所撰《宰蜀纪略》,记载他历任四川省隆昌、彭山、金堂、郫县、广元、东乡、新津、彭县等县知县时的事迹。李吉寿是广西永福县人,这块碑即立于他的墓前。李吉寿的治绩主要在处理案件、应对勒索、平息匪乱等项。虽然有宣扬自己之嫌,但因为是自己写自己,较之上面所举之文,更觉细致生动。如述应对军队勒索一事,兵勇带刀威逼的险况、李吉寿勇敢面对的场景,读之如在眼前。如具体描写场面:"及宰彭山,民以滥支夫马，讼葛前任于制府，因观望，不应支。予甫莅任，适值援黔大兵过境，照旧多索，民苦之。予亲诣兵舟争论。彼以知有兵而不知有民为辞，予以知顾民而不知其他为对。民闻激发，顷刻捐赀以千计。兵勇仍多索，怀刃集署中，欲逞逼勒。书役散避，谓前任踰墙始免，请予效之。予念民既出赀，不忍弃之去，且父母迎养在署，更无去理。乃出公堂，笑指兵勇曰：'往者乱，始民力尚有余，今剥肤殆尽，势在必减，后此恐又不如今矣。官若去，谁为支应耶？'彼闻之，惭退，事得平。"将事件的前因后果及过程生动描述刊刻在了石碑上。

（二）记游之文

清代广西记游写景的石刻作品，主要包括石刻中的山水游记、亭台楼阁名胜记等散文杂记以及诗词文赋。此时的记游石刻文学作品依旧有着时代与地域特色，尤其是清代"集大成"的发展特点，具体而言体现在以下几点。

1. 石刻的集大成时期

章培恒《中国文学史》概括"清代文学可以说是中国古典文学的总结"，而袁行霈《中国文学史》亦言"清代文学可以说是以往各类文体之总汇，呈现出蔚为大观的集大成的景象"。这种观点运用于广西石刻也是适当的。广西清代石刻可以说是对历代石刻的总结。清代记游的石刻作品表现出一定的集成特点：一是优秀作品的涌现；二是长篇巨制的盛行；三是石刻的延续性与拓展性发展；四是对石刻价值的认识。

（1）长篇巨制与优秀之作

首先，在优秀作品的涌现与长篇巨制盛行的特点体现方面，不乏优秀的山水游记、亭台楼阁名胜记，且多长篇叙事写景，此特点主要体现在散文中。如桂林水月洞《象山记》、宜州《重修白龙洞记》、合浦《廉州府复建海角亭记》、永福《宁寿亭记》、灵川《泉亭记》等。

以桂林为例，桂林及周边一些名山胜境自古便吟咏颇多，摩崖石刻较多。面对同一佳山水，直到清代，人们依然能翻新出奇，甚至超越前人。清代之前，吟咏桂林象鼻山水月洞的佳作不少，如范成大的《复水月洞铭并序》、曾宏正的《水月洞词》。到清代，依旧不乏优美的摩崖游记，其中以舒书的《象山记》较为突出，这是一篇优美的山水游记。舒书，满族人，清顺治九年（1652）进士；署管定南王部下官兵，以兵部、工部郎中监孔有德部，后官詹事府少詹事、甘肃巡抚。舒书任工部郎中时，于康熙二十一年（1682）撰《象山记》，摩崖于桂林象鼻山水月洞，高139厘米，宽131厘米。摘引其描写象山景物的文字如下：

> 山惟石一卷，无土无树。其隣于地者，有石穴一，彼此可以相望，形圆而长，其半入于漓水中。水时高时下，故其穴亦时有大小，且状类象形，故名象山。若值风鸣水涨之候，石不能避水之流，而水之流也，又若舍此无以去者。于是，急湍之声俨若敲金击筑者。然山之前为訾家洲，有茅庵数椽，昔为幽人养静之地。其高风韵余，至今犹可想见也。山阴有原，日不得而照之，人不得而扰之，可以饮酒，可以奕棋。时或操琴一弄，弦声与水流风响相应，其韵为特甚。而流水既绕于座畔，则又可以垂钓。其或久坐厌生，则操弓矢，观猿臂之奇，亦无不可。自饮而奕而琴，以至于钓而射，又可以赋诗，洋洋巨观哉！
>
> 既而夕阳照城头，渔翁归唱，晚风寒峭，新月将升，莫不因山之奇而各露其奇。乃余虽心悦其奇而日云暮矣，相率而归。及明日忆其奇之不能忘，复驰马而出，如是者数载不能止。其始或月而至焉，继则日而至焉。其或不至者，必其为风雨所止。嗟乎！象山冷地也，余冷人也。际此世情衰薄，谁肯为顾惜而与之相往来者？自有余来以后，水潺潺为之鸣，石硁硁为之声，花鸟禽鱼，欣欣为之荣。嗟乎！象山舍余无以为知己者，余舍象山又谁复为知己？昔人有言曰："江山风月，闲者便是主人。"余虽不敢谓象山之主人，象山曷不可谓余之知己哉！爰勒石为之记。

此文历数象山之得名、水声之动听、山前之茅屋、处身于此之可为（可以饮酒、可以下棋、可以弹琴、可以射猎、可以垂钓、可以赋诗），归结为与象山互为知己。文字平易而优美，描画细致而生动，对山水的喜好之情溢于言表。这都是前此的象山石刻作品所无可比拟的。

清代石刻记游作品的一大特征就如舒书的《象山记》所显示出的，以描画之细致取胜，感情真挚，融情于景。类似的如乔莱撰《游七星岩记并诗》，该文模仿了柳宗元山水游记的写法。乔莱（1642—1694），字子静，号石林，江苏宝应人，康熙六年（1667）进士；授内阁中书，擢礼部主事，康熙十八年（1679）举博学宏词科第一等，任翰林院编修，参修《明史》；康熙二十一年（1682）为广西典试官。《游七星岩记并诗》创作于乔莱任广西考试官时，摩崖在桂林普陀山七星岩，刊于康熙二十一年（1682），高175厘米，宽95厘米。咏桂林七星岩的作品也很多，而乔文刻画更细致，移步换景，变化多端，运用较多的比喻修辞，引人入胜。全文近千字。摘引散文部分如下：

>出桂林城东门，渡漓水，有山七峰并峙，曰七星岩。岩出山腹，土人结阁其上。由阁门入，始黑，已而有光。行数步，石室空明，可容千人。其西有洞，曰栖霞。洞门轩豁，巨石磅礴，可级而下。燃炬入，其崖若风生波起，鱼龙出没者，曰龙门。岩东若户牖者，曰天门。石累累垂，若来禽、青李、梨栗、荔枝之属，曰花果山。峰回岫复，若岛若洲，若溪若墅，若烟云变幻者，曰须弥山。石圆如柱，高十余丈，径丈，如良工雕镂，瘦攒波麽，细比毛发，或曰可推而转也，曰转轮藏。有石临潭水，状如网，曰银丝网。白石平布，阡陌分焉，清泉渟蓄其中，曰仙人田。其曰佛、曰仙、曰磬、曰床、曰犀、曰象、曰狻猊、驼虎及珍禽异卉之类，皆形容肖似，殆不可状。洞深四里余，将千转。其石或坡陀偃伏，或崭削倾欹，石笋林立，乳凝洹如雪；其水或细流清浅，或潭深数百丈。投以石，久之乃有声。其迳或平旷、或崎岖、或伛偻，以入洞穷，乃明，曰东方明。

此外，对于亭台楼阁的续写也是描写精美，又多有概述亭台前史，并加以当时岁安民乐之意。如朱椿的《重修南薰亭记》总结了自"宋儒张南轩先生，暨元平章也公修复，迄今世远年湮"，又于文中赞"恩膏普洽，薄海内外莫不群安耕凿"。此类文章中，朱方增的《景风阁序》亦值得一提。朱方增提督广西学政，撰《景风阁序》，嘉庆二十一年（1816）刊，碑原在桂林叠彩山景风阁，分为二石，每石高140厘米，宽45厘米，已毁。该文为骈体文，共1000余字，文中最后一句"公留遗爱，比谢墩召埭之高风；我愧迟来，仿秋水落霞之短引"，直言对前人文学创作之学习总结。文章开篇罗列桂林各地名人与景点典故做引，如提及"颜光禄读书之墅""元常侍桂海持麾""寻吕子骞芳之径，续刘公题壁之诗"等，即概述了摩崖较多、具有历史典故意义的颜延之读书岩、元晦在桂林的摩崖胜迹等。文章中对景物的描写，以骈文精细概括桂林各地之景，语言优美，对仗工整，如："则有塔碧春云，楼红晚照；鱼鳞万瓦，雉堞千门。桂粟筛金，峰顶渺越王之址；榕阴垂幄，崖边昏诸葛之祠。观景物之雄奇，惜山灵之僻陋。爰乃疏轩腋郭，辟馆襟流。转石磴而螺旋，耸珠甍而凤跱。夹窗四启，排闼青来；洞户交连，缘阶绿上。卧龙远控，仙鹤旁招。径以曲而花分，亭以圆而树合。几声牧笛，赤栏烟浦之桥；两岸鱼罾，乌傍沙洲之艇。于是寻幽选胜，命酌追欢。"或者可以说，正因为此期的作者们不再拘泥于用短篇的诗词写景记游，才创作出了描绘细致的优秀作品。

当然，作品优秀不优秀，与篇幅无关。但清代记游作品长篇巨制的盛行，却凸显了石刻的发展：人们已不再满足于用七律、五律或七绝、五绝略抒感怀，而借助于记、古体诗、排律等更为自由的文体尽情挥写山水之爱。

其次，清代记游作品的写作特点与艺术，除有以描写细致取胜的散文外，还有以旨趣新颖取胜的诗词。诗词的形式多样，且多古体诗或是排律、歌行体之类，一些诗词的序跋亦不失为一篇记游小品。同时，此时的石刻诗歌作者也多，风格不一，体现在诗文中便也不同。如桂林独秀峰的袁枚《咏独秀峰》、李佩蘅《独秀峰题诗二首》，桂林叠彩山的袁枚《游风洞登高望仙鹤明月诸峰》、张联桂《重游风洞山放歌》，北流勾漏洞的沈世昌《游勾漏洞诗并序》等。

袁枚诗主性灵，其在桂林的摩崖诗文即体现了这个特点。独秀峰是桂林著名的山峰，咏独秀峰的作品不计其数，但袁枚此篇却能匠心独运，将山之形与人生之境联系起来，景与理契合无间，彰显出诗人虽处孤立境地依然不改正直品性的高尚人格。全诗如下："来龙去脉绝无有，突然一峰插南斗。桂林山形奇八九，独秀峰尤冠其首。三百六级登其巅，一城烟火来眼前。青山尚且直如弦，人生孤立何伤焉。"同样写独秀峰，李佩蘅的《独秀峰题诗二首》亦富于理趣，且气概不凡，其诗曰："秀压群峰不敢争，天垂一柱镇边城。绝无倚傍空前后，应有神仙下送迎。风雨撼秋孤胜会，云霞留兴补诗盟。梯空未必难臻顶，只在平心稳步行。直上真疑手捧天，心头眼底浩无边。纵横岭表数千里，跌宕词场二十年。定识骖鸾归主掌，从看修凤起联翩。我来别有登临兴，不要山灵扫座延。"

另，袁枚的《游风洞登高望仙鹤明月诸峰》也较出彩，其文如下："泱泱天大风，谁知生此洞。古剑劈山开，千年不合缝。我身伛偻入，风迎更风送。折腰非为米，缩胫岂为冻。偶作謦欬声，一时答者众。訇訇非扣钟，弇郁如裂瓮。石乳挂缨络，阴冰凝蟠蝀。游毕再登高，出洞如出梦。一筇偃又竖，两目阗复纵。远山亦献媚，横陈怪石供。仙鹤不可招，明月犹堪弄。底事急谋归，云湿衣裳重。"开篇四句想象独特，把空中吹着的风想象为来自风洞，将山想象为被剑所劈。"风迎更风送"将风写活了，且点出洞中风随左右、不曾稍停的特点。"折腰非为米，缩胫岂为冻""一筇偃又竖，两目阗复纵"等句，既幽默风趣，又精确地刻画了山洞狭窄幽暗的特征，"出洞如出梦"则精妙地道出了游历者的体验，奇妙感、梦幻感、时空落差感、留恋感，一并囊括其中。这首诗引来后人很多的和作，可见人们对它的喜爱。

沈世昌《游勾漏洞诗并序》，其序文部分描写："居停，曾佩亭偕余接晤，叙维桑之情话，餐秋菊之落英。是时也，江水下而白沙高，山气清而红尘净。长天过雁，迭主鸥盟，满径扶桑，杂陈荔实，先后作勾漏之游焉。同联异地之欢，尽是故乡之客。虽一庭赵舞，未足昭其象而绘其情，若四面楚歌，差可去其悲壮。而且流连数日，把酒论文，臭味同心。诵诗闲致，各含经纬，群负瑰琦。"序文中写景叙事，写景细致描摹称赞，色彩鲜明，对人之活动与情志又有分析，交代了作诗之由，将诗歌引出，又有粤卿张凯嵩和章。其中一首诗："绝壑穷岩亘古幽，洞中草木自春秋。九回径绕歧途出，万斛泉通别涧流。丹灶岂真存故物，青山或尚许重游。好将胜会传佳序，不减兰亭禊事修。"既有对勾漏洞这一道教洞天的描摹，又有如王羲之《兰亭集序》所描绘的周围山水之美和聚会的欢乐之情的抒发。

（2）石刻的延续性与拓展性发展

清代记游作品延续了明代的发展特点，地方碑刻更多，且除了宜州的会仙山白龙洞、灵山县的三海岩、融县的真仙岩之外，还有崇左市的白云山洞、桂平县的西山、凭祥大连城的白玉洞等地，显示了广西石刻分布的进一步扩大。而新增加的石刻景观中不免就会新增与之相关的诗文写景记游，如崇左市白云山洞有查礼刻《题白云洞》、宦儒章撰《白云洞歌》《白云洞记》、叶观国撰《同查承斋郡守宦宪菴邑宰游白云洞二首》、宋思仁撰《题白龙洞》、公立碑《建牌楼砌桥路置铺屋碑记》等描绘白云洞景及其发展历程。

除地域性的延续与拓展发展外，石刻所记之游的内容也承前拓新，对前人遗迹的游与思也成为清代石刻"集成"特点的一方面。如任广西巡抚、提督军务兼理粮饷的梁章钜在桂林独秀峰读书岩书颜延之"峨峨郭邑间"，又有余应松跋梁章钜摹刻陆游所书"诗境"为名山增墨宝，还在独秀峰下五君咏堂中跋刻宋黄庭坚书颜延之《五君咏》。

同时，清代在前代石刻的基础上，又引发了对唐宋元明石刻记游诗文的唱和创作，或是重刻延续，在一定程度上是对以往的延续与拓展。清代不仅时人结伴出游多步韵唱和，也多和韵石刻景地中前人留下的石刻诗文，且往往一和便是多首。如北流勾漏洞有李敏旸《奉和金鹤皋明府勾漏仙踪元韵4首》、谢启昆于桂林龙隐岩和方信孺韵、南溪山刘仙岩和元人韵四首、普陀山又和陈文简韵2首，桂林叠彩山有夏仪喻元准等人唱和诗 12 首并记，诸如此类较多。谢启昆于龙隐岩和宋人方信孺韵，方诗为 2 首七律：

爱山那惜走千回，生怕前驱后骑催。石上参差鳞甲动，眼中在处画图开。骖鸾未办乘风去，浮鹢何妨载雨来。人事百年俱变灭，柢应题字不尘埃。

雨脚初收鱼尾霞，满溪流水半溪花。寻源曾识武陵洞，泛宅如浮苕霅家。但得嵌空元有路，何如峭绝不容车。道人辛苦经云水，成塔从来是劫沙。

谢启昆亦和 2 首七律：

淋漓大笔老鲛回，三度摹镌腕力催。蜀道归时公未历，武夷游后境重开。杏花春雨寻诗处，画舫清溪载酒来。三寸元圭宝苏室，双钩拂拭隔风埃。

青漳蒸成赤水霞，玉泉吹出武陵花。诗翁画扇空留影，迁客游舟未有家。绕翠题名无隙石，怡云访胜想高车。同游好待秋风至，拄杖携壶踏浅沙。

从两诗可见，谢诗既对龙隐岩中方信孺题刻"诗境"及其诗刻进行了记录，又在诗歌基础上唱和创作，有了新的景象、情感与境界。

（3）对石刻价值的认识

在对石刻的认识方面，前朝各时期的石刻中都有提及刻石记事、以传永久的意义。直到清代，各种记事碑、告示碑等都还直言"勒碑以记"。但到清代，其认识更进一步，尤其在一些题名、跋尾记游石刻中有所体现，从刘玉麐《跋孟简题名》可以一睹时人对石刻价值的认识。刘玉麐与张佽游桂林独秀峰读书岩，留下跋刻，其文曰："乾隆壬子七月七日，余与姑孰濮熔游读书岩，始见唐孟简题名，惜其已有剜毁之者。考几道官刑部，史传失载，而韩昌黎诗集有之。此石刻足证古，后人所宜宝惜者也。"正如湘潭胡与龄于道光乙未年（1835）在独秀峰题刻所言"孟简乃孟浩然之族，仕宦显而名不着，浩然位不高而名传，由于诗才清妙也"。人们对孟简的认识较少，见孟简题名碑知孟简曾任刑部员外郎，正史对此没有记载。由此，刘玉麐总结"石刻足以证古"道出了石刻文献的历史价值，即便看似无关紧要的记游题名碑刻，也可能包含着重要的史料。在桂林独秀峰读书岩有余应松跋梁章钜书"诗境"二字，跋文记载："宋方孚若尝镜陆放翁所书'诗境'于龙隐岩，盖至此凡三刻，其倾倒于剑南者，至矣。恐其久而漫漶，乃乞福州梁大中丞重书，模刻于读书岩石壁，为名山增一墨宝，犹方志也。"不仅践行以石刻记事、流传，其总结的"犹方志也"也是强调了石刻的"志"之功用。这些摩崖题刻在记个人游历的同时，也成为了"志"的留刻撰写。

2. 内容与特征的延续与拓展

清代记游作品有将山水与丰年、靖边、善政等联系起来的，但相对明代数量减少。清代记游石刻作品更多的是纯咏山水之美、叹造化之神奇，或因山水美景引发慕仙思隐的思想或感怀前人的情怀，或借登山临水豁一时之胸襟，甚至抒泄牢骚，感叹官场凶险。且，这些记游的石刻诗文，不再有太多的佶屈聱牙、好用生僻字的特征。如果说宋代记游作品非常真切地显示出文人积极用世的情怀，明代记游作品在内容上继承宋代作品特点的基础上再烙上时代印记，那么，清代作品则显示出文人不再热衷治国安邦、经世济民，即使有情感也多在于个人情志的抒发，这自然也与清代钳制思想、控制言论的政策专制有关。下面试略举几例一窥清代记游文学石刻的发展特点。

内容上，将模山范水与靖边安民、追求功名等理想壮志联系起来的作品在清代依旧可见。如胡文华的《七星山唱和诗》："嵯岈山势傍江滨，领袖苍梧孰与群。百丈丹溜盘鸟道，千寻削壁荡西曛。峰头翠压九疑色，绝顶青收五岭云。抚景莫辞今日醉，交南早已净祲氛。"诗中写景，以山势峭壁衬"交南"净邪恶之气。再如林德均在桂林普陀山书《边防有感》："荒州斗大卧山城，入夜风嘶战马声。岭指分茅刚划界（汉马援立铜柱于此），营依细柳共谈兵。西南半角谁收拾（谓越南国），夷夏一家也太平（法夷款和）。此局不堪重铸错，有人磨厉剑锋鸣。"此诗中所言"划界""西南半角""夷夏"等皆将景与历史、时事结合，整诗表达了抵御外侮的雄心。林德均，字紫坪，广东信宜人。光绪十三年（1887）前后，督办全琼军务兼大营发审委员，总办全琼营务处提调，开发海南岛。从其在桂林的石刻推算，其大约光绪十七年至二十四年（1891—1898）在桂林。林德均在桂林游普陀山、月牙山、叠彩山、隐山等风景名胜，以及在灵山三海岩摩崖《游岩略》，题刻颇丰。其大多数石刻作品多写景，如榜书"小有天"、题名"假翰墨缘，领山水趣，亦足乐也"、刻诗"相将采药仙童，逍遥蓬莱绝岛"等摩崖来表达游山赏景之旨趣。林德均的石刻诗歌中有景，亦有雄心的抒发，虽有安边之雄心，但报国无门，所以他的诗歌还透露出对时事的批判，如摩崖于叠彩山的《次韵华小览观察本松见赠二首》之一："此生深悔误儒冠，万里凌霄逊羽翰。往事谁怜猜梦鹿，前途我欲附骖鸾。鸡声夜半雄心在，蜗斗年来冷眼看。笑倚龙泉三尺剑，西风消息问楼兰。"首联后悔自己未习武而从文，于是没有能力成就一番事业；颔联感叹人生如梦寐，想求仙；颈联感慨雄心仍在，但官场人物只知为蝇头小利争斗不休；尾联则表达了立功的渴望。感叹官场凶险的写景记游石刻又有如胡与龄的《北牖洞题诗》与查礼的《过横云岘》为例。胡诗摩崖于隐山北牖洞，道光乙未年（1835）刊，其诗曰："涧迹名场二十年，宦途巇险少安全。早知此地堪为隐，悔未先来小洞天。"查礼，字恂叔，号铁桥，宛平（今北京丰台）人，监生。在广西任职8年，建丽江书院，设学政行署。乾隆十九年（1754），修灵渠。查礼在桂林有石刻，多写景诗文。其《过横云岘》于乾隆丁丑（1757）冬题石于崇左，曰："群山奔麓如怒马，截我前途横旷野。云中瓣瓣献青莲，乱峰崩岁参之天。巨石辟开一线入，磴道盘旋七十级。风回岘□冬日残，鹧鸪一声人胆寒。崎岖蹩躄下岘岙，鼓兴还吟过岘句。"诗中描绘广西的山岭险阻，亦如官场前途荆棘，以景喻世风。

　　同时，又可见将山水美景与慕仙思隐、高尚品行等人生感叹联系起来的清代石刻。如许炳焘摩崖叠彩山的《题仙鹤洞》："最爱深山学净修，拟招云鹤结同俦。栖迟得地宜高隐，我愧乘轩到此游。"钱三锡摩崖于普陀山的《游栖霞洞诗二首并跋》："重系扁舟问渡头，轻风拂拂满林丘。南云北雁三年隔，白石清泉几度游。僧尽故交知姓氏，山如识面共清幽。愿依连社求真隐，尘网牵人那日休。"再如张联桂题《题钵园诗》，诗叙行医救困的隐士韦铁髯生平，又描绘钵园周边"山水足清娱""春林闻啼鸟，秋水观游鱼"等景，后以世路凶险、不如隐居收束："身没名不彰，过客空歔欷。在德不在位，时异理岂殊。世路多险阻，何如归田庐。夕阳欲西下，更访壶公壶。"这类石刻中，值得一提的还有阮元的《隐山铭》，刊刻于嘉庆二十四年（1819）。该摩崖在桂林隐山高隐洞口，高71厘米，宽43厘米，真书字径3.5厘米。其铭序言阮元每逢生辰便避客独往山寺，是年任职于广西，阮元避客于隐山，贯行六洞，以为此一日之隐，故作此铭。铭文曰：

　　　　士高能隐，山静乃寿。潆之主名，辟此奇秀。一山尽空，六洞互透。不凿自通，虽探莫究。穴无雨来，岩如天覆。虚腹开潭，垂乳滴溜。寒漱镜奁，响传壶漏。引月入峡，吸云穿窦。磴曲风抟，泉清石漱。仰壁藤垂，摩崖苔绣。莲忆古香，桂疑秋瘦。招隐岩前，朝阳洞右。凉堂北开，高亭东构。独出春城，静观清昼。晓岚入怀，夕阳满袖。一日小隐，千年古岫。何人能复，西湖之旧。

　　从文中可见隐山及六洞之景，写其泉石崖壁以及亭台，也感叹"士高能隐"。对一日之避客而游之隐的记录也是阮元高尚情怀的感发，更是其数十年如一日的洁身自好之实践。

另一方面，石刻所记之游的内容也承前拓新，除新开发的景地，也围绕前人遗迹、典故相关景地等进行创作。尤其各地石刻景观群发展至清代，已经遍布群贤遗迹，如桂林独秀峰早有颜延之相关的历史石刻，唐代郑叔齐撰《独秀山新开石室记》记："宋颜延年尝守兹郡，赋诗云：'未若独秀者，峨峨郭邑间。'"

到清代，梁章钜又游独秀峰书刻颜延之"峨峨郭邑间"诗句，榜书碑高214厘米，宽86厘米，隶书，字径40厘米。再如康基田的《苏公遗迹记》，碑在合浦县，乾隆三十九年（1774）刊刻。该文从苏轼在廉州（现合浦县）的两处遗迹说起，赞其虽在廉州时间不长，仍令廉州百姓感念颇深，思之不忘，且归结出天理仍在人心的背叹。文中还概述了苏轼一生所为，赞其所到之处，皆使百姓安居，遭际坎坷，泰然处之，其文中相关段落如下："廉人思公慕公，积至数百年之久。名其亭与井以为荣，入人之深有如此也。盖天地之正气，不容息灭；天理之在人心，无间岁时……洎出典方州，明习吏事，凡所施设，悉与民宜。至于窜逐遐荒，转徙靡定，蹙之愈穷，处之尔泰，泊然无所芥蒂，所至无问贤愚，咸奔走而慕乐之，岂以居游之久暂移易其心哉？"文章以个人行为与影响扩展至天地正气与天理，以"游"联系人生价值，从小处说起，引出大道理，颇能感人。

3. 名家碑刻颇多

清代广西记游石刻中，名人、艺术家的碑刻颇多。

清代在广西留刻的名人包含了各类代表，有文人、仕宦、武将等。如被尊为一代文宗的阮元，他曾六次巡视桂林，在桂林留下了《过乌蛮滩诗》《隐山铭》《为陈继昌题三元及第》等碑刻。再有政绩甚著、撰有《粤西金石志》《广西通志》等著作的谢启昆在广西巡抚任内，在桂林多处留下了题咏。武将代表，碑刻如太平天国起义军领袖石达开有《宜州白龙洞唱和诗》，其诗颇有气势："挺身登峻岭，举目照遥空。毁佛崇天帝，移民复古风。临军称将勇，玩洞美诗雄。剑气冲星斗，文光射日虹。"再其他如创作了讴歌三元里人民抗英斗争《三元里》的爱国诗人张维屏，著有《退菴诗存》《粤西笔述》的梁章钜，主持了百日维新的康有为，清末民初的爱国官员赵炳麟，还有上文提到的袁枚，等等，他们都在广西留下了碑刻。

在广西留刻的清代艺术家亦很多。典型的如被称为"诗书画三绝"的李秉绶、李秉礼、李宗瀚父子三人的绘画、诗歌、题名作品都得以留刻广西。这些碑刻不但有很高的书法、绘画价值，而且有些诗作写得很不错。李秉绶的《兰竹图》摩崖于桂林七星岩，嘉庆十二年（1807）刊刻，碑高128厘米，宽31.5厘米。其后吕坚题《李秉绶兰竹诗》云"今见芸菁画，长似听山阳笛也"。李秉绶的《兰竹图》还见于桂林虞山、伏波山，图后款行书有言"临川李秉绶仿梅花道人笔""李秉绶倣东坡居士笔"等。桂林南溪山刘仙岩还有李秉绶摹刻刘仙像并赞跋。李秉礼在虞山南薰亭留刻有《题南薰亭诗》："雨色苍然霁，夕阳明远山。黄云连麦陇，清磬出禅关。觞咏幽情畅，濠梁野兴闲。顿忘归路晚，渔火隔林间。"前三句描写了天苍、黄云中有一轮明丽的夕阳，形成暗色与亮色的强烈对比，构成一幅独特的雨后黄昏图。第四句用"清磬"二字将雨后的清新、山野的幽静传达得非常显豁。后四句抒情，表达诗人身处自然美景的悠闲、快意，"渔火隔林间"依然葆有画家对色泽、明暗的敏感，也表现出人们生活的安适。李宗瀚则有题"拓园"榜书于桂林，嘉庆二十一年（1816）题，碑高61厘米，宽103厘米，篆书，字径40厘米，款径6厘米。

再如粤东著名诗人、画家，与黎简、张锦芳、黄丹并称"岭南四家"的吕坚，擅长绘猿猴与山水的马秉良，工于山水画的张宝，擅长画人物肖像的李少莲，擅画人物、花鸟的戴熙，工篆刻、善画梅的李翰华，富收藏、喜画兰、诗宗杜甫的谢光绮，擅长山水画的朱树德，等等，这些人都在广西留下了或绘画或诗歌或题名的石刻作品。

此期还有一位女诗人、画家——严永华也在广西留下了碑刻。严永华，字少蓝，斋名纫兰室、鲽砚卢，浙西桐乡人。云南顺宁知府严廷玉之女，巡抚沈秉成妻；著有《纫兰室诗钞》《鲽砚卢诗钞》。她随宦桂林，于光绪十五年（1889）带着两个儿子到京城参加科举考试，被雨水所阻，写下了《叠彩山题诗并记》。诗以叙登览之由开篇，接着描写登览所见之景，颇具壮阔豪迈之境，摘引如下：

　　山城无百里，诀荡多奇峰。层峦叠锦彩，佳气郁葱茏。飞阁出岭表，清赏溯元公。古堞隐崇雉，深涧饮长虹。坐久心颜开，瑟瑟来清风。雨余空翠滴，洞古白云封。豁然忽开朗，异境探不穷。老佛坐岩际，天半闻清钟。青山寿太古，底事首书童。俯仰忽有悟，山性与人通。斯人多质直，山亦无修容。参差如束笋，天矫若游龙。山下多沃土，潆洄水一弓。种荷能逭暑，种桑倍农功。民瘠久必乱，民裕国乃丰。愿民登衽席，蚕织毋疏慵。漓江波似镜，倒影青芙蓉。小艇自来去，荡漾双桨红。清景俨图画，拙笔摹难工。凭眺不忍去，夕照辉长空。何当携绿绮，一鼓风入松。

前此除了与宗教相关的碑刻外，未见女性作者的诗文刊石。严永华的这篇《叠彩山题诗并记》从一个方面透露出社会的自由风气及石刻的发展。

为什么清代广西有如此多的名人、艺术家碑刻？或许庆保《景风阁记》给出了较好的答案。庆保，姓章佳，字蕉园，斋名兰雪堂，满洲镶黄旗人。嘉庆二十年（1815），迁广西巡抚。庆保工花卉，尤善画蝴蝶，还编有《广州驻防事宜》二卷。其《景风阁记》碑原在桂林叠彩山景风阁，嘉庆丙子年（1816）刊刻，共有6石，每石高135厘米，宽40厘米。其中有这样一段对话："嘻！其然。顾事有今与古异者，诸君子亦知其所自与。自唐宋来，岭南以荒远为迁谪地，其咎之自致者无论。或乃硕臣谊士，感悟无由，遂至宅身万里，下侣豕鹿。彼虽流连光景，寄情风物，写其随事自得之致，究其中之介介者，释焉否乎？今则四海一宇，岭南数千里，乃在内地，堪称乐土。百执事任是邦者，以庸擢职焉，揆诸昔之居此者，同乎？否乎？"这段话道出了广西的历史变迁：由边陲之地渐为内地，由迁谪之地渐为擢职之地。伴随着这种变迁，来此的名人、艺术家也就渐多，名人、艺术家的碑刻自然多起来。另外，此期艺术家石刻的剧增，除了显示出广西的佳山水对他们的吸引外，还显示出书画家们想借助石刻将其书法绘画作品流传下去的意识，或者说，石刻的运用被他们扩大到了书法绘画领域。

第三节　清代的名家名刻

一、阮元与广西石刻

阮元（1764—1849），字伯元，号云台、芸台、揅经老人，斋名文选楼，江苏 仪征人。乾隆五十四年（1789）进士，为乾隆、嘉庆、道光三朝重臣，历河南巡抚、湖广总督、云贵总督等。嘉庆二十二年（1817），调两广总督，曾六次巡视桂林，直到道光六年（1826）离开两广。作为扬州学派的中坚人物，阮元对经学、史学、文学、哲学、校勘、金石、书画诸方面皆有精深的研究。他著书立说，著有《揅经室集》《两浙金石志》《山左金石志》等，主持修纂《广东通志》《云南通志》等；又开办书院、提携后进，对清代学术做出了重要贡献。阮元60岁时，龚自珍撰文盛赞阮元的训诂之学、校勘之学、目录之学、史学、金石之学等，称其"凡若此者，固已汇汉宋之全，拓天人之韫，泯华实之辨，总才学之归。"在金石学领域，阮元编著有《山左金石志》《皇清碑版录》《积古斋钟鼎彝器款识》《汉延熹西岳华山碑考》《两浙金石志》《广东通志·金石略》等，在乾嘉金石学界享有极高的声誉。阮元任职两广时期，留下了几方相关碑刻，包括诗文与榜书，主要有横县伏波庙内由门生陈均书的阮元撰《过乌蛮滩诗》、平乐县内刘元基书丹的阮元撰《平乐府重建至圣庙碑记》、桂林城内阮元书"三元及第"以及于隐山作《隐山铭》、九马画山大书"漓江石壁图"几个字等。

阮元曾以"生日避客作一日小隐"的事迹被载入史册，承载了其从政的理想与信念。嘉庆二十四年（1819），正值56岁生日，阮元避客独往桂林隐山，以求一日清静，并作《隐山铭》勒于隐山北牖洞口，碑高71厘米，宽43厘米，真书，字径3.5厘米。其文如下：

　　士高能隐，山静乃寿。潴之主名，辟此奇秀。一山尽空，六洞互透。不凿自通，虽探莫究。穴无雨来，岩如天覆。虚腹开潭，垂乳滴溜。寒澈镜查，响传壶漏。引月入峡，吸云穿窦。磴曲风技，泉清石漱。仰壁藤垂，摩崖苔绣。莲忆古香，桂疑秋瘦。招隐岩前，朝阳洞右。凉堂北开，高亭东构。独出春城，静观清昼。晓岚入怀，夕阳满袖。一日小隐，千年古岫。何人能复，西湖之旧。

铭文既包含对隐山之景的称赞，又有阮元身处山中得以悠然惬意的切身体会。文中记录了阮元往隐山之原因与感受，开篇即阐发"士高能隐，山静乃寿"的理念，后对隐山之奇秀、泉石之娱描绘细致，又于唐人李渤、宋人张栻等人所留遗迹之前感怀古趣，自己于山中避客，更是得以揽晓岚入怀、夕阳满袖。从铭文即可见阮元生日避客非一时沽名钓誉，而是"近年所驻之地，每于是日避客"。据考，阮元在40岁生日就开始避客。嘉庆八年（1803）时任浙江巡抚的阮元在生日时主持了海宁安澜书院的开学考试，在道光五年、六年（1825、1826）都是往广东学海堂避客，可见其数十年坚持洁身自好、修身律己。

阮元为陈继昌题"三元及第"，此乃大型榜书。碑在桂林王城正阳门门楣，清仁宗嘉庆二十五年（1820）刊刻。此碑由碑檐、碑侧和碑身组成，通高169厘米，现存碑檐高40厘米，宽665厘米；碑身通宽629厘米，高129厘米；中间夹碑面六石，共589厘米。

书法意义上，"三元及第"4字兼具行楷，字径90厘米，款字径10厘米。

阮元早年的行书、楷书受董其昌书风影响较大，字体圆润端庄、清新刚健、苍劲挺拔，笔法俊朗，气韵流动，有颜体之丰盈、柳体之俊朗、欧体之严正。

同时，此榜书又极具社会意义与价值，正是阮元奖掖后学、倡导文教之实践。榜书将文字与人文历史、地理环境结合起来，体现石刻载体承载的人文价值，赋予了景观以社会意义。此碑位于桂林王城之北，即为清代广西贡院，诸生乡试之地，实为以碑激励诸多广西学子奋勇登上科举舞台。清代三元及第者仅3人，陈继昌是继宋朝冯京之后又一次夺"三元及第"的广西人，也是中国科举史中最后一位"三元及第"者。陈继昌因"三元及第"碑而名垂，广西士子也因之而名扬天下。"三元及第"既是陈继昌个人科考大捷，亦是阮元主政两广的教育业绩和人文运道之显现，更是广西文化事业的重大突破，时人对此事有诸多附会传说。

综合而言，阮元在广西的几件石刻作品，是其高洁人格的写照，融诗、书、理论和创作于一体，内蕴深厚的社会、历史、文化素质，是综合了文物性、艺术审美性的碑刻精品，值得我们进一步去研究探索。

二、清代摩崖榜书

榜书，古曰"署书""题榜书""擘窠书"。榜书、署书、擘窠书等在历史上出现时间不一，释义有别。古人称一切大字为擘窠书。直至清中后期，以康有为《广艺舟双楫》为代表，统一榜书内涵，即概括"榜书，古曰'署书'，萧何用以题苍龙、白虎二阙者也。今又称'擘窠大字'"。秦汉以来，名山大川刻碑摩崖成为一种传统，其中不乏文字简洁精炼、写景抒情的榜书，其书体多样、风格各异，雄浑古穆或是庄雅并重，大而醒目。时至今日，这些流传下来的榜书弥足珍贵，是自然与历史、人文风貌的记录与见证，也成为今人欣赏学习的典范。

清代，匾额楹联兴盛，梁章钜的《楹联丛话》记述当时楹联的兴盛曰："楹帖肇自宋、元，于斯为盛。""圣学相擅，念典日新，凡殿廷庙宇之间，各有御联悬挂。"楹联兴盛带动大字楹联书法创作。另一方面，碑学兴起，如阮元认为："短笺长卷，意态挥洒，则帖善其长。界格方严，法书深刻，则碑据其胜。"阮元的知音钱泳在《履园丛话·书学·总论》进一步阐述曰："长笺短幅，挥洒自如，非行书、草书不足以尽其妙；大书深刻，端庄得体，非隶书、真书不足以擅其长也。"多方因素促进了榜书、擘窠大字的兴盛，多书法家文人提出了擘窠大字书法理论，并出现了擘窠大字的书家论。在《皇清书史》卷三十二中详细记录了清代"擘窠大字"书家之状，记载擅长擘窠大字书家五六十人。广西清代书法碑刻亦较为丰富，其中与广西景观、文化名人、先贤名家相关碑刻的质量较高，与文化教育相关的碑刻则对文化和书法普及的贡献更高。这些碑刻反映了历史、文化教育、政治等社会形态，也一定程度上反映了榜书、碑学等书法发展历史。广西清代榜书多精品，如善作擘窠大字的阮元题榜"三元及第"于桂林古城楼门，在《广艺舟双辑》中论述了榜书的历史发展、用笔方法、书写难度、审美趣味等的理论家——康有为在桂林留下了摩崖榜书"素洞""康岩"等。另，清代广西还有较多其他书画家留刻榜书，如乾隆御笔榜书"福"、梁章钜"峨峨郭邑间"、张祥河题"紫袍金带"、林绍年"心迹双清"等等。这里试举几方摩崖榜书及其特征以观清代榜书之发展。

一是随形赋意，创作者多因自然之势造榜书之"形"。广西山多、洞奇、石异，成就了众多绘形绘色的榜书。譬如桂林龙隐洞、龙隐岩皆在七星山脚，古人泛舟石壁下，仰视洞顶如有龙迹，夭矫若印泥之样，这里便留下了几方与"龙"相关的榜书，或以形似，或以意近。清人林德均书"龙宨"，光绪十八年（1892）刻，碑文完整清晰。据《桂林石刻碑文集》注：高116厘米，宽206厘米，真书，题字字径90厘米，年月日款径14厘米，署名款字径11厘米。在桂期间，林德均屡游各地风景名胜，且题刻颇丰，如在龙隐洞题《西湖怀古七绝四首》、叠彩山《风洞题诗》、隐山题《游隐山老君岩》、普陀山题"小有天"3字等。且，林德均还著有《粤西溪蛮琐记》记载了广西少数民族地区的山川、历史沿革、经济、文化、民族风土、社会生活、农民起义等方面的史事，对研究广西民族史和地方史具有一定的参考价值，而其题刻诗文中亦有相关历史记载。再有傅恩荣题"破壁而飞"，光绪己亥年（1899）刊，据《桂林石刻碑文集》注：高67厘米，宽255厘米，真书，题字字径56厘米，年月及作者署款字径8厘米。又有佚名题"龙腾岩"，正书字径34厘米。这些正书题榜端庄稳重，引人注目，将龙隐岩洞隐居神龙破壁而飞的传说与有如腾龙所留痕迹的自然山石之景镌勒于山水中。

二是立象尽意，以大字展现景观之崇高大气。榜书的背景一般为亭台楼阁、名山大川，多选厚重端严、气势沉稳字体书刻，展现高台厚榭、山崖洞穴之景的壮阔宏伟等气质，与环境相协调融合的擘窠大字也成为景中的一部分。石刻榜书以大字写壮景，浑然天成的勾勒，或直接展现自然的壮美，或以大反衬凸显自然之优美秀丽。桂林独秀峰凝秀独出，高耸直上，其崖上榜书颇具代表性，遣词用字与字体形态皆显大气。尤其清代留下了较多的榜书题刻。如黄国材在独秀峰东面悬崖题"南天一柱",高1108厘米,宽310厘米,行书字径250厘米,款字径40厘米;陈徽德书"仰之弥高",高216厘米,宽84厘米,正书字径52厘米,款书字径8厘米;梁章钜书刻颜延之诗句"峨峨郭邑间",高225厘米,宽90厘米,隶书字径37厘米,款书字径14厘米;陈鏴临米芾书"第一山",高123厘米,宽72厘米,真书字径40厘米,款行书字径7厘米;王豫在独秀峰西面题"秀夺群峰",高262厘米,宽93厘米,行书字径64厘米,款字径23厘米;徐清书"天挺其秀"四字于独秀峰西南麓,高159厘米,宽84厘米,行书字径35厘米;以及龚翔麟书"一览众山小"、蔺佳进题"拔地参天"、麓石题"天梯"、马秉良题"昆仑天柱立"、马云谷题"螺登穿云"、杨馝和李绂书"擎天"等夸张修饰之语的榜书深刻山间。这些大字摩崖以端庄大气之体与夸张直白之词表白于具有不凡气势的独秀峰,展现峰之独立挺拔气势。

  同时,也有榜书创作者将个人意志渗透到了书法、石刻中,是主体意志的书写与山石之雄厚气质的结合体。作者用镌刻大字于石的方式控制调节自己的行为,借山石气势来表征其理想意志之宏大,也借金石不朽与大字更堪经久之特性来实现这种意志的铭刻与宣扬。在独秀峰上丰富的擘窠大字摩崖中,清人张祥河于独秀峰东面悬崖书写的"紫袍金带"尤为显眼。该摩崖高688厘米,宽217厘米,四字为行书,字径165厘米,署款字径30厘米。张祥河,字元卿,号诗舲,工诗词,有《小重山房集》《粤西笔述》,其画粗豪,气韵魄力仍有书生本色,有《铜鼓斋论画集》。书法上承其从祖张照,圆润浑厚,并善作擘窠大字。张祥河为嘉庆二十五年(1820)进士,于道光二十四年(1844)迁广西布政使,从二品;咸丰八年(1858),擢左都御史,迁工部尚书,从一品,其职责为"掌察核官常,参维纲纪"。张祥河书此四字,笔力遒劲,富有神采,乃榜书中精品。这与山景、个人或都有关系。独秀峰,又称紫金山,因其晨曦辉映、晚霞夕照形成的自然景象犹如孤峰披紫袍。独秀峰有陈遐龄题刻《独秀》一诗,夸赞独秀峰"金玉生泉水,蛟龙起盛蟻。紫金原独秀,千古镇邦基",正与"紫袍金带"之形色相似。从字面含义上看,唐时官服以颜色、"带"表示等级,三品以上等级官员着紫袍,五品以上着绯袍,六品以下为绿袍,这一制度从唐朝开始,至清代才废除。于悬崖壁上镌刻如此气势磅礴且内含大志的榜书,与独秀峰的形势气质相契合,将代表官职等级内涵的名词赫然览于城中主峰崖壁,从外在形态到内在气韵层次丰满凸显，无论字或山，其外在的宏大气势与内在精神的远大追求皆得以表征出来。

三是榜书不仅昭示名胜古迹，也铭刻情感、记载历史、传承文化。清宣宗道光十八年（1838），罗城县主簿余应松因恐方信孺曾镌刻于龙隐岩的"诗境"久而漫漶，乃请梁章钜重书"诗境"刻于独秀峰读书岩，以为名山增墨宝。余应松将梁章钜书"诗境"摩崖并作跋文记之，"诗境"二字真书，字径40厘米，跋隶书，字径2厘米。梁章钜不仅重书"诗境"、书刻颜延之"峨峨郭邑间"，还找人勒旧藏黄庭坚书颜延之《五君咏》真迹于山中以存旧迹，并跋文刻之铭记。除此直接刊刻名家手迹作品外，更有后人宗法前人书法艺术而作榜书。如王元仁仿王右军笔法书刻"龙"字题榜于隐山，郭司经宗王右军法书"福"字于独秀峰，且其意能自出机杼，得力于《圣教序》，驰骋如生龙活虎。

榜书不仅展现传承最基本的显于外层次的书法艺术文化，也凝练文学与文人心境的多层次意蕴示之于世人。清光绪三十二年（1906），林则徐之子林绍年离桂回京前留下"心迹双清"墨宝，并由匠人贺广文摩崖于桂林伏波山还珠洞，摩崖高70厘米，宽216厘米，行书，题字字径60厘米，书款字径8厘米。榜书典出谢灵运《斋中读书》"矧乃归山川，心迹双寂寞"，又有杜甫《屏迹三首》"杖藜从白首，心迹喜双清"，杜诗描写了屏迹景事与诗人心迹，"心迹"二字乃三首之眼，诗人申言"拙者心静，故能存道。幽居身暇，故近物情。桑麻、燕雀、村鼓、渔舟，动植耕渔对言，皆物情之相近者。对此而心迹两清，吾道得以常存矣"。光绪二十六年（1900），林绍年迁云南布政使司时亦曾题写"心迹双清"并摩崖于昆明西山凤凰岩。于宦海沉浮10余年的林绍年反复题写此句榜书，其初衷显然缘于谢灵运与杜甫诗句中对于心境与行为感怀相契合，借以表达强化自己的心迹。山清水秀景观下的摩崖榜书承载了诗句蕴含的心静感物存道，兼文人官宦的历史文化背景，不失为物境、情境、意境多清的艺术佳作，给予观者人文与自然的"双清"洗礼。

综合而言，榜书是典型的作者在自然美的基础上再造出的"第二自然"。它们以比自然生命坚韧、持久的山石作为依托，镌刻心声、篆刻文化、铭刻历史，以载体的坚韧、磅礴助于主体精神与历史文化的镌刻与延续，记录了前人精神文化的建设历程，也承载传播了书法文学、文教等多种文化精神。一幅寥寥数字的榜书浓缩了自然、情志、历史于一笔一画中，不仅展示传承了大字书法、金石艺术，成为各石刻景观群的主题与核心，也反映了当时当地的特定历史与人文精神。

三、安南使者与石刻创作

  碑刻乃地方历史文化的重要体现，立碑作记、摩崖题记等都是一种文化的留刻与传承，不仅为时人保存了事迹、情感记忆，也为他人提供了历史文化展示的平台。古代外来使者以政治目的出使，却常为地方的风景、文化所驻足，如越南汉文燕行文献中即反映出一定的石刻情结。使者们多实地访碑，从中了解历史人文、感受地方景观与文化，同时也触发了情感，刺激了诗文创作甚至题诗刻石以纪岁月。

  广西与越南山水相连，自古便是对外的交通要道，沿途独特的自然和人文诸景地成为中越使者接触广西风光与文化的直观表现与文化活动的生发点。清代中外使者在广西留下了几方石刻，使者访碑、记录、吟咏、创作石刻等活动，丰富了石刻文化，增添了中越文化交流的印记。尤其越南使者的诗集、日记、地理著作等燕行文献记述了广西政治、经济、文化以及地理风物等。正如清代越南使者阮翘、阮宗室的《乾隆甲子使华丛咏》记录广西时言"广西省城，名胜不可胜记"。广西山清水秀、洞奇石美，石刻文化发达，石刻发展早、区域广、数量丰富，是广西文化不可替代的一部分。《广西通志》《桂林府志》等方志中未见越南使者过境的相应记载，越南使者的诗文集在中国也较少见，但在广西及湖南却有越南使者的诗作刻石。相较于越南使者的文献记载石刻体现出的对石刻的重视，清廷派出的使者记载文献较少，但也留有石刻作品。

  广西全州湘山寺、湖南永州浯溪碑林等地即记载有越南使者所作石刻。全州县湘山寺有安南使者黄仲政题诗摩崖：

  乾隆癸卯冬
  咸通而后发云雷，日月乾坤自阖开。已解空门还太始，尚留卓后傍飞来。昙花春朗湘山岭，贝叶秋澄楚水隈。劫火久灰真性在，传灯照处是天台。
  安南国朝贺使湛轩黄仲政题

  碑在全州县湘山寺飞来石，乾隆四十八年（1783）刊。题刻高81厘米，宽61厘米。黄仲政，字湛轩，《清史稿》载"（乾隆）四十九年，帝南巡，安南陪臣黄仲政、黎有容、阮堂等迎觐南城外，赐币帛有差，特赐国王'南交屏翰'扁额"。从题刻时间可知，黄仲政于乾隆四十八年（1783）冬过全州，于湘山寺礼佛所留。全州处湘桂走廊北端，是中原文化进入广西的要道，湘山寺中骚客文人、帝王使者留下诗刻碑文百余幅,使者文集中多记其"楚南第一禅林"匾额。湘山飞来石于湘山寺妙明塔后,藏文人之胜,有明朝杨芳飞的《游湘山寺》、明代大画家石涛的《兰花图》等石刻。黄仲政过全州览湘山寺并题刻,显然其得以一览湘山摩崖,并受寺庙文化与刻石活动的感染,兴之所至作诗刻文以记。

从题写诗文看,诗歌的写作水平首先反映了历代中越使者多出身儒学世家的现象,他们的汉文化功底深厚,谙熟中华文化,出使的过程也是文化传播的过程。同时,从其诗中所写历史、寺景等,也体现出他对于湘山寺、全真禅师的故事较熟悉,可见当时湘山寺在越南或许亦有广泛的知名度。在这个寺庙古迹的石刻史籍中,不仅留存了越南使者的石刻,亦有中国使者之刻石。据寺志云,寺内原有"安南国使张公留题石刻"。"张公"或为礼部郎中张易贲,清康熙五年(1666),朝廷派遣翰林学士程芳朝、礼部郎中张易贲出使安南,册封其王为"安南国王"。张易贲途经全州,游览湘山寺,留下石刻。阮辉莹在《奉使燕京总歌并日记》中记湘山寺中匾、联文字,还记有张公诗:"己巳年生己巳人,再逢己巳十三春。"遂亦留题一律:"己巳长安第四年……盈阶多少题诗石,留与南人佐补天"。

除亲历刻石摩崖外,更明显体现清代越南使者对石刻重视的是其文集对广西石刻的记录。从越南使者文集中可见,他们于入桂途中访碑、读碑、记碑,记载了较多的粤西访碑活动与记忆。亲身寻幽探古进一步感受中国文化的同时,又以诗文日记等形式将中国行记忆带回越南,以出行日记架起一座中越文化交流的桥梁。

首先,在对石刻的认知与使用上,从越南对石刻的运用以及使者文集中对石刻的点评可见中越历史上对石刻的认同。不仅在中国,在越南亦多建筑记事碑刻,如越南关帝庙、白马寺、汉伏波将军祠等寺庙、道观、神祠建筑皆撰文立碑。越南存有大量的汉文碑刻文献,内容丰富,其碑刻文化应与中国碑铭文化有着一定的影响关系。越南使者张好合《题须菩萨碑》言"湘山寺外刻须弥。越人亦爱良人笔,争有江官石与垂";潘辉注在《受降城志古》中附记"但城名所起,无碑记可考";裴櫃《燕行曲》记阳朔太阴山云"俗传杨令公铁笠,然无碑志可考",可见使者对于碑刻的艺术性、记史记文之功效的认同,有意识地寻访碑刻作为参照以了解当地人文。再有如《使程诗集》中有佚名作《过临桂县学士坊》诗叹:"石刻勋名天地寿,金镌姓字日星光。尖峰插没标文笔,峭壁生苔现绣章。人去豪名千古在,几回瞻慕思茫茫。"越南士人对将学士之名刻之于石予以大赞,叹其声名借刻石得以与天地同寿、与日月星光般耀眼，即使人去而名留千古，不仅是对时人的一种鼓励与记载，也是对后人的鼓舞与供后人思慕的重要文物，即使对于外来士人而言依然具有情感触动的内在动力。

其次，燕行文献中有较多的访碑、读碑实录。

一是使者探访古迹碑刻，一览如史书的石刻。记载广西历史上的"平蛮"地方史和民族关系史的唐《平蛮碑》、宋《大宋平蛮碑》《平蛮三将题名碑》、元《广西道平蛮记》、明《征古田班师记游诗》等都被记录在燕行诗文中。如黎光定的《南宁纪胜》言："泡涧长流侬子恨，昆山永勒狄青碑。"吴时位描绘"桂林省会"云："明将记功碑尚在，汉臣试剑石犹名。"潘辉注描写龙隐岩石刻时，特明确石壁上有狄青平侬智高碑及元祐党人碑。

二是使者流连山水，观仰摩崖。桂林题刻和摩崖造像琳琅满目，古往今来游人如织。以桂北山水为代表的桂林、兴安、阳朔等地自然风光与摩崖石刻吸引了越南使者游览与记录。桂林古八景、"续八景"所涉及西山、尧山、虞山、独秀峰、南溪山等皆有摩崖石刻，使者文集中多有访碑记录。如阮辉莹、武辉瑨、阮翘、阮宗窐、潘辉注、武希苏等人过刘仙岩皆记"刘仙岩"榜书、刘道人形貌及歌诠药谱；阮宗窐、阮辉莹、武辉瑨等人记独秀峰，多提及"芙蓉"、"擎天"、"南天一柱"等摩崖榜书。

同时，使者们还参观记录了历史名人碑祠。如潘辉注两次奉使清廷，先后登临因马援得名的伏波山，作《登伏波山第一楼览古有怀》《伏波岩楼晓望》，其中记载了伏波岩及伏波祠，并记录了伏波楼重修碑记。昭平县内纪念刘氏三烈之故事的三烈坊和三烈祠成为了越南使者留诗词最多的地方，仅越南正、副使节的诗就达30多首，使者日记或诗文中多记述立碑旌表的历史及观碑之感。阮公沆出使清廷作《往北使诗》提及昭平驿三烈女，诗言"荒祠断石苔痕绿，消剥惟余姓字留"，附记"见祠址尚存，残碑磨灭，少认之，得大字三行而已"。潘辉注记："嘉靖间，令立碑旌表，号'刘三烈'。碑碣今在崖草。"佚名《过刘三烈庙》诗"千载丰碑姓字传"等，皆以诗文记录昭平三烈的碑祠与故事。

在此过程中，越南使者亦借自然景观中的摩崖、历史遗迹中的碑刻得以观景读史，心生情感，发为诗文。如阮偍《题刘三烈庙》"读竟残碑增感慨，俯瞻江上月孤明"，胡士栋《经三烈祠址》"未仆残碑苔藓护，不磷贞节日星悬"，黎光院"贞节对看碑碣在，悠悠别恨若为平"，以读所见流传至今的残碑之沧桑历久之状，结合碑碣故事难免触景生情。使者结合历史感慨系之，既是对历史人物与精神的纪念与赞扬，也是对贞烈这种儒道文化的肯定。

　　古代使者用诗集、日记、地理著作等记述出使国家的自然风貌、政治经济、历史文化等，一般而言当择其认为重要、较具意义的内容记录与展开讨论。使者文集中多见石刻记载，又亲自参与刻石，可见使者很早就注意到了石刻文化的存在及意义。因而，石刻不仅是历史书写与创作者情感抒写的重要形式，成为当时当地观者了解历史、参与文化活动的特殊方式，也成为了外国使者接触中国文化的直观实物典范。他们于出使途中开展访碑活动，从碑刻文化中了解历史人文，不仅娱其耳目、增添乐趣，同时也触发了情感生成，并刺激了诗文创作、题诗刻石以纪岁月的冲动，丰富了石刻文化。使臣的访碑记录、刻石题诗也给后人留下中越文化交流的印记，反映了共享着一个东方文化传统的各国之间的友谊与交往。同时，从这些石刻文化的记载与情感表现来看，使臣对中国地方文化与传统文化都有较广泛的了解，反映了使者乃至古代国外文人对中国历史文化的兴趣与认同，折射出中越两国古代对于传统文化精神以及文化传承方式的趋同性。

第六章

民国石刻

第一节 发展概况

1911年，辛亥革命爆发后，革命党在南京建立临时政府，孙中山为临时大总统。1912年元月，民国正式建立。这一时期，随着资本主义经济在中国的发展和西方政治思想学说的传播，代表新兴资产阶级的政治势力开始登上中国的政治舞台，以孙中山为首的一批志士仁人首先选择革命救国的道路。"五四"运动后，马克思主义在中国传播开来，成为新思潮的主流。民国（1912—1949）历时不长，且战争频繁，石刻的范围、数量、质量、作者的人数等远不如前代，但在内容、形式上延续了以往的石刻创作，又具新的时代特征。

地域分布上，广西民国石刻主要分布于桂林、贵港、桂平、贺州、富川、灵山、龙胜、兴安、永福等地。形制上，主要以纪念碑刻与摩崖为主，桂林龙隐岩、叠彩山、灵山县三海岩等地多摩崖。石刻的创作者方面，此时多抗战人士、地方官员等，主要为抒发情感、纪念人与事等而作。石刻的文体形式与内容方面，民国石刻依然延续以往的石刻文体，包括记事记游的题记、诗词，记人的墓志、纪念塔文，以及抒发豪情壮志的榜书、题名等。

内容上，事关时务、具历史价值的石刻占了绝大多数。此时广西石刻中的记游作品占全部作品的比例减少了，且多数都与社会历史发展相联系，及时地反映抗日战争、争取自由平等的民主运动，都在短短时间内爆发。中国走向解放的过程中，很多时事都在碑刻中得以记录反映。这些记载，皆能反映历史进程之一面。因而，此时期石刻具有很高的历史价值。下文仍按社会政治与民生、宗教、教育、文学分类详述广西民国石刻的发展史。

综合而言，民国时期广西石刻数量虽不算多，但也出现了很多有价值的石刻。此后，石刻也就逐渐走向衰微。推究其原因，其中很重要的一个原因是报业的兴盛、传媒的发展导致。这在民国石刻中已现出了端倪，据白鹏飞的《宪五路碑记》，民国三十二年（1943）时，桂林就有《大公报》《扫荡报》报社。报纸在传递信息方面有快捷、方便的优点。石刻作为文字载体之一种，不如纸张便捷；作为传播媒体之一种，不如报纸便捷。然而，直至今日，各地仍然会有运用立石铭刻的方式以达到标识立意的目的，但对于纯审美、记游记事的题名题刻诗文创作则不再常见。

第二节　民国石刻的内容

一、政治民生类石刻

（一）记事碑文

民国年间，战乱频仍，广西也成为军阀混战、抗日战争的战场。此时的广西石刻真实地记载了民国时期战争与新时期社会发展等重要大事。

1. 记军事政治

战乱的民国时期，广西自然不能避免。石刻中记载反映的战事与政治主要有黄花岗起义、军阀战乱以及抗日战争等。

其一，少量碑刻涉及了黄花岗起义，以黄纬芳的《平南县殉国烈士纪念碑》为例。在平南西江边，四面，民国二十四年（1935）刊。纪念碑刊载了烈士名录，记载了相关历史。全文如下：

> 浩气长存。
>
> 平南县殉国烈士纪念碑。
>
> 韦烈士统铃年三十五岁，平南县川一里都兴村。
>
> 韦烈士统淮年三十四岁，平南县川一里都兴村。

韦烈士树模年二十四岁，平南县川一里都兴村。

韦烈士荣初年二十八岁，平南县川一里古架村。

林烈士盛初年三十二岁，平南县川三里石灰塘。

盖闻捐躯救国为大丈夫，崇德报功乃仁君子。如我平南县殉国诸先烈韦统钤、韦统淮、韦树模、韦荣初、林盛初等有足称者，当崇报焉。按诸先烈乃黄花冈七十二烈士中之一。当满清末叶，政治窳败，国事凌夷，□□□□□□□□□□□孙总理目睹时艰，若不颠覆满清，建立民国，则无以解救中华民族。由是结纳会党，谋海内外同志共同革命。自乙□广州举义，后屡仆屡起，不屈不挠，先后在惠州、潮州、黄冈、钦□、镇南关、河口等处举□，尤以辛亥三月二十九日广州之役最为慷慨悲壮，其激励人心之力亦最大。当时我平南县诸先烈各本其革命之□□在□参加奋斗，毅然以身殉国，取义成仁，诚壮哉！大丈夫虽不幸复归失败而死事壮烈，影响□□，革命思潮弥漫全国。未几既有十月十日之武昌起义，各省响应。清廷遂□，中华民国成立，开辟□大族共和康庄，打□□千年专制锁链，发扬我□□白日国族之荣光，此皆我殉国诸先烈之奋斗牺牲所换来，我国家民族应如何□扬纪念，以慰英灵，宜□今日黄花岗之□风浩气，山高水长，使天□后世景仰无已也。民国二十三年秋□□□斯邑，敬仰邑中诸先烈之丰功伟绩。虽黄花岗已有隆重之纪念，然诸先烈系属平南县人士，追本溯源，当思在当地提出崇报，使与黄花岗并垂不朽，缘特邀请邦人君子议建纪念碑于县城东南隅罗铺桥畔，并将诸先烈芳名泐石，以致其崇敬之纪念，并将踵武诸先烈之遗志，效法诸先烈之精神，其裨益于社会人心实非浅鲜，爰志其事略而为之序。

黄花岗起义虽不是发生在广西，但有广西人参与这次起义。为纪念在这次起义中壮烈牺牲的五位广西平南县人，平南人立了此碑。碑文指出先烈的牺牲泽被后人非浅：革命思想的深入人心、武昌起义的胜利、中华民国的成立、中华民族的走向自由民主康庄大道，皆是先烈的奋斗牺牲换来的。当地为表崇敬、为传承先烈精神，立了此碑。

其二，民国各类石刻还反映了广西乃至全国范围的战乱。首先，墓志碑刻中体现了民国时期的战乱，如佚名《苏氏八十六人合葬墓志》，记载了龙胜甫、刘朱华、叶高三等千余土匪寇乱合浦县大路山村于民国十年（1921）发生的惨况：

"合浦闸口圩之东北七八里许，有大路山村焉，痛遭匪祸，惨不忍言。民国十年，匪首龙胜甫、刘朱华、叶高三等，有众千余，麇集作乱，蹂躏地方。夏四月六日，图扑该村，势莫可当。村人以碉楼坚，克避其锋，故多趋于楼者。讵匪火楼，苏氏男妇老幼计八十六人拼命，殉于火烷中。呜呼！亦惨矣哉。寇退，掘楼觅死者，俱物化灰土，无一全形者。"而后，人们将骸灰合瘗诸村旁之原，墓以铭志，免坟夷灭，俾后有稽考。于是略述一一。缀文以辞，使有垂焉。其铭曰："古孰无死，人复何尤。辛酉匪焰，烂漫山陬。八十六命，同炬碉楼。日曀雾黯，痛恨悠悠。骸灰合瘗，相依一丘。后有顾者，感厥铭由。"

再有李任仁的《书中山纪念塔》与黄咏琴的《创建上秀里联团公所捐款题名碑叙》等碑刻记载了军阀混战。《书中山纪念塔》在桂林广西师范大学王城校区内，刊于民国十四年（1925）。李任仁，广西临桂人，历任桂林知事、广西省政府委员、教育厅厅长等。该碑记载了滇军唐继尧部队入侵广西，与沈鸿英部队联合对抗桂系李宗仁、黄绍竑部队。最后李宗仁、黄绍竑部取胜，广西统一，"并与各界联合，庆祝国民政府成立及广西统一"。《创建上秀里联团公所捐款题名碑叙》在桂平下湾乡政府，记载了民国十八年（1929）粤军入侵广西一事，这是蒋桂战争的一部分。碑文记载："前岁粤军侵境，吾里濒河一带兵燹盗贼，备受其殃，各区缩小范围，公团自卫，力竭声嘶，半□免祸□无大团体者，必不能御外以自卫也。"进入桂平附近的是李明瑞、杨腾辉的部队，桂系留在广西驻守的是韦云淞、许宗武。双方都是广西的部队，于是达成了协议，没有发生交战。从碑文的记载看，在双方达成协议前，李、杨部队还是对地方百姓进行了烧杀掳掠。后来，韦云淞就驻守在龙州，他撰写的《中山公园序》碑文就提到："民纪十九年冬，余奉命率师驻龙，兼绾边务篆。"

另外，据何珍的《桂林县政府飞机洞碑记》，"惟受事之始，适值军兴，敌方日以飞机掷弹，市民之匿居岩穴，日必数千"。可知当时的军阀混战还动用了飞机，而桂林市民天天要躲空袭，军阀混战，人民遭难。

其三，民国时期还有不少碑刻记载了抗日战争。民国时期记载抗日战争相关的石刻主要涵盖了宣传、准备以及具体的战况、战后恢复等内容，形式上有榜书、碑记、墓志、诗词等。

民国时期不少标语、榜书记录了抗战历史，或展现抗战雄心与精神。如民国间国民革命军第四集团军第十五军军官陈济桓于民国二十一年（1932）题"勿忘国耻，共赴国难"，说出了1931年日本入侵中国后全国人民的心声。民国期间积极宣传抗日救国思想、主张收复失地的吴迈在桂林叠彩山仙鹤洞题"丕振雄风"，又在独秀峰题"卓然独立天地间"。其在叠彩山记曰："民国廿四年一月五日，来桂宣传抗日救国、收复失地。即毕事，承柳州陆君栋家、容县张君孔赞、修仁莫君玉香导，特镌数字纪念。"记载宣传了抗日救国、收复失地活动。桂林普陀山有张壮飞于1939年抗日负伤留桂纪念题"男儿卫国沙场死，马革裹尸骨亦香"。龙州县中山公园内，有人记"国步多艰，登临有感，爰留数语，用寄遐思"，遂摩崖"高山仰止"；又有秦镇民国二十八年（1939）题"抗战必胜，建国必成"。一些地方还有纪念碑刻，以以往英勇事迹激励新时期的保家卫国决心，如谢雄撰《太平天国起义纪念碑亭》。碑原在桂平营盘旗杆旁，民国三十年（1941）刊。碑文先是赞扬"太平天国起义揭橥民族革命，发轫于吾乡金田村。山川钟毓，地形雄伟，夙具名胜。凡革命志士，无不欲一瞻前徽，以为历史观摩，追溯先烈革命精神。以弹丸基业，奠定金陵，几荡清室，挽回半壁山河"，故"先烈功业足为民族典型，爰集全乡甲长建树太平天国纪念碑一座，用资景仰。"以此联系时事，勉励人民："际兹倭寇侵凌，强占我国土，残杀我同胞。血海深仇，尤愿吾人发挥金田起义之精神，雪耻复恨，争取国家独立民族生存，更努力于人类和平幸福，以慰先烈而垂不朽。"

梁式恒的《题仙洞云深》、廖伯卓的《桂林市北附郭乡公所新建碑记》等碑刻则记载了人们在战争中为抗日战争积极准备。《题仙洞云深》记："民纪廿六年秋，卢沟桥事起，我国抗战。时式恒适掌此邦，电政因将电报、电话设备权移于此洞内，利通讯、策安全也。事竣，爰泐四字，籍留鸿爪。"《桂林市北附郭乡公所新建碑记》则记载了"七七"事变、抗日战争爆发后，机关、工厂向广西转移的情况："自'七七'事变，武汉退让，所有各省机关、工厂及省外义胞随之向桂迁退。而吾北附郭乡竟成为桂林市北郊要区，人烟骤增，交通便利。治安及乡村建设问题，时叹有鞭长莫及之虞。卓有见及此，拟具图说，面谒陈市长，仍请恢复北附郭乡。"与此碑记中一样提到了广西交通的还有白鹏飞《宪五路碑记》，该碑特记载了抗战时期桂林成为西南交通枢纽，人口剧增，于是为利交通，修了阔3米，长约2000米的宪五路。廖哲的《重建新桥记》记载了战后的恢复工作："抗战期间，我方应军事上之要求，将斯桥炸燬。胜利后屡有修复之议，惟经八年抗战，民生凋敝，百废并举，经费筹措不易，遂尔未果。迨卅六年春，本府奉行政院救济总署广西分署批准,将卅五年冬赈粮拨充修建横、贵公路经费,新桥乃再度与横、贵公路同时出世,负荷建设新横县之重大使命。"

不少碑文还具体反映了抗日战况及抗战士人的精神,如僧人觉明撰《新建庙前石墙头门及厨房二门碑记》、杜聿明撰《陆军第五军昆仑关阵亡将士纪念塔碑文》、冯璜撰《陆军第一七五师阵亡将士墓志铭》等。

六峰山北帝庙僧人觉明的《新建庙前石墙头门及厨房二门碑记》记载了日本兵士入侵灵山县的残暴行为:"民国廿九年,岁在庚辰仲春之望日,贼入寇灵垣,群跻六峰宝山。占踞北帝庙寺,大肆淫威,杀戮任性,凶残暴恶,种种野心莫可具状。斯时也,鸡犬畏缩,僧众奔避,财物固被损失,地方难免蹂躏。"

杜聿明《陆军第五军昆仑关阵亡将士纪念塔碑文》记载了中日桂南会战的重要战役——昆仑关战役。杜聿明时任第五军军长,文章写于民国三十三年(1944),全文如下:

昆仑关古战场也,雄峙于邕宾路。岗峦环抱,中通隧道,为南宁东北之门户。地扼势险,易守难攻,且为古今攻守南宁所必争之地。昔宋狄武襄,虽于上元夜乘侬智高不备,一举而攻略之。然考其战绩,则鼓行而前,死亡枕藉。犹赖狄武襄神勇坚定,所部将士用命,始奏奇捷,固未若世俗所传成功之易也。中华民国二十八年冬,倭寇以第五师团由北海登陆,侵袭桂南,连陷钦、防、南宁,其势甚锐。时聿明长陆军第五军,因敌犯长沙,先已增援入湘,未至而敌溃,遂成守衡岳。洎衔命驰援,兼程倍进,我前锋二○○师六○○团得预南宁近郊战斗,血战三日,杀伤过当,团长邵一之壮烈殉职。嗣以主力尚未集中,军奉命于宾阳迁江间拒敌北犯,而敌则进据昆仑关焉。迫我军转守为攻,敌已于昆仑关险要隘暨外围据点扼险布防。其坚固堡垒、侧防机关,乃星罗棋布于崇山峻岭之间。宜其固若金汤,然竟为我军所破,诚非倭寇预料所及。聿明于攻克昆仑关,复巡行战场,低缅遗迹,始悉敌凭藉地利,配备火力之狡悍与工巧,而叹攻坚克险之匪易。惟此残堞剩垒,仅存荒烟蔓草之中,供人凭吊。因我忠勇将士浴血争斗之所收获。衡诸狄武襄时其攻略之难易,何啻倍蓰。而我克复昆仑关,适值除夕令节,又若与前史后先辉映矣。综计是役我军攻略部署,初用包围歼灭,继用正面突破,最后集中各种威力,逐次攻略。自是年十二月十八日开始,初以新二十二师及军补充一、二两团迂回敌后,以荣一师、二○○师由昆仑关正面包围攻击,继以步、炮、战车协同攻击。曾两次突进昆仑关隘口，未获战果。嗣以步兵赖战车密切援助，炮兵掩护突击，经迭次猛攻，连克重要堡垒十余。敌犹困据昆仑关北方数据点，死守待援。最后调集一五九师、新二十二师及军补充一、二两团于正面继续逐次攻略。讫十二月三十一日，卒于敌陆续增援中，一鼓而下雄关。俾顽敌聚歼，敌酋中村正雄授首，卤获战利品无算，并乘胜进出九塘以南地区，计共歼敌军五师团一旅团以上，复击溃增援敌第二十师团。回溯克敌制胜，悉秉承最高统帅委员长蒋之预定方略，及桂林行营主任白公崇禧、三十八集团军总司令徐公庭瑶之指挥若定。聿明置身其间，幸不辱命，实赖我忠勇将士不屈不挠，奋励无前之士气，殚精竭力，仅而克济。当其猛烈争夺之际，敌则配合空军强行增援，负隅顽抗，无懈可击。我则万众一心，前扑后继，不辞攀脐之艰，不畏壁垒之固，炮火交织于山谷，血肉横飞于林麓。攻战之苦，牺牲之烈，殆兴军以来所罕有，而攻坚挺险，实开抗战之先河。不仅足寒敌胆，抑且丕振军威。翌岁，南宁、钦、防之敌，相继奔溃，未尝不以斯役为之嚆矢。唯我报国捐躯之忠勇将士以死勤事，迄今思之有余勋。而其英风浩气，震烁寰区，取义成仁，彪炳简册，不独本军予与有荣，亦中华民族之光也。呜呼！壮志往矣！丛葬山河，战绩长存，永垂不朽。爰聚忠骨，启隆场于昆仑关西侧之阳，为建塔坊，并树碑志其姓名，计官兵阵殁者三千四百有奇，籍慰英灵，用彰忠烈。而此纪念塔、坊，创建于二十九年之春，中以本军远征缅甸，防守昆明，延三十三年月始告落成。际兹敌寇纵横，山河未复，缅怀壮烈，悲愤曷极。凡我袍泽，当凛后死者之任重道远，驱寇复仇，以竟遗志。庶抗战建国大业，早观厥成，则纪念昆仑关战士者适足以激发忠义，惕励来兹，顾不伟欤？至参加斯役之将领，则为第五军副军长兼荣一师师长郑洞国、新二十二师师长邱清泉、二〇〇师师长戴安澜、一五师师长宫祎。率领补充一、二两团者为二〇〇师副师长彭壁生。运筹帷幄者，为第五军参谋长黄翔。例得修书，若其翔实战绩将具于国史，兹不赘述焉。

虽是5年之后的回忆之作，当时战况之不利、战斗之惨烈、我军将士临敌之英勇，仍历历在目，感人至深。文章先从昆仑关的重要、攻夺战之艰难说起，为此后的昆仑关战役铺垫。然后概述敌军入侵广西的过程及杜聿明所带部队奔赴战场夺取昆仑关的过程。再总括此次战役的攻略部署，详细记述夺取昆仑关的过程，总结此次战役的意义。最后，点明建塔立碑的目的，表达早日驱逐敌寇、收复山河的希望。至此，关于碑刻的一大功用彰显出来：树立于具有重大纪念意义的地方，记载为国为民做出巨大贡献的人们的丰功伟绩，让后人永志不忘，令后人瞻仰。若换作如纸张、木板、青铜器、瓷器等其他文字载体，则不能很好地发挥如上作用。

佚名撰《故陆军中将夏副师长墓志铭》亦反映了抗战具体情况。墓志记载了夏国璋所带领的七一五师五二二旅于民国二十六年（1937）在中日淞沪会战中一旅殉国的英勇事迹。陈锡珖撰写的《郁林抗战阵亡将士公墓碑》是为纪念玉林地方投身于抗战、英勇牺牲的官佐、士兵而立。李宗仁撰《题八百壮士墓》，缅怀1944年在防守桂林战斗中阵亡的一三一师师长阚维雍及战士。为这800多壮士题字的还有白崇禧、张任民、罗铁青等人，其中如张任民的题字："伯涵师长殉国纪念碑献辞：雨重山城苦，飚狂敌寇骄。全湘随席卷，疲桂洪肩挑。地裂沉孤垒，江翻涌怒潮。秀峰亲洒血，应作墓门标。"冯璜的《陆军第一七五师阵亡将士墓志铭》记载了陆军第一七五师于民国二十八年（1939）冬至二十九年（1940）元月十五日的对敌战斗，这些战斗也是中日桂南会战中的重要部分，全文如下：

廿八年冬，敌犯钦、防，既陷南宁，被我友军阻于昆仑关间，倭寇北上增援，图解重围，师于小董、奇灵迭次握击，予敌以甚大蹶踣。元月十五日，钦、董敌人乘我攻击大塘之际，悉力进犯镇南。师复向镇南急进，激战凡数昼夜。我五二四团任军预备队，在敌机敌炮不断威胁下，坚守江塘岭、四峡坳各重要阵地待援，肉搏争夺，失而复得者数。师主力集，获胜倍优，全体官兵躬亲战斗，因激于忠勇，壮烈牺牲者颇不乏人。敌溃退，齐殓忠骸就地埋瘗，合葬于四峡坳之阳，用妥英灵焉。《语》有云："天地之大，人又有所憾。"世俗之辈，晏居自佚，忘于忧国，乐于嬉家，随生随灭，了无裨于时，其憾者宜也。若乎见危援命，奋不顾身，为国家、民族争生存，虽至死不肯少变，卒能成仁取义，炳耀册乘，如今日诸烈士者，其又何憾欤？后死者获拜，诸烈士之风可以兴矣。爰为之铭曰：赫赫武功，声宣寰中。英灵不灭，与天地同。森森夜气，凛凛雄风。永言降止，妥兹幽宫。

碑文首先记载的是1939年冬，第一七五师在小董、奇灵等地方给准备支援昆仑关的日军以重击，有效地支持了我军对昆仑关的攻夺。碑文接着记述一七五师第五二四团将士坚守江塘岭、四峡坳各重要阵地奋勇对敌的详情。这篇文章与

《陆军第五军昆仑关阵亡将士纪念塔碑文》一样催人泪下。

除以上两篇记载国民军的抗战外，还有政府领导群众组织的自卫队的对敌，如肖韶美撰写的《蒙山县抗敌阵亡将士及死难同胞纪念碑序》与陈宝书所撰《天作寨抗战记》，摘录如下：

> 民纪三十三年秋，倭寇由湘粤犯我桂梧，环攻邕柳。本县县政府奉令组织自卫团队，以保乡邦。数万健儿，浴血转战，初则蒙南挫敌，继则蒙北张威。旋因黄逆丽堂拥兵抗令，叛国求荣，勾结敌军南来，里应外合。我以众寡悬殊，前后受协，乃将战略转进，县治遂告沦陷。黄逆改名河深，组织伪保安队，受敌酋委充司令，引敌四出奸掠屠焚。我团队同胞相机游击，伺隙反攻，忍苦耐劳，再接再厉，至驱逐敌伪离蒙、荔、修三县而后已。由后思前，战役历历可数。其在沦陷前者，援藤北太平蓝洞石窝界之战，扼守杜莫圩之防御战，援荔浦三河石界五赖及解修仁内贺重围之战，龙岭峡之堵击战，三旺村至新圩大峡及古排之堵截战，城厢外围龙眼湾古云头之防守战。其在沦陷中者，援昭平仙回之役，第一次反攻县治之役，茶山白竹之役，六银岭之役，援荔浦汉田之役。第二次反攻县治之役，文圩佛子之役。第三次反攻县治之役。其在光复后者，驱除杜莫寨残敌之役，协克荔城之役。作战诸健儿屡前仆后继，不屈不挠，卒令敌伪胆寒，狼狈溃退，县治得以光复，民众得以安居。县政府、县参议会、县党部及善后委员会暨地方义士，慨想历次阵亡将士及被劫死难同胞，慷慨牺牲，无以为慰，特立纪念碑，用彰义烈所有死事诸人姓名、里居，列表具镌。至于大宪题词，更大书深刻，冀垂久远，韶美承当，轴以文见属，忻然不辞而为之序。
>
> ……
>
> 抗敌八载，倭寇侵蒙。山川含愤，民众遭凶。赖我团队，克勇克忠。同仇敌忾，截击反攻。凌厉无畏，屡挫凶锋。县城光复，咸具丰功。长留浩气，众所钦崇。名垂青史，魂化霓虹。千秋万世，永表雄风。（《蒙山县抗敌阵亡将士及死难同胞纪念碑序》）

> 天作寨创修于清咸丰四年，由遇龙村朱六莲堂蠲资倡首，全村协力合作而成，故又名朱家寨。山势险峻，形如莲花。自咸丰至今，村人避难于此者四次，敌皆望望然去，莫敢窥其虚实。此次倭寇进犯，专以打岩刼寨为生，于民国三十三年十一月六日入据我村。时县治西迁金宝村，众编队自卫，奉

令驻寨防堵，以固金宝外围。当公推朱锡干、朱世仁、朱锡毅、陈宝书、朱锡嗣、裕明、陈沛森、沛勤、福赐等董理寨务，极力充实军备，筹集粮秣以资应付。敌乃驻警备司令，村中筑炮垒于遇龙桥顶，频向本寨攻击。我则凭险沉着应战，相持凡九阅月。战二十二次，敌均不得逞。最后敌寇增援，以猛烈炮火分向头门、后门紧扑，并以步兵暗登石门楼山顶，直窥寨心。一度告紧，全寨惶然。尚幸壮士齐心，同伸敌忾，连战六昼六夜，适国军由香花坳抄袭敌后，一鼓冲杀，顿解重围。倭寇创甚，大呼天作寨为天王寨而退。乘胜下寨追剿，于三十四年七月十四日拂晓抢回桥顶，夺毁炮垒，克复我村，并协同国军收复白沙市场。朔桂敌寇退如水泻，未几即向我国无条件投降。本寨仍屹立无恙，金宝亦安于盘石。计前后阵亡壮士，仅陈毓秀、封木保二名，伤如之。敌则死伤百余，尸横遍野。虽曰金城汤池，天堑可恃，而克敌制胜又岂非人事也哉。（《天作寨抗战记》）

前碑文记载了蒙山县的自卫团队守卫战因汉奸与敌军勾结而失败，于是退出县城，转为游击战。这支队伍在蒙山县县城沦陷前、沦陷中、收复后与敌军交战多次，重创日军，为抗战胜利做出了巨大贡献。陈宝书所撰《天作寨抗战记》记载了阳朔县遇龙村村民成功抵御了日本军队的入侵的事迹及抗战的胜利。村民们在天作寨对敌9个月，与敌军交战22次，还有一次连战了6昼夜，因国民军从敌后抄袭，才得以解重围，最后敌军退去。这篇碑文具体生动地显示了百姓的智慧与力量，文章可谓振奋人心。另外，值得指出的是这篇文章反映时事的速度还是很快的：从敌军手中抢回桥顶、克复村子的时间是民国三十四年（1945）七月十四日，日本宣布无条件投降的时间是八月十五日，陈宝书此文摩崖于同年十月十日。

此外，宜州中山公园内有总理年表碑，1931年刊。碑文记载了总理于民国前四十六年（1866）到民国十四年（1925）之间的大事，其中包括了革命运动、成立兴中会与同盟会及中华革命党、国民党等历史，以及诸如"谋三次革命于黄冈，四次革命于七女湖，五次革命于防城，六次革命于镇南关""谋七次革命于钦廉，八次革命于河口""云南起兵讨袁世凯""亲将大军北伐，驻节桂林"等革命历史。

2. 记民生与基础建设

除记录战争历史的碑刻外，民国时期广西的碑刻也记载了此时的社会各方面发展。

城市发展与景观建设方面，有《百寿新县定名始末记》《中山公园记》《修勾漏洞征诗碑记》《重修淮海祠碑文》《重修勾漏白沙两洞记》《重建八桂厅记》等。这些碑刻不仅记载了相关维护建设，也反映了民国时期对文化发展的重视。民国二十年（1931），永福县百寿岩内刊刘介《百寿新县定名始末记》，记载了百寿新县的发展历程，记录了复"百寿"之名，并记录了"复准之日，兆民忭舞，庆祝之盛，极空前未有之观，亦可以觇民气之发扬，而民心之所在矣"之开历来创见之新纪元盛况，以及呼吁"努力于社会之改造，精神之革新，使亿万斯年县与民同寿并美"。民国二十一年（1932），国民革命军第四集团军第十五军、第四十五师师长韦云淞为龙州县中山公园作记，广西边务学校教官岑溪卢绍香书丹，立石《中山公园记》于中山公园。该记叙述了龙州之况及建园初衷："民之家于是、客于是、商工于是者，恒蛰居斗室，昏昏然，沉沉然，无生人趣。寻且奄奄然病，因是役于民者，亟思有以娱之，为建公园于城南丽水之滨，将以养其天机而祛其湮郁也。"民国二十三年（1934），北流县长关锡琨《修勾漏洞征诗碑记》，记载了关锡琨"感古迹之寻湮，因而议募捐修葺。工将竣，复作诗文纪其事，应从者甚众"，他倡导主持了勾漏洞的修葺。为纪念这次盛举，他不仅撰写修葺文，还发起了征集诗赋歌词记序的活动，并将优秀作品刻石。李寿祺《重修勾漏白沙两洞记》与此碑文所记类似，李寿祺与梁范西、何雪生等人倡议捐款重修，恢复让人们凭眺流连、乐而忘倦之景。这种活动显示出社会生活与文化事业的发展。民国二十三年（1934），横县《重修淮海祠碑文》记"大府以政治更新，关怀文化，通令各县修理保存古迹"，遂重修淮海祠，以慰前哲诏来兹。这些碑刻从城镇建设、文化发展、经济改革等方面记录了社会发展。

文化事业上的发展，也体现在人们对历史的新认识。太平天国运动在清代统治集团看来是造反，起义农民被称为匪、寇。民国时，人们开始重新认识太平天国运动，显示出人们思想的进步。这也在碑刻中有表现，如谢雄的《太平天国起义纪念碑亭》，碑立于中华民国三十年（1941）十月十二日，全文如下：

太平天国起义揭橥民族革命，发轫于吾乡金田村。山川钟毓，地形雄伟，凤具名胜。凡革命志士，无不欲一瞻前征，以为历史观摩，追溯先烈革命精神。以弹丸基业，奠定金陵，几荡清室，挽回半壁山河。惜乎汉奸助桀，内讧分裂，功败垂成。仰瞻遗迹，无限感慨。雄民三十年冬，奉令集训金田乡甲长，培育基干，共赴抗建大业。同泽博白刘君运鹄以金田乃有史光荣革命策源地，先烈功业足为民族典型，爰集全乡甲长建树太平天国纪念碑一座，用资景仰。复得刘君锦燊、招君瑞章、张乡长建行等勷助其事，鸠工庀材，始告完成。际兹倭寇侵凌，强占我国土，残杀我同胞。血海深仇，尤愿吾人发挥金田起义之精神，雪耻复恨，争取国家独立民族生存，更努力于人类和平幸福，以慰先烈而垂不朽。是为序。

碑文的功用如《陆军第五军昆仑关阵亡将士纪念塔碑文》《陆军第一七五师阵亡将士墓志铭》《天作寨抗战记》等文一样，是为了纪念前人的丰功伟绩，激励后人。在这篇碑文里，太平天国起义在中国历史上的积极意义得以彰显，即开启民族革命、激励后人的抗日精神。

（二）公文、告示、公立碑等

1.赋税徭役等经济类碑刻

民国时期有关赋税徭役的经济类石刻，有与明清时期此类碑刻类似的地方，也有时代背景印记的经济碑刻。

一是出现了造币相关碑刻。民国二十八年（1939），刘昌景刊《桂林造币厂题记》："桂林造币厂吉年刻石。中华民国廿八年五月。"虽碑文仅18字，却透露了国民政府造币厂为保证货币正常流通而在地方建造币厂的历史。二是有些碑刻显示出了民国时期官吏、兵士巧立的各种杂捐、杂役，显示出官府禁革杂捐杂役的努力。三是部分碑刻体现出政府对少数民族地区及贫困地区的扶持优待政策。如民国二十三年（1934）立于恭城县西岭瑶族乡新合村高界屯的《免税告示》规定："嗣后无论地方抽收何种捐款，应呈候县府命令通行。如无县府命令，不得向瑶民任意摊派。瑶民榨猪酒税免，不得抽调，以免骚乱，而杜流弊。切切，此布。"阳朔县福利乡龙尾瑶族村新村等地亦有类似告示。

不同于明清时期的是，民国时期有些进步的思想渗透进政府的政策中，如各民族一律平等、立法为民等思想。

《龙胜县公署租米折银碑》颇能反映民国年间的政治经济情况，摘引全文如下：

民国十二年六月十四日奉财政厅七七一号指令，据龙胜县呈覆议定该县官租米折价缴纳一案内，该县官租米一项，近年每月石折价银三元贰角解缴，系属按照米价变卖，解缴之款不能作该。如事所议，以此项目为永远缴纳之标准殊属不合。姑念该绅民等一再请求，租米一石折银肆元缴纳，所有运送夫役一概免除。以示体恤，仰即会议呈覆备案等。四月八日，由议参会开会讨论，向例以米缴解流弊滋多，请恩每租米一石折银肆元。咨复前来，本知事查核，所复各节尚属实情，应予明准阙后民间应缴官缴。此次既以银折米，则无运送之必要，所有一切夫役，概行免除，以苏民困。

从这篇公告可知，龙胜县百姓曾向省财政厅呈文讨论官租米折价缴纳一事，经知事核查、议参会讨论，终定"租米一石折银肆元缴纳，所有运送夫役一概免除"。即，财政厅据龙胜县政府的呈复，议定仍按一石折价银四元缴纳米税，准予免除运送夫役。字里行间可以读出的是，如果不是米价上涨太快，就是官府收税太重。另外，"运送夫役"本是政府在改变纳税方式时就该免除的，却要在纳税方式改变后多年，经百姓的"一再请求"下，才予以免除，可以推知官府运作不良，从中渔利。还有，"以示体恤""以苏民困"等语给人的感觉好像是官府施恩于民，从上文的分析可知，并非如此。

再如广西民政公署的布告，天等县武德公社内有一方民国十四年（1925）广西民政公署颁示的《禁革各县司法陋规布告》，全文如下：

为布告事，案据广西高等检察厅检察长陆培鑫呈称：为呈请遵示事：窃维司法制度，原为保障人民生命财产而设，凡检验履勘命盗案件，尤为司法官职务上应尽之能事，一切费用，不能取诸于民。在昔前清时代，每遇命盗案件发生，有司率领胥役前往勘验，供张有费，红袍有费，解秽有费，差役之草鞋有费，种种名目，不胜枚举。或需索于受害之家，或滋扰于被告之族，甚至附近里邻亦有被波及者。此种弊端，自民国成立以后，早经申令禁止。惟就职厅访闻所及，前项积弊之有无，仍视每任知事之贤否，或甲任禁革而乙任兴回，或丙任再革而丁任又兴，循环往复，以致终未革除。拟请钧长重申禁令，颁发布告，通行各县泐石禁革，庶知警惕而垂久远。此后验勘命盗案件，如有前项需索，或变更名目，任意滋扰情事，即照刑律渎职诈欺等条，从重治罪，以儆贪邪而除积弊。是否有当，理合具文呈请钧长察核示遵等情到署，当经指令呈悉。据称，各县司法陋规，兴革循环，非通令各县泐石禁革，不足以知警惕而垂久远各节，尚属实情。仰候令饬各县知事一体遵照办理可也。此令。除印发并通令外，合行布告，仰各一体知照。此布。

其中所宣示的"窃维司法制度，原为保障人民生命财产而设，凡检验履勘命盗案件，尤为司法官职务上应尽之能事，一切费用，不能取诸于民"等语所体现的政治思想是进步的。但正如文中所指出的，司法部门的官吏在实际办案中并不一定遵行。于是，民政公署规定，若有借机勒索的，从重治罪。

天等县向都公社内保存的民国十五年（1926）的布告则又记载了司法机构的官吏们巧立名目让人们缴纳费用之事，布告如下：

向都县公署为泐石永远禁革陋规事：案奉广西民政长黄第二零五八号指令开呈一件，据呈请禁陋规清单，乞核由呈、单均悉，据呈请禁革陋规各条，尚属可行，应予照准，仰即遵照办理，并转该会一体知照。此令。单存。

计开禁革陋规九条于后：

一、书记抄写诉词，照章每百字准取抄录费一角外，不得多索。

一、禁书记苛索开名单费。

一、禁收发员勒取递呈挂号及铺堂等费。

一、禁传供勒索传话费。

一、禁常差警兵勒取站堂费。

一、禁监狱员勒取收押待质费。

一、禁忤作检验尸伤，勒索检验费。

一、禁狱卒苛索犯人亲属探监费。

一、警役传案送达，照章路程每十里路费一角五，及路远不能往返，准收食宿费银四角外，不得苛求索。

从布告可知，司法机构的官吏们可以苛索的有名单费、递呈挂号费、铺堂费、传话费、站堂费、收押待质费、检察费、探监费，这些本都是政府人员职责所在。另外，还可借抄写诉词、传案送达索钱。这篇布告与上篇布告在内容上是接续的，都是民政长黄绍竑下达的命令，可见检察机关、司法机关整治官吏腐败的努力。

再如恭城西岭乡新合村高界保存的民国十二年（1923）《广西各县苗瑶民户编制通则》有这样几条："第十条，凡县政府及区乡村公所办理各种政务，暂时不派苗瑶民户之户款及其它各种费用。第十三条，凡有瘟疫或天花流行等传染及苗瑶族民户，村乡区公所及县政府须防止及医治，其费用皆由村乡区公所及县政府支给……第十九条，待遇苗瑶各族之民户，须依照法令一律平等，不得歧视。"该通则明确提出了各民族一律平等的主张，这是非常进步的民族政策，有利于民族的团结、国家的安定。另外，通则还规定，政府办理政务，不收取苗瑶民户的费用，传染病的防护及医治事项，也由政府出资，这体现了政府对少数民族地区的扶持。

2. 乡规民约、禁示等公立碑

民国时期的禁示类碑刻也与明清时期的此类碑刻有相似之处，所涉及的内容亦包括禁盗、禁赌、禁侵夺、禁伐树、禁开矿采石，等等。

民国三年（1914）立于富川五源书院的《五源移风易俗碑》与民国六年（1917）立于龙胜的《金坑联团乡约碑》等，皆详细罗列了各项条例，涉及婚丧嫁娶、设立学校、山林田地、木匠砌匠、禁匪等内容。民国五年（1916），恭城县三江瑶族乡黄坪寨立的《村条规牌》规定：禁止放火烧山，禁止为匪为盗，不得夺取别人山场田地，不得奸污妇女，不准放牛践踏别人禾苗，不准偷放别人田水，不得拖欠租佃田地纳租。民国十四年（1925）立于蒙山镇甘棠古朗村的《蒙山县公署布告》明示禁止砍伐树木，目的是培植水源，以助农业。灵川县海洋乡还有《禁止开凿海阳山采石》碑，由灵川县知事陈美文撰文，海阳山"山巍然高出云表，气吞楚粤，摩挲碑碣，如对古人"，而乡民无知不自护其本根，妄加斧凿，故立碑制止，以永保福地洞天及胜名，确保遗文游志等古迹常存。

此期，民国时期还出现了"禁邪蛊"的碑刻。在灵川兰田瑶族乡有一碑刻记载了兴安、龙胜、义宁、灵川四县瑶族地方联合大团禁邪蛊，为避免邪术蛊事继续毒害人民、六畜，联合各县属密查严拿惩治，特此立碑布告，以使俾众周知。

众多的公示类碑刻都会明确处罚方式，或是举例以儆效尤。如前文提到的各类严禁碑中皆有提及惩处方式，如四县禁邪蛊的碑文中言"嗣后，如有再施行邪蛊、残害人民、六畜、阳春等情，定即拿获，就地整法，决不宽贷"。四把乡大梧村谢姓宗祠内有块民国九年（1920）族长等人公布的处罚碑，全文如下：

> 窃维国有法，家有规。国法不严，则人民乱作；家规不严，则子孙妄为。溯我谢姓祖宗，自福建汀州府长丁县迁居广西，落业于罗邑之西乡西七里新村，生有祖敬、祖泰、祖品、祖远四子。历代以来，敬有依饭公爷，每逢辰、戌、丑、未之年，轮四房族头，买办依饭一切牲头。即于清明之日，当族长先领头肉，至依饭年，要各房头人办齐牲头，勿得有误。无如相传以来，并无有误。惟民国丙辰年，有祖品公庭玉之后人庄敬，理事人庄琪，厨人卿和等，胆敢不遵祖训，届期并无一人回祠，故意抗违。兹当族长公议，理应将此三人革除，永远不许回祠检份，以免后人效尤，特此公布。

从碑文可见，没有按族规办理祭品的3个族人所受处罚不轻，皆被驱逐出族，以免后人效尤。由此看来，乡规民约非形同虚设之物。

禁盗、禁赌、禁侵夺、禁伐树无疑是对的，但也有一些禁约反映出人们思想观念的落后。如民国十四年（1925）立于金秀县桐木镇太山村《象县公署布告》认为"采茶为诲淫之事，欲正俗必先禁止采茶"，于是规定"凡村中无论何人，均不得招集同类设馆演习采茶，违者呈官究办"。据布告看来，此时的采茶戏可能有些是演爱情故事，在思想保守的人看来，自然是不能接受的，于是要禁止。再如《五源移风易俗碑》，第四条规定："未嫁之女，不许行游城市。如有违者，一经拿获，集团公司。"第五条规定："六月十六日、七月初七日、七月十七日三会期禁止：男女不许赴会互唱淫歌，以及奉神不许放花，新年不许抛球。"

民国时期也有碑刻反映出某些新思想也深入到了民间，如"求自由"、"求发达"。保存在龙胜平等村牙寨的《永定合约》，该碑于民国二年（1913）所立，此合约中就说道："窃我平邓各姓，古来所有领山众山，素无得私人买卖者，专因培植贫农，自由尽力垦种，扩充地利，共沾发达之目的。"同时，也有加强历史遗迹保存的意识体现，如前文提到的灵川《禁止开凿海阳山采石》，其目的便是保证历史摩崖诗文遗迹得以永久保存。

有些禁约还透露出抗战时期的紧张气氛，如民国三十三年（1944）所立的《龙胜和平大寨等村禁约》涉及地方治安的方方面面，其中有这样一条："村里甲内人等，务要住址夜宿清白。倘有夜行之人，随呼承应，盘查来历。如不承应逃者，即刻枪决，无罪。"这年，日军已入侵广西，村民们进行戒严防范，还刻碑禁约以见其重视程度与管理措施。

3. 公益事业类碑刻

民国时期的公益事业类碑刻所记内容主要包括修路、修井、建桥、建亭、设义渡、建义仓、救济院建设等关乎基础民生的方方面面。

民国有碑文曰"凡诸兴作皆以为交通便计"，可见民国时期对于交通的重视。无论水路、陆路，多有兴建碑记。这些碑刻又多反映便民交通维护，或与历史时事等相联系铭刻。如前文所提到的《宪五路碑记》即体现了抗战对交通的破坏以及战后的维修工程。交通相关类碑刻主要刊刻修路缘由与历史、资助人等信息。桂平《重修官桥碑记》、龙胜《江底桥碑》《路桥捐赠碑》、龙州县《龙州铁桥碑记》等记录修桥、建桥之事，刊列捐资姓名，志其缘起。贺州梁树燎撰《重修大马巷至玉锁楼石道记》、龙胜罗莫记《湘桂公路记》、龙胜县平等村衙寨《修石阶碑》等记载修路之事，详细陈述修路之意义以及修路过程、捐资之人等信息。

水路的交通碑刻中，则有平南县《乌江义渡碑记》与平乐县《新建留公义渡碑记》为代表，皆记载了当地建义渡之事。前者记载丈量清楚义渡经费来源的铺面，以维持义渡事；后者详述当地同志协力捐资设义渡，各芳名列后。叶霖森撰写的《卢太宜人忠孝节义事略》亦提到叶霖森在广西任知县时"发起疏通抚河修筑马□□□市政及地方公益慈善事业"。与以往的修路建桥碑刻相比较，这些碑刻又有着重强调了"军民合作"、"地方自治"等内容，不仅有个人捐资助建，还出现了团体、单位的捐资名单，体现了新时代的历史特色。

此外，还有碑刻反映其他公共场所、办公场所的建设。如桂平下湾乡政府《创建上秀里联团公所捐款题名碑叙》记录了乡民捐资共建公所，从此士绅办公、人民集议均幸有地。平乐有公立碑《世平下团农民协会农仓碑文》，记载了"以求农民自身之解放，成立农仓而免高利贷之剥削。于是，我村农仓，亦于民国十六年宣告成立矣"。十余载后，谷物逐年增加，学校不敷储藏。村民大会决议建立仓廒，一劳永逸。除此之外，还可以从碑文了解到民国十六年（1927）至民国三十二年（1943），共产党在农村发动解放运动的情况，全文如下：

"二月卖新丝，五月粜新谷"。此种挖肉医疮之痛，古今农民，罔不同慨。近代，受帝国主义之经济侵略，农村因之而破产，其痛苦较古尤甚。幸我邑民十后，本党组织成立。而一班热心同志深入农村，指导各村组织农民，以求农民自身之解放，成立农仓而免高利贷之剥削。于是，我村农仓亦于民国十六年宣告成立矣。不幸政变，本党同志略受打击，而农会无形消灭。惟所积仓谷无多，及节省起见，暂储藏于本村国基学校。迄今十有余载，其谷逐年增加，学校不敷储藏。故，于民国三十二年七月，乃由村民大会决议：建立仓廒为一劳永逸之计，建筑费由本仓息谷项下开支。当今大会一致通过。自兹以后，司其事者，务希慎重出入，以备凶荒而垂永久云云。是为序。

民国十六年（1927），共产党在广西右江地区发动群众，以准备起义。碑文中"受帝国主义之经济侵略""同志""解放""剥削"等词语，都透露出共产党在农村对农民进行思想教育的情况。虽然此地的共产党后因政变受到打击，但至少十多年后，此地还有共产党倡导村民建立了义仓，以备凶荒。这段文字真实地记载了共产党在农村的活动，是非常珍贵的历史资料。

4. 其他

此期，民国尚有少量商贸管理类碑刻，民间组织或宗族、军队碑刻，从各方面反映民国时期相关发展。

商贸类碑刻，是为商贸发展之见证。如《富川县第一市场序》，碑在富川县慈云寺，民国二十一年（1932）刊刻。碑刻记载民国时期大城市的改良管理，货物都分门别类、分行交易。后来军阀混战，市场冷落。再后来，同人商议建筑新市场，选了便利民商之地，建了能遮风挡雨、有宽阔马路的市场。摘引相关段落如下：

> 民国肇造，百度更新，建设一端，元当急务。是以通都大邑，市政改良，货物别类，分行商□。自洪杨之役，兵灾连年。人民流离破产，阛阓自此萧然。嗣虽还建重修，然而因陋就简。同人等有见及此，始议建筑市场，卜地于县城之东半里，北啣永明大道，东贯道县，江山摄水而上，可俯全城之景致，右临流水，举竿得鱼，状似松江之鲈。远近民商，可称便□。上段为永兴楼公有，下段为何万胜私业。当即一头接洽，每年认租给银。两处业主俱□共二十八间，内为摆摊场所，中间马路畅行。不受日晒，不惧雨淋，便民利商，莫逾于此。

另外，有几篇关于行船办法的布告显示出此期商业的繁荣。如民国三年（1914）的广西漓江道署布告，据该布告，往来桂林的客商船只有来自全国八省之多，为了航行顺畅，规定了船只必须按先后次序航行，不可僭越。为避免搁浅的船只阻碍其他船只，受商家遭受损失，还规定搁浅的船只或在两日内开行，或退下让其他船前行。这些记载显示出桂林及广西与全国各省物质交流的频繁，商业的发达。类似的还有民国十六年（1927）立于兴安的《严禁木排入陡河布告碑》《禁止妨害灵渠航运通告》等。

同时，一些记载经济类事宜的布告、公文等碑刻展现了明显的现代社会文明气息。龙胜县和平乡龙脊村有一方民国十七年（1928）刊刻的《添丁会布告》，布告言："照得今日文明国家，许人民自由集会结社，无非令人讲兴利除弊，以图地方自治。而学会、农商会布满天下，若会员能振作精神，竞争进步，以图富强，未尝不占于优胜地位。"这是有关建立民间组织的布告，其中一些文字让人感受到明显的现代气息。再有如罗城县龙岸乡上地栋村《判骆存新诉邱太焯盗鱼案》碑，此碑刊刻了罗城县司法处一桩关于盗鱼赔偿事宜的民事判决案例，详述案件原被告、案件事实、传唤过程等，其中还有具体赔偿及费用问题，如"其余之诉拨回，诉讼费用由原告负担十分之三，被告负担十分之七"。并且，从碑文可知当时法律程序规范、条文之翔实，文中记"合依民事诉讼法第三百八十五条第一项、第三百八十一条第一项、第八十七条第一项、第七十九条判决如主文"。且在最后言明"当事人对本判决如不服，将于送达判词后廿日内提出理由书状，向本处声明上诉"。同类的还有广西高等法院告示《判邱太卓反诉骆存新案》，碑在龙岸乡上地栋骆家祠堂内，民国二十八年（1939）刊刻。

此期还出现了与族谱有关的碑刻，显示出人们对于家族历史的关注，如立在忻城县思练镇梅岭六一亭的《苏氏族谱亭记》，该碑追述了作苏氏族谱的原因及立亭的原因，并将老人们委婉劝诫族人的话记录下来，以示警戒。这块碑是莫氏合族嗣孙所立，不知为什么记载的是"苏氏族谱"事。莫氏的族谱则见于《追远碑》。

另，几方军队宣谕的告示、标语，亦属特别。立于龙胜江底乡梨子根、刊于1932年的《布告》，其文曰："凡我瑶楚汉民，不必逃若虚惊。本军此番举动，专意定邦治民。既有反叛相战，不能干扰百姓。士农工商买卖，仍旧照样而行。各地男女老幼，倚门当道勿惊。告劝军营兄弟，切莫倚强欺凌。倘若违规强扰，军法决不容情。各地赠送军米，当然感谢高情。此时军费缺少，请各当户藉征。日后治平清太，仍然加倍给清。万万同胞兄弟，务各努力齐心。得功务须报告，本军既赏功勋。现在玉玺未用，莫谓白挥无凭。为此切切布告，仰各一体遵行。壬申农历三月十五日梨子根宣布大元帅文告。"不知此处"大元帅"所指为谁，但肯定不是红军首领，因为此时红军中没有这样的头衔。故，此碑大概是此期的一些军阀借"大元帅"之名颁示的布告，宣扬自己的队伍是为了安邦治民，不会干扰百姓，并劝告军中的士兵不可倚强欺弱。但因军费缺少而请各当户藉征，并布告以示承诺加倍给清。其宣扬理念、想法尚佳，但实际情况却尚未可知。相较于此，龙胜各县泗水乡于1935年摩崖了4条红三军标语，红军的宣传则简明扼要。其中，第一条："红军绝对保护猺民。"第二条："继续斗争，再寻光明！"第三条："三民论国，慰猺安心！坚持到底，光明来临。"标语简洁明了，铿锵有力，是红军在艰难之中对自己的督促与鼓励，也是对人民的安慰与勉励。

民国时期，除了有少量的德政碑反映政事外，此期还出现了劣政碑。兴安四贤祠内有民国五年（1916）公立的《吕德慎劣政碑》，碑文记载："浮加赋税，冒功累民，兴安知事吕德慎之纪念碑。"劣政碑的出现在全国少见，或者说从未曾见，表明了广西政治的民主进步，百姓敢于说话，有了一定的话语权。

二、宗教类碑刻

广西民国时期有关宗教的石刻不多，但并不表明人们不信鬼神。如桂林龙隐岩有民国三年刊刻的《龙隐岩观音祀》记载"岩内供奉慈悲大士救苦观音，灵感异常"，遂众人"联陈祀典，凑捐资斧，永侍香灯"。又有多地有重建庙宇亭台等碑刻，可见民国时期人们仍然有宗教崇奉。另，从一些碑刻可见，此时对于庙宇的维护也不再局限于拜佛祈神的宗教信仰之用，更在于景观文化、生活的维护与丰富。

首先，常规的如以往宗教类建筑记事碑刻以及宗教诗文石刻在民国时期依然有见，主要记载各地寺庙修建史。宗教类建筑碑记，主要集中于贵港南山、灵山县六峰山、桂林等地，如洪日钊《鼎建朝佛阁记》、龙觐光《南山寺半山亭记》、李孝先《创建十王殿碑记》、冯舜生《文庙香火碑记》、汪锡光《重修宾山寺碑记序》、杨劲支《胜地重光》等记载民国时期的修寺庙及相关工事。洪日钊撰《鼎建朝佛阁记》，碑在灵山县六峰山，刊于民国二年（1913）。碑记刊载了"因思及丛林深处有此胜景，于宣统二年五月初八日鼎建朝佛阁于此巅之上。其下凿石成路，周围栽花种竹。建立龙华桥以相通，旁有清泉池以濯溉。时有花香鸟语，四时皆春；时或月白风清，万缘悉绝。于时朝佛，何佛不临？于此修真，何真不至？"此记反映出当时依然有信佛奉佛之人，但记后勒三条禁约以免"犯神"、"遭污"，则又反映出其对"朝佛"持有的不平等观念。灵山县六峰山上也有数方提及悟禅礼佛的诗歌类石刻，如雷建寅《游六峰山二首》中写景记佛，诗中有"高卧山僧忘岁月，游人名人留今古"与"老僧读罢楞严咒，一殿神风柏子香"。再有李孝先的《创建十王殿碑记》，碑在贺州，民国八年（1919）刊刻。碑文引先朝典籍及生人入冥界、冥界摄生人魂事，论证"地狱"、"阎罗"之实有，依此谈论因果报应等。李孝先是贺州人，进士，时任浙江余杭县知县。据杨劲支的《胜地重光》，民国三十一年（1941），曲江南华寺的虚云法师应重庆法会启建道场之请前往重庆，途经桂林，桂林的政府官员及佛教协会的会长商议将机关从曾经被广西省政府征用的月牙山古寺迁出，以此寺作为虚云法师的停息之地，且出巨资将此寺修葺一番，任人游览。从这则记载可知，民国时期，佛教依然很盛行，政府在宗教上采取的不是压抑政策。

此时，从相关碑文还可知当时对于寺庙的重修不仅限于为参佛拜神而作，更在于对景观维护、百姓登游而作。如龙觐光《南山寺半山亭记》，碑在贵港南山，刊于民国三年（1914）。由碑记可知，因寺门至山巅登陟艰劳，遂半山建亭，亭成后游人可"凭栏俯仰，清风徐来，涤我尘襟，超然物外"。陈若虚撰《重修北帝庙记》，碑在灵山县六峰碑廊，民国二十四年（1935）刊刻。从碑记可知，住持僧林居申请经费重修北帝庙，以"庙貌无光，则名山亦将减色尔"之理说服陈若虚，悟"蓬瀛仙岛，必附丽以玉宇珠宫而后传"，则灵山古庙亦需维护以免转增骚人墨客之凭吊唏吁、杀谢公展齿之清兴。住持林居竭数月奔走，沿门丐助，后赖各界乐解腰缠，始克告竣，栋宇一新，神光焕发。同时，又于庙左建龙华楼以便游客休憩，便于此后寻幽览胜者。为感念各界热诚布施，以及使前人创造之功得以昭垂永久，遂撰文刻石以志之。

其次，民国也有少数关于西方宗教传播的碑刻，如德兰太夫人所立《德兰爱士特纪念厅碑》，碑在桂林，刊于1926年。德兰太夫人，生平不详。据碑文，此厅"专为推广神国及训练传道人员之用"，非常明显，这些传道人员传布的是基督教。再如《美籍传教士里奥·琼斯传教碑记（LEO JIONES）》，碑现在平南县博物馆内，该碑左为英文，右为汉语。原字可能镶嵌金属，今脱去，所以字颇难辨。碑文记载美籍传教士里奥·琼斯于1927年9月11日来华传教，终于1936年9月16日。里奥·琼斯可能于此时离开中国，也可能是死于此时。推测来看，似乎是第一种情况。但不论何种情况，该碑刻反映了西方宗教于民国时期在广西亦有所活动。

三、教育类碑刻

广西民国石刻中也有少量记载反映教育内容的碑刻，主要集中于学记书院类碑记。此外，一些公立碑、甚至墓志中亦可见教育发展情况。

清代光绪年间，广西龙州已经有现代意义上的学校。民国时期，这类学校更为普及，各学校碑刻记载了校舍的兴建与重修之况，诸如桂平《增建城区高级小学校碑记》、武鸣《重修广西省立第十中学校碑记》、钟山《中楼记》等。桂平人潘桂岩撰《增建城区高级小学校碑记》，民国十六年（1927）刊刻。从碑记可知，桂平县于光绪三十一年（1905）创立了高级小学，民国十六年（1927）扩建，初名文明小学，后改为高级小学。溯自开办至撰文时，学生班数招至第十五班，毕业人数218人。学校中有教室、厨房、体育场、篮球场，凡校内应用处所，靡不具备。武鸣中学内有广西省立第十中学校校长陆运新撰《重修广西省立第十中学校碑记》，刊于民国十二年（1923）。由此碑记可知，学校因粤军与桂军战乱，至校前后2座斋舍毁坏，图书、器具亦皆付之一炬。至民国十一年（1922）秋，"省政府通令所属各学校因被兵辍课者，一概恢复，即以运新长斯校"。该校于第二年"始得复闻弦诵之声"。钟山县县中校校长虞世□的《中楼记》中记载了钟山县有中校，"校右有园，园中崖石嶙峋者，钟山也。即其上为楼……慨然名之曰中楼。盖校与山在城之中，而楼又在山之中也"，又以楼喻教育之思，阐述"楼以中名，有深意矣。况学问之道，譬如登高，层出而累进焉。是犹地之为山，山之为楼也"，而中楼之记以其泽被后学者。

关秉玛的《广西省立第六中学新校舍奠基记》记载了广西省立第六中学从光绪三十三年（1907）至民国二十二年（1933）的历史兴废，颇能反映此期广西的教育及政治情况。关秉玛，太平镇中山人，广西优级师范毕业，历任省督学，省立六中校长，太平镇中学校长，1958年崇左县人民委员会委员，著有诗稿《言志集》。《广西省立第六中学新校舍奠基记》作于他任省立六中校长时，全文如下：

本校于逊清光绪卅三年，吾师龚太守趾厚以丽江书院改建，名太平预备中学。学生两班，约百余人。经费除书院田租拨充外，吾师龚太守再饬镇南各县（除镇边、靖西外）协款补助，年费约三千余元。宣统元年改为太平中学校。民元初，经费无着，停至六月始恢复。三年，各县不解协款，复停。六年春，崇善县令吴公继门力筹恢复。因龙州划去七县，另组七中，本校协款只有八县，遂改为本太平八县合立中学。经费除原有田租外，余由八县分担。八年秋，收归省立。省府发下临时建筑费四千元，遂建头门洋楼及左右前楼三座。因改名广西省立第六中学校。学生三班，年费增至五千余元。十七年，加建图书楼一座。十八年秋，玛奉令来掌斯校。甫接事，而省局变，款无着。玛遂向崇善财务局、教育局、各商号及学生等共借款约二千元，始克维持。十九年春，本校被滇军屯紮，后又为红军占据。此时校中损失最大，因停年余。廿年五月，省局定，始恢复。玛未接事以前，学生不过百余人，年费不过万余元。廿一年，玛始呈准添招两班，共七班，约二百八十人，年费三万余元。因旧宿舍湫隘且不敷用，秋始呈准教厅，拨款二万六千一百五十元，用建斯舍。然值省库支绌，屡请无款，延至十一月，始克兴工。噫！斯校之屡停屡复，至再至三。其间不绝如缕，挫折之深，于斯可见。

然，玙以为根不盘不足以成其固，节不错不足以致其坚。斯校前受盘错之烈，正所以成其坚固之基也！虽然，硕果难成，大材难长，欲加培植，来日方长。前贤既任，其缔造维持之艰。我辈亦应负发扬光大之责！玙忝长斯校，不敢稍负前贤，是以勉尽拴材，添班增舍。愿我同学同事亦以本斯旨共策群力而光大之，非止斯校之幸，亦广西教育之幸也。兹值新舍奠基之日，谨叙历略以为记。

由碑文看，崇善县（现崇左县）的这所中学原为书院，于光绪三十三年（1907）改为中学，这是由封建时期的学校向新型学校转变的标识。此时，学校经费来源于原书院的田租及镇南各县协定的款项。民国初期，因经费无着落而停办两次。可见，此期政局颇为混乱，政府无暇顾及教育事业。民国六年（1917），因崇善县的县令力倡恢复，经费一是田租，二是八县协款。民国八年（1919），收归省里，改名为广西省立第六中学。直至十七年（1928），省政府支付了相应的费用。这是教育统归省政府管理的举措，表明了国民政府对教育事业的重新关注。民国十八年（1929）冬，"省局变"推测来看，说的是共产党发动百色起义，控制了广西右江一些地区，受此影响，学校未获得经费。时任校长的关秉玙，只好向崇善县财务局、教育局等处借款，维持学校的运转。民国十九年（1930）春，共产党在龙州（包括崇善等地）发动起义，红军驻扎此地，学校停办。至民国二十年（1931），"省局定"推测来看，说的是红军在龙州的起义失败，退出左江地区，广西省立第六中学重又恢复。从学校屡停屡复的发展历程可见，地方对教育的重视从未间断，最终群策群力使之得以光大，是学校也是广西教育的荣幸。

同时，此期还有碑刻反映了资助教育事业的情况。如文擅撰《深坡街恕堂书屋记》，碑在富川，刊于民国十二年（1923）。记中言："学虽不一，要皆籍官力提公费以赞其成。若夫一介书生固居乡里，而能辅己财立义学者，十无二三焉。有之，自富川蒋氏恕堂先生始。"即记载了蒋登云乐于施与，见"贫者力有不足，教育不能普及"，故引为己任，在富川县捐田建学舍。刘树森撰《黄秋槐祖孙墓铭》，碑在钦州，刊于民国八年（1919）。墓铭记载了明代钦州人黄秋槐将韩王赐给他祖父的辛立乡田赠之儒学，从明至清，"无论国民学校、高等小学校、中学校、劝学所，一切薪修膏火等费皆仰给公田"，直至民国时期，"尽入钦县教育范围，涓涓不漏"，惠及数百年。从碑文还能了解清末到民初的教育情况，如清宣统年间的科举停止，民国初期建成了国民学校（相当于初等小学）、高等小学校、中学校、劝学所（后改名教育局）等较为系统完善的教育机构。

一些民国墓志还反映了全国的教育、文化情况，如沈尹默所撰《白君经天墓志铭》。墓志中详细记载了白鹏飞的教育经历：从桂林中学毕业后进入陆军测量学校，后入两广高等工业学校。民国初期赴日本留学，获东京帝国大学法学士学位。归国后，白鹏飞为诸生师：民国十一年（1922）回国，被南北各大学聘用；民国二十年（1931）被时任北平大学校长的沈尹默聘为法学院院长；民国二十七年（1938）聘为广西大学校长。这些记载展示了清末至民国三十年（1941）左右中国的教育概貌：现代教育兴盛，留学接受国外先进思想的风气盛行；大学各种学科、专业划分细致。类似的还有佚名《卢琢章墓志》，墓志中云卢公"肄业桂林优师，洽乎学成归来，为县树人大计，倡导新学"。

此期有些公立碑亦涉及教育，可见地方对学校教育的重视。如上文提到的公立碑刻《五源移风易俗碑》中第二条"初等小学校，一团应设一所，多则甚好。高等小学或一团设一所，或联数团共设一所。为父兄者，须送子弟入校读书，养成国民资格，切勿自误"，以公立碑文明确要求教育，推测来看，这类初等小学、高等小学大概带着公立及义务教育的性质。再如恭城县民国十二年（1923）制定的《广西各县苗瑶民户编制通则》有这样两条："第十四条，凡完全苗瑶民户之村乡未设有学校者，由区公所或县政府参照苗瑶民户习惯，设立特种学校，使苗瑶青年男女入学，其费用暂时由区公所或县政府支给之。第十五条，凡苗瑶青年男女入学，一律免征学费，并得由学校暂给以书籍及笔墨纸张。"这是确切的公立性质的学校了，且属公费性质，男女皆可入学。这显示了广西教育的进一步发展。

另，曾恒俊在龙州摩崖的《建教洞志》则反映出抗战时期广西教育的一面，其文如下：

> 建教洞原名仙岩，又名得月洞。民国三十年九月，余奉命长省立龙州初级中学。时值劫灰之余，当恢复之局，倭寇方据越南以伺吾边围。龙州为边关重镇，敌机恣扰殊甚。本校就残烬以复学，赖斯洞而弦歌未尝稍辍。惟原洞尚嫌窄狭，客岁夏请于省府拨款，增门加宽几及一倍，辟三门、立三垣屏之，较前更为安全。斯年十二月四日开工，月底落成，计共费工银国币三千元。以其有裨于边教，因颜曰建教洞云。

正值战乱，人们仍在艰苦条件下继续教育事业，他们的执着与信念令人感动。

四、文学艺术类石刻

为数不多的民国石刻，更侧重于实用的记事、记人、言志，其文学性创作兼有顾及。此时，记人记事以偏向白话文为主的墓志、纪念文为主，其文也有一定的古文话语艺术体现，在文以载道、言志等方面更明显，描绘、叙述艺术等方面稍淡。而在写景抒情方面，仍传承以往的诗词石刻，只是数量较少，偏重于与求自由、求国家安稳等相关情感的抒发。

（一）记人之文

民国时期的记人石刻以墓志铭为主，德政碑不多。此期的墓志较为朴实记人，多采用白话文撰写，文采不再如以前，更重生平记事、情感与纪念意义。如宜州中山公园的《总理年表》，刊于1931年，只是按照时间线索摘录重要的关于孙中山先生事迹，作为记事记人的纪念性碑刻，偏向于实用性而非艺术性。而墓志铭中又以追述家族历史或记载族谱的碑刻为多，如《金坑中禄潘文鉴墓碑》《赵氏太祖古墓碑》《廖家追先碑》《吴姓祖墓总碑序文》《潘姓祖墓碑》，等等。这些碑与民国时期的公立碑中的族谱碑一样，显示的是人们对于家族历史的关注，重在记录之意义。

其中，较为感动人心的记人刻文主要有两类，一是抗战将士的墓志展现的英勇精神，二是对亲人逝去的真挚怀念。

前文所提及纪念抗战将士的墓志、纪念文等，多记叙抗战的艰险与对战士英勇的赞扬。如《陆军中将夏国璋副师长墓志铭》，详细记载了夏国璋从出生至牺牲全过程大事记，记其"以建国御民自期许"、"慨然思执戈御侮"，终"参战淞沪，累月沪陷，君守吴兴，挥一旅拒强敌，血战数日夜，援绝，陷，一旅均殉"。从墓志可见其慷慨英勇之气概，令人备受鼓舞。灵山县《陆军第一七五师阵亡将士墓志铭》，记："我五二四团任军预备队，在敌机敌炮不断威胁下，坚守江塘岭、四峡坳各重要阵地待援，肉搏争夺，失而复得者数。师主力集，获胜倍优，全体官兵躬亲战斗。因激于忠勇，壮烈牺牲者颇不乏人。"铭曰："赫赫武功，声宣寰中。英灵不灭，与天地同。森森夜气，凛凛雄风。永言降止，妥兹幽宫。"墓志及铭简洁却铿锵有力，记录赞扬了官兵肉搏、躬亲战斗的壮烈与忠勇雄风。

另，由我国当代著名社会学家费孝通为亡妻撰写的墓志《王同惠墓志》是为此时期较为感人的一篇悼念亲人之文。全文如下：

吾妻王同惠女士，于民国二十四年夏，同应广西省政府特约来桂研究特种民族之人种及社会组织。十二月十六日，于古陈赴罗运之瑶山道上，响导失引，致误入竹林，通误踏虎阱，自为必死。而妻力移巨石，得获更生。旋妻复出林呼援，终宵不返。通心知不祥，黎明负伤匍匐下山。遇救返村，始悉妻已失踪。萦回梦祈，犹盼其生回也。半夜来梦其在水中。遍搜七日，获见于滑冲，渊深水急。妻竟怀爱而终，伤哉！妻年二十有四，河北肥乡县人，来归只一百零八日。人天无据，灵会难期，魂其可通！速召我来。

这篇墓志质朴无华的语言中饱含着深哀巨痛，颇为感人。

民国时期广西的德政碑，现只发现一方，为民国七年阳朔阖邑绅商学界所立的《金公范山德政碑》，为一篇典型的记人碑文。记载阳朔县知县金焕摸事迹，碑文精简翔实，记载了其学业、办公等事宜，尤其对其任职期间的工作记载叙写详细，体现其清廉卓著，全文如下：

金公焕摸，号范山，湖北天门人。日本法政大学校及宏文学院师范警察二科毕业，前由拔贡补用知县。丁巳之秋，来宰是邑。下车伊始，首除蠹役（差役数十人，每人给银三圆，令归里营生）。任用警兵整理军务，振兴学校，不事催科，而民不逋赋。凡状纸价额、抄录费用，不准格外苛索，均照章勒石备案。至诉讼案件，尤细心审理，唯恐民冤。在任八阅月，赔囚粮九百余圆，不罚民间一钱。清廉卓著，政理刑平。以故，四民乐业，巨寇远飏，皆公之盛德所致。次年仲春，以期满解组，去□□一主一仆，宦囊空如。邑人曾上越石风清匾额，今复思念不置。爰立碑以志德政，后有览者，亦将闻风兴起欤。

民国时期仍有颂文，如贺州观音洞《贺县士民颂张令》摩崖，刊于民国九年（1920）。该碑以四言颂张令，其全文为："贺县阖县士民恭颂邑令张公，颂曰：嗟此岩邑，徭獞跳梁。我侯至止，之纪之纲。既植嘉榖，锄彼莠稂。侯之治行，古指循良。无人不怀，无隐弗彰。下民有心，耿耿难忘。贞珉颂德，山高水长。"颂辞短小，言辞恳切，将张公之德政与贺县士民对其感怀之情铭于山间。

（二）记游之文

民国以前，广西石刻中的记游作品占比很大。民国时期，这类作品占全部作品的比例减少，且多数都与求自由、求国家的安定发展、抗日战争等相联系，及时地反映了时事，具有很高的思想价值。此类石刻作品多以诗词来展现，游与景多只作为情感的衬托，作品更注重情感的抒发。

1. 写景记游与个人情感抒发

此时仍有少量记游写景、抒发个人情感的诗文，此类诗文多摩崖于各地景观山中。

游记、景观记文，如永福月山的赵翰撰《月山记》、桂平西山的黄植枬撰《西山云林幽谷亭记》、龙州县韦云淞撰《中山公园记》、佚名《访翼王石达开故居记》等。赵翰撰《月山记》，摩崖在永福县罗锦镇政月山岩口石壁，刊于民国九年（1920）。摩崖主要记载了月山之景与亭台修建之事，文中还引王右军兰亭集会觞咏作比，欲以诗文题刻使月山"岩壑静雅，建造不凡"之景得以名传久远，"愿揽胜月山者，集群贤少长觞咏其间，抒一己之雅怀，写千秋之佳话，妙笔名墨，脍炙人口"。其后还有赵翰所题月山诗，亦描写景观与登游乐事。黄植枬撰《西山云林幽谷亭记》，碑在桂平西山，民国十九年（1930）刊。文章记载了西山胜景，尤记李洞、姚岩，因作者尤喜其洞景，名之为"云林幽谷"，后凿石通道，筑亭于谷口，享弹琴赋诗饮酒之乐。前文提到的龙州《中山公园记》，记文详细介绍了建园初衷，园林具体景观建设过程及未来展望景观，希望以此助龙州"向之昏昏沉沉、无生人趣者，将尽化为天机活法、欣欣向荣者"。文中对于新建公园的描写较为优秀，摘取部分内容以见一斑："是园也，西起铁桥，东迄簪山，南隣标营，北抵河滨，广袤逾千亩。其中冈谷洼隆，岩洞冥杳，若井窬螾腭之状，自成为天然景致者甚多。而奇石错出，往往散见于山坡水涯间。其兀然而立，偃然而卧，冲然如虎豹狮象之纵横驰突者，尤不可胜计也。吾知数年后嘉木立，万卉殖，风日晴和，群葩斗艳。时坐于亭，踞于石，憩于回栏曲榭间，则槐荫蝉声、草塘蛙鼓、山禽楚雀唧啾于豆棚瓜架之交，足以悦耳目而娱心志者。固不仅丽水萦洄，远山雾霭已也。向之昏昏沉沉、无生人趣者，不将尽化为天机活法、欣欣向荣者乎？书于石，所以识兹园之成也。"

写景题诗方面，北流勾漏洞、灵山六峰山、兴安县穿岩等地皆有写景诗刻。如前文提到县长关锡琨《修勾漏洞征诗碑记》，记后选刻了一些诗词以增名山声誉，有古体诗、律诗、赋等，皆描绘洞景或叙写勾漏洞历史人文。其中，陈树勋作古体诗言："都峤白石争雄奇，得此真堪峙鼎足。洞门开处似掌平，四面高峰立群玉。刀枪旗鼓戈盾矛，虎豹熊黑羊豕鹿。万象森罗不可数，但见画图数十幅。中有石室旷且深，绝胜人间渠渠屋。一溪活水暗通流，入可洗心出可浴。"周实斋歌："巉岩崒嵂壁如削，陂陀迤逦相勾连。神工鬼斧不可测，穿凿洞口成方圆。"李仲郭赋："北流之有勾漏也，天开洞府，地隔尘寰，高人栖止，仙子往还。自从混沌初开，阴阳两穴，说到洪蒙无际，缥渺三山。"何雪生赋："尔其地以人传，冬思亲历，偏喜览胜之宾，堪为尘缘之涤。情见乎词，诗满四壁。"这些诗作对勾漏洞景进行了高度赞美，也于其中赞扬了修勾漏洞景之举。再如洪日钊在灵山六峰山所作《六峰山朝佛阁经堂偶咏草七言绝句四首并序》，序言有议论、有描写，山中之景不禁让人"隐然具归怀之趣，穆然有出尘之思"。而绝句写景悟禅，简洁明了，"桃开口笑柳含烟，山洞深明景物妍。鸟语虫飞生妙思，松风花雨涤尘缘"，"石秀林森气蔚然，群峰环耸碧云连。清高峭拔尘氛净，对月拈花好悟禅"。

2. 写景记游与抗战、社会发展

民国时期的记游诗文多社会发展、抗战雄心壮志等相结合。兴安县岩关、全州县湘山寺、灵山县三海岩等地多此类诗歌。

诗歌题刻，多以景为铺垫，重在写志。兴安岩关处，张鼎星作《古严关》诗，最后两句"感怀世变逢民国，题石高吟得自由"抒发了封建帝制被推翻后获得自由的欣喜之情；罗崇点题诗云"营垒战场俱纪录，严关底事不流传"，"烽灭边城王道平，山花含笑草芊芊……壁间姓字难摩认，残乘功名剧可怜"；季邦潘亦题："宇宙洪荒胜境悠，严关峻险几经秋。山横左右雄今古，路达西南速置邮。御暴长城常巩固，摘星高阁更清幽。天工有缺人工补，俚句题来石上留。"利树宗重游灵山县三海岩时撰《重游灵山有感》，以诗"廿年投笔事长征，国是蜩螗剧可惊。有志澄清方未逮，兵符悉绾愧苍生"表达了使天下重归太平的志向。这些诗歌都以纪功、祈求家国太平等为主题。桂平西山上，赘唐撰《西山遣怀诗》，记言"甲申秋，倭寇盘踞桂平，焚我达四十四乡镇。翌年夏，县长卢燎庭率队克复城阙"。抚辑稍暇登西山，俯瞰全城，历历在目，惟断垣残壁，非复当年景像，登临怆感而作二诗遣怀、勒石留念。其诗"纷纷鸟雀归残苑，袅袅孤烟起废城。僧舍几间无佛鼓，松楠一径有秋声"描写了战后城景，后又感叹"羸马西来吊废城，相逢劫后喜余生。故人千里嗟心在，两旧推迁亦眼青。斜目微茫关塞路，秋风无限海潮情。明年感会知何处，樽酒当筵未可轻"。钟山县小钟山上，梁存适题"倚剑钟山上，风云叱诧空。骂天双眼白，热血一烟红。铸尽心头铁，熔成警世钟。奋身呼抗敌，报国志何雄"，倚剑高山、风云叱咤的铺垫，将奋身呼抗敌的昂扬激情表达得淋漓尽致。

同时，民国时期也有不少将士题诗纪游抒豪情。如富川县蒋如山记陆荣廷游富川诗，记载了陆荣廷民国四年（1915）在富川县"纵览山川形势，指示诸军方略"。陆荣廷还游览了慈云寺，见风景颇佳而赋诗3首，并设法改修寺前旧路，筑以坚石，不数月遂化曲径为坦途。游人称便，蒋如山等人爱将陆公留题勒石，以为纪念。其诗《游富川城南慈云寺》第一首："戎马奔驰忆卅年，好从仙佛证因缘。疮痍未起众生苦，欲借杨枝洒大千。"陆荣廷是位功过参半的人物，计其功，主要是在广西期间，能较好地避免其他军阀对广西的侵扰，广西相对安定。从这首诗来看，他还是以救助天下百姓为己任的。再有如吴中柱于民国九年（1920）随军驻全州，第二年又因国事重游此地，于飞来石题诗感叹："我今要假娲皇力，好补青天化劫灰。"民国十八年（1929），刘应时旋帅桂岭，与周德寰等人游宜州白龙洞，面对奇山异水有感而发，刘应时题壁："既经平北垒，恨未斩楼兰。剑佩芒还在，诗雄美欲攀。"周德寰和："倦游萌退隐，古洞偶登攀。极目中俄境，伤心鬼蜮环。人偕耽虎视，我敢学鸥闲？天国英雄在，应同肩巨难。"他们关注时局，以天下太平为己任，希冀继承前辈英雄们的精神，肩负重担保家为国。

镌刻在灵川县海洋的郑丙荧作《抗战绝句四首》气度非凡，写得更为切实，其诗：

十年戎马背乡关，素志未酬愧自还。此日登临悲感慨，究将何以对名山！
壮气若山复若泉，长流贯海峻参天。雄心数奋功无数，恨未歼仇作凯旋。
狼烟弥漫遍西东，锦绣山河血染红。欲拯元元频拔剑，黄龙直捣乘长风！
洪涛汹浪淹山河，欲挽狂澜在珍倭。几处沙场烽不息，男儿宜尽枕干戈。

郑丙荧毕业于黄埔军校步兵科，抗战爆发后跟随秦廷柱任游击副司令，在广西与日本人作战。他亲自参与了抗战，局势的险峻、我军损失之大，体会自然深刻，发之吟咏，更显真切。至于佳山秀水，则全为抒情而设，被化为"有我之景"。

除诗歌外，夏禹的《水调歌头》与郑丙荧《抗战绝句四首》一样气度非凡，颇有辛词的豪迈气度。且其词中也引龙隐洞中前人所刻平蛮碑、《五瘴说》等主旨积极豪气的碑刻以抒情。摘引如下：

哀角起燕蓟，胡马挫江淮。廿年屈志和虏，愤慨亦悠哉。今日同仇薄海，自问书生无用，山水浪形骸。极目凭栏处，关塞莽然开。

又何事，销壮齿，转飞蓬，道傍苦李犹是（姜词[永遇乐]曰："云霄直上，诸公衮衮，乃作道边苦李。"），白石岂忘怀。苔剔丰碑三将，蔓抉名言五瘴，规抚歌安排。歌阙唾壶缺，云气绕高台。

关于与抗日战争相关的记游作品，除诗词外，最后还要提到的是陈亲民的《胜利铭》。陈亲民，民国间南充人，中华民国一三三师师长。《胜利铭》写于民国三十四年（1945）九月九日，日本无条件投降后，该铭用词亦豪迈狂热，让人读之深感其文自叙的"兴狂所感"，全文如下：

挥戈东指，猛虎驱羊。河山再见，日□□□。笑口高张，热泪如狂。岩前胜利，国威大扬。弱肉强食，发奋图强。殷鉴不远，恐惧为良。建国上紫，祸戒萧墙。披沥相勉，同飞勿忘。全沦逾年，余中一三三师为前驱，□□□□桂林破竹之势，于本年八月十七日光之，兴狂所感，跋此以铭。

至此，可以借用刊刻在灵山的由灵山县人洪日钊所撰《六峰山朝佛阁经堂偶咏草七言绝句四首并序》中的一段话来总结一下山水胜景与诗歌文章的关系："自来名山胜景，必由文人笔舌而成。文人材力，尤赖名山磅礴而进。此名山与人固有相需而益者也。所谓仁山智水，无非大块之文章也；触景生情，难以赏识之兴趣也。"

第三节 民国的名家名刻

民国时期较短，总量不多的广西民国碑刻中也有一些特殊的碑刻。在此以宜州石刻——《总理年表》为例作探讨，也概述石刻的记录价值。

宜州市中山公园的一面方碑刻有孙中山年谱，以民国纪年编年。该年谱名为《总理年表》，附着于民国二十年（1931）十月建成的宜州市中山公园的一面方碑间。全碑高8.3米，分3段，上段竖刻"孙中山先生纪念塔"榜书八字，下部为塔基，中段四面镶嵌刻碑，分别是"总理年表一""总理年表二""总理年表三""总理年表四"，通称为《总理年表》。《总理年表》是一部比较完整的孙中山年谱。该年谱全文近3000字，真书繁体，依次完整记录了孙中山从在广东中山县翠亨村出生到在北京去世的60年间从事革命的行迹，也包括同时国内发生的一些大事。其编成距孙中山去世的民国十四年（1925）三月约6年7个月时间，是今日能够见到的较早创作且形式非常独特的一部年谱，无作者落款。

在记录孙中山的文献中，学人们为孙中山编撰了多部年谱。李树权曾经撰写

《〈孙中山年谱〉考略》(《吉林大学学报》1986年第4期)一文，对各种名称和内容形式的孙中山年谱进行总结，甚为详细明白。而此碑在众多孙中山年谱中独树一帜，凸显了年谱编撰者的革命情怀。年谱的内容虽然简短，却可以补今人所作《孙中山年谱》之缺，是值得关注和保护的一件革命文物。与其前后创作的孙中山年谱比较，有3点突出价值：

一、从刊载形式看

以石碑形式呈现，在孙中山年谱中具有唯一性。碑自上而下分4栏，第一栏"民国纪年"，记录时间；第二栏"年龄"，记录孙中山的年岁；第三栏"纪事"，主要记录孙中山参与或与孙中山有直接关系的革命活动；第四栏"摘录"，简要记录当年国内发生的相关大事、要事。

二、从编年形式看

以民国纪年编年，在众多的孙中山年谱中独树一帜。该年谱以民国纪年记录孙中山的生平大事，而非其他年谱通用的以公元纪年记录。《总理年表》从民国前四十六年孙中山诞生起，直至民国元年（1911）为碑刻的前半部分；民国元年以后，再继续以民国纪年的方式正数，到孙中山去世的民国十四年（1925）为碑刻的后半部分。这种纪年的方式，看似形式不同，其实有深意存在，显示了年谱作者极其明显的民国情结，凸显了年谱编撰者的革命情怀。

三、从内容看

《总理年表》与今人所作《孙中山年谱》比较，虽然简短，却可以补今人所作年谱之缺。孙中山年谱今存多种，代表作有陈锡祺主编的《孙中山年谱长编》（中华书局1991年版。以下简称《长编》），全书分上下册，记载考证不可谓不全不细。相较之下，《总理年表》或有不如今谱记载细致与准确者，但却可补充相关事迹的人名。比如1887年，《总理年表》记载此年孙中山"改入香港雅丽氏医学校，与陈少白、陆皓东等鼓吹革命"，《长编》缺载陈少白、陆皓东事迹。又如1895年，广州第一次革命失败，《总理年表》记载"谋第一次革命于广州，不克。陆皓东、丘四、朱贵全、程奎光死之"，而《长编》仅及陆皓东、朱贵全，缺录丘四、程奎光二人。1902年，《总理年表》摘录"李纪堂、洪全福、梁义于广州事泄，失败"，广州起事失败，《长编》记载1903年元月洪全福、谢缵泰等人策划广州起义，事泄失败，缺录李纪堂、梁义二人。1904年，《总理年表》摘录黄兴、马福益举义于长沙失败，《长编》仅载黄兴亡走沪上，不及马福益。此外，还可补充相关的史实，如《总理年表》摘录1905年"法政府欲助先生革命，朱元成、胡瑛、王汉谋刺铁良。不克，王汉死之"。《长编》失载此事。1911年，《总理年表》摘录"三月份，温生才击清将军孚琦于广州，死之。林冠慈、陈敬岳同炸清提督李准，均死之。李沛基炸清将军凤山于广州"。以上这些人与事，都与孙中山革命有着直接或间接的关系，入谱是比较合适的。

　　《总理年表》也有可供今人作谱参考者，比如孙中山的年岁计算。《总理年表》计算孙中山年岁从孙中山出生之年算起，一生共60岁。这符合年谱编撰的传统方法，也符合人们日常计算年岁的习惯。而现行的孙中山年谱标示的孙中山年龄多是将孙中山诞生的第二年即1867年标志为一岁，这样孙中山一生就是59岁，不符合传统年谱编撰习惯。又如《总理年表》记载孙中山于1898年"援助菲律宾革命"，而《长编》仅记载孙中山在日本与菲律宾人彭西会晤，未言及革命一事。实际上，1899年初，孙中山开始为彭西代购军械，事情起因应该就发生在1898年，也就是说《总理年表》的记载是恰当的。《总理年表》记载清驻日公使李盛铎于1899年劝降孙中山，《长编》记为1898年，也可商榷。

　　《总理年表》虽然不一定是最权威的孙中山年谱，甚至有一些刊误，但对于产生在1931年的孙中山年谱而言，其存在的价值是明显的：其一，文献出处早，距孙中山去世时间尚近，记录有值得参考之处。其二，见证了国民革命思想在普通大众中的传播。广西是大革命的重要阵地，见证了孙中山在天下百姓特别是广西百姓心目中的地位。此亦值得关注，这是民国文化的一项成就。其三，《总理年表》是迄今唯一发现的孙中山年谱石刻，丰富了石刻文献的形式与内容，也是值得关注和保护的一件革命文物。

主要参考文献

司马迁.史记［M］.北京：中华书局，1959.

班固.汉书［M］.北京：中华书局，2016.

范晔.后汉书［M］.北京：中华书局，1965.

魏征.隋书［M］.北京：中华书局，1973.

刘昫.旧唐书［M］.北京：中华书局，1975.

欧阳修.新唐书［M］.北京：中华书局，1975.

欧阳修.新五代史［M］.北京：中华书局，1974.

脱脱.宋史［M］.北京：中华书局，1976.

李贤.明一统志（影印文渊阁四库全书本）［M］.上海：上海古籍出版社，1987.

谢启昆修，胡虔纂，广西师范大学历史系中国历史文献研究室点校.广西通志［M］.南宁：广西人民出版社，1988.

金鉷.雍正广西通志（影印文渊阁四库全书本）［M］.上海：上海古籍出版社，1987.

汪森编辑，桂苑书林编辑委员会校注.粤西诗载校注［M］.南宁：广西人民出版社，1988.

汪森编辑，桂苑书林编辑委员会校点.粤西文载校点［M］.南宁：广西人民出版社，1988.

汪森编辑，黄振中，吴中任，梁超然校注.粤西丛载校注［M］.南宁：广西民族出版社，2007.

谢启昆.粤西金石略［M］.《石刻史料新编》第一辑第十七册，台北：新文丰出版公司，1977.

叶昌炽撰，柯昌泗评.语石异同评［M］.北京：中华书局，1994.

北京图书馆金石组.北京图书馆藏中国历代石刻拓本汇编［M］.郑州：中州古籍出版社，1989.

新文丰出版公司编辑部.石刻史料新编［C］.台北：新文丰出版公司，1982、1979、1986.

广西博物馆.中国西南地区历代石刻汇编［M］.天津：天津古籍出版社，1998.

广西民族研究所.广西少数民族地区石刻碑文集［M］.南宁：广西民族出版社，1982.

桂林市文物管理委员会.桂林石刻［M］.桂林：内部交流资料，1977.

黄南津，黄流琪.永福石刻［M］.南宁：广西人民出版社，2008.

曾桥旺.灵川历代碑文集［M］.北京：中央文献出版社，2010.

杜海军.桂林石刻总集辑校［M］.北京：中华书局，2013.

杜海军.广西石刻总集辑校［M］.北京：社会科学文献出版社，2014.

桂海碑林博物馆.桂林石刻碑文集［M］.桂林：漓江出版社，2019.

何婵娟.桂北石刻文学研究［M］.南宁：广西人民出版社，2015.

杜海军.石刻文献与文学研究［M］.北京：中国社会科学出版社，2020.

秦冬发.桂林石刻探微［M］.桂林：广西师范大学出版社，2020.

刘楷锋.论广西传统文献匮乏背景下石刻的文献价值［J］.广西师范大学学报（哲学社会科学版），2015，51（06）：6-11.

杜海军.宜州石刻孙中山年谱的价值［J］.广西地方志，2016（02）：39-40.

杜海军.桂林摩崖唐代男像观音考——广西石刻研究之二［J］.玉林师范学院学报，2010，31（06）：48-51.

后记

广西石刻众多，发展时间较长，地域分布不均。广西在石刻实物保存与文献的整理方面取得了较多的成果，从古至今的学者对石刻文献开展了辑录、点校、整理工作，取得了较为翔实的资料文献和研究成果。在研究方面，从综合性辑录到精选类选集收录、点校、释文等研究，不断扩展了广西石刻研究的相关领域。同时，这些研究又从历史、政治、文学、书法等各方面进行拓展运用，形成了论文、书籍等形式的研究成果，奠定了较扎实的文献基础，为研究相关历史、民族发展、政治、地域文学、文化教育、宗教研究等各方面提供了丰富的石刻素材。就论著而言，一是就石刻文献整理本身的研究，二是基于石刻文献上的多视角石刻文化研究，广西石刻的专门研究论著不算太多。对石刻文献整理本身的研究，主要集中在石刻的校勘考辨、价值论述上。基于石刻文献进行的多角度研究方面，近年取得了较多成果，研究角度包括考辨、文化、艺术、文学、综合性研究，类型上又可分为科普文化类著作与学术探讨类著作。一方面，适合于普通大众了解石刻文化的科普文化类研究著作偏多，多为挑选、罗列各地代表性石刻，石刻文字录入外加以刊刻背景、文字解说、价值阐释。另一方面，偏学术探讨类的石刻研究著述又从不同视角对石刻进行研究，主要包括综合性的研究论著以及选取具体某个视角切入研究的论著。

是书以2012年广西桂学研究会第二批课题——《广西摩崖石刻研究》为依托，又结合广西高校人文社科重点研究基地桂学研究院2021年度课题——《桂林石刻之宋代流寓文学研究》相关研究而完成。是书旨在整理现有资源，在进行整体梳理、把握的情况下，依时代、内容来分章概述广西石刻从唐前到民国时期的发展状况，力求呈现一个较为完整的广西石刻发展史，以便于更多人能了解广西石刻的发展。书中结合了一定的历史对石刻进行解读，对石刻尺寸、作者及涉及的重要人物、事件等有一定涵盖，详略不同，重在阐述各个时代的石刻发展。但受时代或其他条件限制，今日广西石刻的整理仍有不足之处，譬如数量的辑佚、内容的点校等。因而，就"广西石刻发展史"而言，是书在体例和内容上尚有不完备之处，囿于学识与能力，发展史的概述及各个时代石刻发展特征的阐述，难免挂一漏万，诸多不足，敬请方家指教。

是书得到我的博士生导师、广西师范大学文学院博士生导师杜海军教授的大力支持与悉心指导。其中，杜老师为书稿的大纲起草、文字以及图片资料提供了极大的帮助。书中关于"龙隐岩的男观音摩崖"、"司马光书《家人卦》"、"总理年表"等名家名作内容研究皆为杜老师以往研究。同时，上饶师范学院文学与新闻传播学院副教授邹蓉于前期对宋代以及清代的石刻发展史研究做了大量的材料整理及分析工作，尤其重点指导完成了第二章第二节记游之文及第五章第二节大部分内容的撰写。

本书的撰写，参阅及引用了大量的地方文献及相关石刻研究者的研究成果，将主要参考文献附于文末外，也谨此致以诚挚的谢意。是书在撰写过程中，得到了许多师长和朋友的鼓励与支持，在此一并谨致以诚挚的敬意和衷心的感谢！

蔡文静
2022 年 6 月 20 日

广西石刻图录

一、广西石刻景观

桂林隐山摩崖

桂林龙隐洞摩崖

桂林独秀峰摩崖

桂林伏波山摩崖

桂林隐山摩崖

桂林叠彩山摩崖

北流勾漏洞摩崖

梧州粤东会馆碑刻

桂林伏波山摩崖造像

桂林西山摩崖造像

二、广西石刻

[唐] 颜真卿题 逍遥楼

[唐] 元晦 叠彩山记

[唐] 韩云卿撰 舜庙碑

[唐]李靖上西岳书真迹
（宋人施珪重立）

[五代]金刚经碑

[五代]临桂新发现造像记

[宋]王正功 桂林劝驾诗

[宋]廖重能、詹仪之、张栻游隐山题记

[宋]张栻题 招隐

[宋] 易袚书 世节堂 　　　　　　　　[宋] 狄青撰 平蛮三将题名

[宋] 何先觉重刊 夫子杏坛图

[宋] 饶祖尧跋刻 元祐党籍碑

广西石刻图录　271

[明]林大春书 秋前一日提兵过勾漏留示区明府

[明]吴拟谦题 龙池

[明]熊养初书 游勾漏洞

[明] 嘉靖年间 圣谕

[清] 黄国材题 南天一柱

[清] 张祥河书 紫袍金带

广西石刻图录 273

[清] 禁凿石山告示　　　　　　[清] 李化龙画 观音像记

[清] 曾燠 游隐山六洞

[清] 唐景崧撰 奎光楼记

[清] 宋思仁摹写 龙城石刻

[民国] 何其文题 天内之天

[民国]吴迈题 卓然独立天地间

[民国]石化龙题并书"我马未疲日未曛"、
梁士模题并书"名山修证佛和仙"